한눈에 보이는

무료 글꼴 가이드 - 한글편

DIGITAL NEW

머리말

40p/33mm, 없음/50,
더페이스샵 잉크립퀴드체

컴퓨터로 하는 디자인 작업에서 메시지를 전달하는 문자를 화면에 표현하는 글꼴은 매우 중요합니다. 디자이너가 원하는 디자인을 구현하기 위해서는 그것에 어울리는 글꼴을 사용해야 하기 때문입니다.

10/18p, 없음/-30,
KoPubWorld바탕체 L

글꼴은 전문적인 훈련을 받은 전문가들이 오랜 시간을 작업해야 만들 수 있는 프로그램(단순한 이미지가 아닙니다)이므로 상당히 비싼 가격에 사거나 매달 혹은 매년 라이선스 비용을 내고 사용해야 하는 것이 현실입니다. 글자 수가 얼마 되지 않는 로마자에 비해 한글은 최소 2,350자, 많으면 11,172자나 되는 문자의 자형을 만들어야 합니다. 이렇게 많은 문자들을 특정 스타일로 일관성을 유지하도록 만드는 것은 정말 쉽지 않은 일입니다. 여기에 한자까지 더해지면 글꼴 하나를 만들기 위해 정말 많은 노력을 기울여야 합니다.

이렇게 힘들게 만들어 무료로 사용할 수 있도록 배포하는 글꼴들이 있는데, 이들을 무료 글꼴 혹은 공개 글꼴이라고 부릅니다. 한때 무료 글꼴은 품질이 좋지 않고 그 수도 많지 않았습니다. 그러나 매년 더 많은 글꼴들이 나오고 은근히 품질 경쟁이 일어나면서 무료 글꼴의 품질은 점점 더 좋아지고, 글꼴의 유형도 다양해지며 외국어를 지원하는 다국어 글꼴도 등장하고 있습니다.

많은 시간과 인력을 들여 만든 글꼴을 판매하지 않고 누구나 사용할 수 있도록 배포하는 데에는 어떤 이유가 있을 것입니다. 가장 대표적인 것은 브랜드 홍보입니다. 기업이 자사의 브랜드를 알리면서 문화적으로 좋은 일을 한다는 긍정적인 이미지를 얻을 수 있기 때문입니다. '글꼴의 무료 배포'는 좋은 마케팅 방법입니다. 대표적인 사례로 네이버의 나눔 글꼴을 꼽을 수 있습니다. 이런 성공 사례를 보면서 많은 회사와 지자체들이 예산을 편성하여 글꼴을 만들어 공개하고 있습니다.

출판과 인쇄계를 지원하는 정부 자금을 이용하여 만든 인쇄, 전자출판용 글꼴들도 있습니다. 한국출판인회, 한국출판문화산업진흥원, 대한인쇄문화협회가 만든 글꼴들이 그 예입니다. 이외에도 사회공헌을 위해서 혹은 개인이 재능을 기부하여 배포되는 글꼴들도 있습니다.

이렇게 무료 글꼴들이 다양해지면서 이들의 품질과 성격을 파악하여 사용할지 말지 결정하는 것이 쉽지 않은 일이 되어버렸습니다. 오랜 기간 편집과 출판을 하면서 무료 글꼴을 사용해오고 있지만 무료 글꼴을 실무에 사용하는 일은 의외로 힘든 일이었습니다. 지금 당장 편집을 해야 하는데 현재 상황에 맞는 적당한 글꼴을 찾는 일은 시간이 많이 걸립니다. 누군가 이런 내용들을 잘 정리해서 인쇄한 결과를 제공한다면 참 좋겠지만 그런 자료나 책은 발견하지 못했습니다. 그래서 직접 만들어보기로 했습니다.

이 책은 무료 글꼴을 더욱 편리하고 쉽게 활용할 수 있도록 기획되었습니다. 다양한 글꼴들의 특성에 맞게 어떻게 디스플레이해야 원하는 스타일의 글꼴을 선택하는데 도움이 될지 고민하여 몇 가지 포맷을 마련하여 사용했습니다. 이런 포맷으로 종이 위에 인쇄된 결과를 보면, 특히 인쇄를 하기 위해 글꼴을 고르는 경우에는 큰 도움이 되리라 생각합니다. 이 책에서는 타이포그래피 이론이나 디자인 방법론을 다루지 않습니다. 디자인 작업을 할 때 다양한 무료 글꼴 중에서 적당한 것을 고르는 일을 도와주는 역할을 할 뿐입니다. 일종의 무료 글꼴의 참고 사전과 같습니다.

모든 무료 한글 글꼴들을 다루고 싶었지만 실제로 작업을 해보니 지면은 한정되어 있고 글꼴은 너무 많습니다. 어쩔 수 없이 가족을 많이 거느리고 있는 글꼴들과, 톡톡 튀는 개성 있는 글꼴들을 우선하여 다루게 되었습니다. 상당히 마음에 드는 글꼴이었는데 자세히 살펴보니 문제점이 있어서 다루지 않은 것도 있습니다. 이러한 점 이해해 주시기 바랍니다.

이 책을 읽는 독자 여러분이 무료 글꼴을 사용할 수 있는 기술적인 지식과 능력이 있다고 가정합니다. 그래서 웹사이트나 웹페이지에서 글꼴 파일을 내려받아 압축을 풀고 적절한 작업을 하여 운영체계 혹은 어도비 어플에서 글꼴을 사용할 수 있게 준비하는 방법은 따로 설명하지 않았습니다.

무료 글꼴을 사용하기 위해서는 저작권에 대한 지식도 필요합니다. 특정한 목적이나 분야에는 사용할 수 없는 무료 글꼴도 있기 때문입니다. 무료 글꼴을 선택할 때는 반드시 먼저 무료 사용 범위를 자세히 살펴보아야 합니다. 간혹 의외의 조건을 요구하는 글꼴도 있으므로 주의하기 바랍니다.

한눈에 보이는 무료 글꼴 가이드 - 한글편

이 책을 사용하는 방법

24p/33mm, 0/-25
KBIZ한마음 고딕 H

게을러서 그런지 한가할 때는 방심하고 있다가 정작 편집 프로젝트가 시작되고 나서야 참신한 글꼴이 없을까 찾아보는 자신을 발견하게 됩니다. 체계적으로 정리된 자료가 없어서 어떤 글꼴들이 있는지 파악하기도 힘들고, 찾은 글꼴은 어떻게 인쇄되어 나올지 몰라서 망설이게 됩니다. 여유가 있다면 차근차근 알아보고 준비하겠지만 시간은 항상 부족합니다. 이럴 때 도움을 받을 수 있는 글꼴 사전 같은 도구가 《한눈에 보이는 무료 글꼴 가이드》입니다.

10/18p, 없음/-30
KBIZ한마음 명조 R

이 책의 구성은 매우 간단합니다. 글꼴에 대한 전반적인 정보를 전달하는 스프레드(아래 그림)의 왼쪽 페이지에는 글꼴의 이름, 저작권자, 발표연도, 글꼴 다운로드 링크가 있는 웹페이지 주소, 글꼴의 분류, 굵기 단계, 특징, 리뷰, 무료 사용 범위(자세한 내용은 16쪽 참조) 등을 한눈에 파악할 수 있도록 정리하였습니다. 오른쪽 페이지에는 패밀리를 구성하는 글꼴들을 크게 굵기 별로 표시하여 자형의 특징을 파악할 수 있도록 했습니다.

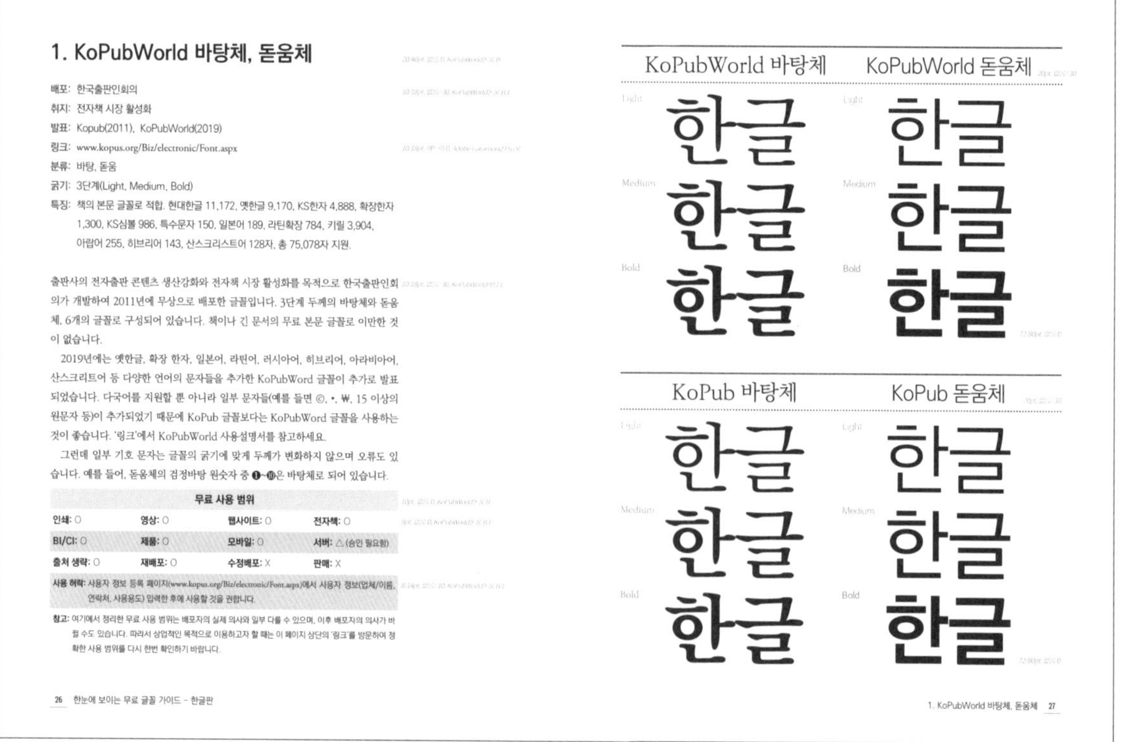

1. KoPubWorld 바탕체, 돋움체

배포: 한국출판인회의
취지: 전자책 시장 활성화
발표: Kopub(2011), KoPubWorld(2019)
링크: www.kopus.org/Biz/electronic/Font.aspx
분류: 바탕, 돋움
굵기: 3단계(Light, Medium, Bold)
특징: 책의 본문 글꼴로 적합. 현대한글 11,172, 옛한글 9,170, KS한자 4,888, 확장한자 1,300, KS심볼 986, 특수문자 150, 일본어 189, 라틴확장 784, 키릴 3,904, 아랍어 255, 히브리어 143, 산스크리스트어 128자, 총 75,078자 지원.

출판사의 전자출판 콘텐츠 생산강화와 전자책 시장 활성화를 목적으로 한국출판인회의가 개발하여 2011년에 무상으로 배포한 글꼴입니다. 3단계 두께의 바탕체와 돋움체, 6개의 글꼴로 구성되어 있습니다. 책이나 긴 문서의 무료 본문 글꼴로 이만한 것이 없습니다.

2019년에는 옛한글, 확장 한자, 일본어, 라틴어, 러시아어, 히브리어, 아라비아어, 산스크리트어 등 다양한 언어의 문자들을 추가한 KoPubWord 글꼴이 추가로 발표되었습니다. 다국어를 지원할 뿐 아니라 일부 문자들(예를 들면 ©, •, ₩, 15 이상의 원문자 등)이 추가되었기 때문에 KoPub 글꼴보다는 KoPubWord 글꼴을 사용하는 것이 좋습니다. '링크'에서 KoPubWorld 사용설명서를 참고하세요.

그런데 일부 기호 문자는 글꼴의 굵기에 맞게 두께가 변화하지 않으며 오류도 있습니다. 예를 들어, 돋움체의 검정바탕 원숫자 중 ❶~❿은 바탕체로 되어 있습니다.

무료 사용 범위			
인쇄: O	영상: O	웹사이트: O	전자책: O
BI/CI: O	제품: O	모바일: O	서버: △ (승인 필요함)
출처 생략: O	재배포: O	수정배포: X	판매: X

사용 허락: 사용자 정보 등록 페이지(www.kopus.org/Biz/electronic/Font.aspx)에서 사용자 정보(업체/이름, 연락처, 사용용도) 입력한 후에 사용할 것을 권합니다.

참고: 여기에서 정리한 무료 사용 범위는 배포자의 실제 의사와 일부 다를 수 있으며, 이후 배포자의 의사가 바뀔 수도 있습니다. 따라서 상업적인 목적으로 이용하고자 할 때는 이 페이지 상단의 '링크'를 방문하여 정확한 사용 범위를 다시 한번 확인하기 바랍니다.

26 한눈에 보이는 무료 글꼴 가이드 – 한글판

글꼴의 사용예를 보여주는 샘플 스프레드는 패밀리를 구성하는 글꼴과 두께의 수에 따라서 융통성 있게 편집하였습니다. 본문에 사용할 수 있는 바탕 글꼴은 아래의 예에서 보는 것처럼 왼쪽 페이지에는 글꼴의 견본(Specimen)을, 오른쪽 페이지에는 문단 편집 견본을 표시하였습니다. 글꼴의 견본에는 글꼴 이름(KoPubWorld), 웨이트 이름(Light), 로마자, 숫자, 각종 기호들, 한자가 포함되며, 제목과 설명(캡션)용 단어의 크기별 샘플이 표시됩니다. 이때 별색으로 표시한 정보는 문자의 크기/행간, 자간형식/자간입니다. 이를 통해 적정한 편집 값을 가늠해볼 수 있습니다. 문자의 크기와 행간의 단위는 포인트(point)이며, 행간은 글자의 높이에 줄 간격을 더한 값(어도비 앱 기준)입니다. 자간형식은 '없음'이나 '시각적'인데, '시각적' 자간형식은 어도비 앱을 사용할 때 의미가 있습니다. 일반적으로 '시각적' 자간형식은 문자 크기가 클 때 유용합니다. 75포인트 크기의 '고향' 단어가 자간형식과 자간 값에 따라서 자간이 어떻게 변화하는지 확인할 수 있습니다.

KoPubWorld 바탕체 Light

바 바 바
L M B

덧글은 통신의 예절을 지키면서 표현의 자유를 추구하는 방향으로 씁니다.
가나다라마바사아자차카타파하 괄꽁넋뒷떨립밟빛빵술쏙얹줜짰척쿕틈편훍
ABCDEFGHIJKLMNOPQRSTUVWXYZ abcdefghijklmnopqrstuvwxyz
1 2 3 4 5 6 7 8 9 0 ①⑩⑳㉚㊵㊿ ❶❿⓫⓴ ⑴⑽⒇ Ⅰ Ⅱ Ⅲ Ⅳ Ⅴ Ⅹ ⅰ ⅱ ⅲ ⅳ ⅴ ⅹ
~ ! @ # $ % ^ & * _ / \ | * ( ) [ ] { } 〈 〉 < > 《 》 「 」 『 』 【 】 〔 〕 - + × ÷ =
. , ? : ; ' " ' ' " " • · · · ··· ©®™ ¶ § ㎎ ㎏ ㎜ ㎝ ㎞ ㎐ ㏄ ○□△☆ ●■▲★
大韓民國 東西南北 高等學校 無料書體 落花流水 莫逆之友 大器晩成 螢雪之功

글꼴 가이드

글꼴 가이드

글꼴 가이드

글꼴 가이드

바탕

한글 글꼴 가이드
한글 글꼴 가이드
한글 글꼴 가이드
한글 글꼴 가이드
한글 글꼴 가이드
한글 글꼴 가이드

28 한눈에 보이는 무료 글꼴 가이드 (한글판)

한눈에 보이는 무료 글꼴 가이드

비용을 지불하지 않고도 사용할 수 있는 글꼴을 '무료 글꼴'이라고 부릅니다. 사실은 무료 글꼴이 아니라 《공개 글꼴》이라고 해야 맞습니다. 『공개 글꼴』은 권리자가 설정한 "사용 범위"를 잘 살펴서 사용해야 합니다. 모든 것이 허용되는 진정한 무료 글꼴도 있고, 인쇄용으로는

고향

한눈에 보이는 무료 글꼴 가이드

비용을 지불하지 않고도 사용할 수 있는 글꼴을 '무료 글꼴'이라고 부릅니다. 사실은 무료 글꼴이 아니라 《공개 글꼴》이라고 해야 맞습니다. 『공개 글꼴』은 권리자가 설정한 "사용 범위"를 잘 살펴서 사용해야 합니다. 모든 것이 허용되는 진정한 무료 글꼴도 있고, 인쇄용으로는 무료로

고향

한눈에 보이는 무료 글꼴 가이드

비용을 지불하지 않고도 사용할 수 있는 글꼴을 '무료 글꼴'이라고 부릅니다. 사실은 무료 글꼴이 아니라 《공개 글꼴》이라고 해야 맞습니다. 『공개 글꼴』은 권리자가 설정한 "사용 범위"를 잘 살펴서 사용해야 합니다. 모든 것이 허용되는 진정한 무료 글꼴도 있고, 인쇄용으로는 무료로

고향

한눈에 보이는 무료 글꼴 가이드

비용을 지불하지 않고도 사용할 수 있는 글꼴을 '무료 글꼴'이라고 부릅니다. 사실은 무료 글꼴이 아니라 《공개 글꼴》이라고 해야 맞습니다. 『공개 글꼴』은 권리자가 설정한 "사용 범위"를 잘 살펴서 사용해야 합니다. 모든 것이 허용되는 진정한 무료 글꼴도 있고, 인쇄용으로는 무료로 사용할 수

고향

KoPubWorld 바탕체 Light 29

본문용 글꼴 선택하기

24p/33mm, 없음/-25
본고딕 B

무료로 사용할 수 있는 한글 글꼴의 수가 많아지긴 하지만 본문용으로 사용할만한 글꼴은 그렇게 많지 않습니다. 무료 글꼴을 사용하다가 유료 글꼴을 찾게 되는 이유도 적당한 본문용 무료 글꼴이 없어서입니다. 그렇다면 무료 글꼴 중에서 본문용 글꼴을 선택할 때 어떤 점들을 살펴봐야 할까요.

10/18p, 없음/-30
본명조 R

긴 글을 읽기 위한 가독성

11/18p, 없음/-25
본고딕 B

본문용 글꼴은 오랜 시간 동안 긴 글을 편안하게 읽을 수 있어야 합니다. 따라서 본문용 글꼴은 제목용 글꼴과 달리 자극적으로 튀지 않고 균일한 농도를 유지하는 편이 좋습니다. 이런 특성을 '긴 글을 읽기 위한 가독성'이라고 할 수 있습니다.

본문용 글꼴로 널리 사용되는 것은 바탕체(명조)입니다. 긴 글을 읽을 때는 세리프(serif: 글자를 이루는 획의 끝이 돌출된 형태)가 지루하지 않게 변화를 일으켜 눈의 피로를 줄여준다고 합니다. 문장이 짧을 때는 세리프가 없는 돋움체(고딕)를 써도 큰 지장은 없으며, 제목이나 그림 설명 등에는 주목도를 높여주는 돋움체를 많이 사용합니다.

이해를 돕기 위하여 오른쪽 페이지에 예를 보였습니다. 짧은 문장(김유정의 '동백꽃' 첫 구절)에 무료 글꼴 7가지를 적용해본 것입니다.

아무래도 바탕체(KoPubWorld바탕체, 바른바탕, 순바탕, 서울한강체)가 적용된 예들이 긴 글을 읽기에 더 편안해 보입니다.

돋움체(KoPubWorld돋움체, 바른돋움)를 적용한 예를 보면 바탕체에 비해 공간을 가득 채워 밀도가 더 높습니다. 짧은 글에서는 괜찮겠지만 글이 길어지면 아무래도 부담이 될 것 같습니다. 일반적으로 돋움체는 바탕체보다 커 보여서 바탕체보다 문자 크기를 약간 줄여서 사용해야 할 수도 있습니다. 오른쪽 페이지에서 바른돋움은 바른바탕과 세트를 이루는 글꼴이지만 동일한 글꼴 크기에서 바른돋움체가 바른바탕체보다 더 크고 굵게 보입니다.

마지막에 야놀자 야체(디자인체)를 적용한 예는 어떤가요? 문자의 폭과 높이가 일정하지 않으니 시선이 혼란스럽고 정신이 없습니다.

본문

36pt 없음/0, KoPubWorld바탕체 L

오늘도 또 우리 수탉이 막 쫓기었다. 내가 점심을 먹고 나무를 하러 갈 양으로 나올 때이었다. 산으로 올라서려니까 등뒤에서 푸드득 푸드득 하고 닭의 횃소리가 야단이다. 깜짝 놀라서 고개를 돌려보니 아니나 다르랴 두 놈이 …… 10/18pt 없음/-40, KoPubWorld바탕체 L

본문

36pt 없음/0, 바른바탕 1

오늘도 또 우리 수탉이 막 쫓기었다. 내가 점심을 먹고 나무를 하러 갈 양으로 나올 때이었다. 산으로 올라서려니까 등뒤에서 푸드득 푸드득 하고 닭의 횃소리가 야단이다. 깜짝 놀라서 고개를 돌려보니 아니나 다르랴 두 놈이 또 얼리었다. 10/18pt 없음/-30, 바른바탕 1

본문

36pt 없음/0, 순바탕 가는체

오늘도 또 우리 수탉이 막 쫓기었다. 내가 점심을 먹고 나무를 하러 갈 양으로 나올 때이었다. 산으로 올라서려니까 등뒤에서 푸드득 푸드득 하고 닭의 횃소리가 야단이다. 깜짝 놀라서 고개를 돌려보니 아니나 다르랴 두 놈이 얼리었다. 10/18pt 없음/-100, 순바탕 가는체

본문

36pt 없음/0, 서울한강체 L

오늘도 또 우리 수탉이 막 쫓기었다. 내가 점심을 먹고 나무를 하러 갈 양으로 나올 때이었다. 산으로 올라서려니까 등뒤에서 푸드득 푸드득 하고 닭의 횃소리가 야단이다. 깜짝 놀라서 고개를 돌려보니 아니나 다르랴 두 놈이 또 얼리었다. 10/18pt 없음/-20, 서울한강체 L

본문

36pt 없음/0, KoPubWorld돋움체 L

오늘도 또 우리 수탉이 막 쫓기었다. 내가 점심을 먹고 나무를 하러 갈 양으로 나올 때이었다. 산으로 올라서려니까 등뒤에서 푸드득 푸드득 하고 닭의 횃소리가 야단이다. 깜짝 놀라서 고개를 돌려보니 아니나 다르랴 두 놈이 또 얼리었다. 9.6/18pt 없음/0, KoPubWorld돋움체 L

본문

36pt 없음/0, 바른돋움 1

오늘도 또 우리 수탉이 막 쫓기었다. 내가 점심을 먹고 나무를 하러 갈 양으로 나올 때이었다. 산으로 올라서려니까 등뒤에서 푸드득 푸드득 하고 닭의 횃소리가 야단이다. 깜짝 놀라서 고개를 돌려보니 아니나 다르랴 두 놈이 또 얼리었다. 9.5/18pt 없음/-30, 바른돋움 1

본문

36pt 없음/0, 야놀자 야체 R

오늘도 또 우리 수탉이 막 쫓기었다. 내가 점심을 먹고 나무를 하러 갈 양으로 나올 때이었다. 산으로 올라서려니까 등뒤에서 푸드득 푸드득 하고 닭의 횃소리가 야단이다. 깜짝 놀라서 고개를 돌려보니 아니나 다르랴 두 놈이 또 얼리었다. 12/18pt 없음/0, 야놀자 야체 R

본문용 글꼴 선택 기준

11/18p, 없음/-50 Gothic A1 EB
10/18p, 없음/-50 Gothic A1 R

본문용으로 사용할 한글 글꼴을 선택할 때 고려해야 할 기준 혹은 사항들을 정리해 보았습니다. 선택할 수 있는 글꼴의 수가 한정적인 만큼 현실적으로 이들을 모두 고려할 수는 없습니다.

- **콘텐츠 분위기에 어울리는가**

10/18p, 없음/-50 Gothic A1 SB
9.5/18p, 없음/-50 Gothic A1 L

디자이너는 본문으로 메시지를 독자에게 전달할 때 어떤 글꼴을 사용해야 콘텐츠에 어울릴 것인지 논리적인 판단을 하되, 자신의 취향에 맞는 글꼴을 선택합니다. 콘텐츠를 전달하는 것은 문자이며 문자를 표현하는 것은 글꼴입니다. 같은 콘텐츠라도 그것을 표현하는 글꼴에 따라 다르게 느껴집니다.

오늘도 또 우리 수탉이 막 쫓기었다. 내가 점심을 먹고 나무를 하러 갈 양으로 나올 때이었다. 산으로 올라서려니까 등뒤에서 푸드득 푸드득 하고 닭의 횃소리가 야단이다.

9/16pt, 없음/-30, 제주명조 R

오늘도 또 우리 수탉이 막 쫓기었다. 내가 점심을 먹고 나무를 하러 갈 양으로 나올 때이었다. 산으로 올라서려니까 등뒤에서 푸드득 푸드득 하고 닭의 횃소리가 야단이다.

8/16pt, 없음/0, 이롭게 바탕체 M

- **여러 단계의 굵기가 지원되는가**

항상 그런 것은 아니지만, 일반적으로 본문의 콘텐츠를 적절하게 표현하기 위해서는 다양한 굵기(weight)의 글꼴이 준비되어 있어야 합니다. 본문 영역의 농담(濃淡: 진하고 흐림), 대비를 통한 긴장감을 구현하기 위해서는 최소한 3단계 정도의 굵기가 필요합니다.

제주명조 Regular

순바탕 가는체
순바탕 중간체
순바탕 굵은체

본명조 ExtraLight
본명조 Light
본명조 Reguar
본명조 Medium
본명조 SemiBold
본명조 Bold
본명조 Heavy

10/18p, 없음/-25
나눔바른고딕 R
9.5/18p, 없음/-25
나눔바른고딕 L

- **한자, 특수 기호 등이 지원되는가**

  본문에 한자가 포함되어 있다면 한자를 지원하는 글꼴을 선택해야 합니다. 본문에 저작권을 의미하는 '©'가 있다면 © 문자가 지원하는지 미리 체크해야 합니다. 한자가 필요한데 마음에 드는 글꼴이 한자를 지원하지 않는다면 어떻게 해야 할까요? 문제가 되는 문자(한자 혹은 특수 기호)에만 비슷한 자형과 굵기의 다른 글꼴을 적용하는 편법이 있긴 하지만 번거롭고 자칫하면 실수를 하여 문제가 발생할 수 있습니다.

- **한글과 로마자, 구두점 등이 잘 어울리는가**

  본문에 사용할 글꼴을 선택하기 전에 한글과 알파벳, 구두점, 기타 문자들이 서로 잘 어울리는지 살펴볼 필요가 있습니다. 아래의 예에서 보듯이 한글 문자의 모양은 비슷해도 알파벳이나 기타 문자들의 크기나 스타일이 조금씩 다릅니다. 알파벳이나 숫자가 마음에 들지 않는다면 다른 나라의 글꼴을 조합하여 사용하기도 합니다. 아래에서 두 번째 샘플은 한글 글꼴은 그대로 두고 로마자와 숫자에만 외국의 글꼴을 적용한 것입니다.

8p, 없음/-30
본고딕 M

KoPub바탕체 Light, 9pt	순바탕 가는체, 9pt	바른바탕 1, 9pt
(무료 글꼴: Free Font)	(무료 글꼴: Free Font)	(무료 글꼴: Free Font)
"2036년 7월 19일"	"2036년 7월 19일"	"2036년 7월 19일"
!*+,-./ • …《》『』× ÷ ∗ ©	!*+, -. / · ...《》『』×÷ * ©	! ∗ + , -. /···· 《》『』× ÷ ∗ ©
Adobe Garamond R, 9pt	**Adobe Jenson R, 9pt**	**Kozuka Mincho R, 8.5pt**
(무료 글꼴: Free Font)	(무료 글꼴: Free Font)	(무료 글꼴: Free Font)
"2036년 7월 19일"	"2036년 7월 19일"	"2036년 7월 19일"

- **짝을 이루는 글꼴이 있는가**

  선택한 글꼴이 바탕체(명조)와 돋움체(고딕)처럼 짝을 이루는 글꼴로 구성된 것이면 좋습니다. 다시 말해서 서로 어울리면서 대비가 되는 글꼴이 있으면 어울리는 글꼴을 찾는 수고를 하지 않아도 되기 때문입니다. 만약 그렇지 않다면 우리가 직접 그런 글꼴을 찾아야 할 수 있으니까요.

❶ KoPubWorld 바탕체 L
❷ 바른 바탕 1 
❸ 제주 명조 
❹ 본명조 R 
❺ 이롭게 바탕체 M 
❻ 함초롱 바탕 R 
❼ 나눔 명조 R 
❽ 아리따-부리 M 
❾ 순바탕 가는체 
❿ KBIZ 한마음 명조 R 
⓫ Yoon 대한체 R 
⓬ 한둥근체 바탕 R 

바탕 글꼴의 다양한 유형들

다양한 바탕 글꼴들 중에 어떤 것을 선택할까요? 느낌은 다른데 무엇이 다른지 잘 와닿지 않을 때는 확대하여 세부를 살펴보세요.

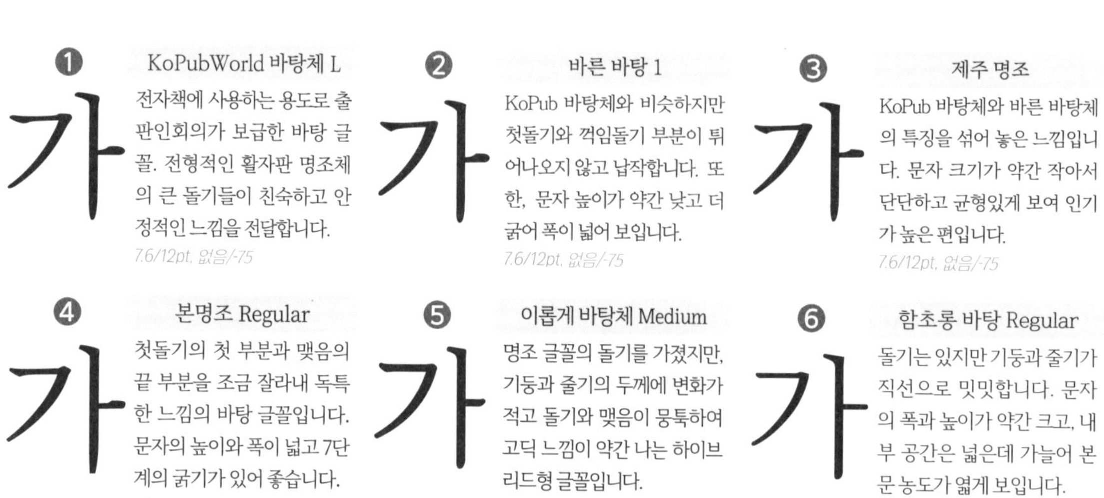

❶ KoPubWorld 바탕체 L

가

전자책에 사용하는 용도로 출판인회의가 보급한 바탕 글꼴. 전형적인 활자판 명조체의 큰 돌기들이 친숙하고 안정적인 느낌을 전달합니다.

7.6/12pt, 없음/-75

❷ 바른 바탕 1

가

KoPub 바탕체와 비슷하지만 첫돌기와 꺽임돌기 부분이 튀어나오지 않고 납작합니다. 또한, 문자 높이가 약간 낮고 더 굵어 폭이 넓어 보입니다.

7.6/12pt, 없음/-75

❸ 제주 명조

가

KoPub 바탕체와 바른 바탕체의 특징을 섞어 놓은 느낌입니다. 문자 크기가 약간 작아서 단단하고 균형있게 보여 인기가 높은 편입니다.

7.6/12pt, 없음/-75

❹ 본명조 Regular

가

첫돌기의 첫 부분과 맺음의 끝 부분을 조금 잘라내 독특한 느낌의 바탕 글꼴입니다. 문자의 높이와 폭이 넓고 7단계의 굵기가 있어 좋습니다.

7.6/12pt, 없음/-75

❺ 이롭게 바탕체 Medium

가

명조 글꼴의 돌기를 가졌지만, 기둥과 줄기의 두께에 변화가 적고 돌기와 맺음이 뭉툭하여 고딕 느낌이 약간 나는 하이브리드형 글꼴입니다.

7.6/12pt, 없음/-60

❻ 함초롱 바탕 Regular

가

돌기는 있지만 기둥과 줄기가 직선으로 밋밋합니다. 문자의 폭과 높이가 약간 크고, 내부 공간은 넓은데 가늘어 본문 농도가 옅게 보입니다.

7.6/12pt, 없음/-90

❶ KoPubWorld 바탕체 L
❷ 바른 바탕 1
❸ 제주 명조
❹ 본명조 R
❺ 이롭게 바탕체 M
❻ 함초롱 바탕 R
❼ 나눔 명조 R
❽ 아리따-부리 M
❾ 순바탕 가는체
❿ KBIZ한마음 명조 R
⓫ Yoon 대한체 R
⓬ 한둥근체 바탕 R

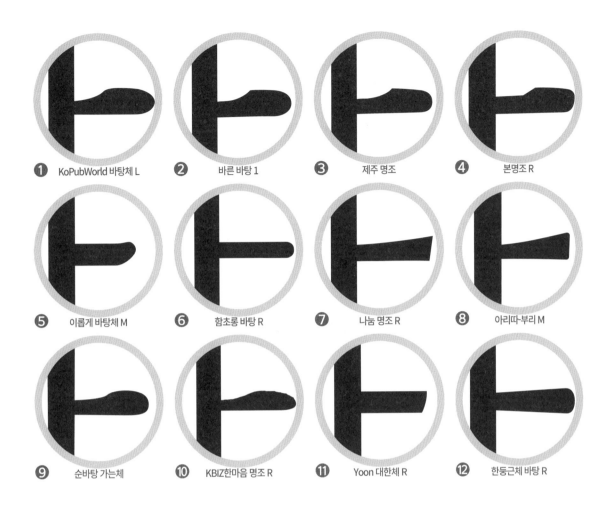

❼ 가 **나눔 명조 Regular**

돌기와 맺음을 모두 직선 처리한 전혀 새로운 느낌의 바탕 글꼴. 날카로운 획이 강렬한 느낌을 주어 표지의 제목에 많이 사용됩니다.

7.6/12pt, 없음/-75

❽ 가 **아리따 부리 Medium**

안그라픽스 연구소에서 만든 색다른 글꼴. 기둥의 첫돌기, 곁줄기, 삐침의 끝 등이 각이 져서 날카롭지만 나눔 명조보다는 부드러운 느낌입니다.

7.6/12pt, 없음/-75

❾ 가 **순바탕 가는체**

붓으로 쓴 것 같은 돌기와 꺽임이 옛스러운 분위기를 내는 바탕 글꼴입니다. 다른 글꼴에 비해 문자의 폭과 자간이 다소 넓습니다.

7.6/12pt, 없음/-120

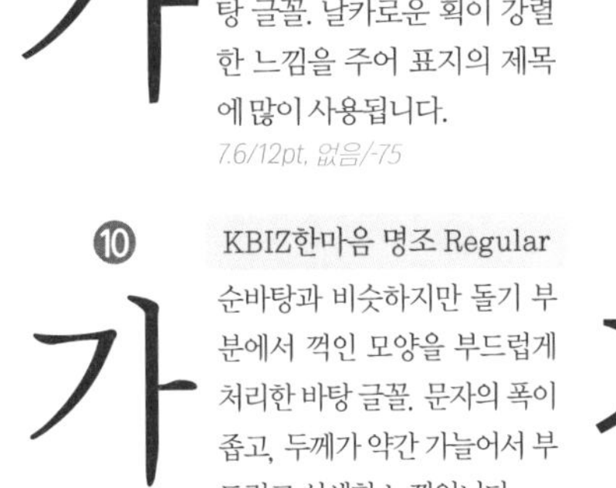

❿ **KBIZ한마음 명조 Regular**

순바탕과 비슷하지만 돌기 부분에서 꺽인 모양을 부드럽게 처리한 바탕 글꼴. 문자의 폭이 좁고, 두께가 약간 가늘어서 부드럽고 섬세한 느낌입니다.

7.6/12pt, 없음/-55

⓫ 가 **Yoon 대한체 Regular**

명조와 고딕의 특성을 결합한 하이브리드형 바탕 글꼴. 막대 모양의 줄기와 기둥, 날카롭게 끊어진 맺음은 돋움 글꼴의 특성입니다.

7.6/12pt, 없음/-60

⓬ 가 **한둥근체 바탕 Regular**

Yoon 대한체를 둥글게 만든 것 같은 바탕 글꼴. 부드러운 가장자리, 꺽임돌기, 삐침이 얇아지는 모습 때문에 명조 글꼴의 느낌이 더 강합니다.

7.6/12pt, 없음/-65

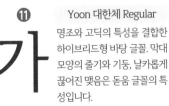

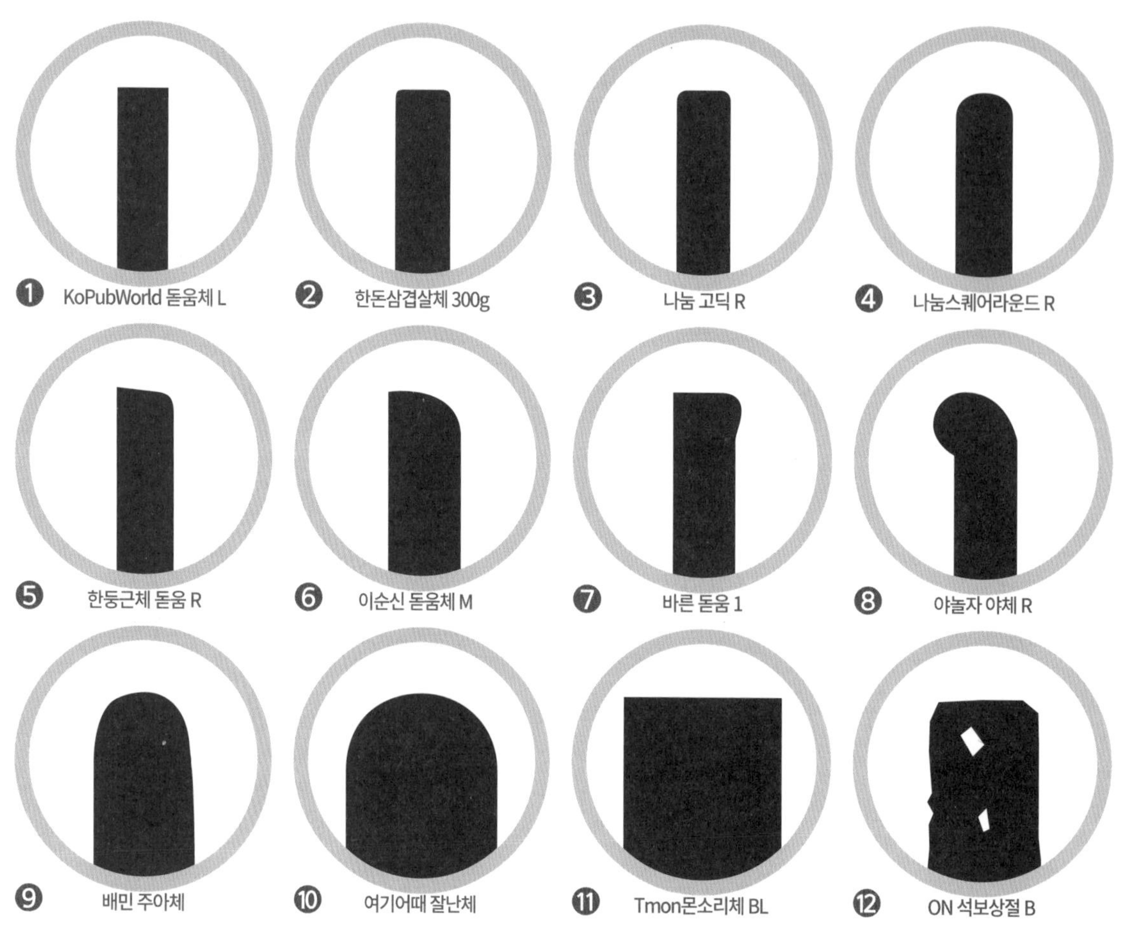

돋움 글꼴의 다양한 유형들

돋움 글꼴들 역시 다양한 모습으로 존재합니다. 다르게 느껴지는 원인이 무엇일까요? 문자를 확대하여 세부를 살펴보며 생각해보세요.

❶ 가

KoPubWorld 돋움체 Light

전형적인 고딕 글꼴답게 모든 획의 끝은 직각입니다. 하지만 느슨한 곡선을 그리는 빗침의 끝 부분을 비스듬히 잘라 약간의 변화를 주었습니다.

7.6/12pt, 없음/-30

❷ 가

한돈삼겹살체 300g

모든 획의 끝을 살짝 둥글게 하여 조금 부드러운 느낌을 얻고, 기둥의 맺음 부분은 명조체처럼 가늘게 하되 끝을 잘라서 고딕체의 느낌을 유지합니다.

7.6/12pt, 없음/-70

❸ 가

나눔 고딕 Regular

모든 획의 끝을 조금 둥글게 하고, 꺾임 돌기 부분도 둥글게 만들어 날카로운 느낌이 많이 사라지고 둥근 고딕의 느낌이 납니다.

7.6/12pt, 없음/-50

❹ 가

나눔스퀘어라운드 Regualr

모든 획의 끝을 나눔 고딕보다 더 둥글게 한 확실한 둥근 고딕입니다. 빗침을 느슨하게 흘리지 않고 강하게 꺽은 것이 독특한 개성을 만듭니다.

7.6/12pt, 없음/-50

❺ 가

한둥근체 돋움 Regular

모든 획의 끝 부분을 직각으로 두지 않고 붓글씨의 느낌을 살려서 살짝 휘어지게 만들었습니다. 고딕에 명조의 속성을 섞었다고 볼 수 있습니다.

7.6/12pt, 없음/-30

❻ 가

이순신 돋움체 Medium

한둥근체 돋움과 비슷하지만 획 끝의 일부는 둥글지 않고 직각이어서 강한 느낌입니다. 한둥근체가 장체인데 반해서 정사각형에 가깝습니다.

7.6/12pt, 없음/-70

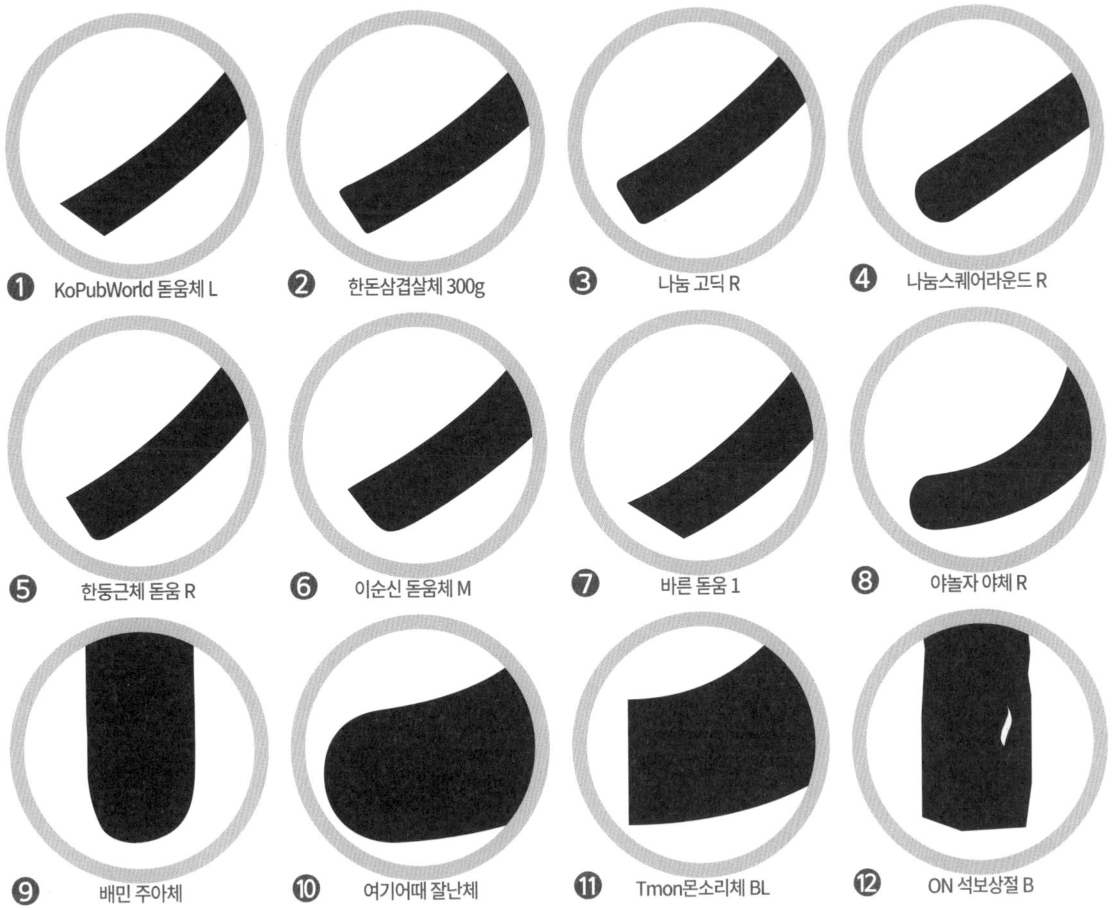

❼ **바른 돋움 1**

가

KoPubWorld 돋움체와 비슷하지만 여러 가지 방법으로 자형의 폭을 넓게 만들었고, 기둥의 시작 부분에 첫돌기를 살짝 두어 엑센트를 줍니다.

7.6/12pt, 없음/-70

❽ **야놀자 야체 Regular**

가

둥근 고딕 글꼴인데 탈네모틀인 것이 특이합니다. 다른 글꼴에 비해 크기가 매우 작은 편입니다. 기둥이 시작되는 부분의 첫돌기 때문에 손글씨 같은 느낌이 납니다.

9/12pt, 없음/-40

❾ **배달의민족 주아체**

가

매우 두꺼운 돋움 글꼴입니다. 모든 획이 두껍고 둥글둥글한데 큰 붓으로 쓴 듯한 두터운 느낌이 특징입니다. 빗침도 가급적 사선이 아닌 직선으로 처리합니다.

7.6/12pt, 없음/-50

❿ **여기어때 잘난체**

가

둥근 고딕을 엄청나게 두껍게 만든 블랙 글꼴입니다. 변화를 주기 위해 모든 획의 아래쪽 맺음은 직선으로 만들었습니다.

7.6/12pt, 없음/-50

⓫ **Tmon 몬소리체 Black**

가

여기어때 잘난체처럼 매우 두터운 직각 블랙 글꼴인데 기둥의 맺음 부분과 수평 방향의 획에 굴림을 넣어 변화를 주었습니다.

7.6/12pt, 없음/-30

⓬ **ON 석보상절 Bold**

가

우둘두들한 질감을 살려서 만든 독특한 판각체 돋움 글꼴입니다. 정제되지 않은 거칠고 남성적인 느낌을 전달합니다.

7.6/12pt, 없음/-50

무료 글꼴의 사용 범위

24p/33mm, 시각적/-50
순바탕 굵은체

'무료 글꼴'은 글꼴을 만든 사람이나 회사가 글꼴의 소유권을 포기한 것이 아니라 글꼴을 무료로 사용할 권리를 허용한다는 뜻입니다. 그런 의미에서 보면 공개 글꼴이 더 정확한 표현입니다. 저작권자에 따라서 무료 글꼴의 사용권 범위와 조건을 제약하는 경우가 많습니다. 그 이유는 저작권자의 목적에 따라 다르며, 허용하거나 금지하는 범위와 조건도 다릅니다. 따라서 무료 글꼴을 사용하려면 먼저 그 글꼴의 사용 범위를 파악해야 합니다.

10/18p, 없음/-100
순바탕 가는체

현재의 법으로는 글꼴 디자인은 저작권이 인정되지 않습니다. 문자의 형태는 인류의 공유 재산이라는 인식 때문입니다. 그래서 다른 방법으로 글꼴 디자인의 권리를 보호하고 있습니다. 나라에 따라 다릅니다만 우리나라에서는 아날로그 상태의 글씨는 저작권을 인정하지 않고, 디지털 상태의 글꼴 파일은 프로그램 저작물로 보호하고 있습니다. 그래서 유료 글꼴 파일을 무단으로 복사해서 사용하였다면 저작권 위반으로 보는 것입니다.

무료 글꼴은 크게 두 가지로 나뉩니다. 개인적인 용도로 혼자서 사용할 때는 문제가 없지만 상업적인 목적으로는 사용할 수 없는 무료 글꼴이 있고, 상업적인 목적으로도 사용할 수 있는 무료 글꼴이 있습니다. 이 책에서는 당연히 상업적으로도 사용할 수 있는 무료 글꼴들을 소개합니다.

그런데 상업적으로 사용할 수 있는 것에도 몇 가지 종류가 있습니다. 일부 제한이 있는(회사나 브랜드의 로고를 만드는 데에는 사용할 수 없거나) 무료 글꼴이 있고, 글꼴 파일을 판매하는 것을 제외하고는 모든 것이 가능한 진정한 무료 글꼴도 있습니다. 이것은 저작권자가 글꼴을 무료로 배포하는 이유에 따라 달라집니다. 따라서 무료 글꼴을 사용할 때는 허용된 사용 범위를 확실하게 확인한 뒤에 사용하는 습관을 가져야 하겠습니다.

글꼴의 사용 범위는 매우 다양합니다. 과거에는 주로 인쇄하기 위해 사용했다면 최근에는 웹사이트나 전자책 등 디지털 환경에서 사용하는 경우가 늘어나고 있습니다. 이 책에서는 글꼴의 무료 사용 범위와 조건을 12가지(인쇄, 영상, 웹사이트, 전자책, BI/CI, 제품, 모바일, 서버, 출처 생략, 재배포, 수정배포, 판매)로 나누어 소개합니다. 오른쪽 페이지의 예를 참고하시기 바랍니다.

12/18p, 없음/0
본고딕 B
10/18p, 없음/-30
본명조 R

인쇄

무료 글꼴의 대부분은 상업적인 용도의 인쇄를 허용합니다. 여기에서 '인쇄'란 책과 판매하지 않는 인쇄물(전단지나 브로셔 등)을 편집하는 용도로 사용하는 경우를 말합니다. 패키지, 문구, 티셔츠 등 출판과 관련이 없는 분야에 사용할 때는 '인쇄'가 아니라 '제품'이라고 해석합니다. 출판업계를 우대하는 것입니다.

영상

글꼴을 판매하는 회사들은 영상을 인쇄와는 다른 별도의 영역으로 봅니다. 영상에 자막을 넣으려면 글꼴 파일 데이터(프로그램)를 삽입한다는 것이 근거입니다. 다행히 국내의 무료 글꼴들은 대부분 영상에 사용할 수 있습니다. 일반적으로 유료 글꼴은 영상에 사용하려면 추가로 비용을 내거나 더 비싼 사용료를 내야 합니다.

웹사이트

웹사이트에서도 글꼴을 사용할 수 있는가입니다. 웹사이트용으로 개발된 무료 글꼴에는 별도의 웹폰트 파일이 포함되어 있는 경우가 많습니다. 이런 무료 글꼴은 파일 용량을 줄이기 위해 한글 문자의 수를 줄이고 자형을 심플하게 설계합니다.

무료 사용 범위 표시 - KoPub 글꼴의 예

10pt, 없음/0
KoPubWorld돋움 B
9pt, 없음/0
KoPubWorld돋움 B/L
8/14pt, 없음/-10
KoPubWorld돋움 B/L

무료 사용 범위			
인쇄: O	**영상:** O	**웹사이트:** O	**전자책:** O
BI/CI: O	**제품:** O	**모바일:** O	**서버:** △ (승인 필요함)
출처 생략: O	**재배포:** O	**수정배포:** X	**판매:** X
사용 허락: 사용자 정보 등록 페이지(www.kopus.org/Biz/electronic/Font.aspx)에서 사용자 정보(업체/이름, 연락처, 사용용도) 입력한 후에 사용할 것을 권합니다.			

참고: 여기에서 정리한 무료 사용 범위는 배포자의 실제 의사와 일부 다를 수 있으며, 이후 배포자의 의사가 바뀔 수도 있습니다. 따라서 상업적인 목적으로 이용하고자 할 때는 이 페이지 상단의 '링크'를 방문하여 정확한 사용 범위를 다시 한번 확인하기 바랍니다.

전자책

12/18p, 없음/0
나눔바른고딕 B
10/18p, 없음/-30
나눔명조 R

유료 글꼴은 전자책과 PDF 파일에 삽입하여 유통하려면 추가 비용을 지불해야 합니다. 다행히 국내의 무료 글꼴들은 대부분 전자책에 무료로 사용할 수 있습니다. 한국출판인회의 KoPub과 한국출판문화산업진흥원의 순바탕체는 출판사가 전자책에 본문용 글꼴을 사용할 수 있도록 지원하기 위해 만들어진 대표적인 글꼴입니다.

BI/CI

BI(Brand Identity), CI(Corporate Identity)는 브랜드나 회사의 로고나 그에 준하는 이미지를 말합니다. 브랜드나 회사를 홍보하기 위해 무료 글꼴을 공개한 회사는 그 글꼴을 BI/CI 용도로 사용하지 못하게 막을 가능성이 높습니다.

제품

'제품'은 책과 인쇄물 이외의 상품에 글꼴을 사용하는 것을 가리킵니다. 이미지와 글꼴의 저작권을 따질 때 '인쇄'와 '제품'을 분리하여 인쇄는 무료로 하더라도 제품에 대해서는 비용을 받는 경우가 있습니다.

모바일

모바일 장비가 많이 사용되면서 글꼴을 모바일 기기에 넣어 사용하거나 보급하는 일이 많아지고 있습니다. 저작권자가 인쇄는 허용하면서 모바일에서의 사용은 막을 수 있습니다. 오픈 폰트 라이선스가 적용되지 않았다면 글꼴 파일을 제공하는 행위가 문제가 될 수 있습니다. 저작권자에게 확인해보는 것이 좋습니다.

서버

서버의 하드 디스크에 글꼴을 넣어두고 사용하는 경우를 말합니다. 글꼴 파일을 한 대의 컴퓨터에만 설치하는 것을 허용하는 무료 글꼴은 서버에 두는 것을 허용하지 않을 것입니다. 모바일의 경우와 유사합니다.

12/18p, 없음/0
제주고딕 R
10/18p, 없음/-25
제주명조 R

출처 표시

대부분의 무료 글꼴은 그 글꼴의 저작권자가 누구인지 밝히는 문구를 넣지 않고도 사용할 수 있습니다. 하지만 간혹 저작권 표시를 해야 사용할 수 있는 무료 글꼴도 있습니다. 출처를 표기할 공간이나 방법이 없을 때는 이런 글꼴은 사용하지 못할 수도 있습니다. 출처 표시를 하고 싶지 않은 경우도 있으므로 글꼴을 사용하는 입장에서 출처를 생략할 수 있는가는 중요한 요소입니다.

재배포

일반적으로 무료 글꼴은 글꼴을 수정하지 않고 그대로 재배포할 수 있게 허용합니다. 그래야 여러 사이트에서 배포하여 널리 보급될 수 있기 때문입니다. 하지만 재배포를 허용하지 않는 경우도 있습니다. 재배포를 국내로 한정하거나, 허락을 받도록 하거나, 아예 금지하기도 합니다. 무료 글꼴을 배포하는 목적이 사람들을 특정 웹사이트로 유도하려는 것일 때는 재배포를 허용하지 않습니다. 이런 무료 글꼴을 자신이 운영하는 블로그나 카페에 올려 놓아서는 안됩니다.

수정배포

무료 글꼴 중에는 누구나 그 글꼴을 수정하여 새로운 글꼴을 만들어 배포하는 것을 허용하는 것들이 있습니다. 오픈 폰트 라이선스를 적용하는 글꼴들이 그렇습니다. 하지만 브랜드 글꼴을 공개한 회사는 대부분 수정배포를 허용하지 않습니다. 자사의 브랜드 아이덴티티를 상징하는 글꼴과 유사한 글꼴들이 난립하는 것을 원하지 않기 때문입니다.

판매

무료 글꼴 자체를 판매하는 것은 할 수 없습니다. 또한, 글꼴을 무상으로 제공하는 대신에 다른 이득을 얻는다면 상업적 행위로 간주하여 저작권 위반이 될 수 있습니다. 따라서 판매하는 소프트웨어 혹은 장비에 글꼴 파일 자체를 함께 제공하고 싶을 때는 오픈 폰트 라이선스가 아닌 한 저작권자의 허락을 얻어야 합니다.

오픈 폰트 라이선스

24p/33mm, 없음/-40
배스킨라빈스 B

글꼴의 무료 사용 범위에도 국제 표준이란 것이 있습니다. 그 중에서 많이 알려진 것이 오픈 폰트 라이선스(SIL Open Font License)입니다. "이 글꼴에는 오픈 폰트 라이선스 1.1이 적용되었습니다"라는 문장이 있다면 글꼴을 판매하는 것 이외의 모든 것이 허용된다는 것입니다. 반면에 오픈 폰트 라이선스라고 명시되어 있지 않다면 뭔가 사용 범위나 사용 조건에 제약이 있다는 뜻입니다.

12/18p, 없음/-30
이롭게 바탕체 M

퍼블릭 도메인

9.5/18p, 없음/0
에스코어 드림 B
9/18p, 없음/-30
에스코어 드림 R

저작권이나 지적 재산권 등의 권리가 소멸되었거나 포기된 상태를 말합니다. 이런 글꼴이 있다면 어떤 용도로도 자유롭게 이용할 수 있습니다.

GPL (General Public License)

1985년에 자유 소프트웨어 재단(Free Software Foundation)이라는 비영리단체가 만들어졌습니다. 자유 소프트웨어 재단은 소프트웨어를 누구나 복제, 수정, 공유, 배포할 수 있도록 하자는 '자유 소프트웨어 문화'를 장려하는 운동을 하고 있습니다. GPL은 가장 널리 알려진 강력한 카피레프트(Copyleft; 사용 허가) 라이선스입니다. 무료 글꼴에 GPL 라이선스를 적용하면 해당 글꼴을 누구나 마음대로 복제, 수정, 공유, 배포할 수 있게 됩니다.

오픈 폰트 라이선스(SIL OPEN FONT LICENSE)

SIL International(www.sil.org)이 글꼴을 배포하기 위해 만든 라이선스입니다. 이 라이선스가 적용된 글꼴은 누구나 자유롭게 사용할 수 있습니다. 다만, 글꼴 자체를 단독으로 판매하는 것은 허용되지 않는다는 점에서 GPL과 다르며, 다른 프로그램과 함께 배포하거나 판매하는 것은 허용됩니다. 오픈 폰트 라이선스(OFL)의 목표는 전 세계에 걸쳐서 글꼴 공동 프로젝트를 활성화하고 학계 및 언어 공동체의 글꼴 제작을 지원하여 글꼴을 공유하고 협력하는 환경을 구축하는 것입니다.

오픈 폰트 라이선스가 적용된 국내의 무료 글꼴들은 아직 많지 않습니다. 그 이유는 글꼴 수정을 허용하기 싫어하는 브랜드 글꼴이 많기 때문입니다.

24/33mm, 없음/0
배달의민족 주아체

다국어 글꼴

10/18p, 없음/-30
Yoon 대한체 R

글로벌 시대가 되니 문서부터 시작하여 전자책과 웹사이트, 모바일에 이르기까지 여러 나라의 문자를 동시에 사용해야 할 일이 많아졌습니다. 이런 흐름에 대응하여 하나의 글꼴로 여러 나라의 문자를 지원하는 다국어 글꼴에 대한 수요가 늘어나고 있습니다.

한글 글꼴은 기본적으로 한글, 영어, 한자, 일본어 문자를 지원하기 때문에 원래부터도 다국어 글꼴입니다. 하지만 좀더 전문적인 영역으로 들어가면 중국어 한자(간자체와 번자체)와 일본어 한자가 있으며, 러시아어 키릴 문자와 아시아의 다른 여러 나라들의 문자에 대한 필요도 증가하고 있습니다. 컴퓨터 운영체계가 제공하는 언어별 글꼴들이 있습니다만 이들은 여러 나라의 문자를 동시에 표시하지 못합니다.

11/18p, 없음/0
경기천년제목 B

본명조·본고딕

본명조와 본고딕(구글은 Noto라는 이름으로 배포하고 있습니다)은 다국어 무료 글꼴의 대표 주자입니다. 이들은 어도비와 구글이 한국, 중국, 일본의 대표적인 글꼴 회사의 도움을 받아 제작하였습니다. 한국어, 중국어 간체, 중국어 번체, 일본어에 옛한글까지 지원하는 오픈 소스 CJK 글꼴입니다. 또한 라틴어, 그리스어 및 키릴어를 표시하는 서양 언어권 글리프 세트도 포함되어 있습니다. 따라서 다국어 콘텐츠를 만들 때 유용합니다.

본명조와 본고딕 글꼴을 사용하면 여러 나라의 문자들을 위화감 없이 서로 어울리게 디자인할 수 있습니다. 글꼴의 두께도 7단계나 되므로 제목에서 본문까지 모두 대응할 수 있습니다. 이 정도의 고품질 글꼴을 무료로 사용할 수 있다는 것은 큰 혜택입니다.

KoPubWorld 바탕·돋움

이 글꼴은 한국출판인회의가 전자책 시장 활성화를 위해 개발한 글꼴입니다. 2011년에 발표한 KoPub 글꼴은 다국어 글꼴이 아니었으나 이를 업그레이드하여 다국어를 지원하는 KoPubWord 글꼴을 2019년에 배포하였습니다.

이들은 현대한글 11,172, 옛한글 9,170, KS한자 4,888, 확장한자 1,300, KS심볼 986, 특수문자 150, 일본어 189, 라틴확장 784, 키릴 3,904, 아랍어 255, 히브리어 143, 산스크리스트어 128자, 총 75,078자 를 지원합니다. 글꼴의 두께는 3단계를 지원합니다.

특수기호 입력하기

24p/33mm, 시각적/0
Gothic A1 EB

10/18p, 없음/-30
Gothic A1 L

글꼴에는 현재 여러분이 사용하고 있는 키보드 자판 배열로는 입력하기 어렵거나 아예 불가능한 문자들이 있습니다. 소위 약물이라고 해서 어떤 키에도 매치가 되지 않은 특수 기호, 다른 나라의 언어에 속한 특별한 문자들이 그것입니다. 이런 문자들을 입력하려면 다음과 같은 방법을 사용합니다.

윈도우10 운영체계에서는 '문자표' 앱을 사용하여 현재 활성화되어 있는 글꼴의 문자들을 살펴볼 수 있습니다. 아래 그림에서 보는 것처럼 글꼴을 선택한 뒤에 원하는 문자들을 찾아서 '선택' 단추를 누르고 '복사' 단추를 눌러 클립보드에 복사합니다. 이제 해당 문자들을 입력하려는 앱에서 같은 글꼴을 선택한 뒤에 <Ctrl+V>키를 눌러 붙여 넣으면 됩니다.

사용하는 앱이 문자표 기능을 제공한다면 그것을 사용하는 것이 더 편리합니다. 예를 들면, 아래아 한글 워드프로세서는 내부에 문자표 기능을 가지고 있습니다.

• 문자표 앱을 실행한 뒤에 '글꼴' 목록에서 글꼴을 선택합니다.

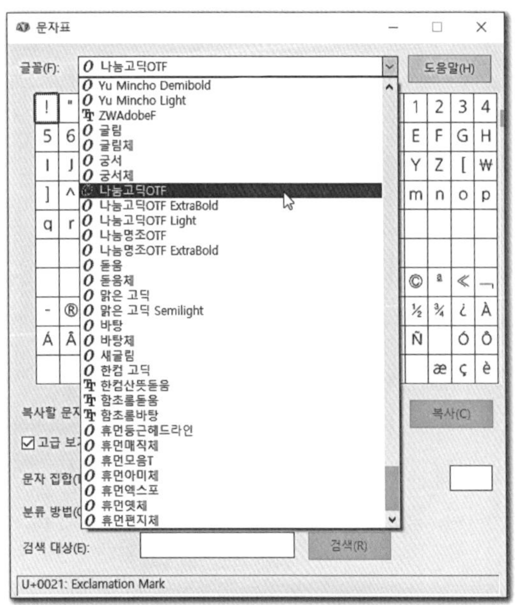

• '분류방법' 목록에서 '유니코드 하위 범위'를 선택하면 나타나는 창에서 분류를 선택하면 특수 기호를 쉽게 찾을 수 있습니다.

만약 인디자인, 포토샵, 일러스트레이터와 같은 어도비 앱을 사용한다면 '글리프' 패널을 이용하여 글꼴이 지원하는 문자들을 편하게 볼 수 있습니다. 입력할 문자를 발견하면 해당 문자를 더블 클릭하여 커서 위치에 삽입합니다. 이렇게 입력한 문자는 '최근 사용' 칸에 표시되므로 다음에는 더 쉽게 입력할 수 있습니다. 아래의 그림은 인디자인의 글리프 패널을 보인 것입니다만, 포토샵과 일러스트레이터의 글리프 패널도 이와 거의 같습니다.

8/14p, 없음/-10 나눔바른고딕 L

- '글리프' 패널의 아래쪽 있는 글꼴 목록에서 원하는 글꼴을 선택합니다. 위쪽에 있는 '표시' 목록 상자에서 '유니코드 하위 범위' 중 하나를 선택하면 해당 영역의 문자들만 나타나므로 원하는 특수 기호를 쉽게 찾을 수 있습니다.

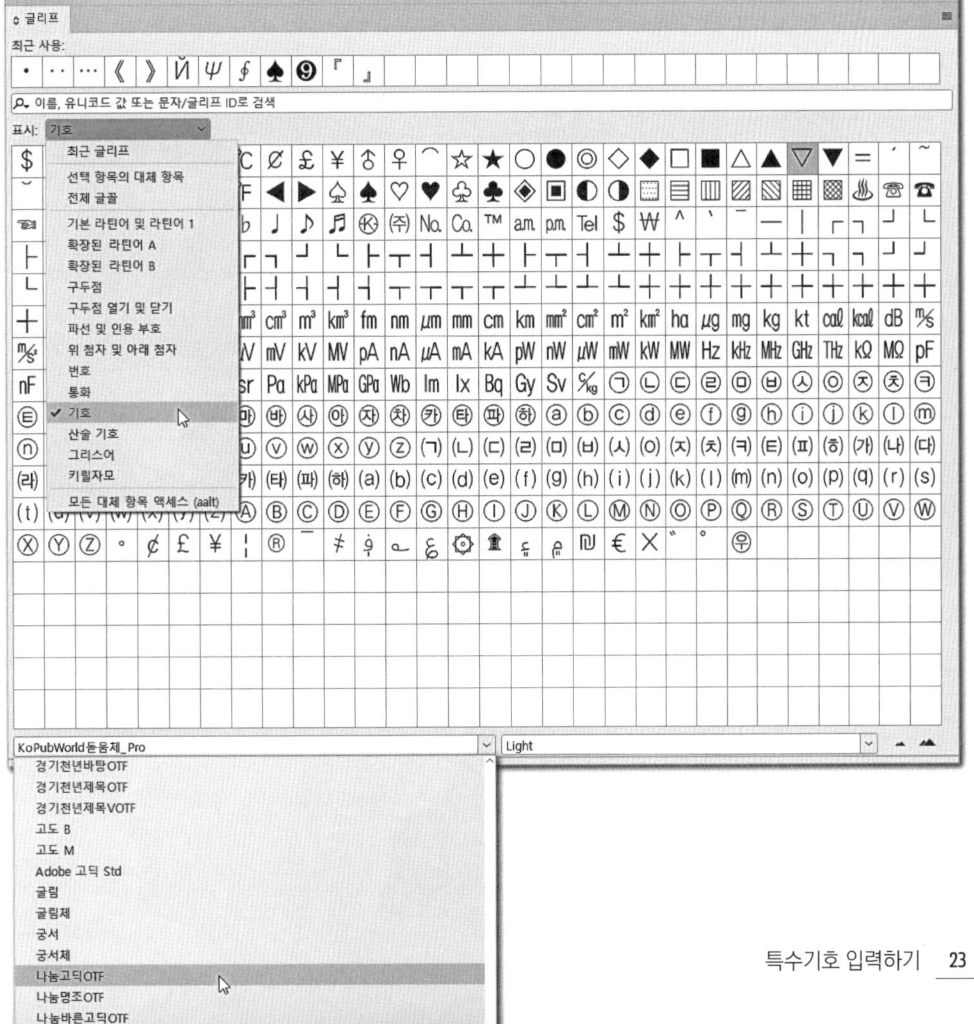

1. KoPubWorld 바탕체, 돋움체

20/40pt, 없음/0, KoPubWorld돋움 B

배포: 한국출판인회의 — 10/18pt, 없음/-30, KoPubWorld돋움 B/L

취지: 전자책 시장 활성화

발표: Kopub(2011), KoPubWorld(2019)

링크: www.kopus.org/Biz/electronic/Font.aspx — 10/18pt, 메트릭/0, Adobe Garamond Pro R

분류: 바탕, 돋움

굵기: 3단계(Light, Medium, Bold)

특징: 책의 본문에 적합한 다국어 글꼴. 현대한글 11,172, 옛한글 9,170, KS한자 4,888, 확장한자 1,300, KS심볼 986, 특수문자 150, 일본어 189, 라틴확장 784, 키릴 3,904, 아랍어 255, 히브리어 143, 산스크리스트어 128자, 총 75,078자 지원.

출판사의 전자출판 콘텐츠 생산강화와 전자책 시장 활성화를 목적으로 한국출판인회의가 개발하여 2011년에 무상으로 배포한 글꼴입니다. 3단계 두께의 바탕체와 돋움체, 6개의 글꼴로 구성되어 있습니다. 책이나 긴 문서의 무료 본문 글꼴로 이만한 것이 없습니다. — 10/18pt, 없음/-30, KoPubWorld바탕 L

2019년에는 옛한글, 확장 한자, 일본어, 라틴어, 러시아어, 히브리어, 아라비아어, 산스크리트어 등 다양한 언어의 문자들을 추가한 KoPubWord 글꼴이 추가로 발표되었습니다. 다국어를 지원할 뿐 아니라 일부 문자들(예를 들면 ©, •, ₩, 15 이상의 원문자 등)이 추가되었기 때문에 KoPub 글꼴 대신 KoPubWord 글꼴을 사용하기바랍니다. '링크'에서 KoPubWorld 사용설명서를 참고하세요.

그런데 일부 기호 문자는 글꼴의 굵기에 맞게 두께가 변화하지 않으며 오류도 있습니다. 예를 들어, 돋움체의 검정바탕 원숫자 중 ❶~❿은 바탕체로 되어 있습니다.

무료 사용 범위 — 10pt, 없음/0, KoPubWorld돋움 B

인쇄: O	**영상:** O	**웹사이트:** O	**전자책:** O
BI/CI: O	**제품:** O	**모바일:** O	**서버:** △ (승인 필요함)
출처 생략: O	**재배포:** O	**수정배포:** X	**판매:** X

9pt, 없음/0, KoPubWorld돋움 B/L

사용 허락: 사용자 정보 등록 페이지(www.kopus.org/Biz/electronic/Font.aspx)에서 사용자 정보(업체/이름, 연락처, 사용용도) 입력한 후에 사용할 것을 권합니다. — 8/14pt, 없음/-10, KoPubWorld돋움 B/L

참고: 여기에서 정리한 무료 사용 범위는 배포자의 실제 의사와 일부 다를 수 있으며, 이후 배포자의 의사가 바뀔 수도 있습니다. 따라서 상업적인 목적으로 이용하고자 할 때는 이 페이지 상단의 '링크'를 방문하여 정확한 사용 범위를 다시 한번 확인하기 바랍니다.

KoPubWorld 바탕체 KoPubWorld 돋움체 20pt, 없음/-30

	KoPubWorld 바탕체	KoPubWorld 돋움체	
Light	한글	한글	Light
Medium	한글	한글	Medium
Bold	한글	한글	Bold

72/80pt, 없음/0

KoPub 바탕체 KoPub 돋움체 20pt, 없음/-30

	KoPub 바탕체	KoPub 돋움체	
Light	한글	한글	Light
Medium	한글	한글	Medium
Bold	한글	한글	Bold

72/80pt, 없음/0

KoPubWorld 바탕체 Light 24pt, 없음/0

바 바 바 20pt
L M B

덧글은 통신의 예절을 지키면서 표현의 자유를 추구하는 방향으로 씁니다.

가나다라마바사아자차카타파하 괄꽁넋뒷떨립밟빛빵술쏙얹쥔짰척콥틈편훑

ABCDEFGHIJKLMNOPQRSTUVWXYZ abcdefghijklmnopqrstuvwxyz

1 2 3 4 5 6 7 8 9 0 ①⑩⑳㉚㊵㊿ ❶❿⓫⓴ ⑴⑽⒇ Ⅰ Ⅱ Ⅲ Ⅳ Ⅴ Ⅹ ⅰ ⅱ ⅲ ⅳ ⅴ ⅹ

~ ! @ # $ % ^ & * _ / \ | * ( ) [ ] { } 〈 〉 〈 〉 《 》 「 」 『 』 【 】 〔 〕 - + × ÷ =

. , ? : ; ' " ‘ ’ “ ” • · ·· ··· ©® ™ ¶ § ㎎ ㎏ ㎜ ㎝ ㎞ ㎐ ㏄ ○□△☆ ●■▲★

大韓民國 東西南北 高等學校 無料書體 落花流水 莫逆之友 大器晩成 螢雪之功

13/30pt, 없음/0

글꼴 가이드 20/40pt, 없음/0

글꼴 가이드 30/50pt, 없음/-10

글꼴 가이드 40/60pt, 없음/-25

글꼴 가이드 60pt, 없음/-50

바탕

100pt, 없음/0

한글 글꼴 가이드 7/13pt, 없음/10

한글 글꼴 가이드 8/15pt, 없음/5

한글 글꼴 가이드 9/16pt, 없음/0

한글 글꼴 가이드 10/18pt, 없음/-10

한글 글꼴 가이드 11/20pt, 없음/-25

한글 글꼴 가이드 12/22pt, 없음/-50

한눈에 보이는 무료 글꼴 가이드 *11/20pt, 없음/0, KoPubWorld바탕체 M*

비용을 지불하지 않고도 사용할 수 있는 글꼴을 '무료 글꼴'이라고 부릅니다. 사실은 무료 글꼴이 아니라 《공개 글꼴》이라고 해야 맞습니다. 『공개 글꼴』은 권리자가 설정한 "사용 범위"를 잘 살펴서 사용해야 합니다. 모든 것이 허용되는 진정한 무료 글꼴도 있고, 인쇄용으로는 *10/18pt, 없음/0, KoPubWorld바탕체 L*

한눈에 보이는 무료 글꼴 가이드 *11/20pt, 없음/-10, KoPubWorld바탕체 B*

비용을 지불하지 않고도 사용할 수 있는 글꼴을 '무료 글꼴'이라고 부릅니다. 사실은 무료 글꼴이 아니라 《공개 글꼴》이라고 해야 맞습니다. 『공개 글꼴』은 권리자가 설정한 "사용 범위"를 잘 살펴서 사용해야 합니다. 모든 것이 허용되는 진정한 무료 글꼴도 있고, 인쇄용으로는 무료로 *10/18pt, 없음/-10, KoPubWorld바탕체 L*

한눈에 보이는 무료 글꼴 가이드 *11/20pt, 없음/-25, KoPubWorld돋움체 M*

비용을 지불하지 않고도 사용할 수 있는 글꼴을 '무료 글꼴'이라고 부릅니다. 사실은 무료 글꼴이 아니라 《공개 글꼴》이라고 해야 맞습니다. 『공개 글꼴』은 권리자가 설정한 "사용 범위"를 잘 살펴서 사용해야 합니다. 모든 것이 허용되는 진정한 무료 글꼴도 있고, 인쇄용으로는 무료로 *10/18pt, 없음/-25, KoPubWorld바탕체 L*

한눈에 보이는 무료 글꼴 가이드 *11/20pt, 없음/-50, KoPubWorld돋움체 B*

비용을 지불하지 않고도 사용할 수 있는 글꼴을 '무료 글꼴'이라고 부릅니다. 사실은 무료 글꼴이 아니라 《공개 글꼴》이라고 해야 맞습니다. 『공개 글꼴』은 권리자가 설정한 "사용 범위"를 잘 살펴서 사용해야 합니다. 모든 것이 허용되는 진정한 무료 글꼴도 있고, 인쇄용으로는 무료로 사용할 수 *10/18pt, 없음/-50, KoPubWorld바탕체 L*

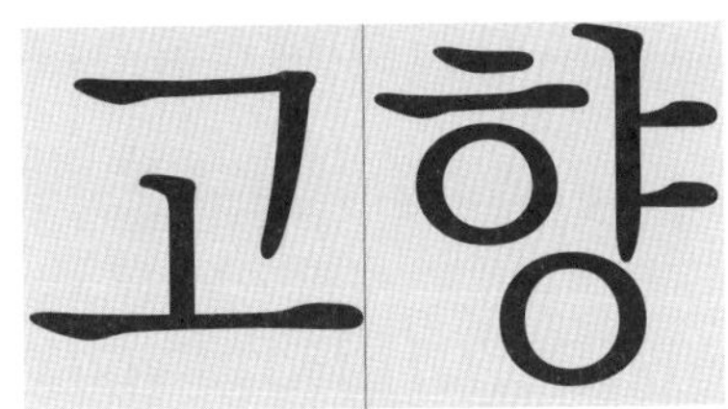

75pt, 없음/0, KoPubWorld바탕체 L

고향

75pt, 없음/-30, KoPubWorld바탕체 L

고향

75pt, 시각적/0, KoPubWorld바탕체 L

고향

75pt, 시각적/-30, KoPubWorld바탕체 L

KoPubWorld 바탕체 Medium 24pt, 없음/0 바 바 바 20pt
L M B

덧글은 통신의 예절을 지키면서 표현의 자유를 추구하는 방향으로 씁니다.

가나다라마바사아자차카타파하 괄꽁넋뒷떨립밟빛빵술쏙얹쥔짰척콥틈편흙

ABCDEFGHIJKLMNOPQRSTUVWXYZ abcdefghijklmnopqrstuvwxyz

1 2 3 4 5 6 7 8 9 0 ①⑩⑳㉚㊵㊿ ❶❿⓫⓴ ⑴⒇ Ⅰ Ⅱ Ⅲ Ⅳ Ⅴ Ⅹ ⅰ ⅱ ⅲ ⅳ ⅴ ⅹ

~ ! @ # $ % ^ & * _ / \ | * ( ) [ ] { } 〈 〉 〈 〉 《 》 「 」 『 』 【 】 〔 〕 - + × ÷ =

. , ? : ; ' " ' ' " " • · ‥ … © ® ™ ¶ § ㎎ ㎏ ㎜ ㎝ ㎞ ㎐ ㏄ ○□△☆ ●■▲★

大韓民國 東西南北 高等學校 無料書體 落花流水 莫逆之友 大器晩成 螢雪之功

13/30pt, 없음/0

글꼴 가이드 20/40pt, 없음/0

글꼴 가이드 30/50pt, 없음/-10

글꼴 가이드 40/60pt, 없음/-25

글꼴 가이드 60pt, 없음/-50

바탕 100pt, 없음/0

한글 글꼴 가이드 7/13pt, 없음/10

한글 글꼴 가이드 8/15pt, 없음/5

한글 글꼴 가이드 9/16pt, 없음/0

한글 글꼴 가이드 10/18pt, 없음/-10

한글 글꼴 가이드 11/20pt, 없음/-25

한글 글꼴 가이드 12/22pt, 없음/-50

KoPubWorld 바탕체 Bold 24pt, 없음/0

바 바 바 20pt
L M B

덧글은 통신의 예절을 지키면서 표현의 자유를 추구하는 방향으로 씁니다.

가나다라마바사아자차카타파하 괄꽁넋뒷떨립밟빛빵술쏙얹쥔짰척콥틈편훑

ABCDEFGHIJKLMNOPQRSTUVWXYZ abcdefghijklmnopqrstuvwxyz

1 2 3 4 5 6 7 8 9 0 ①⑩⑳㉚㊵㊿ ❶❿⓫⓴ ⑴⒇ Ⅰ Ⅱ Ⅲ Ⅳ Ⅴ Ⅹ ⅰ ⅱ ⅲ ⅳ ⅴ ⅹ

~ ! @ # $ % ^ & * _ / \ | * ( ) [ ] { } 〈 〉 〈 〉 《 》 「 」 『 』 【 】 〔 〕 - + × ÷ =

. , ? : ; ' " '' "" • · ·· ··· © ® ™ ¶ § ㎎ ㎏ ㎜ ㎝ ㎞ ㎐ ㏄ ○□△☆ ●■▲★

大韓民國 東西南北 高等學校 無料書體 落花流水 莫逆之友 大器晩成 螢雪之功

13/30pt, 없음/0

글꼴 가이드 20/40pt, 없음/0

글꼴 가이드 30/50pt, 없음/-10

글꼴 가이드 40/60pt, 없음/-25

글꼴 가이드 60pt, 없음/-50

바탕

100pt, 없음/0

한글 글꼴 가이드 7/13pt, 없음/10

한글 글꼴 가이드 8/15pt, 없음/5

한글 글꼴 가이드 9/16pt, 없음/0

한글 글꼴 가이드 10/18pt, 없음/-10

한글 글꼴 가이드 11/20pt, 없음/-25

한글 글꼴 가이드 12/22pt, 없음/-50

KoPubWorld 돋움체 Light *24pt, 없음/0*

돋 돋 돋 *20pt*
L M B

덧글은 통신의 예절을 지키면서 표현의 자유를 추구하는 방향으로 씁니다.

가나다라마바사아자차카타파하 괄꽁넋뒷떨립밟빛빵술쏙없쥔짰척콥튿편흙

ABCDEFGHIJKLMNOPQRSTUVWXYZ abcdefghijklmnopqrstuvwxyz

1 2 3 4 5 6 7 8 9 0 ①⑩⑳㉚㊵㊿ ❶❿⓫⓴ ⑴⒇ Ⅰ Ⅱ Ⅲ Ⅳ Ⅴ Ⅹ ⅰ ⅱ ⅲ ⅳ ⅴ ⅹ

~ ! @ # $ % ^ & * _ / \ | * ( ) [ ] { } 〈 〉 〈 〉 《 》 「 」 『 』 【 】 〔 〕 − + × ÷ =

. , ? : ; ' " ' ' " " • · · · · … © ® ™ ¶ § ㎎ ㎏ ㎜ ㎝ ㎞ ㎐ ㏄ ○□△☆ ●■▲★

大韓民國 東西南北 高等學校 無料書體 落花流水 莫逆之友 大器晩成 螢雪之功

13/30pt, 없음/0

글꼴 가이드 *20/40pt, 없음/0*

글꼴 가이드 *30/50pt, 없음/-25*

글꼴 가이드 *40/60pt, 없음/-50*

글꼴 가이드 *60pt, 없음/-75*

돋움 *100pt, 없음/0*

한글 글꼴 가이드 *7/13pt, 없음/10*

한글 글꼴 가이드 *8/15pt, 없음/5*

한글 글꼴 가이드 *9/16pt, 없음/0*

한글 글꼴 가이드 *10/18pt, 없음/-10*

한글 글꼴 가이드 *11/20pt, 없음/-25*

한글 글꼴 가이드 *12/22pt, 없음/-50*

한눈에 보이는 무료 글꼴 가이드 *11/20pt, 없음/0, KoPubWorld바탕 M*

비용을 지불하지 않고도 사용할 수 있는 글꼴을 '무료 글꼴'이라고 부릅니다. 사실은 무료 글꼴이 아니라 《공개 글꼴》이라고 해야 맞습니다. 『공개 글꼴』은 권리자가 설정한 "사용 범위"를 잘 살펴서 사용해야 합니다. 모든 것이 허용되는 진정한 무료 글꼴도 있고, 인쇄용으로는 무료로 사용할 수 있지만 *10/18pt, 없음/0, KoPubWorld돋움 L*

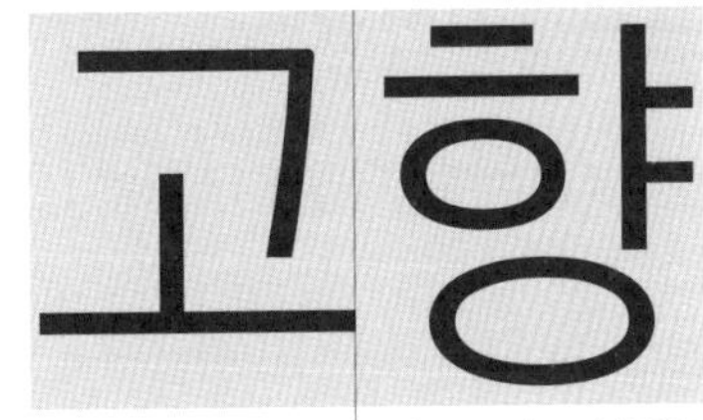

75pt, 없음/0, KoPubWorld돋움 L

한눈에 보이는 무료 글꼴 가이드 *11/20pt, 없음/-25, KoPubWorld바탕 B*

비용을 지불하지 않고도 사용할 수 있는 글꼴을 '무료 글꼴'이라고 부릅니다. 사실은 무료 글꼴이 아니라 《공개 글꼴》이라고 해야 맞습니다. 『공개 글꼴』은 권리자가 설정한 "사용 범위"를 잘 살펴서 사용해야 합니다. 모든 것이 허용되는 진정한 무료 글꼴도 있고, 인쇄용으로는 무료로 사용할 수 있지만 영상에 *10/18pt, 없음/-25, KoPubWorld돋움 L*

75pt, 없음/-75, KoPubWorld돋움 L

한눈에 보이는 무료 글꼴 가이드 *11/20pt, 없음/-50, KoPubWorld돋움 M*

비용을 지불하지 않고도 사용할 수 있는 글꼴을 '무료 글꼴'이라고 부릅니다. 사실은 무료 글꼴이 아니라 《공개 글꼴》이라고 해야 맞습니다. 『공개 글꼴』은 권리자가 설정한 "사용 범위"를 잘 살펴서 사용해야 합니다. 모든 것이 허용되는 진정한 무료 글꼴도 있고, 인쇄용으로는 무료로 사용할 수 있지만 영상에는 별도로 *10/18pt, 없음/-50, KoPubWorld돋움 L*

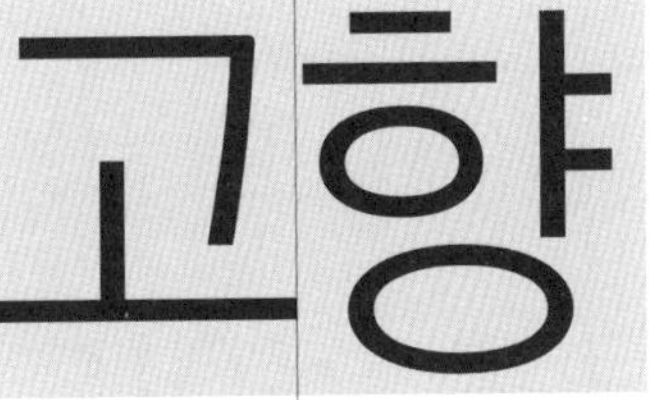

75pt, 시각적/0, KoPubWorld돋움 L

한눈에 보이는 무료 글꼴 가이드 *11/20pt, 없음/-75, KoPubWorld돋움 B*

비용을 지불하지 않고도 사용할 수 있는 글꼴을 '무료 글꼴'이라고 부릅니다. 사실은 무료 글꼴이 아니라 《공개 글꼴》이라고 해야 맞습니다. 『공개 글꼴』은 권리자가 설정한 "사용 범위"를 잘 살펴서 사용해야 합니다. 모든 것이 허용되는 진정한 무료 글꼴도 있고, 인쇄용으로는 무료로 사용할 수 있지만 영상에는 별도로 허락을 얻어야 *10/18pt, 없음/-75, KoPubWorld돋움 L*

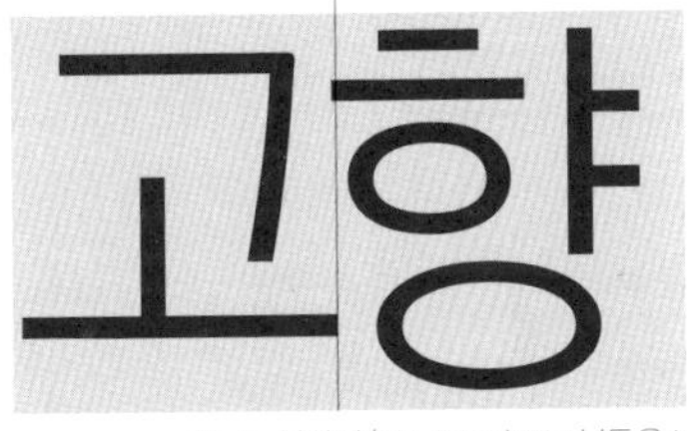

75pt, 시각적/-30, KoPubWorld돋움 L

KoPubWorld 돋움체 Medium

24pt, 없음/0

돋 돋 돋 20pt
L M B

덧글은 통신의 예절을 지키면서 표현의 자유를 추구하는 방향으로 씁니다.

가나다라마바사아자차카타파하 괄꽁넋뒷떨립밟빛빵술쏙얹쥔짰척콥틈편흙

ABCDEFGHIJKLMNOPQRSTUVWXYZ abcdefghijklmnopqrstuvwxyz

1 2 3 4 5 6 7 8 9 0 ①⑩⑳㉚㊵㊿ ❶❿⓫⓴ ⑴⒇ Ⅰ Ⅱ Ⅲ Ⅳ Ⅴ Ⅹ ⅰ ⅱ ⅲ ⅳ ⅴ ⅹ

~ ! @ # $ % ^ & * _ / \ | * ( ) [ ] { } 〈 〉 ‹ › 《 》 「 」 『 』 【 】 〔 〕 − + × ÷ =

. , ? : ; ‘ “ ‘’ “” • · ‥ … © ® ™ ¶ § ㎎ ㎏ ㎜ ㎝ ㎞ ㎐ ㏄ ○□△☆ ●■▲★

大韓民國 東西南北 高等學校 無料書體 落花流水 莫逆之友 大器晩成 螢雪之功

13/30pt, 없음/0

글꼴 가이드 20/40pt, 없음/0

글꼴 가이드 30/50pt, 없음/-10

글꼴 가이드 40/60pt, 없음/-25

글꼴 가이드 60pt, 없음/-50

돋움 100pt, 없음/0

한글 글꼴 가이드 7/13pt, 없음/10

한글 글꼴 가이드 8/15pt, 없음/5

한글 글꼴 가이드 9/16pt, 없음/0

한글 글꼴 가이드 10/18pt, 없음/-10

한글 글꼴 가이드 11/20pt, 없음/-25

한글 글꼴 가이드 12/22pt, 없음/-50

KoPubWorld 돋움체 Bold 24pt, 없음/0

돋 돋 돋 20pt

L M B

덧글은 통신의 예절을 지키면서 표현의 자유를 추구하는 방향으로 씁니다.

가나다라마바사아자차카타파하 괄꽁넋뒷떨립밟빛빵술쏙얹쥔짰척쿕틈편흙

ABCDEFGHIJKLMNOPQRSTUVWXYZ abcdefghijklmnopqrstuvwxyz

1 2 3 4 5 6 7 8 9 0 ①⑩⑳㉚㊵㊿ ❶❿⓫⓴ ⑴⒇ Ⅰ Ⅱ Ⅲ Ⅳ Ⅴ Ⅹ ⅰ ⅱ ⅲ ⅳ ⅴ ⅹ

~ ! @ # $ % ^ & * _ / \ | * ( ) [ ] { } 〈 〉 ⟨ ⟩ 《 》 「 」 『 』 【 】 〔 〕 − + × ÷ =

. , ? : ; ' " ' ' " " • · ·· ··· © ® ™ ¶ § ㎎ ㎏ ㎜ ㎝ ㎞ ㎐ ㏄ ○□△☆ ●■▲★

大韓民國 東西南北 高等學校 無料書體 落花流水 莫逆之友 大器晩成 螢雪之功

13/30pt, 없음/0

글꼴 가이드 20/40pt, 없음/0

글꼴 가이드 30/50pt, 없음/-10

글꼴 가이드 40/60pt, 없음/-25

글꼴 가이드 60pt, 없음/-50

돋움

100pt, 없음/0

한글 글꼴 가이드 7/13pt, 없음/10

한글 글꼴 가이드 8/15pt, 없음/5

한글 글꼴 가이드 9/16pt, 없음/0

한글 글꼴 가이드 10/18pt, 없음/-10

한글 글꼴 가이드 11/20pt, 없음/-25

한글 글꼴 가이드 12/22pt, 없음/-50

2. 경기천년체 바탕, 제목

20/40pt, 없음/0, 경기천년체 제목 B

배포: 경기도

10/18pt, 없음/-30, 경기천년체 제목 M/L

취지: 경기도 홍보

발표: 2017년

링크: www.gg.go.kr/font

10/18pt, 메트릭/0, Adobe Garamond Pro R

분류: 바탕, 돋움

굵기: 경기천년체 바탕 2단계(Regular, Bold)
경기천년체 제목 3단계(Light, Medium, Bold)
경기천년체 제목V 1단계(Bold) (세로쓰기)

특징: 현대한글 11,172, 영문 94, KS심볼 986를 지원. 제목체는 한자를 지원하지 않으며 바탕체는 KS한자 4,888자를 지원함. 제목체에 한해 세로쓰기 글꼴 1개가 있음.

경기천년체는 매우 특이한 자형의 바탕체와 돋움체 글꼴입니다. 명조체에 판각체의 각진 특성을 더한 하이브리드 글꼴이라 색다른 느낌을 표현할 수 있을 것입니다. 제목체는 제목에 사용하면 둥글면서도 강한 느낌을 전달할 수 있습니다. 긴 글에 사용할 세로쓰기용 글꼴을 찾는다면 경기천년체의 제목V보다는 한둥근체의 세로쓰기 글꼴이 더 편할 것입니다.

10/18pt, 없음/-30, 경기천년체 바탕 R

몇 가지 아쉬운 점이 있습니다. 경기천년체 바탕에서 Bold 글꼴의 한자는 Regular 굵기라거나, 다른 기호 문자들은 그렇지 않은데 정사각형 모양의 기호는 굵기가 다릅니다. ○□△☆

무료 사용 범위			
인쇄: O	**영상:** O	**웹사이트:** O	**전자책:** O
BI/CI: O	**제품:** O	**모바일:** O	**서버:** O
출처 생략: O	**재배포:** O	**수정배포:** X	**판매:** X

10pt, 없음/0, 경기천년체 제목 B

9pt, 없음/0, 경기천년체 제목 M/L

금지: 링크에 있는 저작권 설명에 따르면 유료로 양도하거나 판매하는 상업적 행위만을 금지하고 있습니다. 하지만 브랜드 홍보 글꼴이라서 허락없이 수정하여 배포하는 것도 금지할 가능성이 높습니다.

8/14pt, 없음/-10, 경기천년체 제목 M/L

참고: 여기에서 정리한 무료 사용 범위는 배포자의 실제 의사와 일부 다를 수 있으며, 이후 배포자의 의사가 바뀔 수도 있습니다. 따라서 특별한 형태(유료 소프트웨어 패키지에 번들, 수정 배포 등)로 사용하고자 한다면 이 페이지 상단의 '링크'를 방문하여 담당자에게 문의하기 바랍니다.

경기천년체 바탕 | 경기천년체 제목 | 20pt, 없음/-30

Regular
한글

Bold
한글

Light
한글

Medium
한글

Bold
한글

72/80pt, 없음/0

경기천년체 제목V는 세로쓰기용 글꼴입니다. 아쉽게도 굵기는 볼드 1단계입니다.

경기천년체 제목V | 20pt, 없음/-30

Bold
한글

72pt, 없음/0

경기천년체 바탕 Regular 24pt, 없음/0

덧글은 통신의 예절을 지키면서 표현의 자유를 추구하는 방향으로 씁니다.

가나다라마바사아자차카타파하 괄꽁넋뒷떨립밟빛빵술쏙없쥔짰척콥틈편흙

ABCDEFGHIJKLMNOPQRSTUVWXYZ abcdefghijklmnopqrstuvwxyz

1 2 3 4 5 6 7 8 9 0 ①⑩⑳ ❶❿ ⑴⑽⒇ Ⅰ Ⅱ Ⅲ Ⅳ Ⅴ Ⅹ ⅰ ⅱ ⅲ ⅳ ⅴ ⅹ

~ ! @ # $ % ^ & * _ / ₩ | * ( ) [ ] { } < > 〈 〉 《 》 「 」 『 』 【 】 〔 〕 − + × ÷ =

. , ? : ; ' " ‘ ’ “ ” · ‥ … ® ™ ¶ § mg kg mm cm km Hz cc ○□△☆ ●■▲★

大韓民國 東西南北 高等學校 無料書體 落花流水 莫逆之友 大器晩成 螢雪之功

13/30pt, 없음/0

글꼴 가이드 20/40pt, 없음/0

글꼴 가이드 30/50pt, 없음/-10

글꼴 가이드 40/60pt, 없음/-25

글꼴 가이드 60pt, 없음/-50

100pt, 없음/0

한글 글꼴 가이드 7/13pt, 없음/10

한글 글꼴 가이드 8/15pt, 없음/5

한글 글꼴 가이드 9/16pt, 없음/0

한글 글꼴 가이드 10/18pt, 없음/-10

한글 글꼴 가이드 11/20pt, 없음/-25

한글 글꼴 가이드 12/22pt, 없음/-50

한눈에 보이는 무료 글꼴 가이드 *11/20pt, 없음/0, 경기천년체 바탕 B*

비용을 지불하지 않고도 사용할 수 있는 글꼴을 '무료 글꼴'이라고 부릅니다. 사실은 무료 글꼴이 아니라 《공개 글꼴》이라고 해야 맞습니다. 『공개 글꼴』은 권리자가 설정한 "사용 범위"를 잘 살펴서 사용해야 합니다. 모든 것이 허용되는 진정한 무료 글꼴도 있고, 인쇄용으로는 무료로 사용할 *10/18pt, 없음/0, 경기천년체 바탕 R*

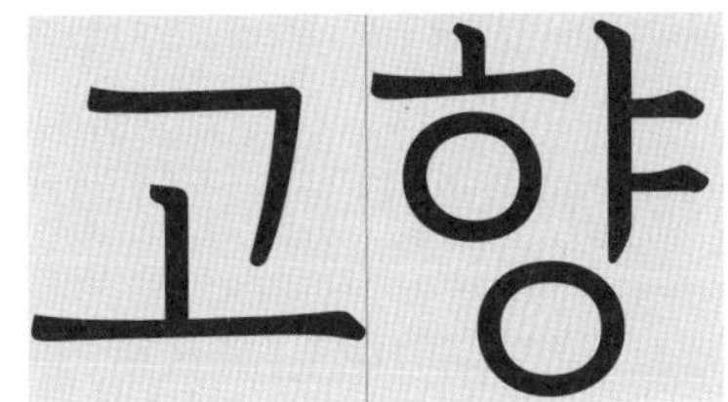

75pt, 없음/0, 경기천년체 바탕 R

한눈에 보이는 무료 글꼴 가이드 *11/20pt, 없음/-10, 경기천년체 제목 M*

비용을 지불하지 않고도 사용할 수 있는 글꼴을 '무료 글꼴'이라고 부릅니다. 사실은 무료 글꼴이 아니라 《공개 글꼴》이라고 해야 맞습니다. 『공개 글꼴』은 권리자가 설정한 "사용 범위"를 잘 살펴서 사용해야 합니다. 모든 것이 허용되는 진정한 무료 글꼴도 있고, 인쇄용으로는 무료로 사용할 수 *10/18pt, 없음/-10, 경기천년체 바탕 R*

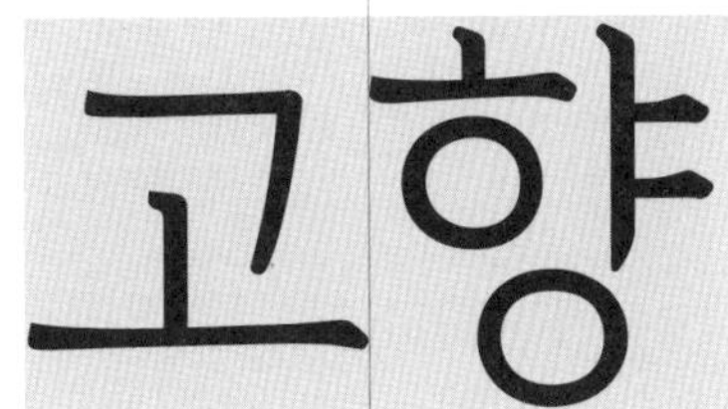

75pt, 없음/-12, 경기천년체 바탕 R

한눈에 보이는 무료 글꼴 가이드 *11/20pt, 없음/-25, 경기천년체 제목 B*

비용을 지불하지 않고도 사용할 수 있는 글꼴을 '무료 글꼴'이라고 부릅니다. 사실은 무료 글꼴이 아니라 《공개 글꼴》이라고 해야 맞습니다. 『공개 글꼴』은 권리자가 설정한 "사용 범위"를 잘 살펴서 사용해야 합니다. 모든 것이 허용되는 진정한 무료 글꼴도 있고, 인쇄용으로는 무료로 사용할 수 있지만 *10/18pt, 없음/-25, 경기천년체 바탕 R*

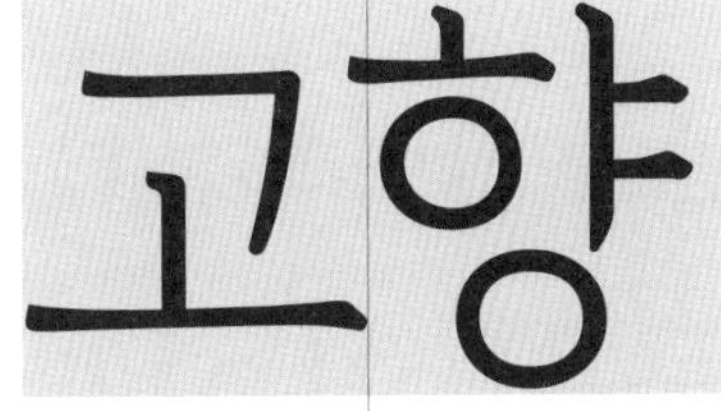

75pt, 시각적/0, 경기천년체 바탕 R

한눈에 보이는 무료 글꼴 가이드 *11/20pt, 없음/-50, 한동근체 돋움 B*

비용을 지불하지 않고도 사용할 수 있는 글꼴을 '무료 글꼴'이라고 부릅니다. 사실은 무료 글꼴이 아니라 《공개 글꼴》이라고 해야 맞습니다. 『공개 글꼴』은 권리자가 설정한 "사용 범위"를 잘 살펴서 사용해야 합니다. 모든 것이 허용되는 진정한 무료 글꼴도 있고, 인쇄용으로는 무료로 사용할 수 있지만 영상에는 *10/18pt, 없음/-50, 경기천년체 바탕 R*

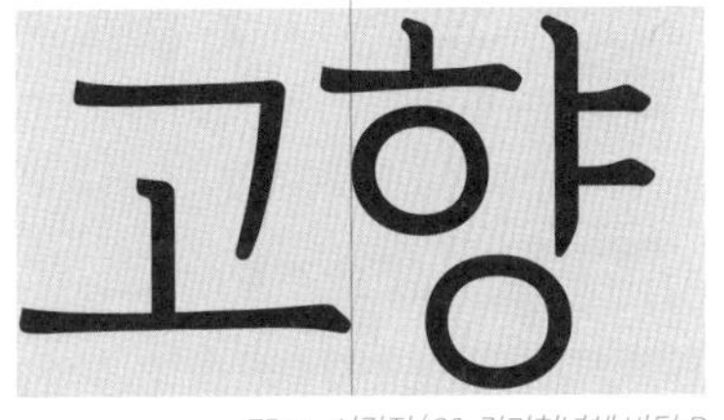

75pt, 시각적/-30, 경기천년체 바탕 R

경기천년체 바탕 Bold 24pt, 없음/0

바 바 20pt
R B

덧글은 통신의 예절을 지키면서 표현의 자유를 추구하는 방향으로 씁니다.

가나다라마바사아자차카타파하 괄꽁넋뒷떨립밟빛빵술쏙엀쥔짰척콥틈편흕

ABCDEFGHIJKLMNOPQRSTUVWXYZ abcdefghijklmnopqrstuvwxyz

1 2 3 4 5 6 7 8 9 0 ①⑩⑳ ❶❿ ⑴⑽⒇ Ⅰ Ⅱ Ⅲ Ⅳ Ⅴ Ⅹ ⅰ ⅱ ⅲ ⅳ ⅴ ⅹ

~ ! @ # $ % ^ & * _ / ₩ | * ( ) [ ] { } < > 〈 〉《 》「 」『 』【 】〔 〕 − + × ÷ =

. , ? : ; ' " ' ' " " · ‥ … ® ™ ¶ § ㎎ ㎏ ㎜ ㎝ ㎞ ㎐ ㏄ ○ □ △ ☆ ● ■ ▲ ★

大韓民國 東西南北 高等學校 無料書體 落花流水 莫逆之友 大器晩成 螢雪之功

13/30pt, 없음/0

글꼴 가이드 20/40pt, 없음/0

글꼴 가이드 30/50pt, 없음/-10

글꼴 가이드 40/60pt, 없음/-25

글꼴 가이드 60pt, 없음/-50

100pt, 없음/0

한글 글꼴 가이드 7/13pt, 없음/10

한글 글꼴 가이드 8/15pt, 없음/5

한글 글꼴 가이드 9/16pt, 없음/0

한글 글꼴 가이드 10/18pt, 없음/-10

한글 글꼴 가이드 11/20pt, 없음/-25

한글 글꼴 가이드 12/22pt, 없음/-50

경기천년체 제목 Light *24pt, 없음/0*

돈 **돈** **돈** *20pt*
L M B

덧글은 통신의 예절을 지키면서 표현의 자유를 추구하는 방향으로 씁니다.

가나다라마바사아자차카타파하 괄꽁넋뒷떨립밟빛빵술쏙얹쥔짰척콥틈편흙

ABCDEFGHIJKLMNOPQRSTUVWXYZ abcdefghijklmnopqrstuvwxyz

1 2 3 4 5 6 7 8 9 0 ①⑩⑳ ❶❿ ⑴⑽⒇ Ⅰ Ⅱ Ⅲ Ⅳ Ⅴ Ⅹ ⅰ ⅱ ⅲ ⅳ ⅴ ⅹ

~ ! @ # $ % ^ & * _ / ₩ | * ( ) [ ] { } < > 〈 〉 《 》 「 」 『 』 【 】 〔 〕 - + × ÷ =

. , ? : ; ' " ' ' " " · ‥ … ® ™ ¶ § ㎎ ㎏ ㎜ ㎝ ㎞ ㎐ ㏄ ○□△☆ ●■▲★

13/30pt, 없음/0

서로 어울리는 글꼴을 사용합니다. *26pt, 없음/-30*

글꼴 가이드 *20/40pt, 없음/0*

글꼴 가이드 *30/50pt, 없음/-10*

글꼴 가이드 *40/60pt, 없음/-25*

글꼴 가이드 *60pt, 없음/-50*

100pt, 없음/0

한글 글꼴 가이드	*7/13pt, 없음/10*
한글 글꼴 가이드	*8/15pt, 없음/5*
한글 글꼴 가이드	*9/16pt, 없음/0*
한글 글꼴 가이드	*10/18pt, 없음/-10*
한글 글꼴 가이드	*11/20pt, 없음/-25*
한글 글꼴 가이드	*12/22pt, 없음/-50*

경기천년체 제목 Medium 24pt, 없음/0

돋 돋 돋 20pt
R M B

덧글은 통신의 예절을 지키면서 표현의 자유를 추구하는 방향으로 씁니다.

가나다라마바사아자차카타파하 괄꽁넋뒷떨립밟빛빵술쏙얹줜짧척곱틈편흙

ABCDEFGHIJKLMNOPQRSTUVWXYZ abcdefghijklmnopqrstuvwxyz

1 2 3 4 5 6 7 8 9 0 ①⑩⑳ ❶❿ ⑴⑽⒇ Ⅰ Ⅱ Ⅲ Ⅳ Ⅴ Ⅹ ⅰ ⅱ ⅲ ⅳ ⅴ ⅹ

~ ! @ # $ % ^ & * _ / ₩ | * ( ) [ ] { } < > 〈 〉 《 》 「 」 『 』 【 】 〔 〕 - + × ÷ =

. , ? : ; ' " ' ' " " · ·· ··· ® ™ ¶ § ㎎ ㎏ ㎜ ㎝ ㎞ ㎐ ㏄ ○□△☆ ●■▲★

13/30pt, 없음/0

서로 어울리는 글꼴을 사용합니다. 26pt, 없음/-30

글꼴 가이드 20/40pt, 없음/0

글꼴 가이드 30/50pt, 없음/-10

글꼴 가이드 40/60pt, 없음/-25

글꼴 가이드 60pt, 없음/-50

100pt, 없음/0

한글 글꼴 가이드 7/13pt, 없음/10

한글 글꼴 가이드 8/15pt, 없음/5

한글 글꼴 가이드 9/16pt, 없음/0

한글 글꼴 가이드 10/18pt, 없음/-10

한글 글꼴 가이드 11/20pt, 없음/-25

한글 글꼴 가이드 12/22pt, 없음/-50

경기천년체 제목 Bold 24pt, 없음/0

돋 돋 돋 20pt
R M B

덧글은 통신의 예절을 지키면서 표현의 자유를 추구하는 방향으로 씁니다.

가나다라마바사아자차카타파하 괄꽁넋뒷떨립밟빛빵술쏙얹쥔짰척콥틈편흙

ABCDEFGHIJKLMNOPQRSTUVWXYZ abcdefghijklmnopqrstuvwxyz

1 2 3 4 5 6 7 8 9 0 ①⑩⑳ ❶❿ ⑴⑽⒇ Ⅰ Ⅱ Ⅲ Ⅳ Ⅴ Ⅹ ⅰ ⅱ ⅲ ⅳ ⅴ ⅹ

~ ! @ # $ % ^ & * _ / ₩ | * ( ) [ ] { } < > 〈 〉 《 》 「 」 『 』 【 】 〔 〕 - + × ÷ =

. , ? : ; ' " ' ' " " · ·· ··· ® ™ ¶ § ㎎ ㎏ ㎜ ㎝ ㎞ ㎐ ㏄ ○□△☆ ●■▲★

13/30pt, 없음/0

서로 어울리는 글꼴을 사용합니다. 26pt, 없음/-30

글꼴 가이드 20/40pt, 없음/0

글꼴 가이드 30/50pt, 없음/-10

글꼴 가이드 40/60pt, 없음/-25

글꼴 가이드 60pt, 없음/-50

100pt, 없음/0

한글 글꼴 가이드 7/13pt, 없음/10
한글 글꼴 가이드 8/15pt, 없음/5
한글 글꼴 가이드 9/16pt, 없음/0
한글 글꼴 가이드 10/18pt, 없음/-10
한글 글꼴 가이드 11/20pt, 없음/-25
한글 글꼴 가이드 12/22pt, 없음/-50

3. 고양체, 고양일산체, 고양덕양체

20/40pt, 없음/-75, 고양덕양 B

배포: 고양시 10/18pt, 없음/0, 고양덕양 B/고양일산 R

취지: 지자체 홍보

발표: 2018년

링크: www.goyang.go.kr > 늘푸른고양 > 고양이미지 > 고양시 전용서체 10/18pt, 메트릭/0, Adobe Garamond Pro R

분류: 돋움

굵기: 4단계(Light, Regular, Bold, ExtraBold)

특징: 고양일산체와 고양덕양체로 나누었지만 사실상 4단계의 굵기를 지원하는 하나의 글꼴. 한글 2,350자, 영문 94자, KS심볼 986자를 지원. 흥미로운 것은 고양시의 캐릭터인 고양이 그림이 잔뜩 들어 있는 고양체.

고양일산체는 본문용으로 사용할 수 있는 얇은 굵기의 글꼴이며, 고양덕양체는 제목용으로 사용할 수 있는 굵은 글꼴입니다. 사실상 4단계 굵기의 돋움 글꼴을 2개의 글꼴로 나누어 놓은 것이라 할 수 있습니다. 10/18pt, 없음/-25, 고양일산 L

고양이 그림이 필요하다면 고양체가 지원하는 그림들을 잘 살펴보기 바랍니다. 글꼴 하나로 이 정도의 다양한 고양이 캐릭터 일러스트들을 사용할 수 있다는 것은 큰 즐거움입니다. 고양일산체와 고양덕양체에도 고양이 그림이 하나씩 있습니다. 이런 문자를 입력하려면 22쪽의 '특수 기호 입력하기' 부분을 참고하기 바랍니다.

무료 사용 범위			
인쇄: O	**영상:** O	**웹사이트:** O	**전자책:** O
BI/CI: O	**제품:** O	**모바일:** O	**서버:** O
출처 생략: O	**재배포:** O	**수정배포:** X	**판매:** X

10pt, 없음/0, 고양덕양 EB

9pt, 없음/0, 고양덕양 B/고양일산 R

라이선스: 지자체의 브랜드 글꼴이지만 BI/CI 사용 금지 조항은 없습니다. 수정 배포와 판매만 할 수 없고 모두 가능합니다. 8/14pt, 없음/-10, 고양덕양 B/고양일산 L

참고: 여기에서 정리한 무료 사용 범위는 배포자의 실제 의사와 일부 다를 수 있으며, 이후 배포자의 의사가 바뀔 수도 있습니다. 따라서 일반적인 아닌 상업적 목적으로 이용하고자 할 때는 이 페이지 상단의 '링크'를 방문하여 정확한 사용 범위를 다시 한번 확인하기 바랍니다.

고양일산체	고양덕양체	20pt, 없음/-30

Light

한글

Bold

Regular

한글

ExtraBold

한글

72/86pt, 없음/0

고양체

20pt, 없음/-30

Regular

72pt, 없음/0

고양일산체 Light 24pt, 없음/0

돋 돋 20pt
L R

덧글은 통신의 예절을 지키면서 표현의 자유를 추구하는 방향으로 씁니다.

가나다라마바사아자차카타파하 괄꽁넋뒷떨립밟빛빵술쏙얹쥔짰첰콥틈편훍

ABCDEFGHIJKLMNOPQRSTUVWXYZ abcdefghijklmnopqrstuvwxyz

1 2 3 4 5 6 7 8 9 0 ①⑩⑮ ⑴⑽⒂ Ⅰ Ⅱ Ⅲ Ⅳ Ⅴ Ⅹ ⅰ ⅱ ⅲ ⅳ ⅴ ⅹ

~ ! @ # $ % ^ & * _ / \ | * ( ) [ ] { } < > 〈 〉 《 》 「 」 『 』 【 】 〔 〕 − + × ÷ =

. , ? : ; ' " ' ' " " · .. … ® ™ ¶ § ㎎ ㎏ ㎜ ㎝ ㎞ ㎐ ㏄ ○□△☆ ●■▲★

13/30pt, 없음/0

서로 어울리는 글꼴을 사용합니다. 28pt, 없음/-30

글꼴 가이드 20/40pt, 없음/0

글꼴 가이드 30/50pt, 없음/-10

글꼴 가이드 40/60pt, 없음/-25

글꼴 가이드 60pt, 없음/-50

돋움 100pt, 없음/0

한글 글꼴 가이드 7/13pt, 없음/10
한글 글꼴 가이드 8/15pt, 없음/5
한글 글꼴 가이드 9/16pt, 없음/0
한글 글꼴 가이드 10/18pt, 없음/-10
한글 글꼴 가이드 11/20pt, 없음/-25
한글 글꼴 가이드 12/22pt, 없음/-50

한눈에 보이는 무료 글꼴 가이드 *11/20pt, 없음/0, 고양덕양 B*

비용을 지불하지 않고도 사용할 수 있는 글꼴을 '무료 글꼴'이라고 부릅니다. 사실은 무료 글꼴이 아니라 《공개 글꼴》이라고 해야 맞습니다. 『공개 글꼴』은 권리자가 설정한 "사용 범위"를 잘 살펴서 사용해야 합니다. 모든 것이 허용되는 진정한 무료 글꼴도 있고, 인쇄용으로는 무료로 사용할 수 있지만 영상에 *10/18pt, 없음/0, 고양일산 L*

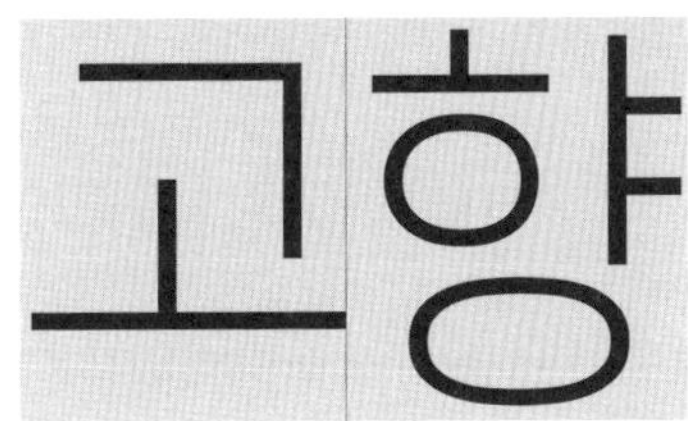

75pt, 없음/0, 고양일산 L

한눈에 보이는 무료 글꼴 가이드 *11/20pt, 없음/-10, 고양덕양 EB*

비용을 지불하지 않고도 사용할 수 있는 글꼴을 '무료 글꼴'이라고 부릅니다. 사실은 무료 글꼴이 아니라 《공개 글꼴》이라고 해야 맞습니다. 『공개 글꼴』은 권리자가 설정한 "사용 범위"를 잘 살펴서 사용해야 합니다. 모든 것이 허용되는 진정한 무료 글꼴도 있고, 인쇄용으로는 무료로 사용할 수 있지만 영상에는 *10/18pt, 없음/-10, 고양일산 L*

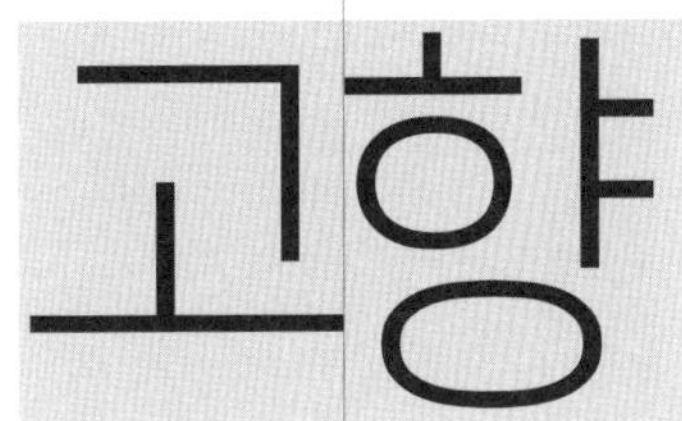

75pt, 없음/-65, 고양일산 L

한눈에 보이는 무료 글꼴 가이드 *11/20pt, 없음/-25, 바른돋움Pro 3*

비용을 지불하지 않고도 사용할 수 있는 글꼴을 '무료 글꼴'이라고 부릅니다. 사실은 무료 글꼴이 아니라 《공개 글꼴》이라고 해야 맞습니다. 『공개 글꼴』은 권리자가 설정한 "사용 범위"를 잘 살펴서 사용해야 합니다. 모든 것이 허용되는 진정한 무료 글꼴도 있고, 인쇄용으로는 무료로 사용할 수 있지만 영상에는 별도 *10/18pt, 없음/-25, 고양일산 L*

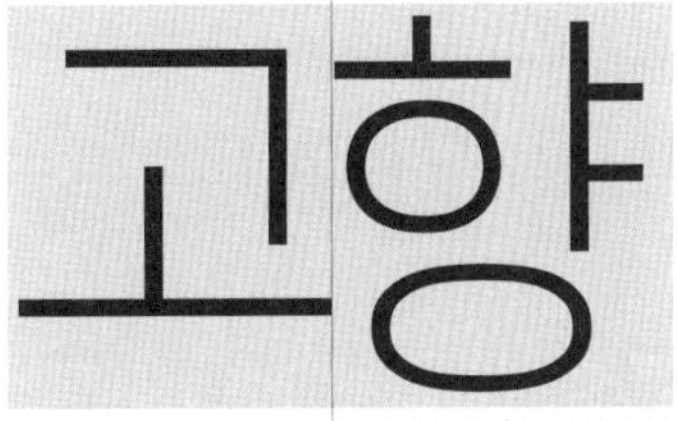

75pt, 시각적/0, 고양일산 L

한눈에 보이는 무료 글꼴 가이드 *11/20pt, 없음/-50, 본고딕 B*

비용을 지불하지 않고도 사용할 수 있는 글꼴을 '무료 글꼴'이라고 부릅니다. 사실은 무료 글꼴이 아니라 《공개 글꼴》이라고 해야 맞습니다. 『공개 글꼴』은 권리자가 설정한 "사용 범위"를 잘 살펴서 사용해야 합니다. 모든 것이 허용되는 진정한 무료 글꼴도 있고, 인쇄용으로는 무료로 사용할 수 있지만 영상에는 별도로 허락을 받 *10/18pt, 없음/-50, 고양일산 L*

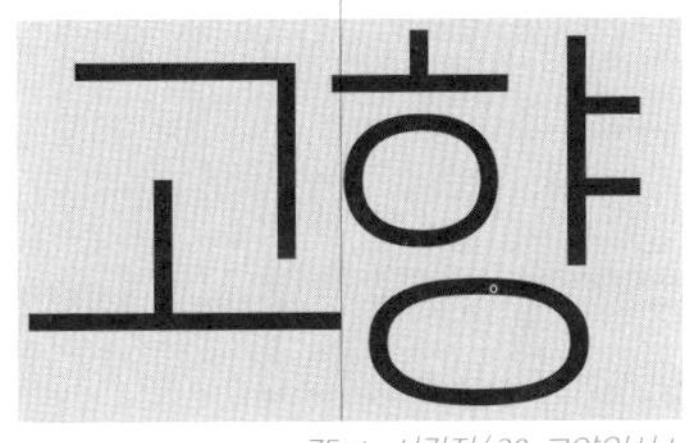

75pt, 시각적/-30, 고양일산 L

고양일산 Regular *20pt, 없음/0*

돋 돋 *20pt*
L R

덧글은 통신의 예절을 지키면서 표현의 자유를 추구하는 방향으로 씁니다.

가나다라마바사아자차카타파하 괄꽁넋뒷떨립밟빛빵술쏙얹쥔짰척콥틈편흙

ABCDEFGHIJKLMNOPQRSTUVWXYZ abcdefghijklmnopqrstuvwxyz

1 2 3 4 5 6 7 8 9 0 ①⑩⑮ ⑴⑽⒂ Ⅰ Ⅱ ⅢⅣ Ⅴ Ⅹ ⅰ ⅱ ⅲ ⅳ ⅴ ⅹ

~ ! @ # $ % ^ & * _ / \ | * ( ) [ ] { } < >〈 〉《 》「 」『 』【 】〔 〕- + × ÷ =

. , ? : ; ' " ‘ ’ “ ” · .. ... ® ™ ¶ § ㎎ ㎏ ㎜ ㎝ ㎞ ㎐ ㏄ ○□△☆ ●■▲★

13/30pt, 없음/0

서로 어울리는 글꼴을 사용합니다. *26pt, 없음/-30*

글꼴 가이드 *20/40pt, 없음/0*

글꼴 가이드 *30/50pt, 없음/-10*

글꼴 가이드 *40/60pt, 없음/-25*

글꼴 가이드 *60pt, 없음/-50*

100pt, 없음/0

한글 글꼴 가이드 *7/13pt, 없음/10*

한글 글꼴 가이드 *8/15pt, 없음/5*

한글 글꼴 가이드 *9/16pt, 없음/0*

한글 글꼴 가이드 *10/18pt, 없음/-10*

한글 글꼴 가이드 *11/20pt, 없음/-25*

한글 글꼴 가이드 *12/22pt, 없음/-50*

고양덕양 Bold *20pt, 없음/0*

돋 돋 *20pt*
B EB

덧글은 통신의 예절을 지키면서 표현의 자유를 추구하는 방향으로 씁니다.

가나다라마바사아자차카타파하 괄꽁넋뒷떨립밟빛빵술쏙얹쥔짰척콥틈편흙

ABCDEFGHIJKLMNOPQRSTUVWXYZ abcdefghijklmnopqrstuvw

1 2 3 4 5 6 7 8 9 0 ①⑩⑮ ⑴⑽⒂ Ⅰ Ⅱ Ⅲ Ⅳ Ⅴ Ⅹ ⅰ ⅱ ⅲ ⅳ ⅴ ⅹ

~ ! @ # $ % ^ & * _ / \ | * ( ) [ ] { } < > 〈 〉《 》「 」『 』【 】〔 〕- + × ÷ =

. , ? : ; ' " ' ' " " · .. ... ® ™ ¶ § ㎎ ㎏ ㎜ ㎝ ㎞ ㎐ ㏄ ○□△☆ ●■▲★

13/30pt, 없음/0

서로 어울리는 글꼴을 사용합니다. *26pt, 없음/-30*

글꼴 가이드 *20/40pt, 없음/0*

글꼴 가이드 *30/50pt, 없음/-10*

글꼴 가이드 *40/60pt, 없음/-25*

글꼴 가이드 *60pt, 없음/-50*

돋움 *100pt, 없음/0*

한글 글꼴 가이드 *7/13pt, 없음/10*

한글 글꼴 가이드 *8/15pt, 없음/5*

한글 글꼴 가이드 *9/16pt, 없음/0*

한글 글꼴 가이드 *10/18pt, 없음/-10*

한글 글꼴 가이드 *11/20pt, 없음/-25*

한글 글꼴 가이드 *12/22pt, 없음/-50*

고양덕양 ExtraBold
20pt, 없음/0

돋 돋 20pt
B EB

덧글은 통신의 예절을 지키면서 표현의 자유를 추구하는 방향으로 씁니다.

가나다라마바사아자차카타파하 괄꽁넋뒻떨립밟빛빵술쏙얹쥔짰척콥틈편흝

ABCDEFGHIJKLMNOPQRSTUVWXYZ abcdefghijklmnopqrstuv

1 2 3 4 5 6 7 8 9 0 ①⑩⑮ ⑴⑽⒂ Ⅰ Ⅱ Ⅲ Ⅳ Ⅴ Ⅹ ⅰ ⅱ ⅲ ⅳ ⅴ ⅹ

~ ! @ # $ % ^ & * _ / \ | * ( ) [ ] { } < >〈 〉《 》「 」『 』【 】〔 〕- + × ÷ =

. , ? : ; ' " ' ' " " · .. ... ® ™ ¶ § ㎎ ㎏ ㎜ ㎝ ㎞ ㎐ ㏄ ○□△☆ ●■▲★

13/30pt, 없음/0

서로 어울리는 글꼴을 사용합니다.
26pt, 없음/-30

글꼴 가이드 20/40pt, 없음/0

글꼴 가이드 30/50pt, 없음/-10

글꼴 가이드 40/60pt, 없음/-25

글꼴 가이드 60pt, 없음/-50

돋움
100pt, 없음/0

한글 글꼴 가이드 7/13pt, 없음/10

한글 글꼴 가이드 8/15pt, 없음/5

한글 글꼴 가이드 9/16pt, 없음/0

한글 글꼴 가이드 10/18pt, 없음/-10

한글 글꼴 가이드 11/20pt, 없음/-25

한글 글꼴 가이드 12/22pt, 없음/-50

고양체 Regular 20pt, 없음/0

덧글은 통신의 예절을 지키면서 표현의 자유를 추구하는 방향으로 씁니다.

가나다라마바사아자차카타파하 괄꽁넋뒷떨립밟빛빵술쏙얹쥔짰척콥틈편흙

ABCDEFGHIJKLMNOPQRSTUVWXYZ abcdefghijklmnopqrstuvw

1 2 3 4 5 6 7 8 9 0 ①⑩⑳ ⑴⑽⒇ Ⅰ Ⅱ Ⅲ Ⅳ Ⅴ Ⅹ ⅰ ⅱ ⅲ ⅳ ⅴ ⅹ

~ ! @ # $ % ^ & * _ / ₩ * ( ) [ ] { } 〈 〉 < > 《 》 「 」 『 』 【 】 〔 〕 − + × ÷ =

. , ? : ; ' " ' ' " " · .. ... ® ™ ¶ § mg kg mm cm km Hz cc ○□△☆ ●■▲★

13/30pt, 없음/0

서로 어울리는 글꼴을 사용합니다. 26pt, 없음/-30

글꼴 가이드 20/40pt, 없음/0

글꼴 가이드 30/50pt, 없음/-10

글꼴 가이드 40/60pt, 없음/-25

글꼴 가이드 60pt, 없음/-50

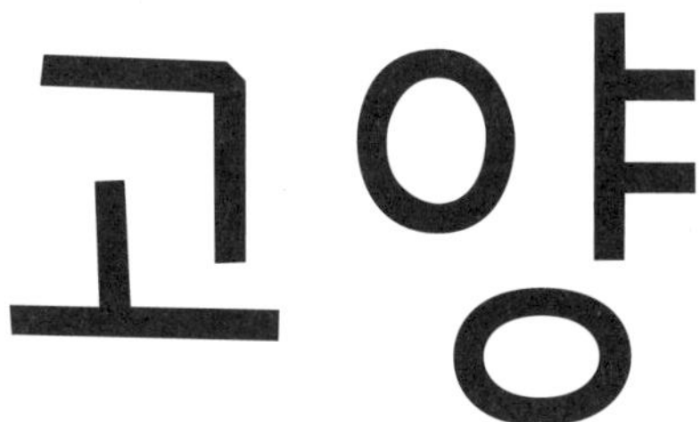

100pt, 없음/0

한글 글꼴 가이드	7/13pt, 없음/10
한글 글꼴 가이드	8/15pt, 없음/5
한글 글꼴 가이드	9/16pt, 없음/0
한글 글꼴 가이드	10/18pt, 없음/-10
한글 글꼴 가이드	11/20pt, 없음/-25
한글 글꼴 가이드	12/22pt, 없음/-50

4. 나눔명조, 고딕, 바른고딕, 스퀘어, 바른펜, 손글씨

20/40pt, 없음/0, 나눔바른고딕 B

배포: 네이버 문화재단

10/18pt, 없음/-30, 나눔바른고딕 B/R

취지: '한글한글 아름답게' 공익 캠페인을 통한 기업 브랜드 가치 제고

발표: 나눔명조(2008~2013), 나눔고딕(2008~2013), 나눔손글씨(2011), 나눔글꼴에코(2011)
나눔바른고딕(2013~2014), 나눔바른펜(2014), 나눔고딕옛한글(2014), 나눔스퀘어(2019)

링크: hangeul.naver.com/2017/nanum

10/18pt, 메트릭/0, Adobe Garamond Pro R

분류: 바탕(명조), 돋움(고딕, 바른고딕, 스퀘어, 스퀘어라운드), 필기(바른펜, 손글씨)

굵기: 나눔명조 3단계(Regular, Bold, ExtraBold)
나눔고딕 4단계(Light, Regular, Bold, ExtraBold) (한자 지원: R, B, EB)
나눔바른고딕 4단계(UltraLight, Light, Regular, Bold) (한자 지원: UL, L, R, B)
나눔바른고딕 옛한글 1단계(Regular) (한자 지원: R)
나눔스퀘어 4단계(Light, Regular, Bold, ExtraBold)
나눔스퀘어라운드 4단계(Light, Regular, Bold, ExtraBold)
나눔바른펜 2단계(Regular, Bold)
나눔손글씨 붓 1단계(Regular) (537개 문자 멀티글리프 지원)
나눔손글씨 펜 1단계(Regular) (537개 문자 멀티글리프 지원)

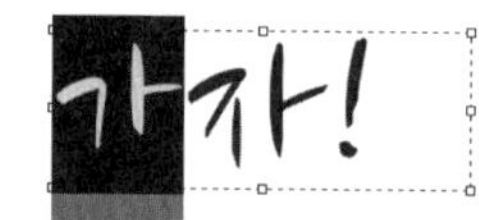

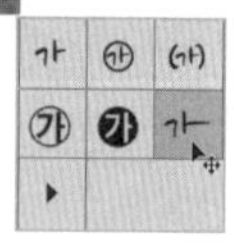

포토샵에서 멀티글리프 기능을 이용하여 대치문자를 선택할 수 있습니다.

무료 사용 범위			
인쇄: O	**영상:** O	**웹사이트:** O	**전자책:** O
BI/CI: O	**제품:** O	**모바일:** O	**서버:** O
출처 생략: O	**재배포:** O	**수정배포:** O	**판매:** X

10pt, 없음/0, 나눔고딕 B

9pt, 없음/0, 나눔고딕 B/R

라이선스: 동일 조건으로 배포하는 것을 요구하는 오픈 소스 라이선스(SIL Open Font License 1.1)가 적용되었습니다. 판매를 제외한 모든 것이 가능합니다.

8/14pt, 없음/-10, 나눔고딕 B/R

참고: 나눔 글꼴 자체만을 유료로 판매하는 것은 금지하지만, 나눔 글꼴의 저작권 안내와 라이선스 전문을 포함하면 소프트웨어에 번들하여 배포하거나 판매할 수 있습니다. 네이버 나눔글꼴 라이선스 전문을 포함하기 어려울 경우, 나눔 글꼴의 출처 표기를 권장합니다.

나눔 글꼴은 다양한 한글 글꼴을 무료로 배포하여 기업 브랜드 가치를 올리는 홍보 전략의 대표적인 성공사례입니다. 네이버는 지속적으로 다양한 나눔 글꼴을 개발하여 공개하고 있습니다. 이 책에서는 생략하였지만 프로그래머를 위한 코딩 글꼴이나 사무환경에서 잉크나 토너를 절약하게 해주는 에코 글꼴도 있습니다. 10/18pt, 없음/-50, 나눔명조 R

나눔명조는 줄기 끝 부분을 칼로 자르듯 잘라내서 전통적인 명조체의 부드러운 느낌이 아니라 날카롭고 도시적인 느낌을 전달합니다. 이로 인해 책과 같이 긴 글의 본문 글꼴로는 그다지 적합하지 않습니다. 더구나 한자도 지원하지 않습니다. 강한 느낌을 전달하는 개성 있는 나눔명조는 큰 문자 크기로 표현되는 곳에 쓸 때 좋습니다. 그래서 인지 책 표지의 제목이나 간판의 상호 등에 많이 쓰입니다.

나눔글꼴에 돋움(고딕)에 속하는 글꼴에는 나눔고딕, 나눔바른고딕, 나눔스퀘어, 나눔스퀘어라운드가 있습니다. 이중에서 본문용 글꼴로는 나눔바른고딕을 추천합니다. 이 글꼴은 원래 화면 해상도가 부족한 모바일 화면에서 일어나는 문제를 해결하기 위해 만들었다고 하는데 그런 의도가 인쇄에 사용하기에도 좋은 색다른 글꼴을 탄생시켰습니다. 나눔바른고딕은 문자 폭이 약간 좁고(인쇄에서도 문단 폭이 좁을 때 유리합니다) 4단계 굵기 모두에 한자가 지원되며, 옛한글(초성 125자, 중성 94자, 종성 138자로 1,610,328자 구현)이 필요할 때 자형이 동일한 나눔바른고딕 옛한글 글꼴을 사용할 수 있습니다(Regular 굵기). 그런데 나눔바른고딕의 Regular는 나눔명조와 나눔고딕의 Regular보다 약간 더 두껍고, 나눔바른고딕의 Light는 약간 더 가늘어서 아쉽습니다. 굵기에 일관성이 유지되었다면 좋았을 것입니다. 한편 나눔고딕 Light는 한자도 없고 지원하는 기호도 많지 않아 왜 이 굵기만 차별을 했는지 의아심이 남습니다.

나눔바른펜, 나눔스퀘어, 나눔스퀘어라운드 글꼴도 모바일 화면에서 사용할 수 있는 글꼴을 늘리기 위해서 개발되었는데, 나눔명조나 나눔고딕을 주요 글꼴로 사용할 때 어울리는 변형 글꼴로 사용할 수 있습니다. 이렇게 비슷한 분위기로 사용할 수 있는 보조 글꼴이 늘어나면서 나눔 글꼴의 매력이 더욱 증가하였습니다.

필기체에 속하는 나눔손글씨 글꼴은 '숨은 손글씨 찾기' 공모전을 통해 찾은 손글씨를 전문가들이 작업하여 붓과 펜, 두 가지 종류의 글꼴로 만든 것입니다. 그리고 손글씨의 느낌을 더 살릴 수 있도록 멀티글리프(multiglyph) 기능으로(포토샵, 일러스트레이터, 인디자인에서 가능) 상황에 따라 다른 자형을 선택하여 변화를 줄 수 있게 만들었습니다. 아쉬운 점은 멀티글리프가 가능한 문자가 53개인데 모음이 'ㅏ'나 'ㅑ'이고 받침이 없는 문자들로만 구성되어 있다는 것입니다.

나눔명조		나눔고딕	20pt, 없음/-30
		한글날	Light
Regular	한글날	한글날	Regular
Bold	한글날	한글날	Bold
ExtraBold	한글날	한글날	ExtraBold
			50/60pt, 없음/0

	나눔바른고딕	나눔바른펜	20pt, 없음/-30
UltraLight	한글날		
Light	한글날		
Regular	한글날	한글날	Regular
Bold	한글날	한글날	Bold
			50/60pt, 없음/0

	나눔스퀘어	나눔스퀘어라운드	20pt, 없음/-30
Light	한글날	한글날	Light
Regular	한글날	한글날	Regular
Bold	한글날	한글날	Bold
ExtraBold	한글날	한글날	ExtraBold
			50/60pt, 없음/0

	나눔손글씨 붓	나눔손글씨 펜	23pt, 없음/0
Regular	하늘바다	하늘바다	Regular
	하늘바다	하늘바다	
	하늘바다	하늘바다	
	하늘바다	하늘바다	50/60pt, 없음/0

멀티글리프가 제공되는 53자

가꺄과까꺄꽈나냐놔다댜돠따돠라랴롸마먀뫄바뱌봐빠뺘사샤솨싸쏴아야와자쟈좌짜쫘차챠촤카캬콰타탸톼파퍄퐈하햐화

나눔명조 Regular 24pt, 없음/0

명 명 명 20pt
R B EB

덧글은 통신의 예절을 지키면서 표현의 자유를 추구하는 방향으로 씁니다.

가나다라마바사아자차카타파하 괄꽁넋뒷떨립밟빛빵술쏙얹쥔짰척콥틈편흙

ABCDEFGHIJKLMNOPQRSTUVWXYZ abcdefghijklmnopqrstuvwxyz

1 2 3 4 5 6 7 8 9 0 ①⑳ ❶❿ ❶❿ ⑴⒇ Ⅰ Ⅱ Ⅲ Ⅳ Ⅴ Ⅹ ⅰ ⅱ ⅲ ⅳ ⅴ ⅹ

~ ! @ # $ % ^ & * _ / ₩ | * () [] {} 〈〉 〈〉 《》 「」 『』 【】 〔〕 − + × ÷ =

. , ? : ; ' " ‘ ’ “ ” · · · ··· © ® ™ ¶ § ㎎ ㎏ ㎜ ㎝ ㎞ ㎐ ㏄ ○□△☆ ●■▲★

13/30pt, 없음/0

서로 어울리는 글꼴을 사용합니다. 26pt, 없음/-30

글꼴 가이드 20/40pt, 없음/0

글꼴 가이드 30/50pt, 없음/-10

100pt, 없음/0

글꼴 가이드 40/60pt, 없음/-25

글꼴 가이드 60pt, 없음/-50

한글 글꼴 가이드 7/13pt, 없음/10

한글 글꼴 가이드 8/15pt, 없음/5

한글 글꼴 가이드 9/16pt, 없음/0

한글 글꼴 가이드 10/18pt, 없음/-10

한글 글꼴 가이드 11/20pt, 없음/-25

한글 글꼴 가이드 12/22pt, 없음/-50

한눈에 보이는 무료 글꼴 가이드 *11/20pt, 없음/0, 나눔명조 B*

비용을 지불하지 않고도 사용할 수 있는 글꼴을 '무료 글꼴' 이라고 부릅니다. 사실은 무료 글꼴이 아니라 《공개 글꼴》 이라고 해야 맞습니다. 『공개 글꼴』은 권리자가 설정한 "사용 범위"를 잘 살펴서 사용해야 합니다. 모든 것이 허용되는 진정한 무료 글꼴도 있고, 인쇄용으로는 *10/18pt, 없음/0, 나눔명조 R*

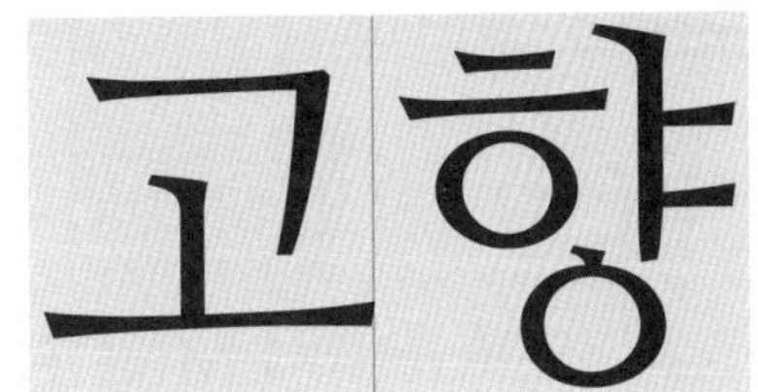

75pt, 없음/0, 나눔명조 R

한눈에 보이는 무료 글꼴 가이드 *11/20pt, 없음/-25, 나눔명조 EB*

비용을 지불하지 않고도 사용할 수 있는 글꼴을 '무료 글꼴'이라고 부릅니다. 사실은 무료 글꼴이 아니라 《공개 글꼴》 이라고 해야 맞습니다. 『공개 글꼴』은 권리자가 설정한 "사용 범위"를 잘 살펴서 사용해야 합니다. 모든 것이 허용되는 진정한 무료 글꼴도 있고, 인쇄용으로는 무료로 *10/18pt, 없음/-25, 나눔명조 R*

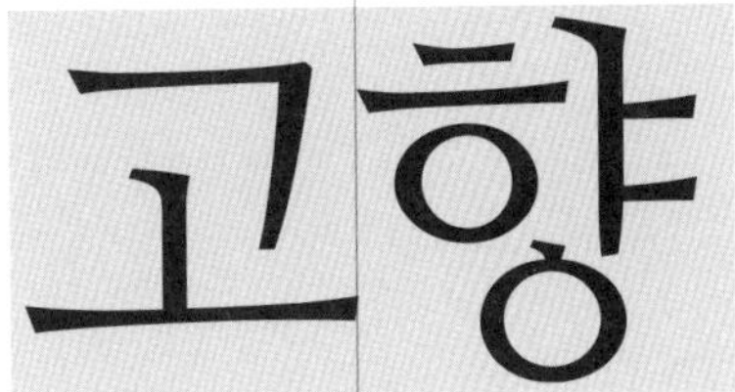

75pt, 없음/-65, 나눔명조 R

한눈에 보이는 무료 글꼴 가이드 *11/20pt, 없음/-50, 나눔고딕 B*

비용을 지불하지 않고도 사용할 수 있는 글꼴을 '무료 글꼴'이라고 부릅니다. 사실은 무료 글꼴이 아니라 《공개 글꼴》 이라고 해야 맞습니다. 『공개 글꼴』은 권리자가 설정한 "사용 범위"를 잘 살펴서 사용해야 합니다. 모든 것이 허용되는 진정한 무료 글꼴도 있고, 인쇄용으로는 무료로 사용할 수 *10/18pt, 없음/-50, 나눔명조 R*

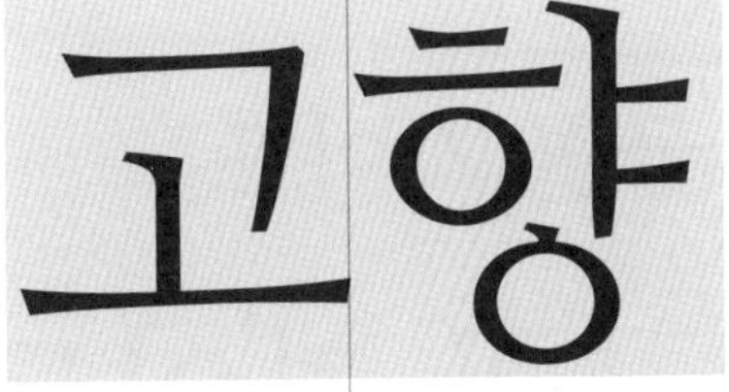

75pt, 시각적/0, 나눔명조 R

한눈에 보이는 무료 글꼴 가이드 *11/20pt, 없음/-75, 나눔고딕 EB*

비용을 지불하지 않고도 사용할 수 있는 글꼴을 '무료 글꼴'이라고 부릅니다. 사실은 무료 글꼴이 아니라 《공개 글꼴》 이라고 해야 맞습니다. 『공개 글꼴』은 권리자가 설정한 "사용 범위"를 잘 살펴서 사용해야 합니다. 모든 것이 허용되는 진정한 무료 글꼴도 있고, 인쇄용으로는 무료로 사용할 수 있지만 *10/18pt, 없음/-75, 나눔명조 R*

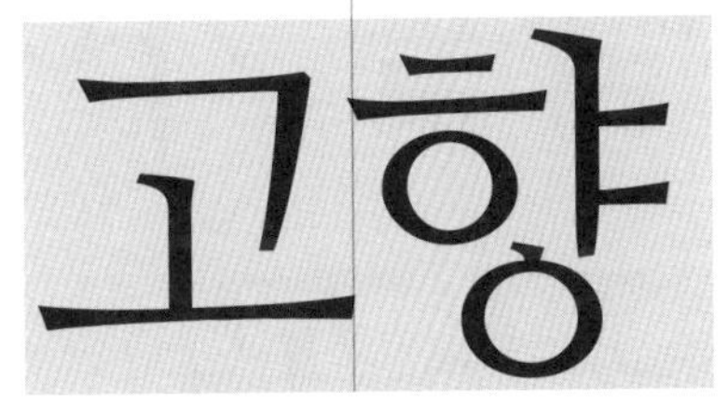

75pt, 시각적/-30, 나눔명조 R

나눔명조 Bold 24pt, 없음/0

명 명 명 20pt
R B EB

덧글은 통신의 예절을 지키면서 표현의 자유를 추구하는 방향으로 씁니다.

가나다라마바사아자차카타파하 괄꽁넋뒷떨립밟빛빵술쏙얹쥔짰척콥틈편흙

ABCDEFGHIJKLMNOPQRSTUVWXYZ abcdefghijklmnopqrstuvwxyz

1 2 3 4 5 6 7 8 9 0 ①⑳ ❶❿ ❶❿ ⑴⒇ Ⅰ Ⅱ Ⅲ Ⅳ Ⅴ Ⅹ ⅰ ⅱ ⅲ ⅳ ⅴ ⅹ

~ ! @ # $ % ^ & * _ / ₩ | * () [] {} 〈〉 《》 「」 『』 【】 〔〕 − + × ÷ =

. , ? : ; ' " ' ' " " · · · … © ® ™ ¶ § ㎎ ㎏ ㎜ ㎝ ㎞ ㎐ ㏄ ○□△☆ ●■▲★

13/30pt, 없음/0

서로 어울리는 글꼴을 사용합니다. 26pt, 없음/-30

글꼴 가이드 20/40pt, 없음/0

글꼴 가이드 30/50pt, 없음/-10

100pt, 없음/0

글꼴 가이드 40/60pt, 없음/-25

한글 글꼴 가이드 7/13pt, 없음/10
한글 글꼴 가이드 8/15pt, 없음/5
한글 글꼴 가이드 9/16pt, 없음/0
한글 글꼴 가이드 10/18pt, 없음/-10
한글 글꼴 가이드 11/20pt, 없음/-25
한글 글꼴 가이드 12/22pt, 없음/-50

글꼴 가이드 60pt, 없음/-50

나눔명조 ExtraBold 24pt, 없음/0

명 명 명 20pt
R B EB

덧글은 통신의 예절을 지키면서 표현의 자유를 추구하는 방향으로 씁니다.

가나다라마바사아자차카타파하 괄꽁넋뒷떨립밟빛빵술쏙얹쥔쬈척콥틈편흙

ABCDEFGHIJKLMNOPQRSTUVWXYZ abcdefghijklmnopqrstuvwxyz

1 2 3 4 5 6 7 8 9 0 ①㉚ ❶㉚ ❶⑳ ⑴⒇ Ⅰ Ⅱ Ⅲ Ⅳ Ⅴ Ⅹ ⅰ ⅱ ⅲ ⅳ ⅴ ⅹ

~ ! @ # $ % ^ & * _ / ₩ | * () [] {} 〈〉 〈〉 《》 「」 『』 【】 〔〕 − + × ÷ =

. , ? : ; ‘ “ ‘ ’ “ ” · ‥ … © ® ™ ¶ § ㎎ ㎏ ㎜ ㎝ ㎞ ㎐ ㏄ ○□△☆ ●■▲★

❶⑳ ①⑨ [1][9] [1][20] [1][20] [1][20] [1][20] [1][20] ⇠←⬅⬅⬅⬅⬅⬅⬅ ㊞❖✣❀❀⚜

13/30pt, 없음/0

글꼴 가이드 20/40pt, 없음/0

글꼴 가이드 30/50pt, 없음/-10

글꼴 가이드 40/60pt, 없음/-25

글꼴 가이드 60pt, 없음/-50

명조 100pt, 없음/0

한글 글꼴 가이드 7/13pt, 없음/10
한글 글꼴 가이드 8/15pt, 없음/5
한글 글꼴 가이드 9/16pt, 없음/0
한글 글꼴 가이드 10/18pt, 없음/-10
한글 글꼴 가이드 11/20pt, 없음/-25
한글 글꼴 가이드 12/22pt, 없음/-50

나눔고딕 Light *24pt, 없음/0*

고 고 **고 고** *20pt*
L R B EB

덧글은 통신의 예절을 지키면서 표현의 자유를 추구하는 방향으로 씁니다.

가나다라마바사아자차카타파하 괄꽁넋뒻떨립밟빛빵술쏙얹쥔짰척콥틈편흚

ABCDEFGHIJKLMNOPQRSTUVWXYZ abcdefghijklmnopqrstuvwxyz

1 2 3 4 5 6 7 8 9 0 ①⑩⑮ ⑴⑽⒂ Ⅰ Ⅱ Ⅲ Ⅳ Ⅴ Ⅹ ⅰ ⅱ ⅲ ⅳ ⅴ ⅹ

~ ! @ # $ % ^ & * _ / ₩ | * ( ) [ ] { } < > 〈 〉 《 》 「 」 『 』 【 】 〔 〕 - + × ÷ =

. , ? : ; ' " ' ' " " · · · ··· © ™ ¶ § ㎎ ㎏ ㎜ ㎝ ㎞ ㎐ ㏄ ○□△☆ ●■▲★

13/30pt, 없음/0

서로 어울리는 글꼴을 사용합니다. *26pt, 없음/-30*

글꼴 가이드 *20/40pt, 없음/0*

글꼴 가이드 *30/50pt, 없음/-10*

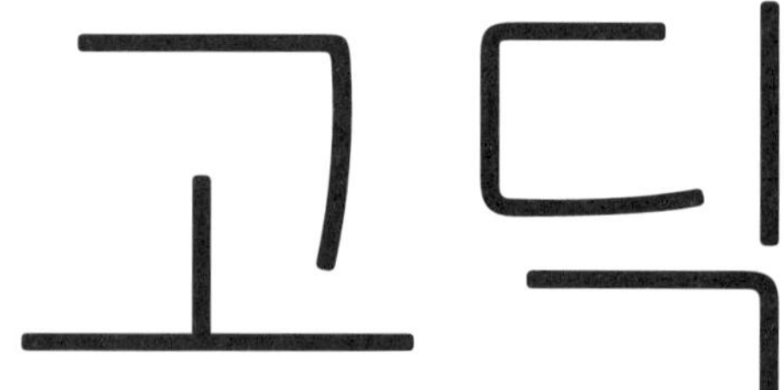

글꼴 가이드 *40/60pt, 없음/-25*

글꼴 가이드 *60pt, 없음/-50*

고딕 *100pt, 없음/0*

한글 글꼴 가이드	7/13pt, 없음/10
한글 글꼴 가이드	8/15pt, 없음/5
한글 글꼴 가이드	9/16pt, 없음/0
한글 글꼴 가이드	10/18pt, 없음/-10
한글 글꼴 가이드	11/20pt, 없음/-25
한글 글꼴 가이드	12/22pt, 없음/-50

한눈에 보이는 무료 글꼴 가이드 *11/20pt, 없음/0, 나눔명조 B*

비용을 지불하지 않고도 사용할 수 있는 글꼴을 '무료 글꼴'이라고 부릅니다. 사실은 무료 글꼴이 아니라 《공개 글꼴》이라고 해야 맞습니다. 『공개 글꼴』은 권리자가 설정한 "사용 범위"를 잘 살펴서 사용해야 합니다. 모든 것이 허용되는 진정한 무료 글꼴도 있고, 인쇄용으로는 무료로 *10/18pt, 없음/0, 나눔고딕 L*

75pt, 없음/0, 나눔고딕 L

한눈에 보이는 무료 글꼴 가이드 *11/20pt, 없음/-10, 나눔명조 EB*

비용을 지불하지 않고도 사용할 수 있는 글꼴을 '무료 글꼴'이라고 부릅니다. 사실은 무료 글꼴이 아니라 《공개 글꼴》이라고 해야 맞습니다. 『공개 글꼴』은 권리자가 설정한 "사용 범위"를 잘 살펴서 사용해야 합니다. 모든 것이 허용되는 진정한 무료 글꼴도 있고, 인쇄용으로는 무료로 사용할 *10/18pt, 없음/-10, 나눔고딕 L*

75pt, 없음/-75, 나눔고딕 L

한눈에 보이는 무료 글꼴 가이드 *11/20pt, 없음/-25, 나눔고딕 B*

비용을 지불하지 않고도 사용할 수 있는 글꼴을 '무료 글꼴'이라고 부릅니다. 사실은 무료 글꼴이 아니라 《공개 글꼴》이라고 해야 맞습니다. 『공개 글꼴』은 권리자가 설정한 "사용 범위"를 잘 살펴서 사용해야 합니다. 모든 것이 허용되는 진정한 무료 글꼴도 있고, 인쇄용으로는 무료로 사용할 수 *10/18pt, 없음/-25, 나눔고딕 L*

75pt, 시각적/0, 나눔고딕 L

한눈에 보이는 무료 글꼴 가이드 *11/20pt, 없음/-50, 나눔고딕 EB*

비용을 지불하지 않고도 사용할 수 있는 글꼴을 '무료 글꼴'이라고 부릅니다. 사실은 무료 글꼴이 아니라 《공개 글꼴》이라고 해야 맞습니다. 『공개 글꼴』은 권리자가 설정한 "사용 범위"를 잘 살펴서 사용해야 합니다. 모든 것이 허용되는 진정한 무료 글꼴도 있고, 인쇄용으로는 무료로 사용할 수 있지만 *10/18pt, 없음/-50, 나눔고딕 L*

75pt, 시각적/-30, 나눔고딕 L

나눔고딕 Regular 24pt, 없음/0

고 고 고 고 20pt

L R B EB

덧글은 통신의 예절을 지키면서 표현의 자유를 추구하는 방향으로 씁니다.

가나다라마바사아자차카타파하 괄꽁넋뒷떨립밟빛빵술쏙얹쥔짰척콥틈편흙

ABCDEFGHIJKLMNOPQRSTUVWXYZ abcdefghijklmnopqrstuvwxyz

1234567890 ①㉚ ❶㉚ ❶⓴ ❶⓴ ⑴⒇ Ⅰ Ⅱ Ⅲ Ⅳ Ⅴ Ⅹ ⅰ ⅱ ⅲ ⅳ ⅴ ⅹ

~ ! @ # $ % ^ & * _ / ₩ | * ( ) [ ] { } ＜ ＞ 〈 〉 《 》 「 」 『 』 【 】 〔 〕 - + × ÷ =

. , ? : ; ' " ' ' " " · · · · ··· © ® ™ ¶ § ㎎ ㎏ ㎜ ㎝ ㎞ ㎐ ㏄ ○ □ △ ☆ ● ■ ▲ ★

①⑨ 1 9 1 20 1 20 1 20 1 20 1 20 ←···←←←←←←◀ ㊞ ❖ ✣ ✿ ❀ ⚜

大韓民國 東西南北 高等學校 無料書體 落花流水 莫逆之友 大器晩成 螢雪之功

13/30pt, 없음/0

글꼴 가이드 20/40pt, 없음/0

100pt, 없음/0

글꼴 가이드 30/50pt, 없음/-10

글꼴 가이드 40/60pt, 없음/-25

글꼴 가이드 60pt, 없음/-50

한글 글꼴 가이드 7/13pt, 없음/10

한글 글꼴 가이드 8/15pt, 없음/5

한글 글꼴 가이드 9/16pt, 없음/0

한글 글꼴 가이드 10/18pt, 없음/-10

한글 글꼴 가이드 11/20pt, 없음/-25

한글 글꼴 가이드 12/22pt, 없음/-50

한눈에 보이는 무료 글꼴 가이드 *11/20pt, 없음/0, 나눔명조 B*

비용을 지불하지 않고도 사용할 수 있는 글꼴을 '무료 글꼴'이라고 부릅니다. 사실은 무료 글꼴이 아니라 《공개 글꼴》이라고 해야 맞습니다. 『공개 글꼴』은 권리자가 설정한 "사용 범위"를 잘 살펴서 사용해야 합니다. 모든 것이 허용되는 진정한 무료 글꼴도 있고, 인쇄용으로는 무료로 *10/18pt, 없음/0, 나눔고딕 R*

75pt, 없음/0, 나눔고딕 R

한눈에 보이는 무료 글꼴 가이드 *11/20pt, 없음/-10, 나눔명조 EB*

비용을 지불하지 않고도 사용할 수 있는 글꼴을 '무료 글꼴'이라고 부릅니다. 사실은 무료 글꼴이 아니라 《공개 글꼴》이라고 해야 맞습니다. 『공개 글꼴』은 권리자가 설정한 "사용 범위"를 잘 살펴서 사용해야 합니다. 모든 것이 허용되는 진정한 무료 글꼴도 있고, 인쇄용으로는 무료로 사용할 *10/18pt, 없음/-10, 나눔고딕 R*

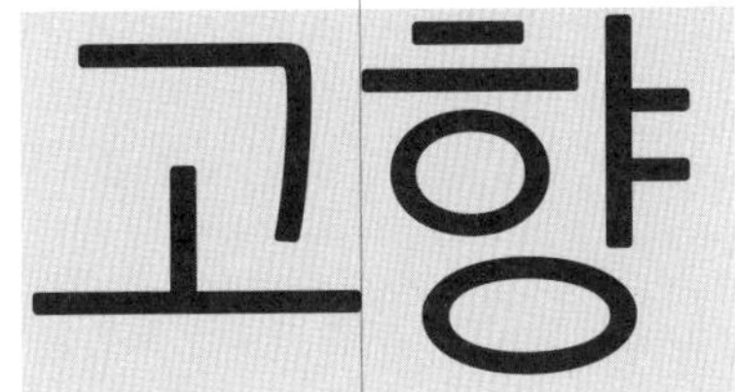

75pt, 없음/-75, 나눔고딕 R

한눈에 보이는 무료 글꼴 가이드 *11/20pt, 없음/-25, 나눔고딕 B*

비용을 지불하지 않고도 사용할 수 있는 글꼴을 '무료 글꼴'이라고 부릅니다. 사실은 무료 글꼴이 아니라 《공개 글꼴》이라고 해야 맞습니다. 『공개 글꼴』은 권리자가 설정한 "사용 범위"를 잘 살펴서 사용해야 합니다. 모든 것이 허용되는 진정한 무료 글꼴도 있고, 인쇄용으로는 무료로 사용할 수 *10/18pt, 없음/-25, 나눔고딕 R*

75pt, 시각적/0, 나눔고딕 R

한눈에 보이는 무료 글꼴 가이드 *11/20pt, 없음/-50, 나눔고딕 EB*

비용을 지불하지 않고도 사용할 수 있는 글꼴을 '무료 글꼴'이라고 부릅니다. 사실은 무료 글꼴이 아니라 《공개 글꼴》이라고 해야 맞습니다. 『공개 글꼴』은 권리자가 설정한 "사용 범위"를 잘 살펴서 사용해야 합니다. 모든 것이 허용되는 진정한 무료 글꼴도 있고, 인쇄용으로는 무료로 사용할 수 있지만 *10/18pt, 없음/-50, 나눔고딕 R*

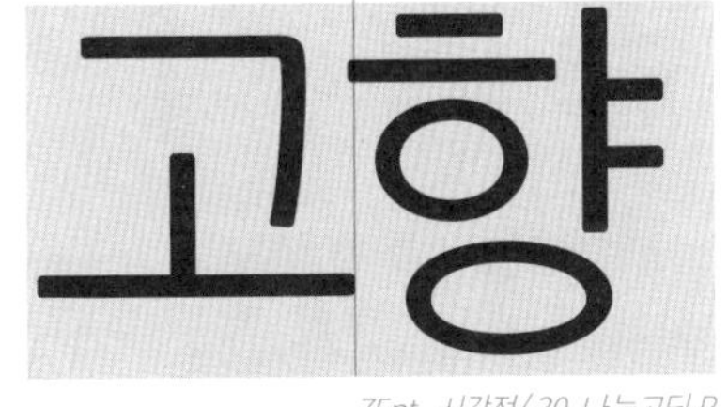

75pt, 시각적/-30, 나눔고딕 R

나눔고딕 Bold 24pt, 없음/0

고 고 고 고 20pt
L R B EB

덧글은 통신의 예절을 지키면서 표현의 자유를 추구하는 방향으로 씁니다.

가나다라마바사아자차카타파하 괄꽁넋뒷떨립밟빛빵술쏙얹쥔짰첰콥틈편흙

ABCDEFGHIJKLMNOPQRSTUVWXYZ abcdefghijklmnopqrstuvwxyz

1234567890 ①㉚ ❶㉚ ❶⑳ ❶⑳ ⑴⑽⒇ Ⅰ Ⅱ Ⅲ Ⅳ Ⅴ Ⅹ ⅰ ⅱ ⅲ ⅳ ⅴ ⅹ

~ ! @ # $ % ^ & * _ / ₩ | * ( ) [ ] { } 〈 〉 〈 〉 《 》 「 」 『 』 【 】 〔 〕 - + × ÷ =

. , ? : ; ' " ' ' " " · · · · ··· © ® ™ ¶ § ㎎ ㎏ ㎜ ㎝ ㎞ ㎐ ㏄ ○ □ △ ☆ ● ■ ▲ ★

①⑨ 1 9 1 20 1 20 1 20 1 20 1 20 ←←←←←←←←← ㊞ ❖ ✣ ❀ ❁ ⚜

大韓民國 東西南北 高等學校 無料書體 落花流水 莫逆之友 大器晩成 螢雪之功

13/30pt, 없음/0

글꼴 가이드 20/40pt, 없음/0

글꼴 가이드 30/50pt, 없음/-10

글꼴 가이드 40/60pt, 없음/-25

글꼴 가이드 60pt, 없음/-50

고딕 100pt, 없음/0

한글 글꼴 가이드 7/13pt, 없음/10

한글 글꼴 가이드 8/15pt, 없음/5

한글 글꼴 가이드 9/16pt, 없음/0

한글 글꼴 가이드 10/18pt, 없음/-10

한글 글꼴 가이드 11/20pt, 없음/-25

한글 글꼴 가이드 12/22pt, 없음/-50

나눔고딕 ExtraBold

24pt, 없음/0

고 고 고 고 20pt
L R B EB

덧글은 통신의 예절을 지키면서 표현의 자유를 추구하는 방향으로 씁니다.

가나다라마바사아자차카타파하 괄꽁넋뒷떨립밟빛빵술쏙얹쥔짰척콥틈편훍

ABCDEFGHIJKLMNOPQRSTUVWXYZ abcdefghijklmnopqrstuvwxyz

1234567890 ①㉚ ❶㉚ ❶⑳ ❶⑳ ⑴⑽⒇ Ⅰ Ⅱ Ⅲ Ⅳ Ⅴ Ⅹ ⅰ ⅱ ⅲ ⅳ ⅴ ⅹ

~ ! @ # $ % ^ & * _ / ₩ | * ( ) [ ] { } 〈 〉 〈 〉 《 》 「 」 『 』 【 】 〔 〕 - + × ÷ =

. , ? : ; ‘ “ ‘ ’ “ ” · ‥ … © ® ™ ¶ § ㎎ ㎏ ㎜ ㎝ ㎞ ㎐ ㏄ ○ □ △ ☆ ● ■ ▲ ★

①⑨ [1][9] [1][20] [1][20] [1][20] [1][20] [1][20] ⇠ ← ⬅ ⬅ ⬅ ⬅ ⇐ ◘ ◉ ㊞ ❖ ✣ ✿ ❀ ⚜

大韓民國 東西南北 高等學校 無料書體 落花流水 莫逆之友 大器晩成 螢雪之功

13/30pt, 없음/0

글꼴 가이드 20/40pt, 없음/0

글꼴 가이드 30/50pt, 없음/-10

고딕

100pt, 없음/0

글꼴 가이드 40/60pt, 없음/-25

글꼴 가이드

60pt, 없음/-50

한글 글꼴 가이드 7/13pt, 없음/10

한글 글꼴 가이드 8/15pt, 없음/5

한글 글꼴 가이드 9/16pt, 없음/0

한글 글꼴 가이드 10/18pt, 없음/-10

한글 글꼴 가이드 11/20pt, 없음/-25

한글 글꼴 가이드 12/22pt, 없음/-50

나눔바른고딕 UltraLight *24pt, 없음/0*

고 고 고 고 *20pt*
UL L R B

덧글은 통신의 예절을 지키면서 표현의 자유를 추구하는 방향으로 씁니다.

가나다라마바사아자차카타파하 괄꽁넋뒷떨립밟빛빵술쏙엌쥔짰첰콥틈편흛

ABCDEFGHIJKLMNOPQRSTUVWXYZ abcdefghijklmnopqrstuvwxyz

1234567890 ①㉚ ❶㉚ ❶⑳ ❶⑳ ⑴⒇ Ⅰ Ⅱ Ⅲ Ⅳ Ⅴ Ⅹ ⅰ ⅱ ⅲ ⅳ ⅴ ⅹ

~ ! @ # $ % ^ & * _ / ₩ | * ( ) [ ] { } 〈 〉 〈 〉 《 》 「 」 『 』 【 】 〔 〕 - + × ÷ =

. , ? : ; ' " ' ' " " · ‥ … © ® ™ ¶ § ㎎ ㎏ ㎜ ㎝ ㎞ ㎐ ㏄ ○□△ ●■▲★

①⑨ [1][9] [1][20] [1][20] [1][20] [1][20] [1][20] ← ← ← ← ← ← ← ㊞ ❖ ✣ ❀ ✾ ⚜

大韓民國 東西南北 高等學校 無料書體 落花流水 莫逆之友 大器晩成 螢雪之功

13/30pt, 없음/0

글꼴 가이드 *20/40pt, 없음/0*

글꼴 가이드 *30/50pt, 없음/-10*

글꼴 가이드 *40/60pt, 없음/-25*

글꼴 가이드 *60pt, 없음/-50*

고딕 *100pt, 없음/0*

한글 글꼴 가이드 *7/13pt, 없음/10*

한글 글꼴 가이드 *8/15pt, 없음/5*

한글 글꼴 가이드 *9/16pt, 없음/0*

한글 글꼴 가이드 *10/18pt, 없음/-10*

한글 글꼴 가이드 *11/20pt, 없음/-25*

한글 글꼴 가이드 *12/22pt, 없음/-50*

한눈에 보이는 무료 글꼴 가이드 *11/20pt, 없음/0, 나눔고딕 B*

비용을 지불하지 않고도 사용할 수 있는 글꼴을 '무료 글꼴'이라고 부릅니다. 사실은 무료 글꼴이 아니라 《공개 글꼴》이라고 해야 맞습니다. 『공개 글꼴』은 권리자가 설정한 "사용 범위"를 잘 살펴서 사용해야 합니다. 모든 것이 허용되는 진정한 무료 글꼴도 있고, 인쇄용으로는 무료로 사용할 수 있지만 *10/18pt, 없음/0, 나눔바른고딕 UL*

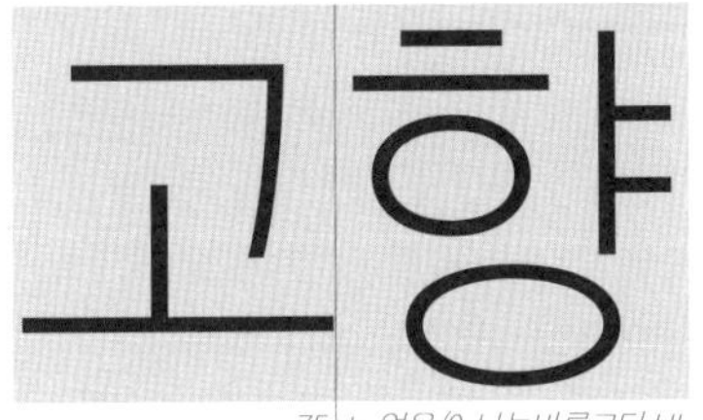

75pt, 없음/0, 나눔바른고딕 UL

한눈에 보이는 무료 글꼴 가이드 *11/20pt, 없음/-10, 나눔고딕 EB*

비용을 지불하지 않고도 사용할 수 있는 글꼴을 '무료 글꼴'이라고 부릅니다. 사실은 무료 글꼴이 아니라 《공개 글꼴》이라고 해야 맞습니다. 『공개 글꼴』은 권리자가 설정한 "사용 범위"를 잘 살펴서 사용해야 합니다. 모든 것이 허용되는 진정한 무료 글꼴도 있고, 인쇄용으로는 무료로 사용할 수 있지만 *10/18pt, 없음/-10, 나눔바른고딕 UL*

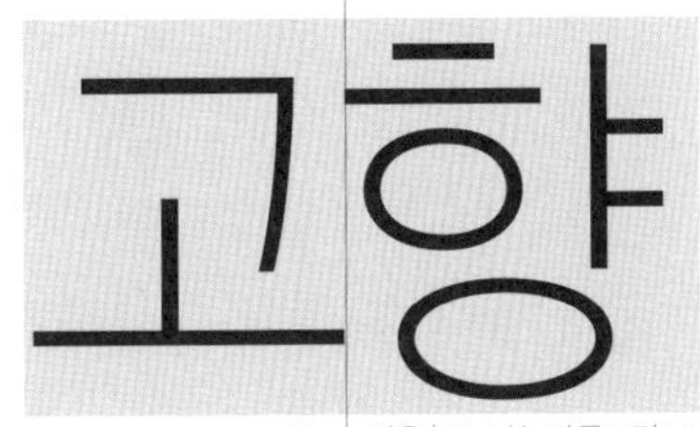

75pt, 없음/-50, 나눔바른고딕 UL

한눈에 보이는 무료 글꼴 가이드 *11/20pt, 없음/-25, 나눔바른고딕 R*

비용을 지불하지 않고도 사용할 수 있는 글꼴을 '무료 글꼴'이라고 부릅니다. 사실은 무료 글꼴이 아니라 《공개 글꼴》이라고 해야 맞습니다. 『공개 글꼴』은 권리자가 설정한 "사용 범위"를 잘 살펴서 사용해야 합니다. 모든 것이 허용되는 진정한 무료 글꼴도 있고, 인쇄용으로는 무료로 사용할 수 있지만 영상에는 *10/18pt, 없음/-25, 나눔바른고딕 UL*

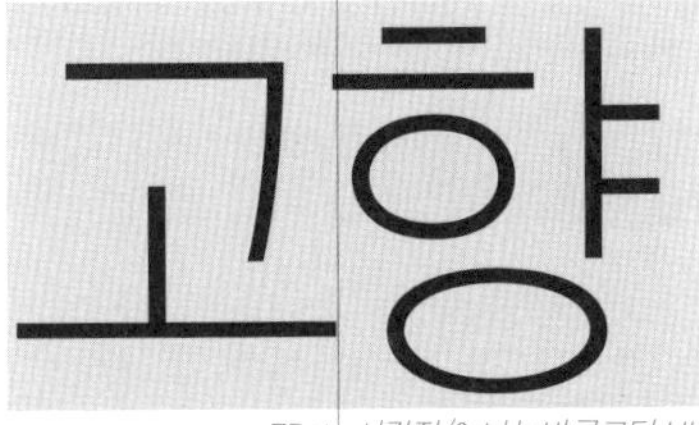

75pt, 시각적/0, 나눔바른고딕 UL

한눈에 보이는 무료 글꼴 가이드 *11/20pt, 없음/-50, 나눔바른고딕 B*

비용을 지불하지 않고도 사용할 수 있는 글꼴을 '무료 글꼴'이라고 부릅니다. 사실은 무료 글꼴이 아니라 《공개 글꼴》이라고 해야 맞습니다. 『공개 글꼴』은 권리자가 설정한 "사용 범위"를 잘 살펴서 사용해야 합니다. 모든 것이 허용되는 진정한 무료 글꼴도 있고, 인쇄용으로는 무료로 사용할 수 있지만 영상에는 별도로 *10/18pt, 없음/-50, 나눔바른고딕 UL*

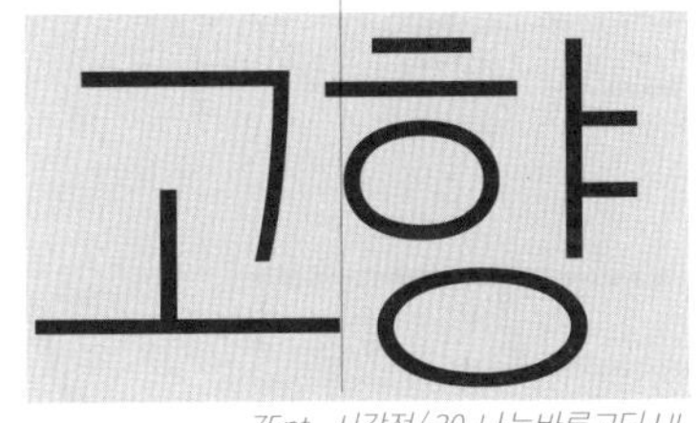

75pt, 시각적/-30, 나눔바른고딕 UL

나눔바른고딕 Light 24pt, 없음/0

고 고 고 고 20pt
UL L R B

덧글은 통신의 예절을 지키면서 표현의 자유를 추구하는 방향으로 씁니다.

가나다라마바사아자차카타파하 괄꽁넋뒷떨립밟빛빵술쏙엎쥔짰척콥틈편흙

ABCDEFGHIJKLMNOPQRSTUVWXYZ abcdefghijklmnopqrstuvwxyz

1234567890 ①㉚ ❶㉚ ❶⑳ ❶⑳ ⑴⒇ Ⅰ Ⅱ Ⅲ Ⅳ Ⅴ Ⅹ ⅰ ⅱ ⅲ ⅳ ⅴ ⅹ

~ ! @ # $ % ^ & * _ / ₩ | * ( ) [ ] { } 〈 〉 〈 〉 《 》 「 」 『 』 【 】 〔 〕 - + × ÷ =

. , ? : ; ' " ' ' " " • · ‥ … © ® ™ ¶ § ㎎ ㎏ ㎜ ㎝ ㎞ ㎐ ㏄ ○□△☆ ●■▲★

①⑨ [1][9] [1][20] [1][20] [1][20] [1][20] [1][20] ⇠←⬅←←←◘◘ ㊞❖✣✾❀⚜

大韓民國 東西南北 高等學校 無料書體 落花流水 莫逆之友 大器晩成 螢雪之功

13/30pt, 없음/0

글꼴 가이드 20/40pt, 없음/0

글꼴 가이드 30/50pt, 없음/-10

글꼴 가이드 40/60pt, 없음/-25

글꼴 가이드 60pt, 없음/-50

고딕 100pt, 없음/0

한글 글꼴 가이드 7/13pt, 없음/10
한글 글꼴 가이드 8/15pt, 없음/5
한글 글꼴 가이드 9/16pt, 없음/0
한글 글꼴 가이드 10/18pt, 없음/-10
한글 글꼴 가이드 11/20pt, 없음/-25
한글 글꼴 가이드 12/22pt, 없음/-50

한눈에 보이는 무료 글꼴 가이드 *11/20pt, 없음/0, 나눔고딕 B*

비용을 지불하지 않고도 사용할 수 있는 글꼴을 '무료 글꼴'이라고 부릅니다. 사실은 무료 글꼴이 아니라 《공개 글꼴》이라고 해야 맞습니다. 『공개 글꼴』은 권리자가 설정한 "사용 범위"를 잘 살펴서 사용해야 합니다. 모든 것이 허용되는 진정한 무료 글꼴도 있고, 인쇄용으로는 무료로 사용할 수 있지만 *10/18pt, 없음/0, 나눔바른고딕 L*

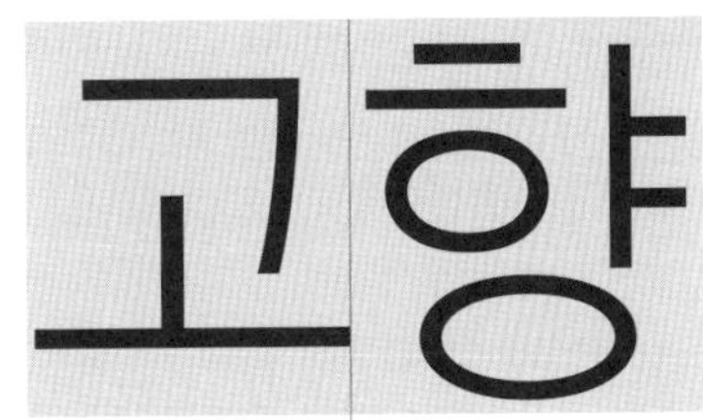

75pt, 없음/0, 나눔바른고딕 L

한눈에 보이는 무료 글꼴 가이드 *11/20pt, 없음/-10, 나눔고딕 EB*

비용을 지불하지 않고도 사용할 수 있는 글꼴을 '무료 글꼴'이라고 부릅니다. 사실은 무료 글꼴이 아니라 《공개 글꼴》이라고 해야 맞습니다. 『공개 글꼴』은 권리자가 설정한 "사용 범위"를 잘 살펴서 사용해야 합니다. 모든 것이 허용되는 진정한 무료 글꼴도 있고, 인쇄용으로는 무료로 사용할 수 있지만 *10/18pt, 없음/-10, 나눔바른고딕 L*

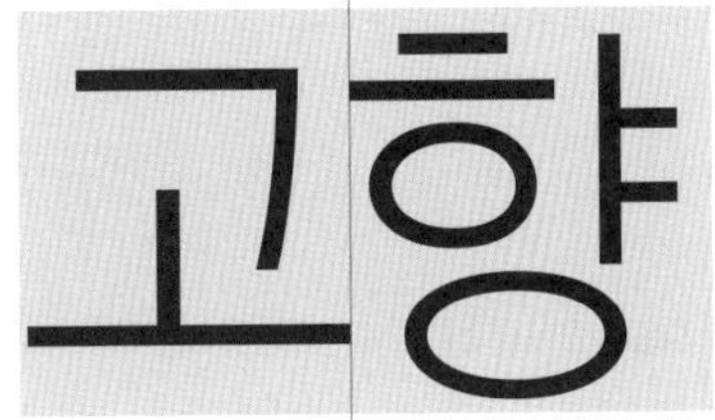

75pt, 없음/-45, 나눔바른고딕 L

한눈에 보이는 무료 글꼴 가이드 *11/20pt, 없음/-25, 나눔바른고딕 R*

비용을 지불하지 않고도 사용할 수 있는 글꼴을 '무료 글꼴'이라고 부릅니다. 사실은 무료 글꼴이 아니라 《공개 글꼴》이라고 해야 맞습니다. 『공개 글꼴』은 권리자가 설정한 "사용 범위"를 잘 살펴서 사용해야 합니다. 모든 것이 허용되는 진정한 무료 글꼴도 있고, 인쇄용으로는 무료로 사용할 수 있지만 영상에는 *10/18pt, 없음/-25, 나눔바른고딕 L*

75pt, 시각적/0, 나눔바른고딕 L

한눈에 보이는 무료 글꼴 가이드 *11/20pt, 없음/-50, 나눔바른고딕 B*

비용을 지불하지 않고도 사용할 수 있는 글꼴을 '무료 글꼴'이라고 부릅니다. 사실은 무료 글꼴이 아니라 《공개 글꼴》이라고 해야 맞습니다. 『공개 글꼴』은 권리자가 설정한 "사용 범위"를 잘 살펴서 사용해야 합니다. 모든 것이 허용되는 진정한 무료 글꼴도 있고, 인쇄용으로는 무료로 사용할 수 있지만 영상에는 별도로 *10/18pt, 없음/-50, 나눔바른고딕 L*

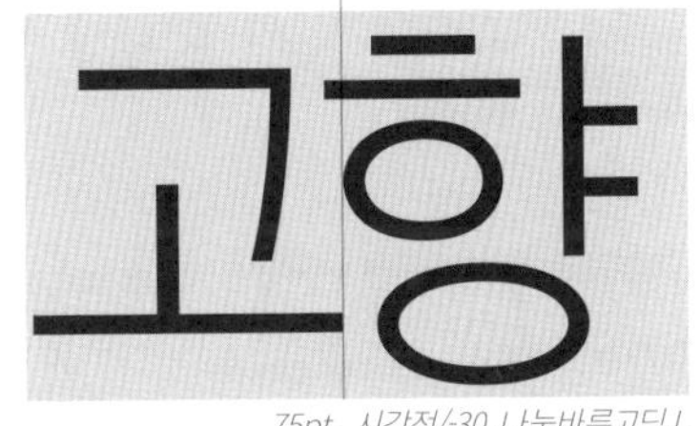

75pt, 시각적/-30, 나눔바른고딕 L

나눔바른고딕 Regular 24pt, 없음/0

고 고 고 고 20pt
UL L R B

덧글은 통신의 예절을 지키면서 표현의 자유를 추구하는 방향으로 씁니다.

가나다라마바사아자차카타파하 괄꽁넋뒷떨립밟빛빵술쑥엌쥔짰척콥틈편흙

ABCDEFGHIJKLMNOPQRSTUVWXYZ abcdefghijklmnopqrstuvwxyz

1234567890 ①㉚ ❶㉚ ❶⑳ ❶⑳ ⑴⒇ Ⅰ Ⅱ Ⅲ Ⅳ Ⅴ Ⅹ ⅰ ⅱ ⅲ ⅳ ⅴ ⅹ

~ ! @ # $ % ^ & * _ / ₩ | * ( ) [ ] { } 〈 〉 〈 〉 《 》 「 」 『 』 【 】 〔 〕 − + × ÷ =

. , ? : ; ' " ' ' " " · ·· ··· © ® ™ ¶ § ㎎ ㎏ ㎜ ㎝ ㎞ ㎐ ㏄ ○□△☆ ●■▲★

①⑨ 1 9 1 20 1 20 1 20 1 20 1 20 ⇠←⬅⇦⬅⇐⬅⬜⬤ ㊞❖✣❀❁⚜

大韓民國 東西南北 高等學校 無料書體 落花流水 莫逆之友 大器晩成 螢雪之功

13/30pt, 없음/0

글꼴 가이드 20/40pt, 없음/0

글꼴 가이드 30/50pt, 없음/-10

100pt, 없음/0

글꼴 가이드 40/60pt, 없음/-25

60pt, 없음/-50

한글 글꼴 가이드 7/13pt, 없음/10
한글 글꼴 가이드 8/15pt, 없음/5
한글 글꼴 가이드 9/16pt, 없음/0
한글 글꼴 가이드 10/18pt, 없음/-10
한글 글꼴 가이드 11/20pt, 없음/-25
한글 글꼴 가이드 12/22pt, 없음/-50

나눔바른고딕 Bold 24pt, 없음/0

고 고 고 고 20pt
UL L R B

덧글은 통신의 예절을 지키면서 표현의 자유를 추구하는 방향으로 씁니다.

가나다라마바사아자차카타파하 괄꽁넋뒷떨립밟빛빵술쏙얹쥔짰첰콥틈편흝

ABCDEFGHIJKLMNOPQRSTUVWXYZ abcdefghijklmnopqrstuvwxyz

1234567890 ①㉚ ➊❸⓪ ➊⓴ ➊⓴ ⑴⒇ Ⅰ Ⅱ Ⅲ Ⅳ Ⅴ Ⅹ ⅰ ⅱ ⅲ ⅳ ⅴ ⅹ

~ ! @ # $ % ^ & * _ / ₩ | * ( ) [ ] { } 〈 〉 〈 〉 《 》 「 」 『 』 【 】 〔 〕 − + × ÷ =

. , ? : ; ' " ' ' " " · ·· ··· © ® ™ ¶ § ㎎ ㎏ ㎜ ㎝ ㎞ ㎐ ㏄ ○□△☆ ●■▲★

①⑨ 1 9 1 20 1 20 1 20 1 20 1 20 ←←←←←←◘◘ ㊞❖✣❀❁⚜

大韓民國 東西南北 高等學校 無料書體 落花流水 莫逆之友 大器晩成 螢雪之功

13/30pt, 없음/0

글꼴 가이드 20/40pt, 없음/0

글꼴 가이드 30/50pt, 없음/-10

글꼴 가이드 40/60pt, 없음/-25

글꼴 가이드 60pt, 없음/-50

고딕 100pt, 없음/0

한글 글꼴 가이드 7/13pt, 없음/10

한글 글꼴 가이드 8/15pt, 없음/5

한글 글꼴 가이드 9/16pt, 없음/0

한글 글꼴 가이드 10/18pt, 없음/-10

한글 글꼴 가이드 11/20pt, 없음/-25

한글 글꼴 가이드 12/22pt, 없음/-50

나눔스퀘어 Light *24pt, 없음/0*

고 고 고 고 *20pt*
L R B EB

덧글은 통신의 예절을 지키면서 표현의 자유를 추구하는 방향으로 씁니다.

가나다라마바사아자차카타파하 괄꽁넋뒷떨립밟빛빵술쏙얹쥔짰척콥틈편흙

ABCDEFGHIJKLMNOPQRSTUVWXYZ abcdefghijklmnopqrstuvwxyz

1 2 3 4 5 6 7 8 9 0 ①⑩⑮ ⑴⑽⒂ Ⅰ Ⅱ Ⅲ Ⅳ Ⅴ Ⅹ ⅰ ⅱ ⅲ ⅳ ⅴ ⅹ

~ ! @ # $ % ^ & * _ / ₩ | * ( ) [ ] { } < > 〈 〉《 》「 」『 』【 】〔 〕- + × ÷ =

. , ? : ; ' " ' ' " " · ·· ··· © ™ ¶ § ㎎ ㎏ ㎜ ㎝ ㎞ ㎐ ㏄ ○□△☆ ●■▲★

13/30pt, 없음/0

서로 어울리는 글꼴을 사용합니다. *26pt, 없음/-30*

글꼴 가이드 *20/40pt, 없음/0*

글꼴 가이드 *30/50pt, 없음/-10*

글꼴 가이드 *40/60pt, 없음/-25*

글꼴 가이드 *60pt, 없음/-50*

고딕 *100pt, 없음/0*

한글 글꼴 가이드 *7/13pt, 없음/10*

한글 글꼴 가이드 *8/15pt, 없음/5*

한글 글꼴 가이드 *9/16pt, 없음/0*

한글 글꼴 가이드 *10/18pt, 없음/-10*

한글 글꼴 가이드 *11/20pt, 없음/-25*

한글 글꼴 가이드 *12/22pt, 없음/-50*

한눈에 보이는 무료 글꼴 가이드 *11/20pt, 없음/0, 나눔명조 B*

비용을 지불하지 않고도 사용할 수 있는 글꼴을 '무료 글꼴'이라고 부릅니다. 사실은 무료 글꼴이 아니라 《공개 글꼴》이라고 해야 맞습니다. 『공개 글꼴』은 권리자가 설정한 "사용 범위"를 잘 살펴서 사용해야 합니다. 모든 것이 허용되는 진정한 무료 글꼴도 있고, 인쇄용으로는 무료로 사용할 수 *10/18pt, 없음/0, 나눔스퀘어 L*

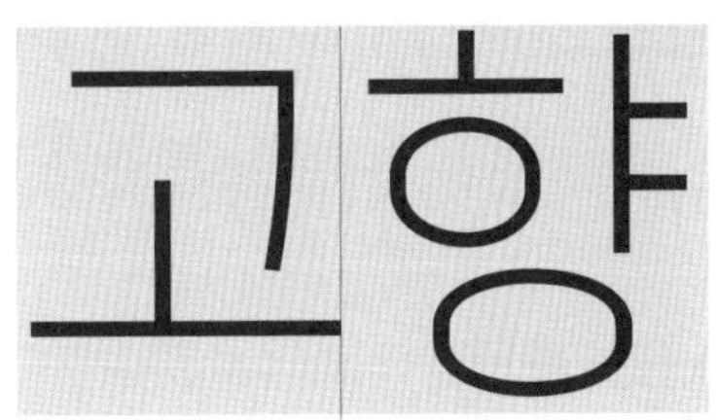

75pt, 없음/0, 나눔스퀘어 L

한눈에 보이는 무료 글꼴 가이드 *11/20pt, 없음/-10, 나눔고딕 B*

비용을 지불하지 않고도 사용할 수 있는 글꼴을 '무료 글꼴'이라고 부릅니다. 사실은 무료 글꼴이 아니라 《공개 글꼴》이라고 해야 맞습니다. 『공개 글꼴』은 권리자가 설정한 "사용 범위"를 잘 살펴서 사용해야 합니다. 모든 것이 허용되는 진정한 무료 글꼴도 있고, 인쇄용으로는 무료로 사용할 수 있지만 *10/18pt, 없음/-10, 나눔스퀘어 L*

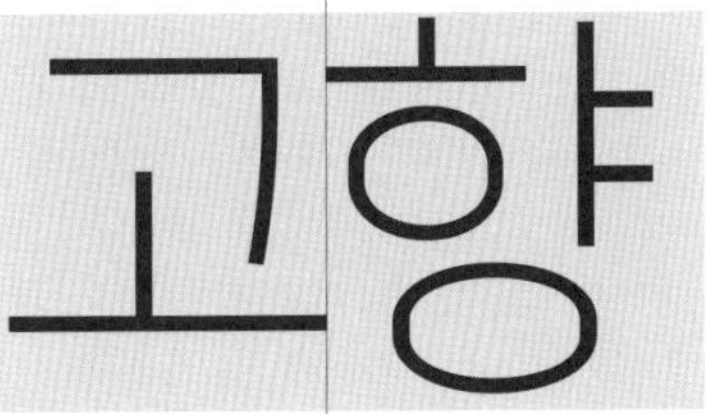

75pt, 없음/-75, 나눔스퀘어 L

한눈에 보이는 무료 글꼴 가이드 *11/20pt, 없음/-25, 나눔스퀘어 B*

비용을 지불하지 않고도 사용할 수 있는 글꼴을 '무료 글꼴'이라고 부릅니다. 사실은 무료 글꼴이 아니라 《공개 글꼴》이라고 해야 맞습니다. 『공개 글꼴』은 권리자가 설정한 "사용 범위"를 잘 살펴서 사용해야 합니다. 모든 것이 허용되는 진정한 무료 글꼴도 있고, 인쇄용으로는 무료로 사용할 수 있지만 영상 *10/18pt, 없음/-25, 나눔스퀘어 L*

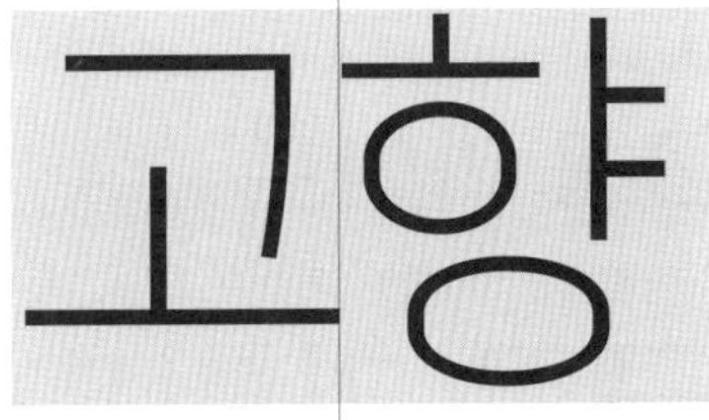

75pt, 시각적/0, 나눔스퀘어 L

한눈에 보이는 무료 글꼴 가이드 *11/20pt, 없음/-50, 나눔스퀘어 EB*

비용을 지불하지 않고도 사용할 수 있는 글꼴을 '무료 글꼴'이라고 부릅니다. 사실은 무료 글꼴이 아니라 《공개 글꼴》이라고 해야 맞습니다. 『공개 글꼴』은 권리자가 설정한 "사용 범위"를 잘 살펴서 사용해야 합니다. 모든 것이 허용되는 진정한 무료 글꼴도 있고, 인쇄용으로는 무료로 사용할 수 있지만 영상에는 별도로 *10/18pt, 없음/-50, 나눔스퀘어 L*

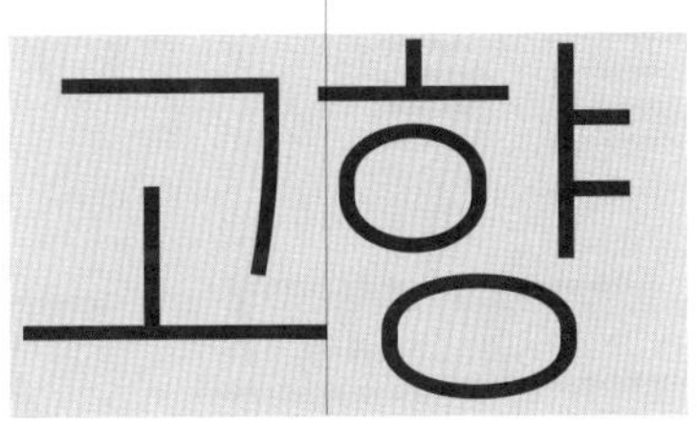

75pt, 시각적/-30, 나눔스퀘어 L

나눔스퀘어 Regular 24pt, 없음/0

고 고 고 고 20pt
L R B EB

덧글은 통신의 예절을 지키면서 표현의 자유를 추구하는 방향으로 씁니다.

가나다라마바사아자차카타파하 괄꽁넋뒷떨립밟빛빵술쏙얹쥔짰척콥틈편흙

ABCDEFGHIJKLMNOPQRSTUVWXYZ abcdefghijklmnopqrstuvwxyz

1 2 3 4 5 6 7 8 9 0 ①⑩⑮ ⑴⑽⒂ Ⅰ Ⅱ Ⅲ Ⅳ Ⅴ Ⅹ ⅰ ⅱ ⅲ ⅳ ⅴ ⅹ

~ ! @ # $ % ^ & * _ / ₩ | * ( ) [ ] { } < > 〈 〉《 》「 」『 』【 】〔 〕- + × ÷ =

. , ? : ; ' " ' ' " " · ·· ··· © ™ ¶ § ㎎ ㎏ ㎜ ㎝ ㎞ ㎐ ㏄ ○□△☆ ●■▲★

13/30pt, 없음/0

서로 어울리는 글꼴을 사용합니다. 26pt, 없음/-30

글꼴 가이드 20/40pt, 없음/0

글꼴 가이드 30/50pt, 없음/-10

글꼴 가이드 40/60pt, 없음/-25

글꼴 가이드 60pt, 없음/-50

고딕 100pt, 없음/0

한글 글꼴 가이드 7/13pt, 없음/10

한글 글꼴 가이드 8/15pt, 없음/5

한글 글꼴 가이드 9/16pt, 없음/0

한글 글꼴 가이드 10/18pt, 없음/-10

한글 글꼴 가이드 11/20pt, 없음/-25

한글 글꼴 가이드 12/22pt, 없음/-50

한눈에 보이는 무료 글꼴 가이드 11/20pt, 없음/0, 나눔명조 B

비용을 지불하지 않고도 사용할 수 있는 글꼴을 '무료 글꼴'이라고 부릅니다. 사실은 무료 글꼴이 아니라 《공개 글꼴》이라고 해야 맞습니다. 『공개 글꼴』은 권리자가 설정한 "사용 범위"를 잘 살펴서 사용해야 합니다. 모든 것이 허용되는 진정한 무료 글꼴도 있고, 인쇄용으로는 무료로 사용할 수 10/18pt, 없음/0, 나눔스퀘어 R

75pt, 없음/0, 나눔스퀘어 R

한눈에 보이는 무료 글꼴 가이드 11/20pt, 없음/-10, 나눔고딕 B

비용을 지불하지 않고도 사용할 수 있는 글꼴을 '무료 글꼴'이라고 부릅니다. 사실은 무료 글꼴이 아니라 《공개 글꼴》이라고 해야 맞습니다. 『공개 글꼴』은 권리자가 설정한 "사용 범위"를 잘 살펴서 사용해야 합니다. 모든 것이 허용되는 진정한 무료 글꼴도 있고, 인쇄용으로는 무료로 사용할 수 10/18pt, 없음/-10, 나눔스퀘어 R

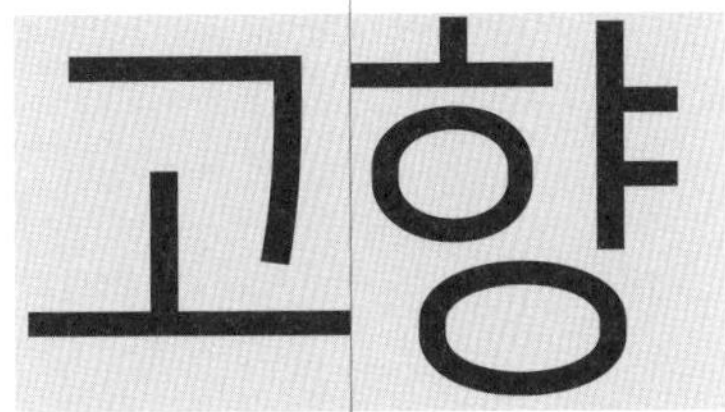

75pt, 없음/-65, 나눔스퀘어 R

한눈에 보이는 무료 글꼴 가이드 11/20pt, 없음/-25, 나눔스퀘어 B

비용을 지불하지 않고도 사용할 수 있는 글꼴을 '무료 글꼴'이라고 부릅니다. 사실은 무료 글꼴이 아니라 《공개 글꼴》이라고 해야 맞습니다. 『공개 글꼴』은 권리자가 설정한 "사용 범위"를 잘 살펴서 사용해야 합니다. 모든 것이 허용되는 진정한 무료 글꼴도 있고, 인쇄용으로는 무료로 사용할 수 있지만 10/18pt, 없음/-25, 나눔스퀘어 R

75pt, 시각적/0, 나눔스퀘어 R

한눈에 보이는 무료 글꼴 가이드 11/20pt, 없음/-50, 나눔스퀘어 EB

비용을 지불하지 않고도 사용할 수 있는 글꼴을 '무료 글꼴'이라고 부릅니다. 사실은 무료 글꼴이 아니라 《공개 글꼴》이라고 해야 맞습니다. 『공개 글꼴』은 권리자가 설정한 "사용 범위"를 잘 살펴서 사용해야 합니다. 모든 것이 허용되는 진정한 무료 글꼴도 있고, 인쇄용으로는 무료로 사용할 수 있지만 영상에는 별도로 10/18pt, 없음/-50, 나눔스퀘어 R

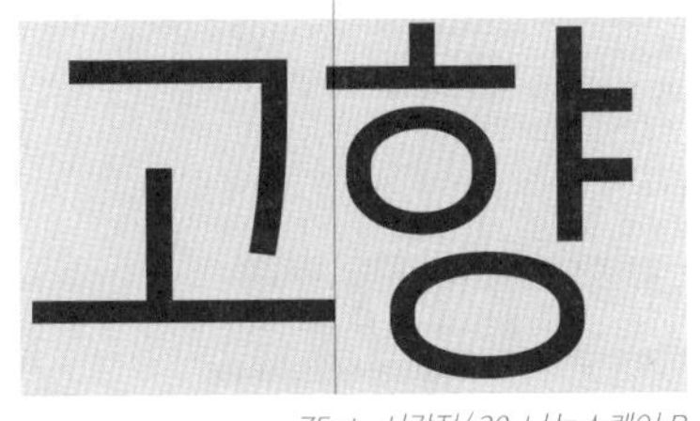

75pt, 시각적/-30, 나눔스퀘어 R

나눔스퀘어 Bold 24pt, 없음/0

고 고 고 고 20pt
L R B EB

덧글은 통신의 예절을 지키면서 표현의 자유를 추구하는 방향으로 씁니다.

가나다라마바사아자차카타파하 괄꽁넋뒷떨립밟빛빵술쏙얹쥔짰첰콥틈편흙

ABCDEFGHIJKLMNOPQRSTUVWXYZ abcdefghijklmnopqrstuvwxyz

1 2 3 4 5 6 7 8 9 0 ①⑩⑮ ⑴⑽⒂ Ⅰ Ⅱ Ⅲ Ⅳ Ⅴ Ⅹ ⅰ ⅱ ⅲ ⅳ ⅴ ⅹ

~ ! @ # $ % ^ & * _ / ₩ | * ( ) [ ] { } < > 〈 〉《 》「 」『 』【 】〔 〕- + × ÷ =

. , ? : ; ' " ' ' " " · ·· ··· © ™ ¶ § ㎎ ㎏ ㎜ ㎝ ㎞ ㎐ ㏄ ○□△☆ ●■▲★

13/30pt, 없음/0

서로 어울리는 글꼴을 사용합니다. 26pt, 없음/-30

글꼴 가이드 20/40pt, 없음/0

글꼴 가이드 30/50pt, 없음/-10

글꼴 가이드 40/60pt, 없음/-25

글꼴 가이드 60pt, 없음/-50

고딕 100pt, 없음/0

한글 글꼴 가이드 7/13pt, 없음/10

한글 글꼴 가이드 8/15pt, 없음/5

한글 글꼴 가이드 9/16pt, 없음/0

한글 글꼴 가이드 10/18pt, 없음/-10

한글 글꼴 가이드 11/20pt, 없음/-25

한글 글꼴 가이드 12/22pt, 없음/-50

나눔스퀘어 ExtraBold 24pt, 없음/0

고 고 고 고 20pt
L R B EB

덧글은 통신의 예절을 지키면서 표현의 자유를 추구하는 방향으로 씁니다.

가나다라마바사아자차카타파하 괄꽁넋뒷떨립밟빛빵술쑥엎쥔짰척콥틈편흙

ABCDEFGHIJKLMNOPQRSTUVWXYZ abcdefghijklmnopqrstuvwxyz

1 2 3 4 5 6 7 8 9 0 ①⑩⑮ ⑴⑽⒂ Ⅰ Ⅱ Ⅲ Ⅳ Ⅴ Ⅹ ⅰ ⅱ ⅲ ⅳ ⅴ ⅹ

~ ! @ # $ % ^ & * _ / ₩ | * ( ) [ ] { } < > 〈 〉《 》「 」『 』【 】〔 〕- + × ÷ =

. , ? : ; ' " ' ' " " · ·· ··· © ™ ¶ § ㎎ ㎏ ㎜ ㎝ ㎞ ㎐ ㏄ ○□△☆ ●■▲★

13/30pt, 없음/0

서로 어울리는 글꼴을 사용합니다. 26pt, 없음/-30

고딕 100pt, 없음/0

글꼴 가이드 20/40pt, 없음/0

글꼴 가이드 30/50pt, 없음/-10

글꼴 가이드 40/60pt, 없음/-25

글꼴 가이드 60pt, 없음/-50

한글 글꼴 가이드 7/13pt, 없음/10

한글 글꼴 가이드 8/15pt, 없음/5

한글 글꼴 가이드 9/16pt, 없음/0

한글 글꼴 가이드 10/18pt, 없음/-10

한글 글꼴 가이드 11/20pt, 없음/-25

한글 글꼴 가이드 12/22pt, 없음/-50

나눔스퀘어라운드 Light 24pt, 없음/0

고 고 고 고 20pt
L R B EB

덧글은 통신의 예절을 지키면서 표현의 자유를 추구하는 방향으로 씁니다.

가나다라마바사아자차카타파하 괄꽁넋뒷떨립밟빛빵술쏙얹쥔짰척콥튿편훍

ABCDEFGHIJKLMNOPQRSTUVWXYZ abcdefghijklmnopqrstuvwxyz

1 2 3 4 5 6 7 8 9 0 ①⑩⑮ ⑴⑽⒂ Ⅰ Ⅱ Ⅲ Ⅳ Ⅴ Ⅹ ⅰ ⅱ ⅲ ⅳ ⅴ ⅹ

~ ! @ # $ % ^ & * _ / ₩ | * ( ) [ ] { } < > 〈 〉《 》「 」『 』【 】〔 〕- + × ÷ =

. , ? : ; ' " ' ' " " · ‥ … © ™ ¶ § ㎎ ㎏ ㎜ ㎝ ㎞ ㎐ ㏄ ○□△☆ ●■▲★

13/30pt, 없음/0

서로 어울리는 글꼴을 사용합니다. 26pt, 없음/-30

글꼴 가이드 20/40pt, 없음/0

글꼴 가이드 30/50pt, 없음/-10

글꼴 가이드 40/60pt, 없음/-25

글꼴 가이드 60pt, 없음/-50

고딕 100pt, 없음/0

한글 글꼴 가이드	7/13pt, 없음/10
한글 글꼴 가이드	8/15pt, 없음/5
한글 글꼴 가이드	9/16pt, 없음/0
한글 글꼴 가이드	10/18pt, 없음/-10
한글 글꼴 가이드	11/20pt, 없음/-25
한글 글꼴 가이드	12/22pt, 없음/-50

한눈에 보이는 무료 글꼴 가이드 *11/20pt, 없음/0, 나눔명조 B*

비용을 지불하지 않고도 사용할 수 있는 글꼴을 '무료 글꼴'이라고 부릅니다. 사실은 무료 글꼴이 아니라 《공개 글꼴》이라고 해야 맞습니다. 『공개 글꼴』은 권리자가 설정한 "사용 범위"를 잘 살펴서 사용해야 합니다. 모든 것이 허용되는 진정한 무료 글꼴도 있고, 인쇄용으로는 무료로 사용할 수 *10/18pt, 없음/0, 나눔스퀘어라운드 L*

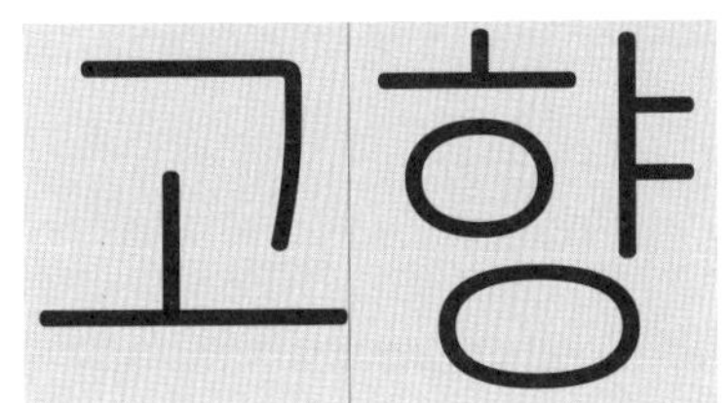

75pt, 없음/0, 나눔스퀘어라운드 L

한눈에 보이는 무료 글꼴 가이드 *11/20pt, 없음/-10, 나눔고딕 B*

비용을 지불하지 않고도 사용할 수 있는 글꼴을 '무료 글꼴'이라고 부릅니다. 사실은 무료 글꼴이 아니라 《공개 글꼴》이라고 해야 맞습니다. 『공개 글꼴』은 권리자가 설정한 "사용 범위"를 잘 살펴서 사용해야 합니다. 모든 것이 허용되는 진정한 무료 글꼴도 있고, 인쇄용으로는 무료로 사용할 수 *10/18pt, 없음/-10, 나눔스퀘어라운드 L*

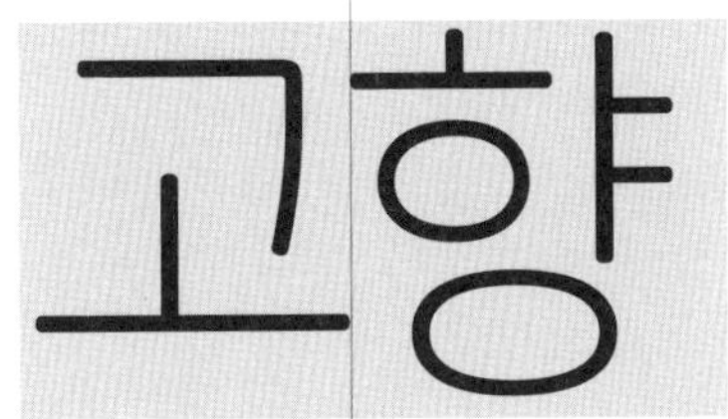

75pt, 없음/-80, 나눔스퀘어라운드 L

한눈에 보이는 무료 글꼴 가이드 *11/20pt, 없음/-25, 나눔스퀘어라운드 B*

비용을 지불하지 않고도 사용할 수 있는 글꼴을 '무료 글꼴'이라고 부릅니다. 사실은 무료 글꼴이 아니라 《공개 글꼴》이라고 해야 맞습니다. 『공개 글꼴』은 권리자가 설정한 "사용 범위"를 잘 살펴서 사용해야 합니다. 모든 것이 허용되는 진정한 무료 글꼴도 있고, 인쇄용으로는 무료로 사용할 수 있지만 *10/18pt, 없음/-25, 나눔스퀘어라운드 L*

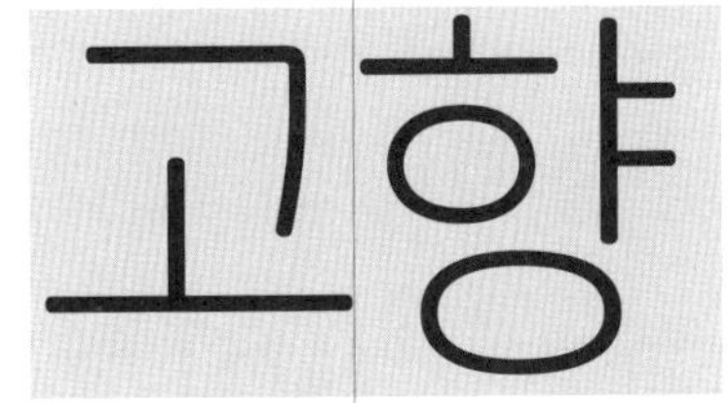

75pt, 시각적/0, 나눔스퀘어라운드 L

한눈에 보이는 무료 글꼴 가이드 *11/20pt, 없음/-50, 나눔스퀘어라운드 EB*

비용을 지불하지 않고도 사용할 수 있는 글꼴을 '무료 글꼴'이라고 부릅니다. 사실은 무료 글꼴이 아니라 《공개 글꼴》이라고 해야 맞습니다. 『공개 글꼴』은 권리자가 설정한 "사용 범위"를 잘 살펴서 사용해야 합니다. 모든 것이 허용되는 진정한 무료 글꼴도 있고, 인쇄용으로는 무료로 사용할 수 있지만 영상에는 *10/18pt, 없음/-50, 나눔스퀘어라운드 L*

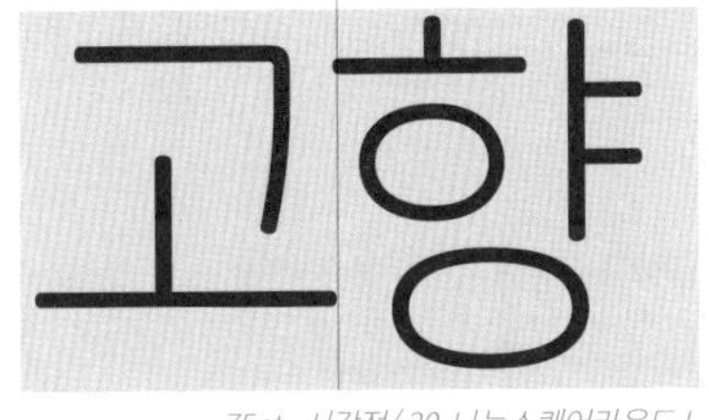

75pt, 시각적/-30, 나눔스퀘어라운드 L

나눔스퀘어라운드 Regular 24pt, 없음/0

고 고 고 고 20pt
L R B EB

덧글은 통신의 예절을 지키면서 표현의 자유를 추구하는 방향으로 씁니다.

가나다라마바사아자차카타파하 괄꽁넋뒷떨립밟빛빵술쏙얹쥔짰척콥틈편흵

ABCDEFGHIJKLMNOPQRSTUVWXYZ abcdefghijklmnopqrstuvwxyz

1 2 3 4 5 6 7 8 9 0 ①⑩⑮ ⑴⑽⒂ Ⅰ Ⅱ Ⅲ Ⅳ Ⅴ Ⅹ ⅰ ⅱ ⅲ ⅳ ⅴ ⅹ

~ ! @ # $ % ^ & * _ / ₩ | * ( ) [ ] { } < > 〈 〉《 》「 」『 』【 】〔 〕- + × ÷ =

. , ? : ; ' " ' ' " " · ·· ··· © ™ ¶ § ㎎ ㎏ ㎜ ㎝ ㎞ ㎐ ㏄ ○□△☆ ●■▲★

13/30pt, 없음/0

서로 어울리는 글꼴을 사용합니다. 26pt, 없음/-30

글꼴 가이드 20/40pt, 없음/0

글꼴 가이드 30/50pt, 없음/-10

글꼴 가이드 40/60pt, 없음/-25

글꼴 가이드 60pt, 없음/-50

고딕 100pt, 없음/0

한글 글꼴 가이드 7/13pt, 없음/10
한글 글꼴 가이드 8/15pt, 없음/5
한글 글꼴 가이드 9/16pt, 없음/0
한글 글꼴 가이드 10/18pt, 없음/-10
한글 글꼴 가이드 11/20pt, 없음/-25
한글 글꼴 가이드 12/22pt, 없음/-50

한눈에 보이는 무료 글꼴 가이드 11/20pt, 없음/0, 나눔명조 B

비용을 지불하지 않고도 사용할 수 있는 글꼴을 '무료 글꼴'이라고 부릅니다. 사실은 무료 글꼴이 아니라 《공개 글꼴》이라고 해야 맞습니다. 『공개 글꼴』은 권리자가 설정한 "사용 범위"를 잘 살펴서 사용해야 합니다. 모든 것이 허용되는 진정한 무료 글꼴도 있고, 인쇄용으로는 무료로 사용할 수 10/18pt, 없음/0, 나눔스퀘어라운드 R

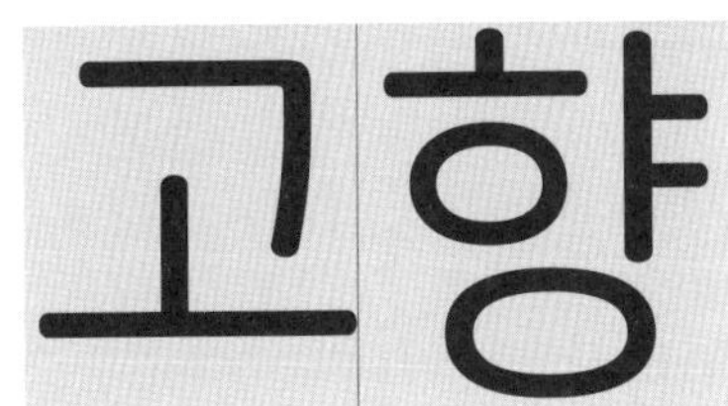

75pt, 없음/0, 나눔스퀘어라운드 R

한눈에 보이는 무료 글꼴 가이드 11/20pt, 없음/-10, 나눔고딕 B

비용을 지불하지 않고도 사용할 수 있는 글꼴을 '무료 글꼴'이라고 부릅니다. 사실은 무료 글꼴이 아니라 《공개 글꼴》이라고 해야 맞습니다. 『공개 글꼴』은 권리자가 설정한 "사용 범위"를 잘 살펴서 사용해야 합니다. 모든 것이 허용되는 진정한 무료 글꼴도 있고, 인쇄용으로는 무료로 사용할 수 10/18pt, 없음/-10, 나눔스퀘어라운드 R

75pt, 없음/-70, 나눔스퀘어라운드 R

한눈에 보이는 무료 글꼴 가이드 11/20pt, 없음/-25, 나눔스퀘어라운드 B

비용을 지불하지 않고도 사용할 수 있는 글꼴을 '무료 글꼴'이라고 부릅니다. 사실은 무료 글꼴이 아니라 《공개 글꼴》이라고 해야 맞습니다. 『공개 글꼴』은 권리자가 설정한 "사용 범위"를 잘 살펴서 사용해야 합니다. 모든 것이 허용되는 진정한 무료 글꼴도 있고, 인쇄용으로는 무료로 사용할 수 있지만 10/18pt, 없음/-25, 나눔스퀘어라운드 R

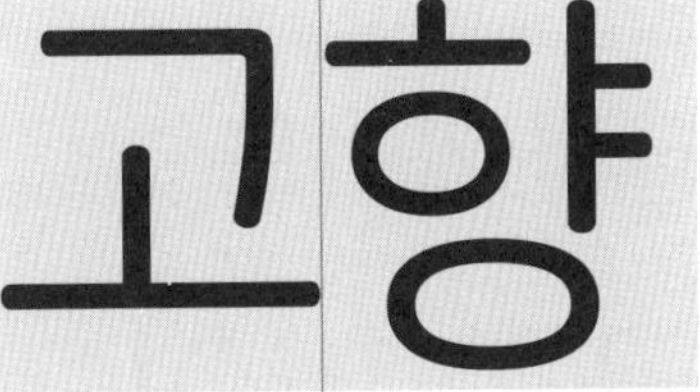

75pt, 시각적/0, 나눔스퀘어라운드 R

한눈에 보이는 무료 글꼴 가이드 11/20pt, 없음/-50, 나눔스퀘어라운드 EB

비용을 지불하지 않고도 사용할 수 있는 글꼴을 '무료 글꼴'이라고 부릅니다. 사실은 무료 글꼴이 아니라 《공개 글꼴》이라고 해야 맞습니다. 『공개 글꼴』은 권리자가 설정한 "사용 범위"를 잘 살펴서 사용해야 합니다. 모든 것이 허용되는 진정한 무료 글꼴도 있고, 인쇄용으로는 무료로 사용할 수 있지만 영상에는 10/18pt, 없음/-50, 나눔스퀘어라운드 R

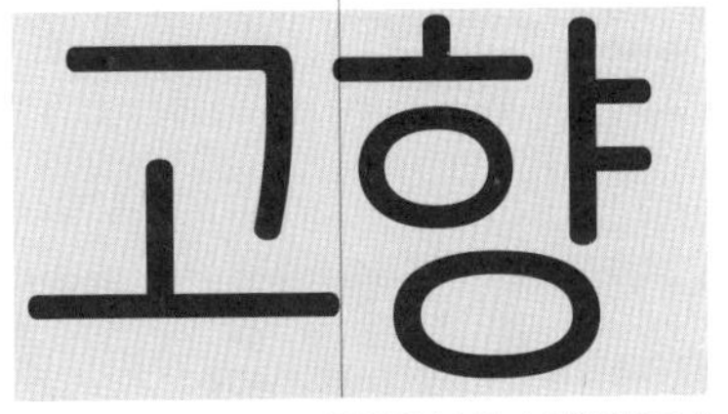

75pt, 시각적/-30, 나눔스퀘어라운드 R

나눔스퀘어라운드 Bold *24pt, 없음/0*

고 고 고 고 *20pt*
L R B EB

덧글은 통신의 예절을 지키면서 표현의 자유를 추구하는 방향으로 씁니다.

가나다라마바사아자차카타파하 괄꽁넋뒷떨립밟빛빵술쏙읎쥔짰척콥틈편흙

ABCDEFGHIJKLMNOPQRSTUVWXYZ abcdefghijklmnopqrstuvwxyz

1 2 3 4 5 6 7 8 9 0 ①⑩⑮ ⑴⑽⒂ Ⅰ Ⅱ Ⅲ Ⅳ Ⅴ Ⅹ ⅰ ⅱ ⅲ ⅳ ⅴ ⅹ

~ ! @ # $ % ^ & * _ / ₩ | * ( ) [ ] { } < > 〈 〉《 》「 」『 』【 】〔 〕- + × ÷ =

. , ? : ; ' " ' ' " " · ·· ··· © ™ ¶ § ㎎ ㎏ ㎜ ㎝ ㎞ ㎐ ㏄ ○□△☆ ●■▲★

13/30pt, 없음/0

서로 어울리는 글꼴을 사용합니다. *26pt, 없음/-30*

글꼴 가이드 *20/40pt, 없음/0*

글꼴 가이드 *30/50pt, 없음/-10*

글꼴 가이드 *40/60pt, 없음/-25*

글꼴 가이드 *60pt, 없음/-50*

고딕 *100pt, 없음/0*

한글 글꼴 가이드 *7/13pt, 없음/10*

한글 글꼴 가이드 *8/15pt, 없음/5*

한글 글꼴 가이드 *9/16pt, 없음/0*

한글 글꼴 가이드 *10/18pt, 없음/-10*

한글 글꼴 가이드 *11/20pt, 없음/-25*

한글 글꼴 가이드 *12/22pt, 없음/-50*

나눔스퀘어라운드 ExtraBold

24pt, 없음/0 고 고 고 고 20pt
L R B EB

덧글은 통신의 예절을 지키면서 표현의 자유를 추구하는 방향으로 씁니다.

가나다라마바사아자차카타파하 괄꽁넋뒷떨립밟빛빵술쏙얹쥔짰척콥틈편흙

ABCDEFGHIJKLMNOPQRSTUVWXYZ abcdefghijklmnopqrstuvwxyz

1 2 3 4 5 6 7 8 9 0 ①⑩⑮ ⑴⑽⒂ Ⅰ Ⅱ Ⅲ Ⅳ Ⅴ Ⅹ ⅰ ⅱ ⅲ ⅳ ⅴ ⅹ

~ ! @ # $ % ^ & * _ / ₩ | * ( ) [ ] { } < > 〈 〉《 》「 」『 』【 】〔 〕- + × ÷ =

. , ? : ; ' " ' ' " " · ·· ··· © ™ ¶ § ㎎ ㎏ ㎜ ㎝ ㎞ ㎐ ㏄ ○□△☆ ●■▲★

13/30pt, 없음/0

서로 어울리는 글꼴을 사용합니다. 26pt, 없음/-30

글꼴 가이드 20/40pt, 없음/0

글꼴 가이드 30/50pt, 없음/-10

글꼴 가이드 40/60pt, 없음/-25

글꼴 가이드 60pt, 없음/-50

고딕 100pt, 없음/0

한글 글꼴 가이드 7/13pt, 없음/10
한글 글꼴 가이드 8/15pt, 없음/5
한글 글꼴 가이드 9/16pt, 없음/0
한글 글꼴 가이드 10/18pt, 없음/-10
한글 글꼴 가이드 11/20pt, 없음/-25
한글 글꼴 가이드 12/22pt, 없음/-50

나눔바른펜 Regular 24pt, 없음/0

바 바 20pt
R B

덧글은 통신의 예절을 지키면서 표현의 자유를 추구하는 방향으로 씁니다.

가나다라마바사아자차카타파하 괄꽁넋뒷떨립밟빛빵술쏙얹쥔짰척콥틈편흙

ABCDEFGHIJKLMNOPQRSTUVWXYZ abcdefghijklmnopqrstuvwxyz

1234567890 ①㉚ ❶㉚ ❶⑳ ❶⑳ ⑴⒇ Ⅰ ⅡⅢⅣⅤ Ⅹ ⅰ ⅱ ⅲ ⅳ ⅴ ⅹ

~ ! @ # $ % ^ & * _ / ₩ | * ( ) [ ] { } 〈 〉 〈 〉 《 》 「 」 『 』 【 】 〔 〕 - + × ÷ =

. , ? : ; ' " ' ' " " · · ·· ··· © ® ™ ¶ § ㎎ ㎏ ㎜ ㎝ ㎞ ㎐ ㏄ ○□△☆ ●■▲★

①⑨ [1][9] [1][20] [1][20] [1][20] [1][20] [1][20] ←←←←←←←←◘◘ ㊞❖✣✿❀⚜

13/30pt, 없음/0

서로 어울리는 글꼴을 사용합니다.

26pt, 없음/-30

글꼴 가이드 20/40pt, 없음/0

글꼴 가이드 30/50pt, 없음/-10

글꼴 가이드 40/60pt, 없음/-25

글꼴 가이드 60pt, 없음/-50

돋움 100pt, 없음/0

한글 글꼴 가이드 7/13pt, 없음/10

한글 글꼴 가이드 8/15pt, 없음/5

한글 글꼴 가이드 9/16pt, 없음/0

한글 글꼴 가이드 10/18pt, 없음/-10

한글 글꼴 가이드 11/20pt, 없음/-25

한글 글꼴 가이드 12/22pt, 없음/-50

나눔바른펜 Bold 24pt, 없음/0

바 바 20pt
R B

덧글은 통신의 예절을 지키면서 표현의 자유를 추구하는 방향으로 씁니다.

가나다라마바사아자차카타파하 괄꽁넋뒷떨립밟빛빵술쏙얹쥔짰첰콥틈편흙

ABCDEFGHIJKLMNOPQRSTUVWXYZ abcdefghijklmnopqrstuvwxyz

1234567890 ①㉚ ❶㉚ ❶⓴ ❶⓴ ⑴⒇ Ⅰ Ⅱ Ⅲ Ⅳ Ⅴ Ⅹ ⅰ ⅱ ⅲ ⅳ ⅴ ⅹ

~ ! @ # $ % ^ & * _ / ₩ | * ( ) [ ] { } ‹ › 〈 〉 《 》 「 」 『 』 【 】 〔 〕 - + × ÷ =

. , ? : ; ' " ' ' " " · · ·· ··· © ® ™ ¶ § ㎎ ㎏ ㎜ ㎝ ㎞ ㎐ ㏄ ○□△☆ ●■▲★

❶⓴ ①⑨ 1 9 1 20 1 20 1 20 1 20 1 20 ← ㊞

13/30pt, 없음/0

서로 어울리는 글꼴을 사용합니다. 26pt, 없음/-30

글꼴 가이드 20/40pt, 없음/0

글꼴 가이드 30/50pt, 없음/-10

글꼴 가이드 40/60pt, 없음/-25

글꼴 가이드 60pt, 없음/-50

돋움 100pt, 없음/0

한글 글꼴 가이드 7/13pt, 없음/10

한글 글꼴 가이드 8/15pt, 없음/5

한글 글꼴 가이드 9/16pt, 없음/0

한글 글꼴 가이드 10/18pt, 없음/-10

한글 글꼴 가이드 11/20pt, 없음/-25

한글 글꼴 가이드 12/22pt, 없음/-50

나눔손글씨 붓 Regular

24pt, 없음/0

덧글은 통신의 예절을 지키면서 표현의 자유를 추구하는 방향으로 씁니다.

가나다라마바사아자차카타파하 괄꽁넋됫떨렵밟빛빵술쏙얹즤짧첰콥튿편흙

ABCDEFGHIJKLMNOPQRSTUVWXYZ abcdefghijklmnopqrstuvwxyz

1234567890 ① ⑩ ⑳ ㉚ ❶ ㉚ ❶ ⑳ ❶ ⑳ ⑴ ⑽ ⒇ Ⅰ Ⅱ Ⅲ Ⅳ Ⅴ Ⅹ ⅰ ⅱ ⅲ ⅳ ⅴ ⅹ

~ ! @ # $ % ^ & * _ / ₩ | * ( ) [ ] { } < > 〈 〉 《 》 「 」 『 』 【 】 〔 〕 − + × ÷ =

. , ? : ; ' " ' ' " " • · · · · ··· © ® ™ ¶ § ㎎ ㎏ ㎜ ㎝ ㎞ ㎐ ㏄ ○ □ △ ☆ ● ■ ▲ ★

① ⑨ 1 9 1 20 1 20 1 20 1 20 1 20 ←←←←←←←◘◘ ㊞ ❖ ✣ ✿ ❀ ⚜

13/30pt, 없음/0

서로 어울리는 글꼴을 사용합니다.

26pt, 없음/0

글꼴 가이드 20/40pt, 없음/0

글꼴 가이드 30/50pt, 없음/-10

글꼴 가이드 40/60pt, 없음/-25

글꼴 가이드 60pt, 없음/-50

100pt, 없음/0

한글 글꼴 가이드 7/13pt, 없음/10

한글 글꼴 가이드 8/15pt, 없음/5

한글 글꼴 가이드 9/16pt, 없음/0

한글 글꼴 가이드 10/18pt, 없음/-10

한글 글꼴 가이드 11/20pt, 없음/-25

한글 글꼴 가이드 12/22pt, 없음/-50

나눔손글씨 펜 Regular

24pt, 없음/0

덧글은 통신의 예절을 지키면서 표현의 자유를 추구하는 방향으로 씁니다.

가나다라마바사아자차카타파하 괄꽁넋뒷떨림밟빛빼방술쏙얹쥐짧칡콥튼편흝

ABCDEFGHIJKLMNOPQRSTUVWXYZ abcdefghijklmnopqrstuvwxyz

1234567890 ① ⑩ ⑳ ㉚ ➊ ㉚ ➊ ⑳ ➊ ⑳ ⑴ ⑽ ⒇ Ⅰ Ⅱ Ⅲ Ⅳ Ⅴ Ⅹ ⅰ ⅱ ⅲ ⅳ ⅴ ⅹ

~ ! @ # $ % ^ & * _ / ₩ | * ( ) [ ] { } < > 〈 〉 《 》 「 」 『 』 【 】 〔 〕 - + × ÷ =

. , ? : ; ' " ' ' " " • · · · · ··· © ® ™ ¶ § mg kg mm cm km Hz cc ○ □ △ ☆ ● ■ ▲ ★

➊ ⑳ ① ⑨ 1 9 1 20 1 20 1 20 1 20 1 20 ← ← ← ← ← ← ← ← ㊞ ❖ ✣ ✿ ❀ ⚜

13/30pt, 없음/0

서로 어울리는 글꼴을 사용합니다.

26pt, 없음/0

글꼴 가이드

20/40pt, 없음/0

글꼴 가이드

30/50pt, 없음/-10

글꼴 가이드

40/60pt, 없음/-25

글꼴 가이드

60pt, 없음/-50

손글씨

100pt, 없음/0

한글 글꼴 가이드	7/13pt, 없음/10
한글 글꼴 가이드	8/15pt, 없음/5
한글 글꼴 가이드	9/16pt, 없음/0
한글 글꼴 가이드	10/18pt, 없음/-10
한글 글꼴 가이드	11/20pt, 없음/-25
한글 글꼴 가이드	12/22pt, 없음/-50

5. 대한체, 민국체, 독립체, 만세체

20/40pt, 없음/0, 대한체 B

배포: 윤디자인그룹 10/18pt, 없음/-30, 민국체 B/R

취지: 1919년 3.1운동 및 대한민국임시정부 수립 100주년 기념

발표: 2019년

링크: www.19192019.com 10/18pt, 메트릭/0, Adobe Garamond Pro R

분류: 바탕, 돋움, 궁서, 필기

굵기: 대한체와 민국체-2단계(Regular, Bold), 독립체와 만세체-1단계.

특징: 2019년에 제작된 최신 글꼴들로 4가지 독특한 스타일을 제공. 본문용 글꼴인 대한체와 민국체는 현대한글 11,172자, 영문 94자, KS약물 986자를 지원하며 독립체와 만세체는 한글 2,479 자, 영문 94자, KS약물 986자를 지원. 한자는 지원하지 않음.

대한체는 명조체와 고딕체의 특징을 섞은 하이브리드형 본문용 바탕 글꼴입니다. 한옥의 처마 지붕선을 모티브로 한 직선적인 요소들이 독특한 분위기를 냅니다. 민국체는 대한체와 어울리게 디자인된 심플한 느낌의 본문용 돋움(고딕) 글꼴로서 대한체와 폭과 높이가 같으며 균일한 농도를 구현하여 본문용 글꼴로 적합합니다. 10/18pt, 없음/-30, 대한체 R

독립체는 대한민국임시정부의 기관지였던 '독립신문'의 첫번째 한글제호를 복원한 것으로 세로쓰기에 더 적합한 제목용 궁서체 글꼴입니다. 역동적인 느낌이 강렬합니다.

만세체는 캘리그라피 스타일의 자유분방한 필기체 글꼴입니다. 굵기, 방향, 형태, 기울기, 무게중심, 크기 모두 규칙이 없어 글자마다 다양한 느낌을 보여주는 것이 특징입니다. 알파벳과 숫자도 한글과 조화롭게 디자인되었습니다.

무료 사용 범위			
인쇄: O	**영상:** O	**웹사이트:** O	**전자책:** O
BI/CI: O	**제품:** O	**모바일:** O	**서버:** O
출처 생략: O	**재배포:** O	**수정배포:** X	**판매:** X
라이센스: 폰트의 저작권은 윤디자인그룹에 있으며 폰트의 디자인을 일부 혹은 전부 수정 또는 폰트 파일의 임의 제작은 불가하며폰트 파일에 대한 상업적인 판매는 불가합니다.			

10pt, 없음/0, 민국체 B

9pt, 없음/0, 민국체 B/R

8/14pt, 없음/-10, 민국체 B/R

참고: 여기에서 정리한 무료 사용 범위는 배포자의 실제 의사와 일부 다를 수 있으며, 이후 배포자의 의사가 바뀔 수도 있습니다. 따라서 상업적인 목적으로 이용하고자 할 때는 이 페이지 상단의 '링크'를 방문하여 정확한 사용 범위를 다시 한번 확인하기 바랍니다.

대한체 민국체 20pt, 없음/-30

Regular 한글 한글 Regular

Bold 한글 한글 Bold

72/80pt, 없음/0

독립체 만세체 20pt, 없음/-30

Regular 한글 한글 Regular

72pt, 없음/0

대한독립만세

한눈에 보이는

무료글꼴 가이드

30/30pt, 일부 행간 수작업 25/25pt, 일부 행간 수작업

한눈에 보이는

무료글꼴 가이드

한눈에 보이는

컬러인쇄 가이드

34/44pt, 없음/0, 문단간격 4mm

대한체 Regular 24pt, 없음/0

바 바 20pt
R B

덧글은 통신의 예절을 지키면서 표현의 자유를 추구하는 방향으로 씁니다.

가나다라마바사아자차카타파하 괄꽁넋뒷떨립밟빛빵술쏙얹쥔짰척콥틈편흙

ABCDEFGHIJKLMNOPQRSTUVWXYZ abcdefghijklmnopqrstuvwxyz

1 2 3 4 5 6 7 8 9 0 ①⑩⑮ ⑴⑽⒂ Ⅰ Ⅱ Ⅲ Ⅳ Ⅴ Ⅹ ⅰ ⅱ ⅲ ⅳ ⅴ ⅹ

~ ! @ # $ % ^ & * _ / ₩ | * ( ) [ ] { } < > 〈 〉《 》「 」『 』【 】〔 〕 − + × ÷ =

. , ? : ; ' " ‘ ’ “ ” · ‥ … © ® ™ ¶ § ㎎ ㎏ ㎜ ㎝ ㎞ ㎐ ㏄ ○□△☆ ●■▲★

13/30pt, 없음/0

서로 어울리는 글꼴을 사용합니다. 26pt, 없음/-30

글꼴 가이드 20/40pt, 없음/0

글꼴 가이드 30/50pt, 없음/-10

글꼴 가이드 40/60pt, 없음/-25

글꼴 가이드 60pt, 없음/-50

바탕 100pt, 없음/0

한글 글꼴 가이드 7/13pt, 없음/10
한글 글꼴 가이드 8/15pt, 없음/5
한글 글꼴 가이드 9/16pt, 없음/0
한글 글꼴 가이드 10/18pt, 없음/-10
한글 글꼴 가이드 11/20pt, 없음/-25
한글 글꼴 가이드 12/22pt, 없음/-50

한눈에 보이는 무료 글꼴 가이드 *11/20pt, 없음/0, 나눔바른고딕 R*

비용을 지불하지 않고도 사용할 수 있는 글꼴을 '무료 글꼴'이라고 부릅니다. 사실은 무료 글꼴이 아니라 《공개 글꼴》이라고 해야 맞습니다. 『공개 글꼴』은 권리자가 설정한 "사용 범위"를 잘 살펴서 사용해야 합니다. 모든 것이 허용되는 진정한 무료 글꼴도 있고, 인쇄용으로는 무료로 사용할 수 *10/18pt, 없음/0, 대한체 R*

한눈에 보이는 무료 글꼴 가이드 *11/20pt, 없음/-25, 민국체 B*

비용을 지불하지 않고도 사용할 수 있는 글꼴을 '무료 글꼴'이라고 부릅니다. 사실은 무료 글꼴이 아니라 《공개 글꼴》이라고 해야 맞습니다. 『공개 글꼴』은 권리자가 설정한 "사용 범위"를 잘 살펴서 사용해야 합니다. 모든 것이 허용되는 진정한 무료 글꼴도 있고, 인쇄용으로는 무료로 사용할 수 있지만 *10/18pt, 없음/-25, 대한체 R*

한눈에 보이는 무료 글꼴 가이드 *11/20pt, 없음/-50, KoPubWorld돋움 B*

비용을 지불하지 않고도 사용할 수 있는 글꼴을 '무료 글꼴'이라고 부릅니다. 사실은 무료 글꼴이 아니라 《공개 글꼴》이라고 해야 맞습니다. 『공개 글꼴』은 권리자가 설정한 "사용 범위"를 잘 살펴서 사용해야 합니다. 모든 것이 허용되는 진정한 무료 글꼴도 있고, 인쇄용으로는 무료로 사용할 수 있지만 영상에는 *10/18pt, 없음/-50, 대한체 R*

한눈에 보이는 무료 글꼴 가이드 *11/20pt, 없음/-75, 본고딕 B*

비용을 지불하지 않고도 사용할 수 있는 글꼴을 '무료 글꼴'이라고 부릅니다. 사실은 무료 글꼴이 아니라 《공개 글꼴》이라고 해야 맞습니다. 『공개 글꼴』은 권리자가 설정한 "사용 범위"를 잘 살펴서 사용해야 합니다. 모든 것이 허용되는 진정한 무료 글꼴도 있고, 인쇄용으로는 무료로 사용할 수 있지만 영상에는 별도로 허락을 *10/18pt, 없음/-75, 대한체 R*

고향

75pt, 없음/0, 대한체 R

고향

75pt, 없음/-30, 대한체 R

75pt, 시각적/0, 대한체 R

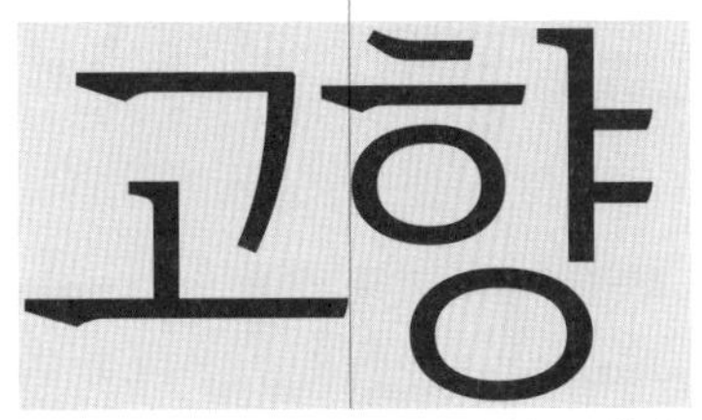

75pt, 시각적/-30, 대한체 R

민국체 Regular *24pt, 없음/0*

돋 돋 *20pt*
R B

덧글은 통신의 예절을 지키면서 표현의 자유를 추구하는 방향으로 씁니다.

가나다라마바사아자차카타파하 괄꽁넋뒷떨립밟빛빵술쏙얹쥔짧척콥틈편흙

ABCDEFGHIJKLMNOPQRSTUVWXYZ abcdefghijklmnopqrstuvwxyz

1 2 3 4 5 6 7 8 9 0 ①⑩⑮ ⑴⑽⒂ Ⅰ Ⅱ Ⅲ Ⅳ Ⅴ Ⅹ ⅰ ⅱ ⅲ ⅳ ⅴ ⅹ

~ ! @ # $ % ^ & * _ / ₩ | * ( ) [ ] { } < > 〈 〉 《 》 「 」 『 』 【 】 〔 〕 - + × ÷ =

. , ? : ; ' " ‘ ’ “ ” · .. ... © ® ™ ¶ § ㎎ ㎏ ㎜ ㎝ ㎞ ㎐ ㏄ ○□△☆ ●■▲★

13/30pt, 없음/0

서로 어울리는 글꼴을 사용합니다. *26pt, 없음/-30*

돋움 *100pt, 없음/0*

글꼴 가이드 *20/40pt, 없음/0*

글꼴 가이드 *30/50pt, 없음/-10*

글꼴 가이드 *40/60pt, 없음/-25*

글꼴 가이드 *60pt, 없음/-50*

한글 글꼴 가이드 *7/13pt, 없음/10*

한글 글꼴 가이드 *8/15pt, 없음/5*

한글 글꼴 가이드 *9/16pt, 없음/0*

한글 글꼴 가이드 *10/18pt, 없음/-10*

한글 글꼴 가이드 *11/20pt, 없음/-25*

한글 글꼴 가이드 *12/22pt, 없음/-50*

한눈에 보이는 무료 글꼴 가이드 *11/20pt, 없음/0, 나눔바른고딕 R*

비용을 지불하지 않고도 사용할 수 있는 글꼴을 '무료 글꼴'이라고 부릅니다. 사실은 무료 글꼴이 아니라 《공개 글꼴》이라고 해야 맞습니다. 『공개 글꼴』은 권리자가 설정한 "사용 범위"를 잘 살펴서 사용해야 합니다. 모든 것이 허용되는 진정한 무료 글꼴도 있고, 인쇄용으로는 무료로 사용할 수 *10/18pt, 없음/0, 민국체 R*

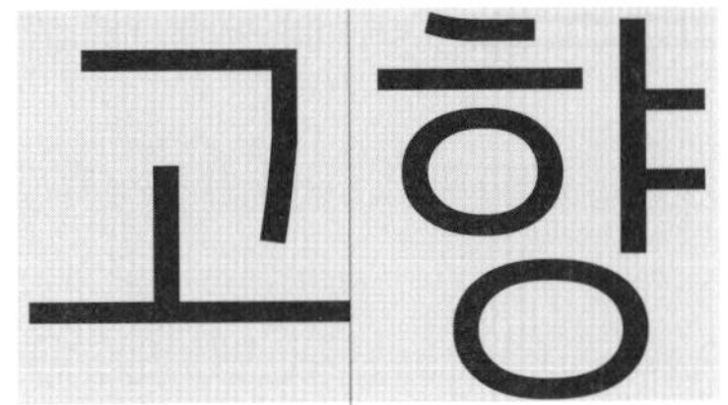

75pt, 없음/0, 민국체 R

한눈에 보이는 무료 글꼴 가이드 *11/20pt, 없음/-25, 민국체 B*

비용을 지불하지 않고도 사용할 수 있는 글꼴을 '무료 글꼴'이라고 부릅니다. 사실은 무료 글꼴이 아니라 《공개 글꼴》이라고 해야 맞습니다. 『공개 글꼴』은 권리자가 설정한 "사용 범위"를 잘 살펴서 사용해야 합니다. 모든 것이 허용되는 진정한 무료 글꼴도 있고, 인쇄용으로는 무료로 사용할 수 있지만 *10/18pt, 없음/-25, 민국체 R*

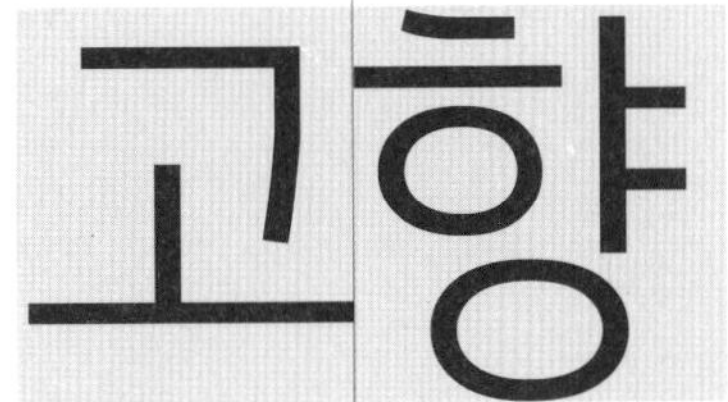

75pt, 없음/-70, 민국체 R

한눈에 보이는 무료 글꼴 가이드 *11/20pt, 없음/-50, KoPubWorld돋움 B*

비용을 지불하지 않고도 사용할 수 있는 글꼴을 '무료 글꼴'이라고 부릅니다. 사실은 무료 글꼴이 아니라 《공개 글꼴》이라고 해야 맞습니다. 『공개 글꼴』은 권리자가 설정한 "사용 범위"를 잘 살펴서 사용해야 합니다. 모든 것이 허용되는 진정한 무료 글꼴도 있고, 인쇄용으로는 무료로 사용할 수 있지만 영상에는 *10/18pt, 없음/-50, 민국체 R*

75pt, 시각적/0, 민국체 R

한눈에 보이는 무료 글꼴 가이드 *11/20pt, 없음/-75, 본고딕 B*

비용을 지불하지 않고도 사용할 수 있는 글꼴을 '무료 글꼴'이라고 부릅니다. 사실은 무료 글꼴이 아니라 《공개 글꼴》이라고 해야 맞습니다. 『공개 글꼴』은 권리자가 설정한 "사용 범위"를 잘 살펴서 사용해야 합니다. 모든 것이 허용되는 진정한 무료 글꼴도 있고, 인쇄용으로는 무료로 사용할 수 있지만 영상에는 별도로 *10/18pt, 없음/-75, 민국체 R*

75pt, 시각적/-30, 민국체 R

대한체 Bold 24pt, 없음/0

바 바 20pt
R B

덧글은 통신의 예절을 지키면서 표현의 자유를 추구하는 방향으로 씁니다.

가나다라마바사아자차카타파하 괄꽁넋뒷떨립밟빛빵술쏙얹쥔짰척콥틈편흙

ABCDEFGHIJKLMNOPQRSTUVWXYZ abcdefghijklmnopqrstuvwxyz

1 2 3 4 5 6 7 8 9 0 ①⑩⑮ ⑴⑽⒂ Ⅰ Ⅱ ⅢⅣⅤⅩ ⅰ ⅱ ⅲⅳ ⅴ ⅹ

~ ! @ # $ % ^ & * _ / ₩ | * ( ) [ ] { } < > 〈 〉《 》「 」『 』【 】〔 〕 − + × ÷ =

. , ? : ; ' " ' ' " " · .. ... © ® ™ ¶ § ㎎ ㎏ ㎜ ㎝ ㎞ ㎐ ㏄ ○□△☆ ●■▲★

13/30pt, 없음/0

서로 어울리는 글꼴을 사용합니다. 26pt, 없음/-30

글꼴 가이드 20/40pt, 없음/0

글꼴 가이드 30/50pt, 없음/-10

글꼴 가이드 40/60pt, 없음/-25

글꼴 가이드 60pt, 없음/-50

바탕 100pt, 없음/0

한글 글꼴 가이드 7/13pt, 없음/10

한글 글꼴 가이드 8/15pt, 없음/5

한글 글꼴 가이드 9/16pt, 없음/0

한글 글꼴 가이드 10/18pt, 없음/-10

한글 글꼴 가이드 11/20pt, 없음/-25

한글 글꼴 가이드 12/22pt, 없음/-50

민국체 Bold 24pt, 없음/0

돋 돋 20pt
R B

덧글은 통신의 예절을 지키면서 표현의 자유를 추구하는 방향으로 씁니다.

가나다라마바사아자차카타파하 괄꽁넋뒷떨립밟빛빵술쏙얹쥔짰척콥틈편흙

ABCDEFGHIJKLMNOPQRSTUVWXYZ abcdefghijklmnopqrstuvwxyz

1 2 3 4 5 6 7 8 9 0 ①⑩⑮ ⑴⑽⒂ Ⅰ Ⅱ Ⅲ Ⅳ Ⅴ Ⅹ ⅰ ⅱ ⅲ ⅳ ⅴ ⅹ

~ ! @ # $ % ^ & * _ / ₩ | * ( ) [ ] { } 〈 〉 〈 〉 《 》 「 」 『 』 【 】 〔 〕 – + × ÷ =

. , ? : ; ' " '' "" · .. ... © ® ™ ¶ § ㎎ ㎏ ㎜ ㎝ ㎞ ㎐ ㏄ ○□△☆ ●■▲★

13/30pt, 없음/0

서로 어울리는 글꼴을 사용합니다. 26pt, 없음/-30

글꼴 가이드 20/40pt, 없음/0

글꼴 가이드 30/50pt, 없음/-10

글꼴 가이드 40/60pt, 없음/-25

글꼴 가이드 60pt, 없음/-50

돋움 100pt, 없음/0

한글 글꼴 가이드 7/13pt, 없음/10

한글 글꼴 가이드 8/15pt, 없음/5

한글 글꼴 가이드 9/16pt, 없음/0

한글 글꼴 가이드 10/18pt, 없음/-10

한글 글꼴 가이드 11/20pt, 없음/-25

한글 글꼴 가이드 12/22pt, 없음/-50

독립체 Regular 24pt, 없음/0

덧글은 통신의 예절을 지키면서 표현의 자유를 추구하는 방향으로 씁니다.

가나다라마바사아자차카타파하 괄꽁넋뒷떨립밟빛빵술쏙얹쥔짰척콥틈편흙

ABCDEFGHIJKLMNOPQRSTUVWXYZ abcdefghijklmnopqrstuvwxyz

1 2 3 4 5 6 7 8 9 0 ①⑩⑮ ⑴⑽⒂ Ⅰ Ⅱ Ⅲ Ⅳ Ⅴ Ⅹ ⅰ ⅱ ⅲ ⅳ ⅴ ⅹ

~ ! @ # $ % ^ & * _ / ₩ | * ( ) [ ] { } < > 〈 〉 《 》 「 」 『 』 【 】 〔 〕 – + × ÷ =

. , ? : ; ‘ “ ‘ ’ “ ” · ‥ … © ® ™ ¶ § ㎎ ㎏ ㎜ ㎝ ㎞ ㎐ ㏄ ○□△☆ ●■▲★

13/30pt, 없음/0

서로 어울리는 글꼴을 사용합니다. 26pt, 없음/-30

글꼴 가이드 20/40pt, 없음/0

글꼴 가이드 30/50pt, 없음/-10

글꼴 가이드 40/60pt, 없음/-25

글꼴 가이드 60pt, 없음/-50

돋움

100pt, 없음/0

한글 글꼴 가이드 7/13pt, 없음/10

한글 글꼴 가이드 8/15pt, 없음/5

한글 글꼴 가이드 9/16pt, 없음/0

한글 글꼴 가이드 10/18pt, 없음/-10

한글 글꼴 가이드 11/20pt, 없음/-25

한글 글꼴 가이드 12/22pt, 없음/-50

만세체 Regular 24pt, 없음/0

덧글은 통신의 예절을 지키면서 표현의 자유를 추구하는 방향으로 씁니다.

가나다라마바사아자차카타파하 괄꽁넋뒶떨렵밟빛빵숯쑈얾쥔짠첵콥튬편홃

ABCDEFGHIJKLMNOPQRSTUVWXYZ abcdefghijklmnopqrstuvwxyz

1 2 3 4 5 6 7 8 9 0 ①⑩⑮ ⑴⑽⒂ Ⅰ Ⅱ Ⅲ Ⅳ Ⅴ Ⅹ ⅰ ⅱ ⅲ ⅳ ⅴ ⅹ

~ ! @ # $ % ^ & * _ / ₩ | * ( ) [ ] { } < > 〈 〉 《 》 「 」 『 』 【 】 〔 〕 - + × ÷ =

. , ? : ; ' " ' ' " " · ‥ … © ® ™ ¶ § ㎎ ㎏ ㎜ ㎝ ㎞ ㎐ ㏄ ○□△☆ ●■▲★

13/30pt, 없음/0

서로 어울리는 글꼴을 사용합니다.

26pt, 없음/-30

글꼴 가이드 20/40pt, 없음/0

글꼴 가이드 30/50pt, 없음/-10

글꼴 가이드 40/60pt, 없음/-25

글꼴 가이드 60pt, 없음/-50

돋움

100pt, 없음/0

한글 글꼴 가이드 7/13pt, 없음/10

한글 글꼴 가이드 8/15pt, 없음/5

한글 글꼴 가이드 9/16pt, 없음/0

한글 글꼴 가이드 10/18pt, 없음/-10

한글 글꼴 가이드 11/20pt, 없음/-25

한글 글꼴 가이드 12/22pt, 없음/-50

6. 롯데마트 드림체, 행복체

20/40pt, 없음/0, 롯데마트 행복 M

배포: 롯데마트

10/18pt, 없음/-30, 롯데마트 행복 B/L

취지: 브랜드 아이덴티티 & 홍보

발표: 2013년

링크: company.lottemart.com 메인페이지 > 고객서비스 > 통큰서체패키지

10/18pt, 메트릭/0, Adobe Garamond Pro S

분류: 돋움, 디자인

굵기: 3단계(Light, Medium, Bold)

특징: 한글 2,450, 영문 94, 기호 986자, 한자 4890자를 지원. 행복체는 디자인 글꼴로 매력적인데 굵기의 차이가 미세한 편.

롯데마트가 통큰 마케팅의 한 섹션으로 개발하여 보급한 글꼴입니다. 자형의 특징을 보면 획은 직선으로 시작되고, 꺾일 때 곡선으로 처리되며 안정감이 돋보이는 글꼴입니다.

10/18pt, 없음/-30, 롯데마트 드림 L

행복체는 미소를 형상화한 부분이 매력적인 디자인 글꼴입니다. 오른쪽 페이지의 샘플에서 볼 수 있듯이 행복체는 ㅗ, ㅛ, ㅜ, ㅠ, ㅡ와 같은 모음이 받침 없이 사용된 글자에서만 효과적입니다! 브랜드 홍보를 최우선으로 하다 보니 특정한 글자에서만 글꼴의 특성이 발현되는 현상이 발생합니다.

드림체는 본문용으로 사용할 수 있는 글꼴입니다. 이 문장에서 보듯이 자형을 상단 끝에는 맞추고 하단에는 맞추지 않아 가변 높이를 구현하였는데, 이로써 가독성을 손상하지 않는 정도의 적당한 리듬감을 부여합니다. 기둥의 아래쪽 맺음을 살짝 둥글게 처리하여 무겁지 않고 경쾌합니다.

무료 사용 범위			
인쇄: O	**영상:** O	**웹사이트:** O	**전자책:** O
BI/CI: X	**제품:** O	**모바일:** O	**서버:** O
출처 생략: O	**재배포:** O	**수정배포:** X	**판매:** X

10pt, 없음/0, 롯데마트 행복 L

9pt, 없음/0, 롯데마트 드림 B/M

라이선스: 브랜드 글꼴의 아이덴티티를 위해 BI/CI로는 사용하지 못하게 금지해 놓았고, 수정 배포와 판매는 당연히 금지되어 있습니다.

8/14pt, 없음/-10, 롯데마트 드림 B/L

참고: 여기에서 정리한 무료 사용 범위는 배포자의 실제 의사와 일부 다를 수 있으며, 이후 배포자의 의사가 바뀔 수도 있습니다. 따라서 일반적인 아닌 상업적 목적으로 이용하고자 할 때는 이 페이지 상단의 '링크'를 방문하여 정확한 사용 범위를 다시 한번 확인하기 바랍니다.

	롯데마트 드림체	롯데마트 행복체	20pt, 없음/-30
Light	한글	한글	Light
Medium	한글	한글	Medium
Bold	한글	한글	Bold
			65/80pt, 없음/0

오늘도 고고
유유 노트
상상하라

롯데마트 드림체 Light 24pt, 없음/0

돋 돋 돋 20pt
L M B

덧글은 통신의 예절을 지키면서 표현의 자유를 추구하는 방향으로 씁니다.

가나다라마바사아자차카타파하 괄꽁넋뒷떨립밟빛빵술쏙얹죈짰척콥틈편흵

ABCDEFGHIJKLMNOPQRSTUVWXYZ abcdefghijklmnopqrstuvwxyz

1 2 3 4 5 6 7 8 9 0 ①⑩⑮ ⑴⑽⒂ Ⅰ Ⅱ Ⅲ Ⅳ Ⅴ Ⅹ ⅰ ⅱ ⅲ ⅳ ⅴ ⅹ

~ ! @ # $ % ^ & * _ / ₩ | * ( ) [ ] { } <> 〈〉 《》 「」 『』 【】 〔〕 - + × ÷ =

. , ? : ; ' " ' ' " " · · · … ® ™ ¶ § ㎎ ㎏ ㎜ ㎝ ㎞ ㎐ ㏄ ○ □ △ ☆ ● ■ ▲ ★

大韓民國 東西南北 高等學校 無料書體 落花流水 莫逆之友 大器晩成 螢雪

13/30pt, 없음/0

글꼴 가이드 20/40pt, 없음/0

글꼴 가이드 30/50pt, 없음/-10

글꼴 가이드 40/60pt, 없음/-25

글꼴 가이드 60pt, 없음/-50

100pt, 없음/0

한글 글꼴 가이드	7/13pt, 없음/10
한글 글꼴 가이드	8/15pt, 없음/5
한글 글꼴 가이드	9/16pt, 없음/0
한글 글꼴 가이드	10/18pt, 없음/-10
한글 글꼴 가이드	11/20pt, 없음/-25
한글 글꼴 가이드	12/22pt, 없음/-50

한눈에 보이는 무료 글꼴 가이드 *11/20pt, 없음/0, 롯데마트 드림 B*

비용을 지불하지 않고도 사용할 수 있는 글꼴을 '무료 글꼴'이라고 부릅니다. 사실은 무료 글꼴이 아니라 《공개 글꼴》 이라고 해야 맞습니다. 『공개 글꼴』 은 권리자가 설정한 "사용 범위"를 잘 살펴서 사용해야 합니다. 모든 것이 허용되는 진정한 무료 글꼴도 있고, 인쇄용으로는 무료로 사용할 수 있지만 *10/18pt, 없음/0, 롯데마트 드림 L*

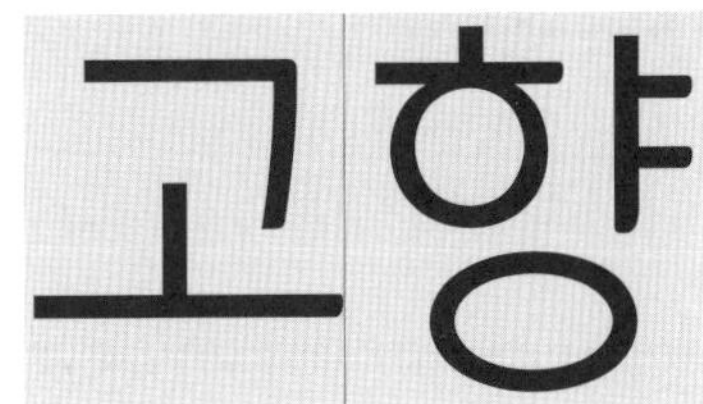

75pt, 없음/0, 롯데마트 드림 L

한눈에 보이는 무료 글꼴 가이드 *11/20pt, 없음/-10, 나눔바른고딕 B*

비용을 지불하지 않고도 사용할 수 있는 글꼴을 '무료 글꼴'이라고 부릅니다. 사실은 무료 글꼴이 아니라 《공개 글꼴》 이라고 해야 맞습니다. 『공개 글꼴』 은 권리자가 설정한 "사용 범위"를 잘 살펴서 사용해야 합니다. 모든 것이 허용되는 진정한 무료 글꼴도 있고, 인쇄용으로는 무료로 사용할 수 있지만 영상 *10/18pt, 없음/-10, 롯데마트 드림 L*

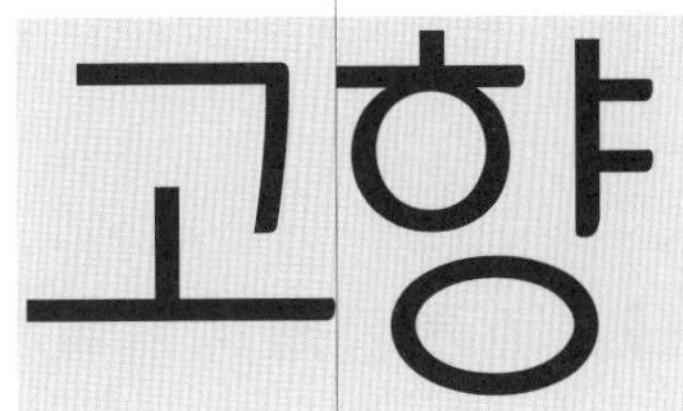

75pt, 없음/-80, 롯데마트 드림 L

한눈에 보이는 무료 글꼴 가이드 *11/20pt, 없음/-25, 바른돋움Pro 3*

비용을 지불하지 않고도 사용할 수 있는 글꼴을 '무료 글꼴'이라고 부릅니다. 사실은 무료 글꼴이 아니라 《공개 글꼴》 이라고 해야 맞습니다. 『공개 글꼴』 은 권리자가 설정한 "사용 범위"를 잘 살펴서 사용해야 합니다. 모든 것이 허용되는 진정한 무료 글꼴도 있고, 인쇄용으로는 무료로 사용할 수 있지만 영상에는 *10/18pt, 없음/-25, 롯데마트 드림 L*

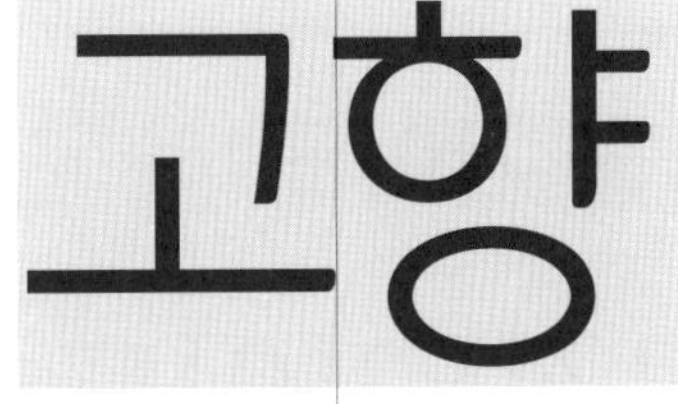

75pt, 시각적/0, 롯데마트 드림 L

한눈에 보이는 무료 글꼴 가이드 *11/20pt, 없음/-50, 본고딕 H*

비용을 지불하지 않고도 사용할 수 있는 글꼴을 '무료 글꼴'이라고 부릅니다. 사실은 무료 글꼴이 아니라 《공개 글꼴》 이라고 해야 맞습니다. 『공개 글꼴』 은 권리자가 설정한 "사용 범위"를 잘 살펴서 사용해야 합니다. 모든 것이 허용되는 진정한 무료 글꼴도 있고, 인쇄용으로는 무료로 사용할 수 있지만 영상에는 별도로 허락 *10/18pt, 없음/-50, 롯데마트 드림 L*

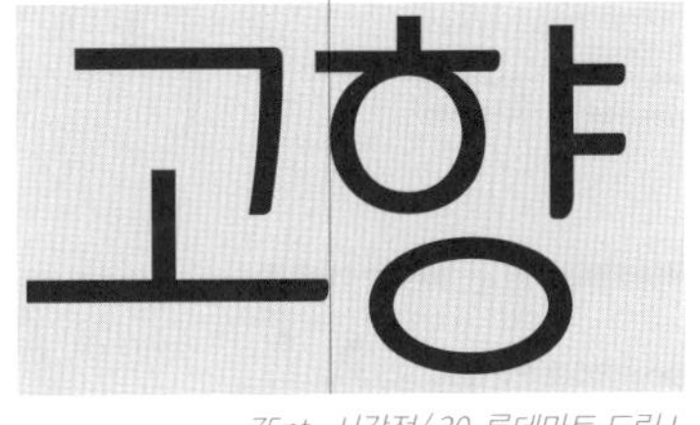

75pt, 시각적/-30, 롯데마트 드림 L

롯데마트 드림체 Medium
24pt, 없음/0

돋 돋 돋 20pt
L M B

덧글은 통신의 예절을 지키면서 표현의 자유를 추구하는 방향으로 씁니다.

가나다라마바사아자차카타파하 괄꽁낚뒷떨립밟빛빵술쏙얹쥔짰척콥틈편흙

ABCDEFGHIJKLMNOPQRSTUVWXYZ abcdefghijklmnopqrstuvwxyz

1 2 3 4 5 6 7 8 9 0 ①⑩⑮ ⑴⑽⒂ Ⅰ Ⅱ Ⅲ Ⅳ Ⅴ Ⅹ ⅰ ⅱ ⅲ ⅳ ⅴ ⅹ

~ ! @ # $ % ^ & * _ / ₩ | * ( ) [ ] { } < > 〈 〉 《 》 「 」 『 』 【 】 〔 〕 - + × ÷ =

. , ? : ; ' " ' ' " " · ‥ … Ⓡ ™ ¶ § ㎎ ㎏ ㎜ ㎝ ㎞ ㎐ ㏄ ○ □ △ ☆ ● ■ ▲ ★

大韓民國 東西南北 高等學校 無料書體 落花流水 莫逆之友 大器晩成 螢雪

13/30pt, 없음/0

글꼴 가이드 20/40pt, 없음/0

글꼴 가이드 30/50pt, 없음/-10

글꼴 가이드 40/60pt, 없음/-25

글꼴 가이드 60pt, 없음/-50

돋움 100pt, 없음/0

한글 글꼴 가이드 7/13pt, 없음/10

한글 글꼴 가이드 8/15pt, 없음/5

한글 글꼴 가이드 9/16pt, 없음/0

한글 글꼴 가이드 10/18pt, 없음/-10

한글 글꼴 가이드 11/20pt, 없음/-25

한글 글꼴 가이드 12/22pt, 없음/-50

롯데마트 드림체 Bold 24pt, 없음/0

돋 돋 돋 20pt
L M B

덧글은 통신의 예절을 지키면서 표현의 자유를 추구하는 방향으로 씁니다.

가나다라마바사아자차카타파하 괄꽁넋뒷떨립밟빛빵술쏙얹쥔짠척콥틈편흙

ABCDEFGHIJKLMNOPQRSTUVWXYZ abcdefghijklmnopqrstuvwxyz

1 2 3 4 5 6 7 8 9 0 ①⑩⑮ ⑴⑽⒂ Ⅰ Ⅱ Ⅲ Ⅳ Ⅴ Ⅹ ⅰ ⅱ ⅲ ⅳ ⅴ ⅹ

~ ! @ # $ % ^ & * _ / ₩ | * ( ) [ ] { } < > 〈 〉 《 》 「 」 『 』 【 】 〔 〕 - + × ÷ =

. , ? : ; ' " ' ' " " · ‥ … ® ™ ¶ § ㎎ ㎏ ㎜ ㎝ ㎞ ㎐ ㏄ ○ □ △ ☆ ● ■ ▲ ★

大韓民國 東西南北 高等學校 無料書體 落花流水 莫逆之友 大器晩成 螢雪

13/30pt, 없음/0

글꼴 가이드 20/40pt, 없음/0

글꼴 가이드 30/50pt, 없음/-10

글꼴 가이드 40/60pt, 없음/-25

글꼴 가이드 60pt, 없음/-50

돋움 100pt, 없음/0

한글 글꼴 가이드 7/13pt, 없음/10

한글 글꼴 가이드 8/15pt, 없음/5

한글 글꼴 가이드 9/16pt, 없음/0

한글 글꼴 가이드 10/18pt, 없음/-10

한글 글꼴 가이드 11/20pt, 없음/-25

한글 글꼴 가이드 12/22pt, 없음/-50

롯데마트 행복체 Light

24pt, 없음/0

돋 돋 돋 20pt
L M B

덧글은 통신의 예절을 지키면서 표현의 자유를 추구하는 방향으로 씁니다.

가나다라마바사아자차카타파하 괄꽁넋뒷떨립밟빛빵술쏙얹쥔짰척곱틈편흙

ABCDEFGHIJKLMNOPQRSTUVWXYZ abcdefghijklmnopqrstuvwxyz

1 2 3 4 5 6 7 8 9 0 ①⑮ ⑴⒂ Ⅰ Ⅱ Ⅲ Ⅳ Ⅴ Ⅹ ⅰ ⅱ ⅲ ⅳ ⅴ ⅹ

~ ! @ # $ % ^ & * _ / ₩ | * ( ) [ ] { } < > 〈 〉 《 》 「 」 『 』 【 】 〔 〕 - + × ÷ =

. , ? : ; ' " ' ' " " · ·· ··· ® ™ ¶ § ㎎ ㎏ ㎜ ㎝ ㎞ ㎐ ㏄ ○ □ △ ☆ ● ■ ▲ ★

大韓民國 東西南北 高等學校 無料書體 落花流水 莫逆之友 大器晩成 螢雪

13/30pt, 없음/0

글꼴 가이드 20/40pt, 없음/0

글꼴 가이드 30/50pt, 없음/-10

글꼴 가이드 40/60pt, 없음/-25

글꼴 가이드 60pt, 없음/-50

돋움 100pt, 없음/0

한글 글꼴 가이드 7/13pt, 없음/10

한글 글꼴 가이드 8/15pt, 없음/5

한글 글꼴 가이드 9/16pt, 없음/0

한글 글꼴 가이드 10/18pt, 없음/-10

한글 글꼴 가이드 11/20pt, 없음/-25

한글 글꼴 가이드 12/22pt, 없음/-50

롯데마트 행복체 Medium 24pt, 없음/0

돋 돋 돋 20pt
L M B

덧글은 통신의 예절을 지키면서 표현의 자유를 추구하는 방향으로 씁니다.

가나다라마바사아자차카타파하 괄꽁넋뒷떨립밟빛빵술쏙없쥔짰척콥틈편흙

ABCDEFGHIJKLMNOPQRSTUVWXYZ abcdefghijklmnopqrstuvwxyz

1 2 3 4 5 6 7 8 9 0 ①⑮ ⑴⒂ Ⅰ Ⅱ Ⅲ Ⅳ Ⅴ Ⅹ ⅰ ⅱ ⅲ ⅳ ⅴ ⅹ

~ ! @ # $ % ^ & * _ / ₩ | * ( ) [ ] { } < > 〈 〉 《 》 「 」 『 』 【 】 〔 〕 - + × ÷ =

. , ? : ; ' " ' ' " " · ‥ … ® ™ ¶ § ㎎ ㎏ ㎜ ㎝ ㎞ ㎐ ㏄ ○ □ △ ☆ ● ■ ▲ ★

大韓民國 東西南北 高等學校 無料書體 落花流水 莫逆之友 大器晩成 螢雪

13/30pt, 없음/0

글꼴 가이드 20/40pt, 없음/0

글꼴 가이드 30/50pt, 없음/-10

글꼴 가이드 40/60pt, 없음/-25

글꼴 가이드 60pt, 없음/-50

돋움 100pt, 없음/0

한글 글꼴 가이드 7/13pt, 없음/10

한글 글꼴 가이드 8/15pt, 없음/5

한글 글꼴 가이드 9/16pt, 없음/0

한글 글꼴 가이드 10/18pt, 없음/-10

한글 글꼴 가이드 11/20pt, 없음/-25

한글 글꼴 가이드 12/22pt, 없음/-50

롯데마트 행복체 Bold 24pt, 없음/0

돋 돋 돋 20pt
L M B

덧글은 통신의 예절을 지키면서 표현의 자유를 추구하는 방향으로 씁니다.

가나다라마바사아자차카타파하 괄꽁넋뒷떨립밟빛빵술쏙앉쥔짰척콥틈편훍

ABCDEFGHIJKLMNOPQRSTUVWXYZ abcdefghijklmnopqrstuvwxyz

1 2 3 4 5 6 7 8 9 0 ①⑮ ⑴⒂ Ⅰ Ⅱ Ⅲ Ⅳ Ⅴ Ⅹ ⅰ ⅱ ⅲ ⅳ ⅴ ⅹ

~ ! @ # $ % ^ & * _ / ₩ | * ( ) [ ] { } < > 〈 〉 《 》 「 」 『 』 【 】 〔 〕 - + × ÷ =

. , ? : ; ' " ' ' " " · ·· ··· ® ™ ¶ § ㎎ ㎏ ㎜ ㎝ ㎞ ㎐ ㏄ ○ □ △ ☆ ● ■ ▲ ★

大韓民國 東西南北 高等學校 無料書體 落花流水 莫逆之友 大器晩成 螢雪

13/30pt, 없음/0

돋움

100pt, 없음/0

글꼴 가이드 20/40pt, 없음/0

글꼴 가이드 30/50pt, 없음/-10

글꼴 가이드 40/60pt, 없음/-25

글꼴 가이드 60pt, 없음/-50

한글 글꼴 가이드 7/13pt, 없음/10

한글 글꼴 가이드 8/15pt, 없음/5

한글 글꼴 가이드 9/16pt, 없음/0

한글 글꼴 가이드 10/18pt, 없음/-10

한글 글꼴 가이드 11/20pt, 없음/-25

한글 글꼴 가이드 12/22pt, 없음/-50

롯데마트 드림체

Light
서로 어울리는 글꼴을 골라서
사용하는 것이 중요합니다.

Medium
서로 어울리는 글꼴을 골라서
사용하는 것이 중요합니다.

Bold
**서로 어울리는 글꼴을 골라서
사용하는 것이 중요합니다.**

*28/39pt, 없음/0
문단이후공백 2.5mm*

롯데마트 행복체

Light
서로 어울리는 글꼴을 골라서
사용하는 것이 중요합니다.

Medium
서로 어울리는 글꼴을 골라서
사용하는 것이 중요합니다.

Bold
**서로 어울리는 글꼴을 골라서
사용하는 것이 중요합니다.**

*28/39pt, 없음/0
문단이후공백 2.5mm*

7. 롯데면세점 MyLotte체

20/40pt, 없음/0, MyLotte B

배포: (주)호텔롯데 롯데면세점 10/18pt, 없음/0, MyLotte M/R

취지: 브랜드 아이덴티티 & 홍보

발표: 2016년

링크: lottedfs.voltpage.net 10/18pt, 메트릭/0, Adobe Garamond Pro R

분류: 돋움

굵기: 4단계(Light, Regular, Medium, Bold)

특징: 웹과 앱에 사용하기 위해 문자수를 줄여서 가볍게 만든 오픈 소스 한글. 웹사이트나 모바일에서 사용하기에 적당함. 한글은 2,574자만 지원.

마이롯데체는 롯데면세점 로고의 오리가미(종이접기) 패턴을 모티브로 만든 것으로 모던 스타일의 휴머니스트 산스 계열의 글꼴이라고 합니다. 그래서 자형에 둥근 부분이 없고 꺽이고 파인 모양이 대부분이라 날카롭고 까다로운 느낌이 강합니다. 얇은 굵기에서는 ㅇ과 ㅎ의 속공간이 큰 특징이 있습니다. 일반적인 돋움 글꼴과는 많이 다른 느낌을 전달할 수 있습니다. 10/18pt, 없음/-30, MyLotte L

마이롯데 Light와 Regular는 본문용으로 사용하기에 좋은 글꼴입니다. 오른쪽 페이지에서 보듯이 한글 문자는 4가지 굵기의 글꼴 모두 폭이 동일하다는 드문 특성을 가지고 있습니다. '서로 어울리는'과 '사용하는 것이' 문구가 모든 굵기에서 같은 폭을 차지합니다. 보통은 굵기가 두꺼울수록 더 넓은 공간을 차지합니다.

마이롯데체는 세계 3대 디자인 어워드 중 하나인 Red Dot Design award 2017의 커뮤니케이션과 타이포그래피 분야에서 Best of Best 상, IF 디자인 어워드 2018의 커뮤니케이션 부분 본상을 받았습니다.

무료 사용 범위			
인쇄: O	**영상:** O	**웹사이트:** O	**전자책:** O
BI/CI: X	**제품:** O	**모바일:** O	**서버:** O
출처 생략: O	**재배포:** O	**수정배포:** X	**판매:** X

10pt, 없음/0, MyLotte B
9pt, 없음/0, MyLotte M/R

라이선스: 브랜드 글꼴의 아이덴티티를 위해 BI/CI로는 사용하지 못하게 금지해 놓았고, 수정 배포와 판매는 당연히 금지되어 있습니다. 8/14pt, 없음/-10, MyLotte M/L

참고: 여기에서 정리한 무료 사용 범위는 배포자의 실제 의사와 일부 다를 수 있으며, 이후 배포자의 의사가 바뀔 수도 있습니다. 따라서 일반적인 아닌 상업적 목적으로 이용하고자 할 때는 이 페이지 상단의 '링크'를 방문하여 정확한 사용 범위를 다시 한번 확인하기 바랍니다.

마이롯데 MyLotte

20pt, 없음/-30

Light 한글 Regular 한글

Medium 한글 Bold 한글

72/80pt, 없음/0

Light

서로 어울리는 〈글꼴〉을 골라서
사용하는 것이 중요합니다.

Regular

서로 어울리는 〈글꼴〉을 골라서
사용하는 것이 중요합니다.

Medium

서로 어울리는 〈글꼴〉을 골라서
사용하는 것이 중요합니다.

Bold

**서로 어울리는 〈글꼴〉을 골라서
사용하는 것이 중요합니다.**

28/39pt, 없음/-25

MyLotte Light 24pt, 없음/0

돋 돋 돋 돋 20pt
L R M B

덧글은 통신의 예절을 지키면서 표현의 자유를 추구하는 방향으로 씁니다.

가나다라마바사아자차카타파하 괄꽁넋뒷떨립밟빛빵술쏙얹쥔짰척콥틈편흙

ABCDEFGHIJKLMNOPQRSTUVWXYZ abcdefghijklmnopqrstuvwxyz

1234567890 ①⑩⑮ ⑴⑽⒂ Ⅰ Ⅱ Ⅲ Ⅳ Ⅴ Ⅹ ⅰ ⅱ ⅲ ⅳ ⅴ ⅹ

~ ! @ # $ % ^ & * _ / ₩ | * ( ) [ ] { } < > 〈 〉 《 》 「 」 『 』 【 】 〔 〕 - + × ÷ =

. , ? : ; ' " ' ' " " · .. ... ® ™ ¶ § ㎎ ㎏ ㎜ ㎝ ㎞ ㎐ ㏄ ○□△☆ ●■▲★

大韓民國 東西南北 高等學校 無料書體 落花流水 莫逆之友 大器晩成 螢雪

13/30pt, 없음/0

글꼴 가이드 20/40pt, 없음/0

글꼴 가이드 30/50pt, 없음/-25

글꼴 가이드 40/60pt, 없음/-50

글꼴 가이드 60pt, 없음/-75

돋움

100pt, 없음/0

한글 글꼴 가이드	7/13pt, 없음/10
한글 글꼴 가이드	8/15pt, 없음/5
한글 글꼴 가이드	9/16pt, 없음/0
한글 글꼴 가이드	10/18pt, 없음/-10
한글 글꼴 가이드	11/20pt, 없음/-25
한글 글꼴 가이드	12/22pt, 없음/-50

한눈에 보이는 무료 글꼴 가이드 *11/20pt, 없음/0, MyLotte M*

비용을 지불하지 않고도 사용할 수 있는 글꼴을 '무료 글꼴'이라고 부릅니다. 사실은 무료 글꼴이 아니라 《공개 글꼴》이라고 해야 맞습니다. 『공개 글꼴』은 권리자가 설정한 "사용 범위"를 잘 살펴서 사용해야 합니다. 모든 것이 허용되는 진정한 무료 글꼴도 있고, 인쇄용으로는 무료로 사용할 수 *10/18pt, 없음/0, MyLotte L*

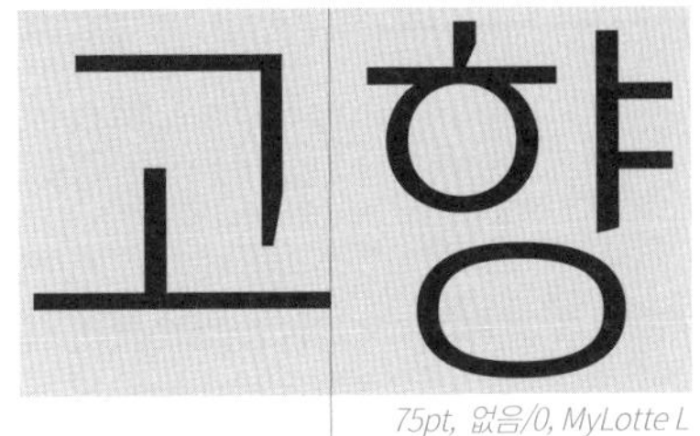

75pt, 없음/0, MyLotte L

한눈에 보이는 무료 글꼴 가이드 *11/20pt, 없음/-10, MyLotte B*

비용을 지불하지 않고도 사용할 수 있는 글꼴을 '무료 글꼴'이라고 부릅니다. 사실은 무료 글꼴이 아니라 《공개 글꼴》이라고 해야 맞습니다. 『공개 글꼴』은 권리자가 설정한 "사용 범위"를 잘 살펴서 사용해야 합니다. 모든 것이 허용되는 진정한 무료 글꼴도 있고, 인쇄용으로는 무료로 사용할 수 있 *10/18pt, 없음/-10, MyLotte L*

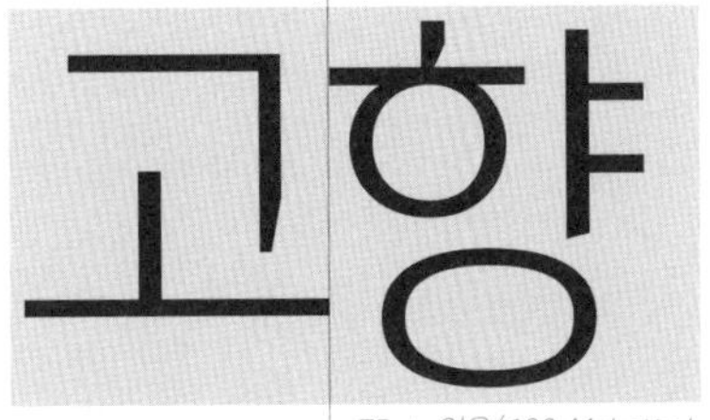

75pt, 없음/-100, MyLotte L

한눈에 보이는 무료 글꼴 가이드 *11/20pt, 없음/-25, Gothic A1 EB*

비용을 지불하지 않고도 사용할 수 있는 글꼴을 '무료 글꼴'이라고 부릅니다. 사실은 무료 글꼴이 아니라 《공개 글꼴》이라고 해야 맞습니다. 『공개 글꼴』은 권리자가 설정한 "사용 범위"를 잘 살펴서 사용해야 합니다. 모든 것이 허용되는 진정한 무료 글꼴도 있고, 인쇄용으로는 무료로 사용할 수 있지 *10/18pt, 없음/-25, MyLotte L*

75pt, 시각적/0, MyLotte L

한눈에 보이는 무료 글꼴 가이드 *11/20pt, 없음/-50, 본고딕 H*

비용을 지불하지 않고도 사용할 수 있는 글꼴을 '무료 글꼴'이라고 부릅니다. 사실은 무료 글꼴이 아니라 《공개 글꼴》이라고 해야 맞습니다. 『공개 글꼴』은 권리자가 설정한 "사용 범위"를 잘 살펴서 사용해야 합니다. 모든 것이 허용되는 진정한 무료 글꼴도 있고, 인쇄용으로는 무료로 사용할 수 있지만 영상에는 *10/18pt, 없음/-50, MyLotte L*

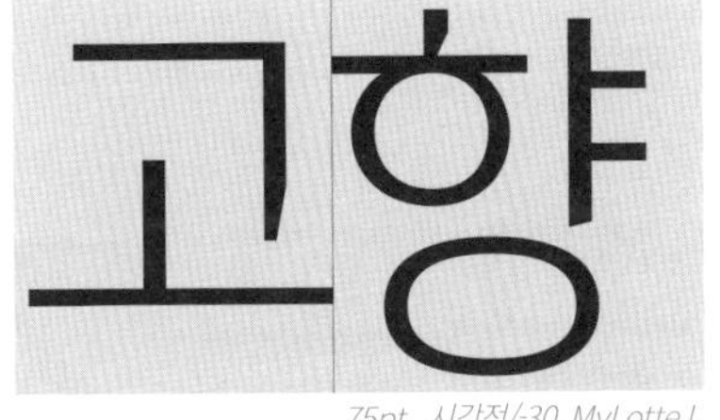

75pt, 시각적/-30, MyLotte L

MyLotte Regular 24pt, 없음/0

20pt

덧글은 통신의 예절을 지키면서 표현의 자유를 추구하는 방향으로 씁니다.

가나다라마바사아자차카타파하 괄꽁넋뒷떨립밟빛빵술쏙얹쥔짰척콥틈편흙

ABCDEFGHIJKLMNOPQRSTUVWXYZ abcdefghijklmnopqrstuvwxyz

1234567890 ①⑩⑮ ⑴⑽⒂ Ⅰ Ⅱ Ⅲ Ⅳ Ⅴ Ⅹ ⅰ ⅱ ⅲ ⅳ ⅴ ⅹ

~ ! @ # $ % ^ & * _ / ₩ | * ( ) [ ] { } < > 〈 〉 《 》 「 」 『 』 【 】 〔 〕 - + × ÷ =

. , ? : ; ' " ' ' " " · ‥ … ® ™ ¶ § ㎎ ㎏ ㎜ ㎝ ㎞ ㎐ ㏄ ○□△☆ ●■▲★

大韓民國 東西南北 高等學校 無料書體 落花流水 莫逆之友 大器晩成 螢雪

13/30pt, 없음/0

글꼴 가이드 20/40pt, 없음/0

글꼴 가이드 30/50pt, 없음/-25

글꼴 가이드 40/60pt, 없음/-50

글꼴 가이드 60pt, 없음/-75

100pt, 없음/0

한글 글꼴 가이드 7/13pt, 없음/10

한글 글꼴 가이드 8/15pt, 없음/5

한글 글꼴 가이드 9/16pt, 없음/0

한글 글꼴 가이드 10/18pt, 없음/-10

한글 글꼴 가이드 11/20pt, 없음/-25

한글 글꼴 가이드 12/22pt, 없음/-50

한눈에 보이는 무료 글꼴 가이드 11/20pt, 없음/0, MyLotte M

비용을 지불하지 않고도 사용할 수 있는 글꼴을 '무료 글꼴'이라고 부릅니다. 사실은 무료 글꼴이 아니라 《공개 글꼴》이라고 해야 맞습니다. 『공개 글꼴』은 권리자가 설정한 "사용 범위"를 잘 살펴서 사용해야 합니다. 모든 것이 허용되는 진정한 무료 글꼴도 있고, 인쇄용으로는 무료로 사용할 수 10/18pt, 없음/0, MyLotte R

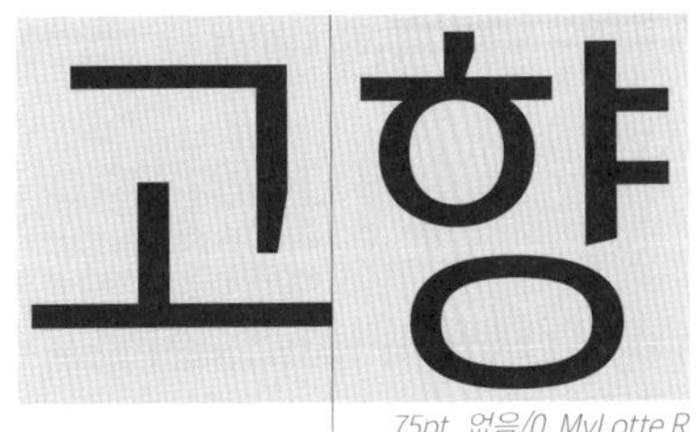

75pt, 없음/0, MyLotte R

한눈에 보이는 무료 글꼴 가이드 11/20pt, 없음/-10, MyLotte B

비용을 지불하지 않고도 사용할 수 있는 글꼴을 '무료 글꼴'이라고 부릅니다. 사실은 무료 글꼴이 아니라 《공개 글꼴》이라고 해야 맞습니다. 『공개 글꼴』은 권리자가 설정한 "사용 범위"를 잘 살펴서 사용해야 합니다. 모든 것이 허용되는 진정한 무료 글꼴도 있고, 인쇄용으로는 무료로 사용할 수 있 10/18pt, 없음/-10, MyLotte R

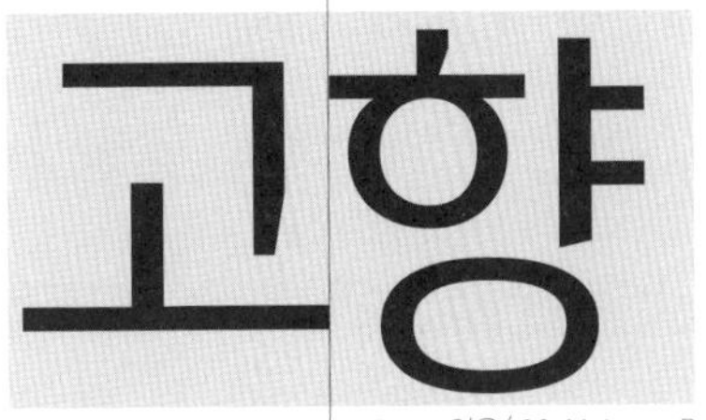

75pt, 없음/-80, MyLotte R

한눈에 보이는 무료 글꼴 가이드 11/20pt, 없음/-25, Gothic A1 EB

비용을 지불하지 않고도 사용할 수 있는 글꼴을 '무료 글꼴'이라고 부릅니다. 사실은 무료 글꼴이 아니라 《공개 글꼴》이라고 해야 맞습니다. 『공개 글꼴』은 권리자가 설정한 "사용 범위"를 잘 살펴서 사용해야 합니다. 모든 것이 허용되는 진정한 무료 글꼴도 있고, 인쇄용으로는 무료로 사용할 수 있지 10/18pt, 없음/-25, MyLotte R

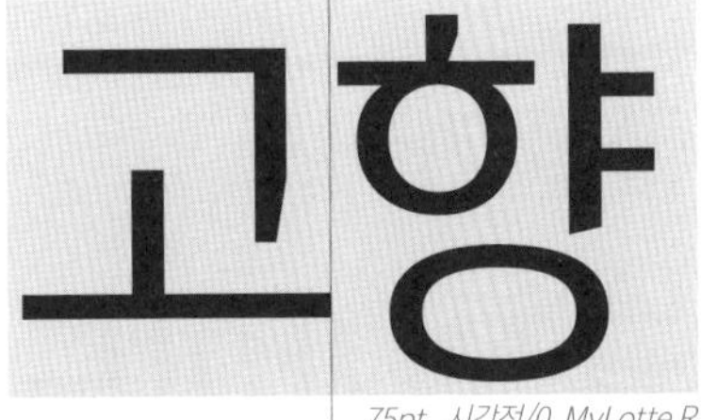

75pt, 시각적/0, MyLotte R

한눈에 보이는 무료 글꼴 가이드 11/20pt, 없음/-50, 본고딕 H

비용을 지불하지 않고도 사용할 수 있는 글꼴을 '무료 글꼴'이라고 부릅니다. 사실은 무료 글꼴이 아니라 《공개 글꼴》이라고 해야 맞습니다. 『공개 글꼴』은 권리자가 설정한 "사용 범위"를 잘 살펴서 사용해야 합니다. 모든 것이 허용되는 진정한 무료 글꼴도 있고, 인쇄용으로는 무료로 사용할 수 있지만 영상에는 10/18pt, 없음/-50, MyLotte R

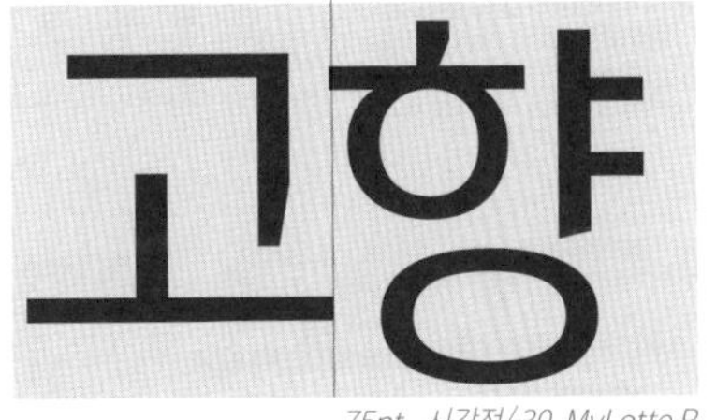

75pt, 시각적/-30, MyLotte R

MyLotte Medium

24pt, 없음/0

돋 돋 돋 돋 20pt
L R M B

덧글은 통신의 예절을 지키면서 표현의 자유를 추구하는 방향으로 씁니다.

가나다라마바사아자차카타파하 괄꽁넋뒷떨립밟빛빵술쏙얹쥔짰첰콥틈편흝

ABCDEFGHIJKLMNOPQRSTUVWXYZ abcdefghijklmnopqrstuvwxyz

1234567890 ①⑩⑮ ⑴⑽⒂ Ⅰ Ⅱ Ⅲ Ⅳ Ⅴ Ⅹ ⅰ ⅱ ⅲ ⅳ ⅴ ⅹ

~ ! @ # $ % ^ & * _ / ₩ | * ( ) [ ] { } < > 〈 〉 《 》 「 」 『 』 【 】 〔 〕 - + × ÷ =

. , ? : ; ' " ' ' " " · ‥ … ® ™ ¶ § ㎎ ㎏ ㎜ ㎝ ㎞ ㎐ ㏄ ○□△☆ ●■▲★

大韓民國 東西南北 高等學校 無料書體 落花流水 莫逆之友 大器晩成 螢雪

13/30pt, 없음/0

글꼴 가이드 20/40pt, 없음/0

글꼴 가이드 30/50pt, 없음/-25

글꼴 가이드 40/60pt, 없음/-50

글꼴 가이드 60pt, 없음/-75

돋움

100pt, 없음/0

한글 글꼴 가이드 7/13pt, 없음/10

한글 글꼴 가이드 8/15pt, 없음/5

한글 글꼴 가이드 9/16pt, 없음/0

한글 글꼴 가이드 10/18pt, 없음/-10

한글 글꼴 가이드 11/20pt, 없음/-25

한글 글꼴 가이드 12/22pt, 없음/-50

MyLotte Bold

24pt, 없음/0

돋 돋 돋 돋 20pt
L R M B

덧글은 통신의 예절을 지키면서 표현의 자유를 추구하는 방향으로 씁니다.

가나다라마바사아자차카타파하 괄꽁넋뒷떨립밟빛빵술쏙얹쥔짰척콥틈편흝

ABCDEFGHIJKLMNOPQRSTUVWXYZ abcdefghijklmnopqrstuvwxyz

1234567890 ①⑩⑮ ⑴⑽⒂ Ⅰ Ⅱ ⅢⅣⅤ Ⅹ ⅰ ⅱ ⅲⅳ ⅴ ⅹ

~ ! @ # $ % ^ & * _ / ₩ | * ( ) [ ] { } < > 〈 〉 《 》 「 」 『 』 【 】 〔 〕 - + × ÷ =

. , ? : ; ' " ‘ ’ “ ” · ‥ … ® ™ ¶ § ㎎ ㎏ ㎜ ㎝ ㎞ ㎐ ㏄ ○□△☆ ●■▲★

大韓民國 東西南北 高等學校 無料書體 落花流水 莫逆之友 大器晩成 螢雪

13/30pt, 없음/0

글꼴 가이드 20/40pt, 없음/0

글꼴 가이드 30/50pt, 없음/-25

글꼴 가이드 40/60pt, 없음/-50

글꼴 가이드 60pt, 없음/-75

돋움

100pt, 없음/0

한글 글꼴 가이드 7/13pt, 없음/10

한글 글꼴 가이드 8/15pt, 없음/5

한글 글꼴 가이드 9/16pt, 없음/0

한글 글꼴 가이드 10/18pt, 없음/-10

한글 글꼴 가이드 11/20pt, 없음/-25

한글 글꼴 가이드 12/22pt, 없음/-50

8. 바른바탕Pro, 바른돋움Pro

20/40pt, 없음/0, 바른돋움Pro 3

배포: 대한인쇄문화협회

10/18pt, 없음/-30, 바른돋움Pro 3/1

취지: 인쇄·출판·디자인 업계 지원

발표: 바른돋움(2010), 바른바탕(2013), 한자 추가(2015)

링크: www.print.or.kr/bbs/board.php?bo_table=B52&wr_id=9

10/18pt, 메트릭/0, Adobe Garamond Pro R

yoon-talk.tistory.com/542 (바른바탕체 한자의 특징에 대한 설명)

분류: 바탕, 돋움

굵기: 3단계(1, 2, 3)

특징: 한글 2,350, 로마자 94, KS심볼 986, 한자 4,620자 지원. 일부 기호(괄호, 마침표, ? 등)는 왼쪽/오른쪽에 빈 공간이 생기는 문제가 있음. 바른돋움체에는 다양한 기호 문자들이 추가되어 있음.

대한인쇄문화협회가 국고 지원을 받아 제작하여 관련 업계에 배포한 글꼴입니다. 대한인쇄문화협회의 사이트에 자세한 설명이 없으나 바른바탕체는 (주)산돌커뮤니케이션, 바른돋움체는 (주)윤디자인연구소에서 제작한 것 같습니다. 처음에 배포한 글꼴에는 한자가 없었으나 윤디자인연구소에서 작업하여 한자가 추가되었습니다. 현재 보유하고 있는 바른 글꼴에 한자가 없다면 한자가 있는 버전을 다시 받아야 합니다. CID 폰트, PostScript 폰트는 무시하고 OTF 혹은 TTF 파일을 사용하면 됩니다. 또한, 고정폭 글꼴과 가변폭 글꼴이 있으므로 글꼴 이름에 Pro(proportional의 약자)가 있는 가변형 글꼴을 사용하기 바랍니다. 바른돋움체에서 일부 문자나 기호는 굵기에 따른 변화가 없습니다. 출처 표기를 생략할 수 없다는 점에 주의하기 바랍니다.

10/18pt, 없음/-30, 바른바탕Pro 1

무료 사용 범위			
인쇄: O	**영상:** O	**웹사이트:** O	**전자책:** O
BI/CI: O	**제품:** O	**모바일:** ?	**서버:** ?
출처 생략: X	**재배포:** X	**수정배포:** X	**판매:** X

10pt, 없음/0, 바른돋움Pro 3

9pt, 없음/0, 바른돋움Pro 2/1

출처: 출처를 표기하는 것이 기본이며, 인쇄물의 형태나 작은 크기로 인해 어려울 때만 생략할 수 있습니다. 출처를 표기하는것을 잊지 마시기 바랍니다.

8/14pt, 없음/-10, 바른돋움Pro 2/1

참고: 여기에서 정리한 무료 사용 범위는 배포자의 실제 의사와 일부 다를 수 있으며, 이후 배포자의 의사가 바뀔 수도 있습니다. 따라서 상업적인 목적으로 이용하고자 할 때는 이 페이지 상단의 '링크'를 방문하여 정확한 사용 범위를 다시 한번 확인하기 바랍니다.

바른바탕	바른돋움	20pt, 없음/-30
1Light 한글	한글	1
2Medium 한글	한글	2
3Bold 한글	한글	3
		72/80pt, 없음/0

바른바탕Pro	바른돋움Pro	20pt, 없음/-30
1 한글	한글	1
2 한글	한글	2
3 한글	한글	3
		72/80pt, 없음/0

바른바탕Pro 1 24pt, 없음/0

바 바 바 20pt
1 2 3

덧글은 통신의 예절을 지키면서 표현의 자유를 추구하는 방향으로 씁니다.

가나다라마바사아자차카타파하 괄꽁넋뒷떨립밟빛빵술쏙얹쥔짰척콥틈편흙

ABCDEFGHIJKLMNOPQRSTUVWXYZ abcdefghijklmnopqrstuvwxyz

1 2 3 4 5 6 7 8 9 0 ①⑮ ⑴⒂ Ⅰ Ⅱ Ⅲ Ⅳ Ⅴ Ⅹ ⅰ ⅱ ⅲ ⅳ ⅴ ⅹ

~ ! @ # $ % ^ & * _ / ₩ | * () [] {} <> 〈〉《》「」『』【】〔〕 - + × ÷ =

. , ? : ; ' " ' ' " " · ·· ··· © ™ ¶ § ㎎ ㎏ ㎜ ㎝ ㎞ ㎐ ㏄ ○□△☆ ●■▲★

大韓民國 東西南北 高等學校 無料書體 落花流水 莫逆之友 大器晩成 螢雪之功

13/30pt, 없음/0

글꼴 가이드 20/40pt, 없음/0

글꼴 가이드 30/50pt, 없음/-10

글꼴 가이드 40/60pt, 없음/-25

글꼴 가이드 60pt, 없음/-50

바탕

100pt, 없음/0

한글 글꼴 가이드 7/13pt, 없음/10

한글 글꼴 가이드 8/15pt, 없음/5

한글 글꼴 가이드 9/16pt, 없음/0

한글 글꼴 가이드 10/18pt, 없음/-10

한글 글꼴 가이드 11/20pt, 없음/-25

한글 글꼴 가이드 12/22pt, 없음/-50

한눈에 보이는 무료 글꼴 가이드 11/20pt, 없음/0, 바른바탕Pro 2

비용을 지불하지 않고도 사용할 수 있는 글꼴을 '무료 글꼴'이라고 부릅니다. 사실은 무료 글꼴이 아니라《공개 글꼴》이라고 해야 맞습니다. 『공개 글꼴』은 권리자가 설정한 "사용 범위"를 잘 살펴서 사용해야 합니다. 모든 것이 허용되는 진정한 무료 글꼴도 있고, 인쇄용으로는 무료로 사용 10/18pt, 없음/0, 바른바탕Pro 1

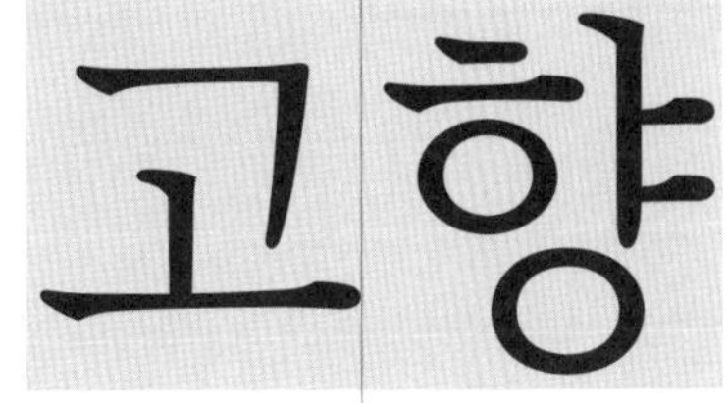

75pt, 없음/0, 바른바탕Pro 1

한눈에 보이는 무료 글꼴 가이드 11/20pt, 없음/-10, 바른바탕Pro 3

비용을 지불하지 않고도 사용할 수 있는 글꼴을 '무료 글꼴'이라고 부릅니다. 사실은 무료 글꼴이 아니라《공개 글꼴》이라고 해야 맞습니다. 『공개 글꼴』은 권리자가 설정한 "사용 범위"를 잘 살펴서 사용해야 합니다. 모든 것이 허용되는 진정한 무료 글꼴도 있고, 인쇄용으로는 무료로 사용 10/18pt, 없음/-10, 바른바탕Pro 1

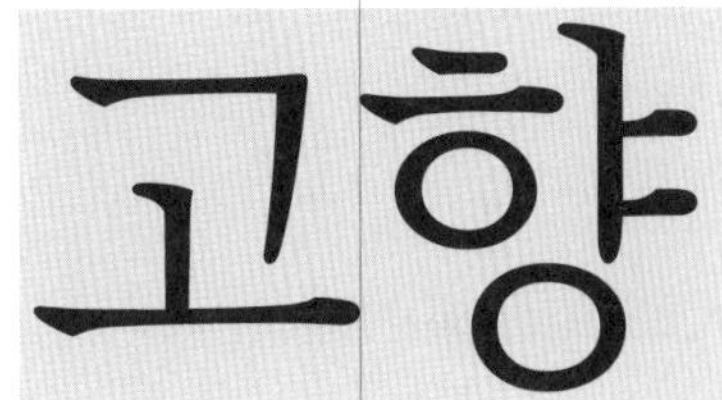

75pt, 없음/-60, 바른바탕Pro 1

한눈에 보이는 무료 글꼴 가이드 11/20pt, 없음/-25, 바른돋움Pro 2

비용을 지불하지 않고도 사용할 수 있는 글꼴을 '무료 글꼴'이라고 부릅니다. 사실은 무료 글꼴이 아니라《공개 글꼴》이라고 해야 맞습니다. 『공개 글꼴』은 권리자가 설정한 "사용 범위"를 잘 살펴서 사용해야 합니다. 모든 것이 허용되는 진정한 무료 글꼴도 있고, 인쇄용으로는 무료로 사용할 수 10/18pt, 없음/-25, 바른바탕Pro 1

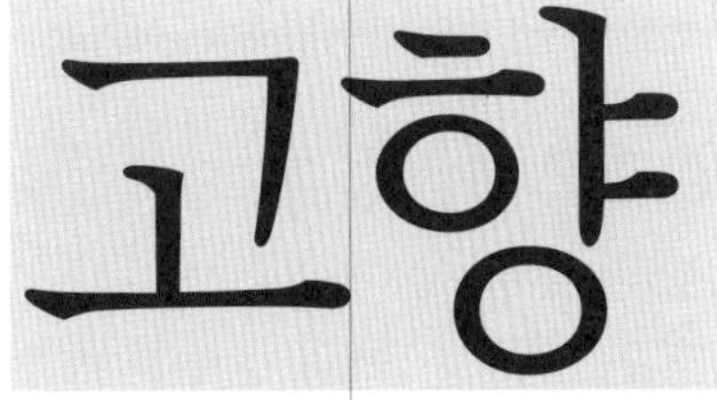

75pt, 시각적/0, 바른바탕Pro 1

한눈에 보이는 무료 글꼴 가이드 11/20pt, 없음/-50, 바른돋움Pro 3

비용을 지불하지 않고도 사용할 수 있는 글꼴을 '무료 글꼴'이라고 부릅니다. 사실은 무료 글꼴이 아니라《공개 글꼴》이라고 해야 맞습니다. 『공개 글꼴』은 권리자가 설정한 "사용 범위"를 잘 살펴서 사용해야 합니다. 모든 것이 허용되는 진정한 무료 글꼴도 있고, 인쇄용으로는 무료로 사용할 수 있지만 영상 10/18pt, 없음/-50, 바른바탕Pro 1

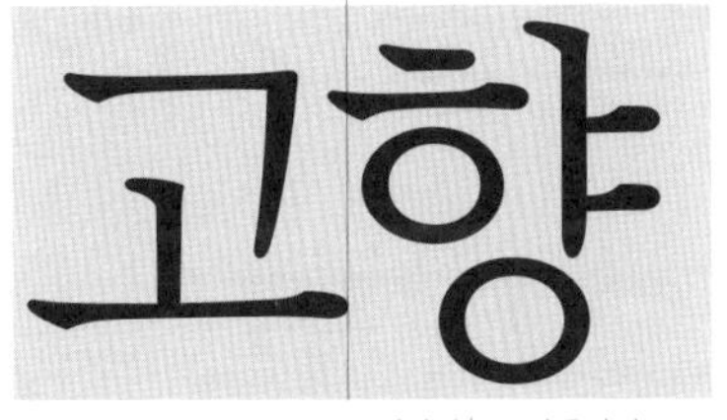

75pt, 시각적/-30, 바른바탕Pro 1

바른바탕Pro 2 24pt, 없음/0

바 바 바 20pt
1 2 3

덧글은 통신의 예절을 지키면서 표현의 자유를 추구하는 방향으로 씁니다.

가나다라마바사아자차카타파하 괄꽁넋뒷떨립밟빛빵술쏙얹쥔짰척콥틈편흙

ABCDEFGHIJKLMNOPQRSTUVWXYZ abcdefghijklmnopqrstuvwxyz

1 2 3 4 5 6 7 8 9 0 ①⑮ ⑴⒂ Ⅰ Ⅱ Ⅲ Ⅳ Ⅴ Ⅹ ⅰ ⅱ ⅲ ⅳ ⅴ ⅹ

~ ! @ # $ % ^ & * _ / ₩ | * () [] {} <> 〈〉 《》 「」 『』 【】 〔〕 - + × ÷ =

. , ? : ; ‘ “ ‘ ’ “ ” · ‥ … © ™ ¶ § ㎎ ㎏ ㎜ ㎝ ㎞ ㎐ ㏄ ○□△☆ ●■▲★

大韓民國 東西南北 高等學校 無料書體 落花流水 莫逆之友 大器晩成 螢雪之功

13/30pt, 없음/0

글꼴 가이드 20/40pt, 없음/0

글꼴 가이드 30/50pt, 없음/-10

글꼴 가이드 40/60pt, 없음/-25

글꼴 가이드 60pt, 없음/-50

100pt, 없음/0

한글 글꼴 가이드 7/13pt, 없음/10

한글 글꼴 가이드 8/15pt, 없음/5

한글 글꼴 가이드 9/16pt, 없음/0

한글 글꼴 가이드 10/18pt, 없음/-10

한글 글꼴 가이드 11/20pt, 없음/-25

한글 글꼴 가이드 12/22pt, 없음/-50

바른바탕Pro 3 24pt, 없음/0

바 바 바 20pt
1 2 3

덧글은 통신의 예절을 지키면서 표현의 자유를 추구하는 방향으로 씁니다.

가나다라마바사아자차카타파하 괄꽁넋뒷떨립밟빛빵술쏙얹쥔짰척콥틈편흙

ABCDEFGHIJKLMNOPQRSTUVWXYZ abcdefghijklmnopqrstuvwxyz

1 2 3 4 5 6 7 8 9 0 ①⑮ ⑴⒂ Ⅰ Ⅱ Ⅲ Ⅳ Ⅴ Ⅹ ⅰ ⅱ ⅲ ⅳ ⅴ ⅹ

~ ! @ # $ % ^ & * _ / ₩ | * () [] {} 〈〉 〈〉 《》 「」 『』 【】 〔〕 - + × ÷ =

. , ? : ; ' " ' ' " " · ‥ … © ™ ¶ § ㎎ ㎏ ㎜ ㎝ ㎞ ㎐ ㏄ ○□△☆ ●■▲★

大韓民國 東西南北 高等學校 無料書體 落花流水 莫逆之友 大器晩成 螢雪之功

13/30pt, 없음/0

글꼴 가이드 20/40pt, 없음/0

글꼴 가이드 30/50pt, 없음/-10

글꼴 가이드 40/60pt, 없음/-25

글꼴 가이드 60pt, 없음/-50

바탕

100pt, 없음/0

한글 글꼴 가이드 7/13pt, 없음/10

한글 글꼴 가이드 8/15pt, 없음/5

한글 글꼴 가이드 9/16pt, 없음/0

한글 글꼴 가이드 10/18pt, 없음/-10

한글 글꼴 가이드 11/20pt, 없음/-25

한글 글꼴 가이드 12/22pt, 없음/-50

바른돋움Pro 1 *24pt, 없음/0*

돋 돋 돋 *20pt*
1 2 3

덧글은 통신의 예절을 지키면서 표현의 자유를 추구하는 방향으로 씁니다.

가나다라마바사아자차카타파하 괄꽁넋뒷떨립밟빛빵술쑥얹짔쟀척콥틈편홅

ABCDEFGHIJKLMNOPQRSTUVWXYZ abcdefghijklmnopqrstuvwxyz

1 2 3 4 5 6 7 8 9 0 ①㉚ ❶㉚ ❶⑳ ❶⑳ ⑴⒇ Ⅰ Ⅱ Ⅲ Ⅳ Ⅴ Ⅹ ⅰ ⅱ ⅲ ⅳ ⅴ ⅹ

~ ! @ # $ % ^ & * _ / ₩ | * ( ) [ ] { } 〈 〉 〈 〉 《 》 「 」 『 』 【 】 〔 〕 − + × ÷ =

. , ? : ; ‘ “ ‘ ’ “ ” · ‥ … © ™ ¶ § ㎎ ㎏ ㎜ ㎝ ㎞ ㎐ ㏄ ○ □ △ ☆ ● ■ ▲ ★

①⑨ [1][9] [1][20] [1][20] [1][20] [1][20] [1][20] ⇠ ← ⬅ ⬅ ⬅ ⬅ ⇦ ⬅ ㊞ ❖ ✣ ❀ ❀ ⚜

大韓民國 東西南北 高等學校 無料書體 落花流水 莫逆之友 大器晩成 螢雪之功

13/30pt, 없음/0

글꼴 가이드 *20/40pt, 없음/0*

글꼴 가이드 *30/50pt, 없음/-10*

글꼴 가이드 *40/60pt, 없음/-25*

글꼴 가이드 *60pt, 없음/-50*

돋움 *100pt, 없음/0*

한글 글꼴 가이드 *7/13pt, 없음/10*

한글 글꼴 가이드 *8/15pt, 없음/5*

한글 글꼴 가이드 *9/16pt, 없음/0*

한글 글꼴 가이드 *10/18pt, 없음/-10*

한글 글꼴 가이드 *11/20pt, 없음/-25*

한글 글꼴 가이드 *12/22pt, 없음/-50*

한눈에 보이는 무료 글꼴 가이드 *11/20pt, 없음/0, 바른바탕Pro 2*

비용을 지불하지 않고도 사용할 수 있는 글꼴을 '무료 글꼴'이라고 부릅니다. 사실은 무료 글꼴이 아니라 《공개 글꼴》이라고 해야 맞습니다. 『공개 글꼴』은 권리자가 설정한 "사용 범위"를 잘 살펴서 사용해야 합니다. 모든 것이 허용되는 진정한 무료 글꼴도 있고, 인쇄용으로는 무료로 사용 *10/18pt, 없음/0, 바른돋움Pro 1*

고향

75pt, 없음/0, 바른돋움Pro 1

한눈에 보이는 무료 글꼴 가이드 *11/20pt, 없음/-10, 바른바탕Pro 3*

비용을 지불하지 않고도 사용할 수 있는 글꼴을 '무료 글꼴'이라고 부릅니다. 사실은 무료 글꼴이 아니라 《공개 글꼴》이라고 해야 맞습니다. 『공개 글꼴』은 권리자가 설정한 "사용 범위"를 잘 살펴서 사용해야 합니다. 모든 것이 허용되는 진정한 무료 글꼴도 있고, 인쇄용으로는 무료로 사용할 *10/18pt, 없음/-10, 바른돋움Pro 1*

고향

75pt, 없음/-45, 바른돋움Pro 1

한눈에 보이는 무료 글꼴 가이드 *11/20pt, 없음/-25, 바른돋움Pro 2*

비용을 지불하지 않고도 사용할 수 있는 글꼴을 '무료 글꼴'이라고 부릅니다. 사실은 무료 글꼴이 아니라 《공개 글꼴》이라고 해야 맞습니다. 『공개 글꼴』은 권리자가 설정한 "사용 범위"를 잘 살펴서 사용해야 합니다. 모든 것이 허용되는 진정한 무료 글꼴도 있고, 인쇄용으로는 무료로 사용할 *10/18pt, 없음/-25, 바른돋움Pro 1*

75pt, 시각적/0, 바른돋움Pro 1

한눈에 보이는 무료 글꼴 가이드 *11/20pt, 없음/-50, 바른돋움Pro 3*

비용을 지불하지 않고도 사용할 수 있는 글꼴을 '무료 글꼴'이라고 부릅니다. 사실은 무료 글꼴이 아니라 《공개 글꼴》이라고 해야 맞습니다. 『공개 글꼴』은 권리자가 설정한 "사용 범위"를 잘 살펴서 사용해야 합니다. 모든 것이 허용되는 진정한 무료 글꼴도 있고, 인쇄용으로는 무료로 사용할 수 있지만 *10/18pt, 없음/-50, 바른돋움Pro 1*

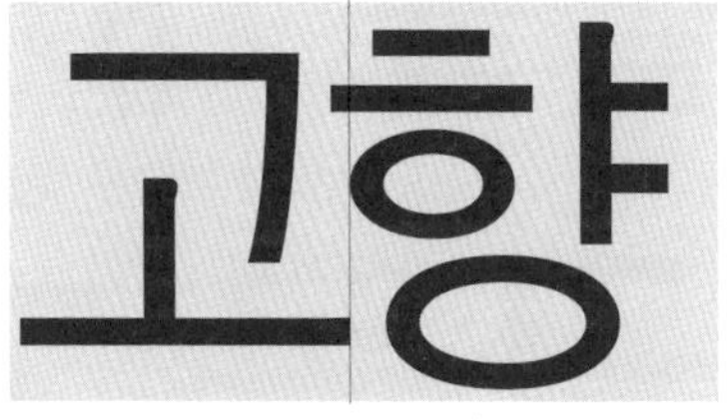

75pt, 시각적/-30, 바른돋움Pro 1

바른돋움Pro 2 *24pt, 없음/0*

돋 돋 돋 *20pt*
1 2 3

덧글은 통신의 예절을 지키면서 표현의 자유를 추구하는 방향으로 씁니다.

가나다라마바사아자차카타파하 괄꽁넋뒷떨립밟빛빵술쏙얹쥔짰척콥틈편훍

ABCDEFGHIJKLMNOPQRSTUVWXYZ abcdefghijklmnopqrstuvwxyz

1 2 3 4 5 6 7 8 9 0 ①㉚ ❶㉚ ❶⑳ ❶⑳ ⑴⒇ Ⅰ Ⅱ Ⅲ Ⅳ Ⅴ Ⅹ ⅰ ⅱ ⅲ ⅳ ⅴ ⅹ

~ ! @ # $ % ^ & * _ / ₩ | * ( ) [ ] { } 〈 〉 〈 〉 《 》 「 」 『 』 【 】 〔 〕 − + × ÷ =

. , ? : ; ' " ' ' " " · ‥ … © ™ ¶ § ㎎ ㎏ ㎜ ㎝ ㎞ ㎐ ㏄ ○ □ △ ☆ ● ■ ▲ ★

①⑨ [1][9] [1][20] [1][20] [1][20] [1][20] [1][20] ←←←←←←←◘◙ ㊞❖✣❀❀⚜

大韓民國 東西南北 高等學校 無料書體 落花流水 莫逆之友 大器晩成 螢雪之功

13/30pt, 없음/0

글꼴 가이드 *20/40pt, 없음/0*

글꼴 가이드 *30/50pt, 없음/-10*

글꼴 가이드 *40/60pt, 없음/-25*

글꼴 가이드 *60pt, 없음/-50*

돋움

100pt, 없음/0

한글 글꼴 가이드 *7/13pt, 없음/10*

한글 글꼴 가이드 *8/15pt, 없음/5*

한글 글꼴 가이드 *9/16pt, 없음/0*

한글 글꼴 가이드 *10/18pt, 없음/-10*

한글 글꼴 가이드 *11/20pt, 없음/-25*

한글 글꼴 가이드 *12/22pt, 없음/-50*

바른돋움Pro 3 24pt, 없음/0

돋 돋 돋 20pt
1 2 3

덧글은 통신의 예절을 지키면서 표현의 자유를 추구하는 방향으로 씁니다.

가나다라마바사아자차카타파하 괄꽁넋뒷떨립밟빛빵술쏙얹쥔짰척콥틈편훑

ABCDEFGHIJKLMNOPQRSTUVWXYZ abcdefghijklmnopqrstuvwxyz

1 2 3 4 5 6 7 8 9 0 ①㉚ ❶㉚ ❶⑳ ❶⑳ ⑴⒇ Ⅰ Ⅱ Ⅲ Ⅳ Ⅴ Ⅹ ⅰ ⅱ ⅲ ⅳ ⅴ ⅹ

~ ! @ # $ % ^ & * _ / ₩ | * () [] {} 〈〉 〈〉 《》 「」 『』 【】 〔〕 − + × ÷ =

. , ? : ; ' " ' ' " " · ·· ··· © ™ ¶ § ㎎ ㎏ ㎜ ㎝ ㎞ ㎐ ㏄ ○□△☆ ●■▲★

①⑨ [1][9] [1][20] [1][20] [1][20] [1][20] [1][20] ←←←←←←←←◘◘ [印]❖✣❀❀⚜

大韓民國 東西南北 高等學校 無料書體 落花流水 莫逆之友 大器晩成 螢雪之功

13/30pt, 없음/0

글꼴 가이드 20/40pt, 없음/0

글꼴 가이드 30/50pt, 없음/-10

글꼴 가이드 40/60pt, 없음/-25

글꼴 가이드 60pt, 없음/-50

돋움

100pt, 없음/0

한글 글꼴 가이드	7/13pt, 없음/10
한글 글꼴 가이드	8/15pt, 없음/5
한글 글꼴 가이드	9/16pt, 없음/0
한글 글꼴 가이드	10/18pt, 없음/-10
한글 글꼴 가이드	11/20pt, 없음/-25
한글 글꼴 가이드	12/22pt, 없음/-50

9. 본명조, 본고딕

20/40pt, 없음/0, 본고딕 B

배포: Adobe x Google

10/18pt, 없음/-30, 본고딕 B/N

개발: 어도비, 구글, 산돌 커뮤니케이션, 이와타, 창저우 시노타입

취지: CJK 언어와 모든 디바이스를 지원하는 고품질의 조화로운 글꼴

발표: 2014.7(본고딕 1.0), 2017.1(본명조 1.0), 2018.11(본고딕 2.0)

링크: source.typekit.com/source-han-serif/kr (본명조 설명)

10/18pt, 메트릭/0, Adobe Garamond Pro R

blog.typekit.com/alternate/source-han-sans-kor (본고딕 설명)

다운: github.com/adobe-fonts/source-han-serif/tree/release (본명조)

github.com/adobe-fonts/source-han-sans/tree/release (본고딕)

fonts.adobe.com/fonts/source-han-serif-korean (본명조. 다운로드가 아닌 활성화 방식)

fonts.adobe.com/fonts/source-han-sans-korean (본고딕. 다운로드가 아닌 활성화 방식)

www.google.com/get/noto/#serif-kore (Noto Serif CJK KR)

www.google.com/get/noto/#sans-kore (Noto Sans CJK KR)

fonts.google.com/specimen/Noto+Serif+KR (Noto Serif CJK KR)

fonts.google.com/specimen/Noto+Sans+KR (Noto Sans CJK KR)

분류: 바탕, 돋움

굵기: 본명조 7단계(ExtraLight, Light, Regular, Medium, SemiBold, Bold, Heavy)

본고딕 7단계(ExtraLight, Light, Normal, Regular, Medium, Bold, Heavy)

Noto Serif 7단계(ExtraLight, Light, Regular, Medium, Bold, SemiBold, Black)

Noto Sans 7단계(Thin, Light, DemiLight, Regular, Medium, Bold, Black)

무료 사용 범위

10pt, 없음/0, 본고딕 B

인쇄: O	**영상:** O	**웹사이트:** O	**전자책:** O
BI/CI: O	**제품:** O	**모바일:** O	**서버:** O
출처 생략: O	**재배포:** O	**수정배포:** O	**판매:** X

9pt, 없음/0, 본고딕 M/N

라이선스: 동일 조건으로 배포하는 것을 요구하는 오픈 폰트 라이선스(SIL Open Font License 1.1)가 적용되었습니다. 판매를 제외한 모든 것이 가능합니다.

8/14pt, 없음/-10, 본고딕 M/N

참고: 어도비와 구글이 공동 개발하였지만 각자 다른 이름으로 배포합니다. 글꼴에 차이는 없습니다. 다만, 어도비가 배포하는 글꼴은 어플리케이션에서 본명조, 본고딕이라는 한글 이름으로 보이고, 구글이 배포하는 글꼴은 Noto Sans CJK KR, Noto Serif CJK KR이라는 영어 이름으로 보입니다. 사소한 오류를 고친 최신 릴리즈를 받기에도 어도비 사이트가 좋습니다.

어도비가 구글의 지원과 한국, 중국, 일본의 대표적인 글꼴 회사의 도움을 받아 제작하여 배포하는 오픈소스 CJK 글꼴입니다. 한국어, 중국어 간체, 중국어 번체, 일본어에 옛한글까지 지원하며 두께도 7단계나 표현합니다. 또한 라틴어, 그리스어 및 키릴어를 지원하는 서양 언어권 글리프 세트가 포함되어 있습니다. 따라서 다국어로 콘텐츠를 개발할 때 매우 유용합니다.

10/18pt, 없음/-50, 본명조 R

본명조와 본고딕은 국제적으로 많은 자본과 고급 인력을 투입하여 제대로 개발한 본격적인 다국어 무료 공개 글꼴이라는 의미가 있으며, 7단계의 두께를 지원하고 다양한 기호들도 표현할 수 있어 좋습니다.

그런데 약간의 문제들이 있습니다. 예를 들어, 열고 닫는 기호 중 일부는 반각 문자가 아닌 전각 문자(유니코드 표준)로 만들어져서 '《공개 글꼴》', "『공개 글꼴』" 처럼 왼쪽이나 오른쪽에 빈 공간이 생깁니다. 이 문제는 포토샵에서는 괜찮으나 일러스트레이터와 인디자인에서는 문제가 생깁니다. 일러스트레이터에서는 'Auto' 커닝을 사용하면 해결되지만, 인디자인에서는 '시각적' 커닝을 사용해도 '《공개 글꼴》', "『공개 글꼴』"처럼 완전하게 해결되지 않습니다. 따라서 일러스트레이터와 인디자인에서 열고 닫는 기호들을 사용해야 하는 본문을 작업할 때는 본명조, 본고딕 글꼴을 사용하지 않는 것이 좋습니다(스포카 한 산스 글꼴은 반각 문자로 만들어 이 문제를 해결했습니다). 이외에도 인디자인에서 본명조와 본고딕을 본문에 사용하기 위한 적절한 자간 값이 차이가 많이 나며(본명조에서 자간을 더 많이 줄여야 합니다), 본고딕은 'ㅊ'과 'ㅎ' 문자의 꼭지가 본명조와 달리 세로형(ㅊ ㅎ)이어서 어색합니다.

본명조, 본고딕은 다국어 작업을 할 때 편리하도록 하나의 글꼴로 여러 언어를 지원할 수 있도록 만들었는데(TTC 파일), 이 통합 파일은 맥에서 운영체계가 OS X 10.8 이상이어야 사용할 수 있으며 파일 크기가 너무 큽니다. 그래서 보통은 오픈타입인 OTF 파일을 사용하는데, OTF 타입과 SubsetOTF 타입 중에서 하나를 선택해야 합니다. SubsetOTF 타입은 특정 언어의 문자만 담아 크기를 줄인 파일입니다. 다른 언어의 문자가 필요하지 않을 때 선택할 수 있습니다. 이에 비해 OTF 타입은 4개 언어를 지원하는 SubsetOTF 파일을 하나로 합치고 특정 언어를 기준으로 자형의 우선 순위를 정한 것입니다. 예를 들어, SourceHanSansKR-Light.otf는 한글(KR)만 지원하는 SubsetOTF 타입 파일이며, SourceHanSansK-Light.otf는 4개 언어를 모두 지원하는 한글(K) 우선 OTF 타입 파일입니다.

ExtraLight
서로 어울리는 글꼴을 골라서
사용하는 것이 중요합니다.
28/39pt, 없음/0
문단이후공백 2.5mm

Light
서로 어울리는 글꼴을 골라서
사용하는 것이 중요합니다.
28/39pt, 없음/-5
문단이후공백 2.5mm

Regular
서로 어울리는 글꼴을 골라서
사용하는 것이 중요합니다.
28/39pt, 없음/-10
문단이후공백 2.5mm

Medium
서로 어울리는 글꼴을 골라서
사용하는 것이 중요합니다.
28/39pt, 없음/-25
문단이후공백 2.5mm

SemiBold
서로 어울리는 글꼴을 골라서
사용하는 것이 중요합니다.
28/39pt, 없음/-50
문단이후공백 2.5mm

Bold
서로 어울리는 글꼴을 골라서
사용하는 것이 중요합니다.
28/39pt, 없음/-75
문단이후공백 2.5mm

Heavy
서로 어울리는 글꼴을 골라서
사용하는 것이 중요합니다.
28/39pt, 없음/-100
문단이후공백 2.5mm

ExtraLight 서로 어울리는 글꼴을 골라서
사용하는 것이 중요합니다.

28/39pt, 없음/0
문단이후공백 2.5mm

Light 서로 어울리는 글꼴을 골라서
사용하는 것이 중요합니다.

28/39pt, 없음/-5
문단이후공백 2.5mm

Normal 서로 어울리는 글꼴을 골라서
사용하는 것이 중요합니다.

28/39pt, 없음/-10
문단이후공백 2.5mm

Regular 서로 어울리는 글꼴을 골라서
사용하는 것이 중요합니다.

28/39pt, 없음/-25
문단이후공백 2.5mm

Medium 서로 어울리는 글꼴을 골라서
사용하는 것이 중요합니다.

28/39pt, 없음/-50
문단이후공백 2.5mm

Bold 서로 어울리는 글꼴을 골라서
사용하는 것이 중요합니다.

28/39pt, 없음/-75
문단이후공백 2.5mm

Heavy 서로 어울리는 글꼴을 골라서
사용하는 것이 중요합니다.

28/39pt, 없음/-100
문단이후공백 2.5mm

본명조 ExtraLight 24pt, 없음/0

명 명 명 명 명 명 명 20pt
EL L R M SM B H

덧글은 통신의 예절을 지키면서 표현의 자유를 추구하는 방향으로 씁니다.
가나다라마바사아자차카타파하 괄꽁넋뒷떨립밟빛빵술쏙얹쥔짰척콥틈편흙
ABCDEFGHIJKLMNOPQRSTUVWXYZ abcdefghijklmnopqrstuvwxyz
1234567890 ①⑩⑳㉚㊵㊿ ◎⑩ ❶❿⓴ ⑴⑽⒇ Ⅰ Ⅱ ⅢⅣ Ⅴ Ⅹ ⅰ ⅱ ⅲⅳ ⅴ ⅹ
~ ! @ # $ % ^ & * _ / \ | * () [] {} <> 〈〉 《》 「」 『』 【】 〔〕 - + × ÷ =
. , ? : ; ' " ‘ ’ “ ” · ‥ … © ® ™ ¶ § ㎎ ㎏ ㎜ ㎝ ㎞ ㎐ ㏄ ○□△☆ ●■▲★
大韓民國 東西南北 高等學校 無料書體 落花流水 莫逆之友 大器晩成 螢雪

13/30pt, 없음/0

글꼴 가이드 20/40pt, 없음/0

글꼴 가이드 30/50pt, 없음/-10

글꼴 가이드 40/60pt, 없음/-25

글꼴 가이드 60pt, 없음/-75

명조 100pt, 없음/0

한글 글꼴 가이드 7/13pt, 없음/10
한글 글꼴 가이드 8/15pt, 없음/5
한글 글꼴 가이드 9/16pt, 없음/0
한글 글꼴 가이드 10/18pt, 없음/-10
한글 글꼴 가이드 11/20pt, 없음/-25
한글 글꼴 가이드 12/22pt, 없음/-50

한눈에 보이는 무료 글꼴 가이드 *11/20pt, 없음/-25, 본명조 SB*

비용을 지불하지 않고도 사용할 수 있는 글꼴을 '무료 글꼴'이라고 부릅니다. 사실은 무료 글꼴이 아니라 《공개 글꼴》 이라고 해야 맞습니다. 『공개 글꼴』 은 권리자가 설정한 "사용 범위"를 잘 살펴서 사용해야 합니다. 모든 것이 허용되는 진정한 무료 글꼴도 있고, 인쇄용으로는 *10/18pt, 없음/-25, 본명조 EL*

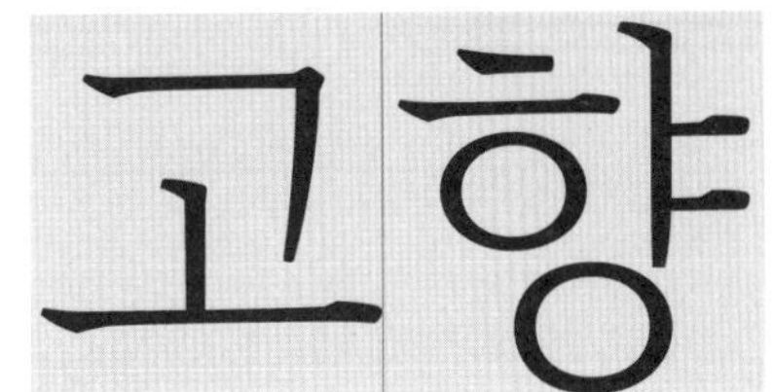

75pt, 없음/0, 본명조 EL

한눈에 보이는 무료 글꼴 가이드 *11/20pt, 없음/-50, 본명조 B*

비용을 지불하지 않고도 사용할 수 있는 글꼴을 '무료 글꼴'이라고 부릅니다. 사실은 무료 글꼴이 아니라 《공개 글꼴》 이라고 해야 맞습니다. 『공개 글꼴』 은 권리자가 설정한 "사용 범위"를 잘 살펴서 사용해야 합니다. 모든 것이 허용되는 진정한 무료 글꼴도 있고, 인쇄용으로는 무료로 사용할 *10/18pt, 없음/-50, 본명조 EL*

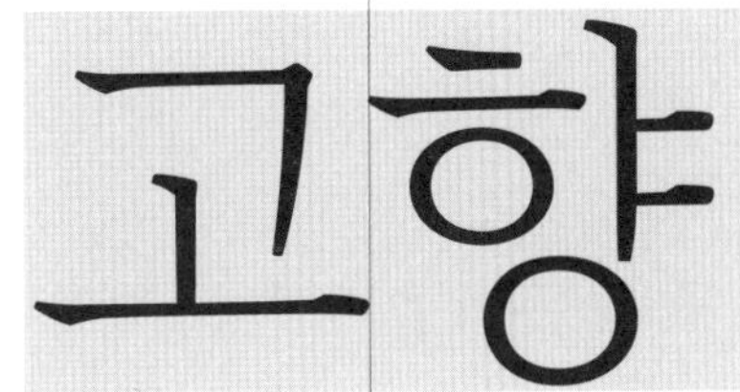

75pt, 없음/-45, 본명조 EL

한눈에 보이는 무료 글꼴 가이드 *11/20pt, 없음/-25, 본고딕 M*

비용을 지불하지 않고도 사용할 수 있는 글꼴을 '무료 글꼴'이라고 부릅니다. 사실은 무료 글꼴이 아니라 《공개 글꼴》 이라고 해야 맞습니다. 『공개 글꼴』 은 권리자가 설정한 "사용 범위"를 잘 살펴서 사용해야 합니다. 모든 것이 허용되는 진정한 무료 글꼴도 있고, 인쇄용으로는 무료로 사용할 수 있지만 *10/18pt, 없음/-75, 본명조 EL*

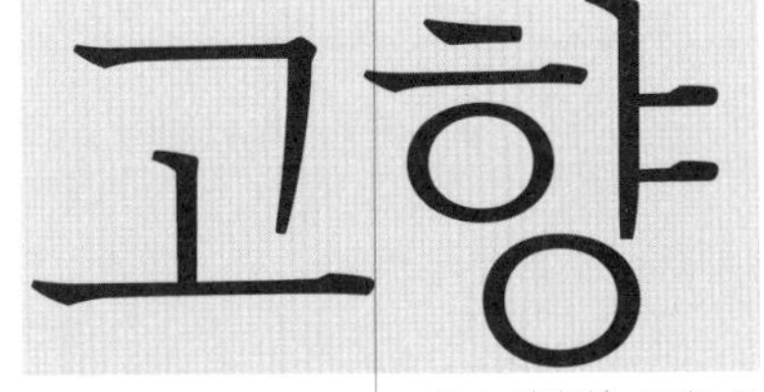

75pt, 시각적/0, 본명조 EL

한눈에 보이는 무료 글꼴 가이드 *11/20pt, 없음/-50, 본고딕 B*

비용을 지불하지 않고도 사용할 수 있는 글꼴을 '무료 글꼴'이라고 부릅니다. 사실은 무료 글꼴이 아니라 《공개 글꼴》 이라고 해야 맞습니다. 『공개 글꼴』 은 권리자가 설정한 "사용 범위"를 잘 살펴서 사용해야 합니다. 모든 것이 허용되는 진정한 무료 글꼴도 있고, 인쇄용으로는 무료로 사용할 수 있지만 *10/18pt, 없음/-90, 본명조 EL*

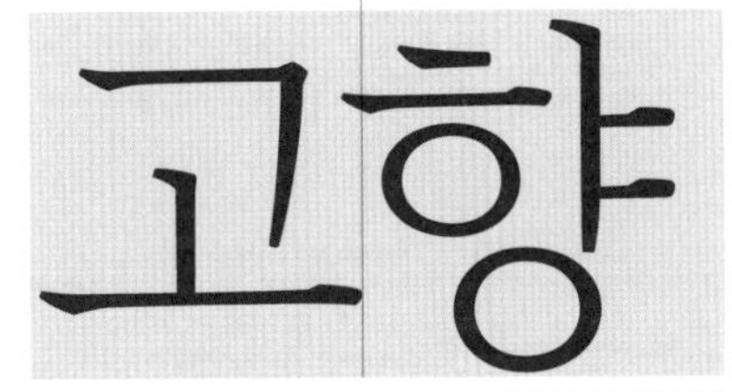

75pt, 시각적/-30, 본명조 EL

본명조 Light 24pt, 없음/0

명 명 명 명 명 명 명 20pt
EL L R M SM B H

덧글은 통신의 예절을 지키면서 표현의 자유를 추구하는 방향으로 씁니다.

가나다라마바사아자차카타파하 괄꽁넋뒷떨립밟빛빵술쏙얹쥔짰척콥틈편훑

ABCDEFGHIJKLMNOPQRSTUVWXYZ abcdefghijklmnopqrstuvwxy

1234567890 ①⑩⑳㉚㊵㊿ ①⑩ ❶❿⓴ ⑴⑽⒇ Ⅰ Ⅱ ⅢⅣ Ⅴ Ⅹ ⅰ ⅱ ⅲ ⅳ ⅴ ⅹ

~ ! @ # $ % ^ & * _ / \ | * () [] {} <> 〈〉 《》 「」 『』 【】 〔〕 - + × ÷ =

. , ? : ; ' " ' ' " " · · · … © ® ™ ¶ § mg kg mm cm km Hz cc ○□△☆ ●■▲★

大韓民國 東西南北 高等學校 無料書體 落花流水 莫逆之友 大器晩成 螢雪

13/30pt, 없음/0

글꼴 가이드 20/40pt, 없음/0

글꼴 가이드 30/50pt, 없음/-10

글꼴 가이드 40/60pt, 없음/-25

글꼴 가이드 60pt, 없음/-75

명조

100pt, 없음/0

한글 글꼴 가이드 7/13pt, 없음/10

한글 글꼴 가이드 8/15pt, 없음/5

한글 글꼴 가이드 9/16pt, 없음/0

한글 글꼴 가이드 10/18pt, 없음/-10

한글 글꼴 가이드 11/20pt, 없음/-25

한글 글꼴 가이드 12/22pt, 없음/-50

한눈에 보이는 무료 글꼴 가이드 *11/20pt, 없음/0, 본명조 SB*

비용을 지불하지 않고도 사용할 수 있는 글꼴을 '무료 글꼴'이라고 부릅니다. 사실은 무료 글꼴이 아니라 《공개 글꼴》 이라고 해야 맞습니다. 『공개 글꼴』 은 권리자가 설정한 "사용 범위"를 잘 살펴서 사용해야 합니다. 모든 것이 허용되는 진정한 무료 글꼴도 있고, 인쇄용으로는 *10/18pt, 없음/-25, 본명조 L*

75pt, 없음/0, 본명조 L

한눈에 보이는 무료 글꼴 가이드 *11/20pt, 없음/-50, 본명조 B*

비용을 지불하지 않고도 사용할 수 있는 글꼴을 '무료 글꼴'이라고 부릅니다. 사실은 무료 글꼴이 아니라 《공개 글꼴》 이라고 해야 맞습니다. 『공개 글꼴』 은 권리자가 설정한 "사용 범위"를 잘 살펴서 사용해야 합니다. 모든 것이 허용되는 진정한 무료 글꼴도 있고, 인쇄용으로는 무료로 사용할 *10/18pt, 없음/-50, 본명조 L*

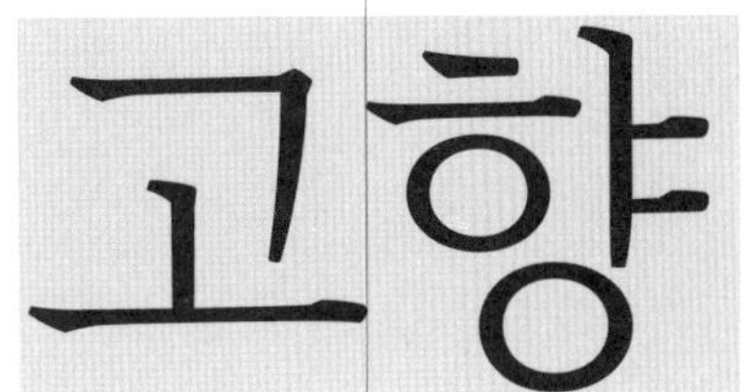

75pt, 없음/-45, 본명조 L

한눈에 보이는 무료 글꼴 가이드 *11/20pt, 없음/-25, 본고딕 M*

비용을 지불하지 않고도 사용할 수 있는 글꼴을 '무료 글꼴'이라고 부릅니다. 사실은 무료 글꼴이 아니라 《공개 글꼴》 이라고 해야 맞습니다. 『공개 글꼴』 은 권리자가 설정한 "사용 범위"를 잘 살펴서 사용해야 합니다. 모든 것이 허용되는 진정한 무료 글꼴도 있고, 인쇄용으로는 무료로 사용할 수 있지만 *10/18pt, 없음/-75, 본명조 L*

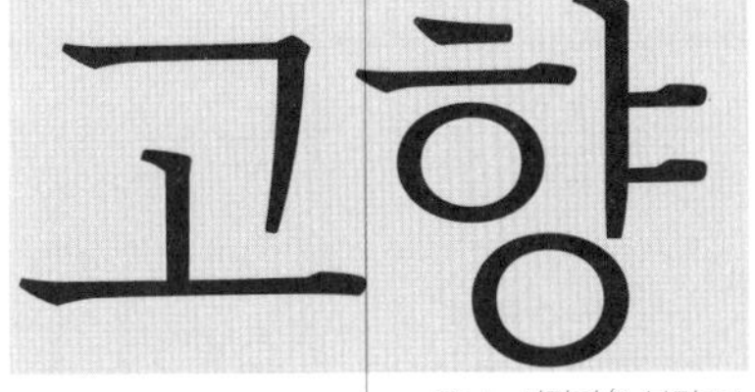

75pt, 시각적/0, 본명조 L

한눈에 보이는 무료 글꼴 가이드 *11/20pt, 없음/-50, 본고딕 B*

비용을 지불하지 않고도 사용할 수 있는 글꼴을 '무료 글꼴'이라고 부릅니다. 사실은 무료 글꼴이 아니라 《공개 글꼴》 이라고 해야 맞습니다. 『공개 글꼴』 은 권리자가 설정한 "사용 범위"를 잘 살펴서 사용해야 합니다. 모든 것이 허용되는 진정한 무료 글꼴도 있고, 인쇄용으로는 무료로 사용할 수 있지만 *10/18pt, 없음/-90, 본명조 L*

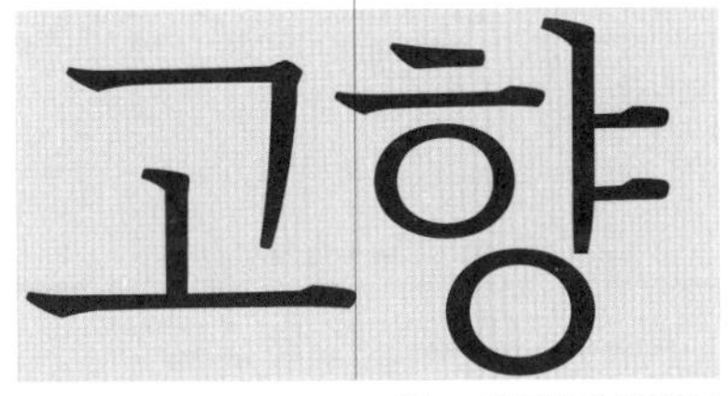

75pt, 시각적/-30, 본명조 L

본명조 Regular 24pt, 없음/0

명 명 명 명 명 명 명 20pt
EL L R M SM B H

덧글은 통신의 예절을 지키면서 표현의 자유를 추구하는 방향으로 씁니다.
가나다라마바사아자차카타파하 괄꽁넋뒷떨립밟빛빵술쏙얹쥔짰척콥틈편흙
ABCDEFGHIJKLMNOPQRSTUVWXYZ abcdefghijklmnopqrstuvwxy
1234567890 ①⑩⑳㉚㊵㊿ ◎①◎⑩ ❶❿⓴ ⑴⑽⒇ Ⅰ Ⅱ ⅢⅣ Ⅴ Ⅹ ⅰ ⅱ ⅲ ⅳ ⅴ ⅹ
~ ! @ # $ % ^ & * _ / \ | * () [] {} <> 〈〉 《》 「」 『』 【】 〔〕 - + × ÷ =
. , ? : ; ' " ‘ ’ “ ” · ‥ … © ® ™ ¶ § ㎎ ㎏ ㎜ ㎝ ㎞ ㎐ ㏄ ○□△☆ ●■▲★
大韓民國 東西南北 高等學校 無料書體 落花流水 莫逆之友 大器晩成 螢雪

13/30pt, 없음/0

명조

100pt, 없음/0

글꼴 가이드 20/40pt, 없음/0

글꼴 가이드 30/50pt, 없음/-10

글꼴 가이드 40/60pt, 없음/-25

글꼴 가이드 60pt, 없음/-75

한글 글꼴 가이드 7/13pt, 없음/10
한글 글꼴 가이드 8/15pt, 없음/5
한글 글꼴 가이드 9/16pt, 없음/0
한글 글꼴 가이드 10/18pt, 없음/-10
한글 글꼴 가이드 11/20pt, 없음/-25
한글 글꼴 가이드 12/22pt, 없음/-50

한눈에 보이는 무료 글꼴 가이드 *11/20pt, 없음/0, 본명조 SB*

비용을 지불하지 않고도 사용할 수 있는 글꼴을 '무료 글꼴'이라고 부릅니다. 사실은 무료 글꼴이 아니라 《공개 글꼴》 이라고 해야 맞습니다. 『공개 글꼴』 은 권리자가 설정한 "사용 범위"를 잘 살펴서 사용해야 합니다. 모든 것이 허용되는 진정한 무료 글꼴도 있고, 인쇄용으로는 *10/18pt, 없음/-25, 본명조 R*

75pt, 없음/0, 본명조 R

한눈에 보이는 무료 글꼴 가이드 *11/20pt, 없음/-50, 본명조 B*

비용을 지불하지 않고도 사용할 수 있는 글꼴을 '무료 글꼴'이라고 부릅니다. 사실은 무료 글꼴이 아니라 《공개 글꼴》 이라고 해야 맞습니다. 『공개 글꼴』 은 권리자가 설정한 "사용 범위"를 잘 살펴서 사용해야 합니다. 모든 것이 허용되는 진정한 무료 글꼴도 있고, 인쇄용으로는 무료로 사용할 *10/18pt, 없음/-50, 본명조 R*

75pt, 없음/-45, 본명조 R

한눈에 보이는 무료 글꼴 가이드 *11/20pt, 없음/-25, 본고딕 M*

비용을 지불하지 않고도 사용할 수 있는 글꼴을 '무료 글꼴'이라고 부릅니다. 사실은 무료 글꼴이 아니라 《공개 글꼴》 이라고 해야 맞습니다. 『공개 글꼴』 은 권리자가 설정한 "사용 범위"를 잘 살펴서 사용해야 합니다. 모든 것이 허용되는 진정한 무료 글꼴도 있고, 인쇄용으로는 무료로 사용할 수 있지만 *10/18pt, 없음/-75, 본명조 R*

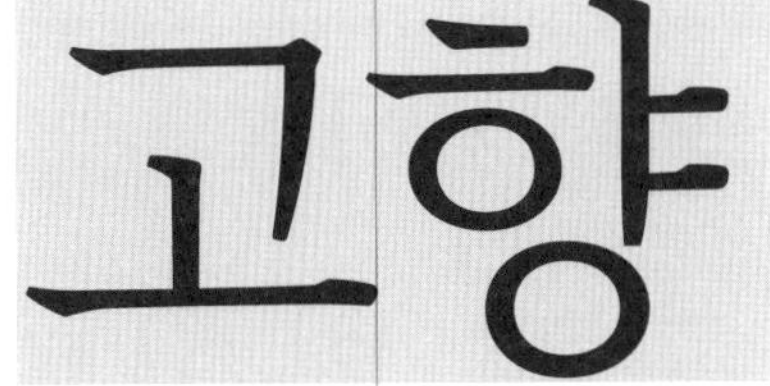

75pt, 시각적/0, 본명조 R

한눈에 보이는 무료 글꼴 가이드 *11/20pt, 없음/-50, 본고딕 B*

비용을 지불하지 않고도 사용할 수 있는 글꼴을 '무료 글꼴'이라고 부릅니다. 사실은 무료 글꼴이 아니라 《공개 글꼴》 이라고 해야 맞습니다. 『공개 글꼴』 은 권리자가 설정한 "사용 범위"를 잘 살펴서 사용해야 합니다. 모든 것이 허용되는 진정한 무료 글꼴도 있고, 인쇄용으로는 무료로 사용할 수 있지만 *10/18pt, 없음/-90, 본명조 R*

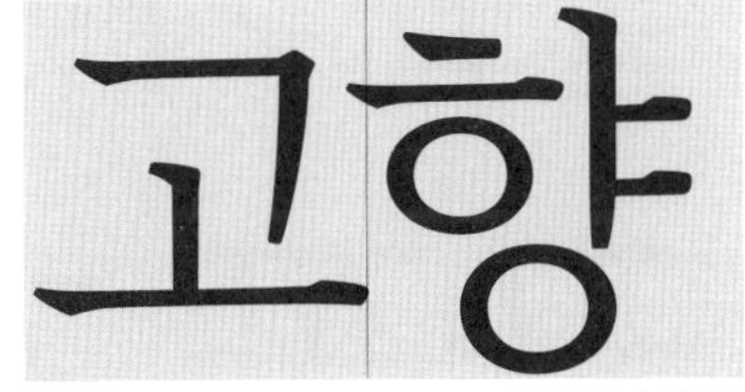

75pt, 시각적/-30, 본명조 R

본명조 Medium 24pt, 없음/0

명 명 명 명 명 명 명 20pt
EL L R M SM B H

덧글은 통신의 예절을 지키면서 표현의 자유를 추구하는 방향으로 씁니다.

가나다라마바사아자차카타파하 괄꽁넋뒷떨립밟빛빵술쏙얹쥔짰첰콥틈편훍

ABCDEFGHIJKLMNOPQRSTUVWXYZ abcdefghijklmnopqrstuvwx

1234567890 ①㊿ ◎⑩ ❶⓴ ⑴⒇ Ⅰ Ⅱ Ⅲ Ⅳ Ⅴ Ⅹ ⅰ ⅱ ⅲ ⅳ ⅴ ⅹ

~ ! @ # $ % ^ & * _ / \ | * () [] {} <> 〈〉 《》 「」 『』 【】 〔〕 - + × ÷ =

. , ? : ; ' " ‘ ’ “ ” · ‥ … © ® ™ ¶ ㎎ ㎏ ㎜ ㎝ ㎞ ㎐ ㏄ ○□△☆ ●■▲★

大韓民國 東西南北 高等學校 無料書體 落花流水 莫逆之友 大器晩成 螢雪

13/30pt, 없음/0

100pt, 없음/0

글꼴 가이드 20/40pt, 없음/0

글꼴 가이드 30/50pt, 없음/-10

글꼴 가이드 40/60pt, 없음/-25

글꼴 가이드 60pt, 없음/-75

한글 글꼴 가이드 7/13pt, 없음/10

한글 글꼴 가이드 8/15pt, 없음/5

한글 글꼴 가이드 9/16pt, 없음/0

한글 글꼴 가이드 10/18pt, 없음/-10

한글 글꼴 가이드 11/20pt, 없음/-25

한글 글꼴 가이드 12/22pt, 없음/-50

본명조 SemiBold 24pt, 없음/0

명 명 명 명 명 명 명 20pt
EL L R M SM B H

덧글은 통신의 예절을 지키면서 표현의 자유를 추구하는 방향으로 씁니다.

가나다라마바사아자차카타파하 괄꽁넋뒷떨립밟빛빵술쏙얹쥔짰척콥틈편흙

ABCDEFGHIJKLMNOPQRSTUVWXYZ abcdefghijklmnopqrstuvwx

1234567890 ①㊿ ⓵⓾ ➊⓴ ⑴⒇ Ⅰ Ⅱ ⅢⅣ Ⅴ Ⅹ ⅰ ⅱ ⅲ ⅳ ⅴ ⅹ

~ ! @ # $ % ^ & * _ / \ | * () [] {} <> 〈〉 《》 「」 『』 【】 〔〕 - + × ÷ =

. , ? : ; ' " ' ' " " · ‥ … © ® ™ ¶ § ㎎ ㎏ ㎜ ㎝ ㎞ ㎐ ㏄ ○□△☆●■▲★

大韓民國 東西南北 高等學校 無料書體 落花流水 莫逆之友 大器晩成 螢雪

13/30pt, 없음/0

글꼴 가이드 20/40pt, 없음/0

글꼴 가이드 30/50pt, 없음/-10

글꼴 가이드 40/60pt, 없음/-25

글꼴 가이드 60pt, 없음/-75

명조 100pt, 없음/0

한글 글꼴 가이드 7/13pt, 없음/10
한글 글꼴 가이드 8/15pt, 없음/5
한글 글꼴 가이드 9/16pt, 없음/0
한글 글꼴 가이드 10/18pt, 없음/-10
한글 글꼴 가이드 11/20pt, 없음/-25
한글 글꼴 가이드 12/22pt, 없음/-50

본명조 Bold 24pt, 없음/0

명 명 명 명 명 명 명 20pt

EL L R M SM B H

덧글은 통신의 예절을 지키면서 표현의 자유를 추구하는 방향으로 씁니다.

가나다라마바사아자차카타파하 괄꽁넋뒷떨립밟빛빵술쏙읎쥔짰척쿕틈편흙

ABCDEFGHIJKLMNOPQRSTUVWXYZ abcdefghijklmnopqrstuvw

1234567890 ①㊿ ①⑩ ❶⓴ ⑴⒇ Ⅰ ⅡⅢⅣⅤ Ⅹ ⅰ ⅱⅲⅳⅴ ⅹ

~ ! @ # $ % ^ & * _ / \ | * () [] {} <> 〈〉 《》 「」 『』 【】 〔〕 -+× ÷=

. , ? : ; ' " ' ' " " . . . ··· © ® ™ ¶ § ㎎ ㎏ ㎜ ㎝ ㎞ ㎐ ㏄○□△☆●■▲★

大韓民國 東西南北 高等學校 無料書體 落花流水 莫逆之友 大器晩成 螢雪

13/30pt, 없음/0

글꼴 가이드 20/40pt, 없음/0

글꼴 가이드 30/50pt, 없음/-10

100pt, 없음/0

글꼴 가이드 40/60pt, 없음/-25

글꼴 가이드 60pt, 없음/-75

한글 글꼴 가이드 7/13pt, 없음/10

한글 글꼴 가이드 8/15pt, 없음/5

한글 글꼴 가이드 9/16pt, 없음/0

한글 글꼴 가이드 10/18pt, 없음/-10

한글 글꼴 가이드 11/20pt, 없음/-25

한글 글꼴 가이드 12/22pt, 없음/-50

본명조 Heavy 24pt, 없음/0

명 명 명 명 명 명 명 20pt
EL L R M SM B H

덧글은 통신의 예절을 지키면서 표현의 자유를 추구하는 방향으로 씁니다.

가나다라마바사아자차카타파하 괄꽁넋뒷떨립밟빛빵술쏙얹귄쫬척콥틈편흵

ABCDEFGHIJKLMNOPQRSTUVWXYZ abcdefghijklmnopqrstuv

1234567890 ①㊿ ⓵⓾ ❶⓴ ⑴⒇ Ⅰ ⅡⅢⅣⅤ Ⅹ ⅰ ⅱⅲⅳⅴ ⅹ

~ ! @ # $ % ^ & * _ / \ | * () [] {} <> 〈〉 《》 「」 『』 【】 〔〕 - + × ÷

. , ? : ; ' " ' ' " " · · · · · · © ® ™ ¶ § ㎎ ㎏ ㎜ ㎝ ㎞ ㎐ ㏄○□△☆●■▲★

大韓民國 東西南北 高等學校 無料書體 落花流水 莫逆之友 大器晩成 螢雪

13/30pt, 없음/0

100pt, 없음/0

글꼴 가이드 20/40pt, 없음/0

글꼴 가이드 30/50pt, 없음/-10

글꼴 가이드 40/60pt, 없음/-25

글꼴 가이드 60pt, 없음/-75

한글 글꼴 가이드 7/13pt, 없음/10

한글 글꼴 가이드 8/15pt, 없음/5

한글 글꼴 가이드 9/16pt, 없음/0

한글 글꼴 가이드 10/18pt, 없음/-10

한글 글꼴 가이드 11/20pt, 없음/-25

한글 글꼴 가이드 12/22pt, 없음/-50

본고딕 ExtraLight *24pt, 없음/0*

고 고 고 고 고 고 고 *20pt*
EL L N R M B H

덧글은 통신의 예절을 지키면서 표현의 자유를 추구하는 방향으로 씁니다.

가나다라마바사아자차카타파하 괄꽁넋뒷떨립밟빛빵술쏙엾쥔짰척콥틈편흙

ABCDEFGHIJKLMNOPQRSTUVWXYZ abcdefghijklmnopqrstuvwxyz

1234567890 ①㊿ ⓵⓾ ❶⓴ ⑴⒇ Ⅰ Ⅱ Ⅲ Ⅳ Ⅴ Ⅹ ⅰ ⅱ ⅲ ⅳ ⅴ ⅹ

~ ! @ # $ % ^ & * _ / \ | * () [] {} <> 〈〉 《》 「」 『』 【】 〔〕 - + × ÷ =

. , ? : ; ' " ' ' " " · · · · ··· © ® ™ ¶ § ㎎ ㎏ ㎜ ㎝ ㎞ ㎐ ㏄ ○□△☆ ●■▲★

大韓民國 東西南北 高等學校 無料書體 落花流水 莫逆之友 大器晩成 螢雪

13/30pt, 없음/0

글꼴 가이드 *20/40pt, 없음/0*

글꼴 가이드 *30/50pt, 없음/-10*

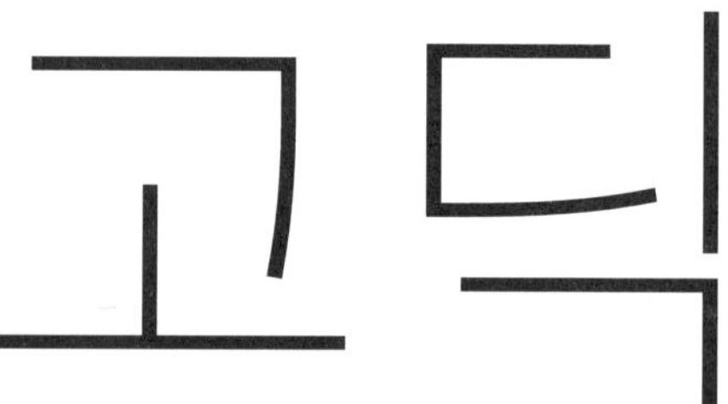

100pt, 없음/0

40/60pt, 없음/-25

60pt, 없음/-50

한글 글꼴 가이드 *7/13pt, 없음/10*

한글 글꼴 가이드 *8/15pt, 없음/5*

한글 글꼴 가이드 *9/16pt, 없음/0*

한글 글꼴 가이드 *10/18pt, 없음/-10*

한글 글꼴 가이드 *11/20pt, 없음/-25*

한글 글꼴 가이드 *12/22pt, 없음/-50*

한눈에 보이는 무료 글꼴 가이드 *11/20pt, 없음/-25, 본명조 SB*

비용을 지불하지 않고도 사용할 수 있는 글꼴을 '무료 글꼴'이라고 부릅니다. 사실은 무료 글꼴이 아니라 《공개 글꼴》 이라고 해야 맞습니다. 『공개 글꼴』 은 권리자가 설정한 "사용 범위"를 잘 살펴서 사용해야 합니다. 모든 것이 허용되는 진정한 무료 글꼴도 있고, 인쇄용으로는 무료로 *10/18pt, 없음/0, 본고딕 EL*

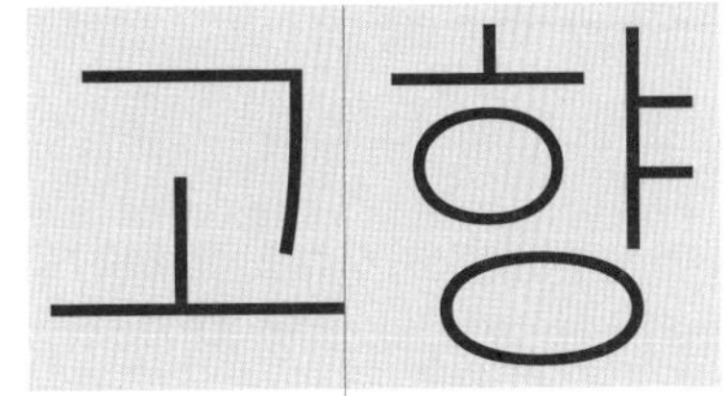

75pt, 없음/0, 본고딕 EL

한눈에 보이는 무료 글꼴 가이드 *11/20pt, 없음/-50, 본명조 B*

비용을 지불하지 않고도 사용할 수 있는 글꼴을 '무료 글꼴'이라고 부릅니다. 사실은 무료 글꼴이 아니라 《공개 글꼴》 이라고 해야 맞습니다. 『공개 글꼴』 은 권리자가 설정한 "사용 범위"를 잘 살펴서 사용해야 합니다. 모든 것이 허용되는 진정한 무료 글꼴도 있고, 인쇄용으로는 무료로 사용할 *10/18pt, 없음/-10, 본고딕 EL*

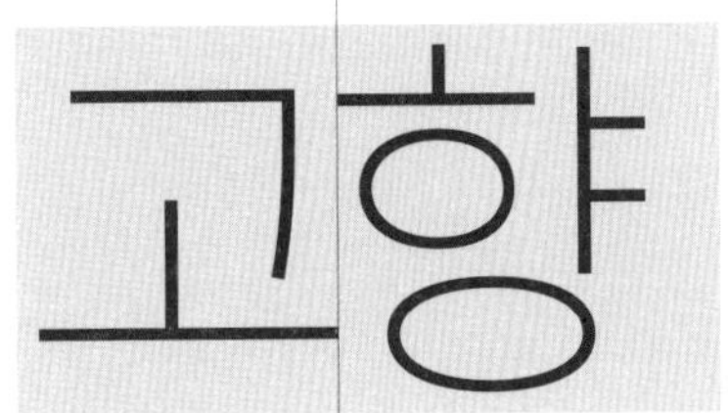

75pt, 없음/-125, 본고딕 EL

한눈에 보이는 무료 글꼴 가이드 *11/20pt, 없음/-25, 본고딕 M*

비용을 지불하지 않고도 사용할 수 있는 글꼴을 '무료 글꼴'이라고 부릅니다. 사실은 무료 글꼴이 아니라 《공개 글꼴》 이라고 해야 맞습니다. 『공개 글꼴』 은 권리자가 설정한 "사용 범위"를 잘 살펴서 사용해야 합니다. 모든 것이 허용되는 진정한 무료 글꼴도 있고, 인쇄용으로는 무료로 사용할 수 *10/18pt, 없음/-25, 본고딕 EL*

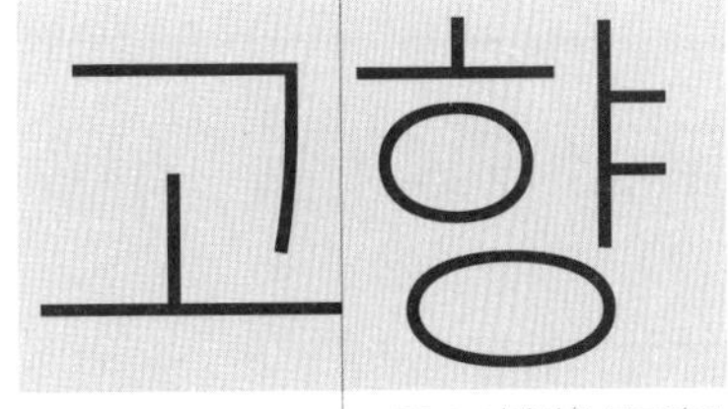

75pt, 시각적/0, 본고딕 EL

한눈에 보이는 무료 글꼴 가이드 *11/20pt, 없음/-50, 본고딕 B*

비용을 지불하지 않고도 사용할 수 있는 글꼴을 '무료 글꼴'이라고 부릅니다. 사실은 무료 글꼴이 아니라 《공개 글꼴》 이라고 해야 맞습니다. 『공개 글꼴』 은 권리자가 설정한 "사용 범위"를 잘 살펴서 사용해야 합니다. 모든 것이 허용되는 진정한 무료 글꼴도 있고, 인쇄용으로는 무료로 사용할 수 있지만 *10/18pt, 없음/-50, 본고딕 EL*

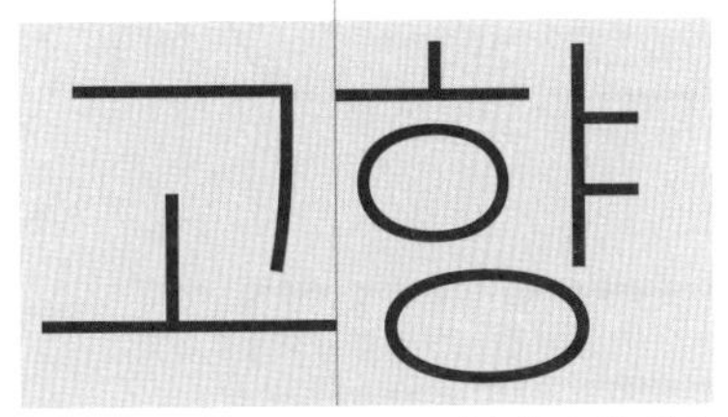

75pt, 시각적/-40, 본고딕 EL

본고딕 Light *24pt, 없음/0*

고 고 고 고 고 고 고 *20pt*
EL L N R M B H

덧글은 통신의 예절을 지키면서 표현의 자유를 추구하는 방향으로 씁니다.

가나다라마바사아자차카타파하 괄꽁넋뒷떨립밟빛빵술쓱없쥔짰척콥틈편흙

ABCDEFGHIJKLMNOPQRSTUVWXYZ abcdefghijklmnopqrstuvwxyz

1234567890 ①㊿ ◎⑩ ❶⓴ ⑴⒇ Ⅰ Ⅱ Ⅲ Ⅳ Ⅴ Ⅹ ⅰ ⅱ ⅲ ⅳ ⅴ ⅹ

~ ! @ # $ % ^ & * _ / \ | * () [] {} <> 〈〉 《》 「」 『』 【】 〔〕 - + × ÷ =

. , ? : ; ' " ‘ ’ “ ” · · · ··· © ® ™ ¶ § ㎎ ㎏ ㎜ ㎝ ㎞ ㎐ ㏄ ○□△☆ ●■▲★

大韓民國 東西南北 高等學校 無料書體 落花流水 莫逆之友 大器晩成 螢雪

13/30pt, 없음/0

글꼴 가이드 *20/40pt, 없음/0*

글꼴 가이드 *30/50pt, 없음/-10*

100pt, 없음/0

40/60pt, 없음/-25

60pt, 없음/-50

한글 글꼴 가이드 *7/13pt, 없음/10*

한글 글꼴 가이드 *8/15pt, 없음/5*

한글 글꼴 가이드 *9/16pt, 없음/0*

한글 글꼴 가이드 *10/18pt, 없음/-10*

한글 글꼴 가이드 *11/20pt, 없음/-25*

한글 글꼴 가이드 *12/22pt, 없음/-50*

한눈에 보이는 무료 글꼴 가이드 *11/20pt, 없음/-25, 본명조 SB*

비용을 지불하지 않고도 사용할 수 있는 글꼴을 '무료 글꼴'이라고 부릅니다. 사실은 무료 글꼴이 아니라 《공개 글꼴》 이라고 해야 맞습니다. 『공개 글꼴』 은 권리자가 설정한 "사용 범위"를 잘 살펴서 사용해야 합니다. 모든 것이 허용되는 진정한 무료 글꼴도 있고, 인쇄용으로는 무료로 *10/18pt, 없음/0, 본고딕 L*

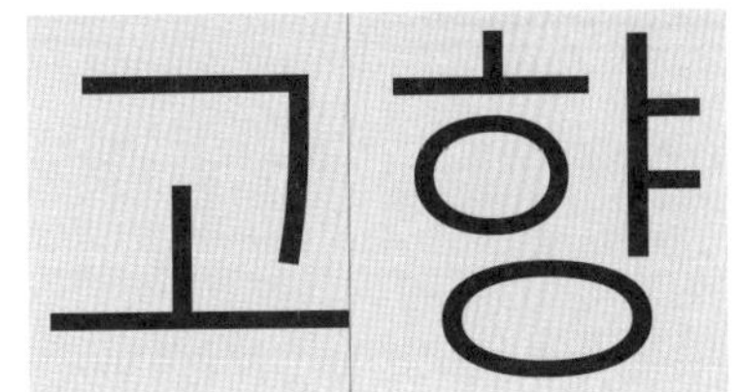

75pt, 없음/0, 본고딕 L

한눈에 보이는 무료 글꼴 가이드 *11/20pt, 없음/-50, 본명조 B*

비용을 지불하지 않고도 사용할 수 있는 글꼴을 '무료 글꼴'이라고 부릅니다. 사실은 무료 글꼴이 아니라 《공개 글꼴》 이라고 해야 맞습니다. 『공개 글꼴』 은 권리자가 설정한 "사용 범위"를 잘 살펴서 사용해야 합니다. 모든 것이 허용되는 진정한 무료 글꼴도 있고, 인쇄용으로는 무료로 사용할 *10/18pt, 없음/-10, 본고딕 L*

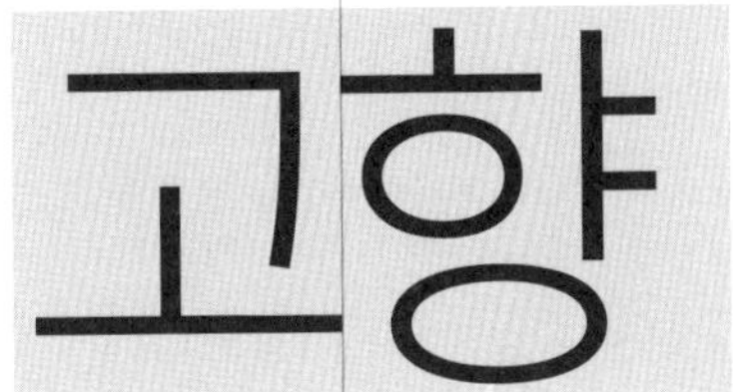

75pt, 없음/-120, 본고딕 L

한눈에 보이는 무료 글꼴 가이드 *11/20pt, 없음/-25, 본고딕 M*

비용을 지불하지 않고도 사용할 수 있는 글꼴을 '무료 글꼴'이라고 부릅니다. 사실은 무료 글꼴이 아니라 《공개 글꼴》 이라고 해야 맞습니다. 『공개 글꼴』 은 권리자가 설정한 "사용 범위"를 잘 살펴서 사용해야 합니다. 모든 것이 허용되는 진정한 무료 글꼴도 있고, 인쇄용으로는 무료로 사용할 수 *10/18pt, 없음/-25, 본고딕 L*

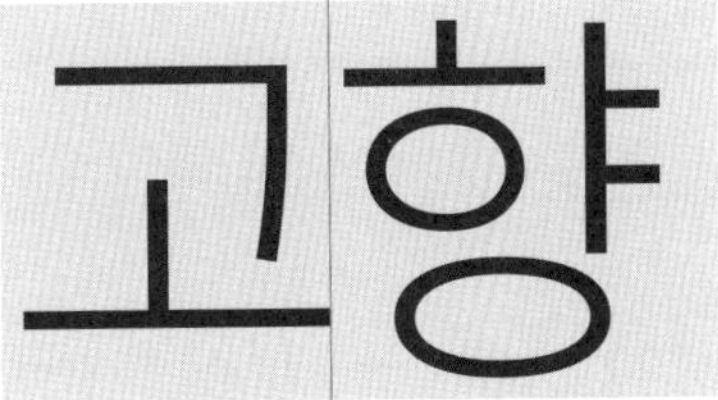

75pt, 시각적/0, 본고딕 L

한눈에 보이는 무료 글꼴 가이드 *11/20pt, 없음/-50, 본고딕 B*

비용을 지불하지 않고도 사용할 수 있는 글꼴을 '무료 글꼴'이라고 부릅니다. 사실은 무료 글꼴이 아니라 《공개 글꼴》 이라고 해야 맞습니다. 『공개 글꼴』 은 권리자가 설정한 "사용 범위"를 잘 살펴서 사용해야 합니다. 모든 것이 허용되는 진정한 무료 글꼴도 있고, 인쇄용으로는 무료로 사용할 수 있지만 *10/18pt, 없음/-50, 본고딕 L*

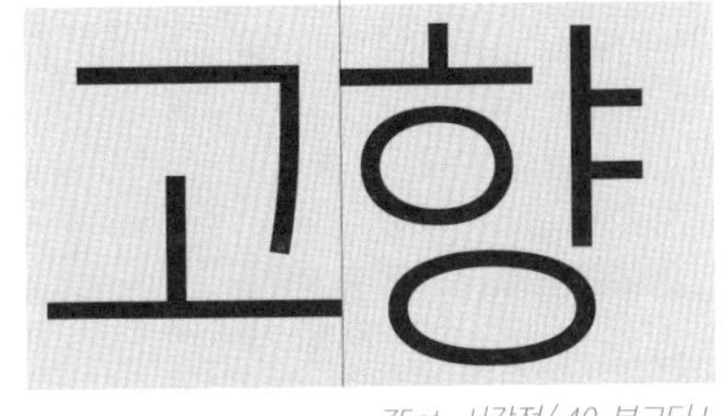

75pt, 시각적/-40, 본고딕 L

본고딕 Normal *24pt, 없음/0*

고 고 고 고 고 고 고 *20pt*
EL L N R M B H

덧글은 통신의 예절을 지키면서 표현의 자유를 추구하는 방향으로 씁니다.

가나다라마바사아자차카타파하 괄꽁넋뒷떨립밟빛빵술쏙얹쥔짰척콥틈편흙

ABCDEFGHIJKLMNOPQRSTUVWXYZ abcdefghijklmnopqrstuvwxyz

1234567890 ①⑩⑳㉚㊵㊿ ①⑩ ❶❿⓴ ⑴⑽⒇ Ⅰ Ⅱ Ⅲ Ⅳ Ⅴ Ⅹ ⅰ ⅱ ⅲ ⅳ ⅴ ⅹ

~ ! @ # $ % ^ & * _ / \ | * () [] {} <> 〈〉 《》 「」 『』 【】 〔〕 - + × ÷ =

. , ? : ; ' " ' ' " " · · · ··· © ® ™ ¶ § ㎎ ㎏ ㎜ ㎝ ㎞ ㎐ ㏄ ○□△☆ ●■▲★

大韓民國 東西南北 高等學校 無料書體 落花流水 莫逆之友 大器晩成 螢雪

13/30pt, 없음/0

글꼴 가이드 *20/40pt, 없음/0*

글꼴 가이드 *30/50pt, 없음/-10*

100pt, 없음/0

글꼴 가이드 *40/60pt, 없음/-25*

글꼴 가이드 *60pt, 없음/-50*

한글 글꼴 가이드 *7/13pt, 없음/10*

한글 글꼴 가이드 *8/15pt, 없음/5*

한글 글꼴 가이드 *9/16pt, 없음/0*

한글 글꼴 가이드 *10/18pt, 없음/-10*

한글 글꼴 가이드 *11/20pt, 없음/-25*

한글 글꼴 가이드 *12/22pt, 없음/-50*

한눈에 보이는 무료 글꼴 가이드 *11/20pt, 없음/-25, 본명조 B*

비용을 지불하지 않고도 사용할 수 있는 글꼴을 '무료 글꼴'이라고 부릅니다. 사실은 무료 글꼴이 아니라 《공개 글꼴》 이라고 해야 맞습니다. 『공개 글꼴』 은 권리자가 설정한 "사용 범위"를 잘 살펴서 사용해야 합니다. 모든 것이 허용되는 진정한 무료 글꼴도 있고, 인쇄용으로는 무료로 *10/18pt, 없음/0, 본고딕 N*

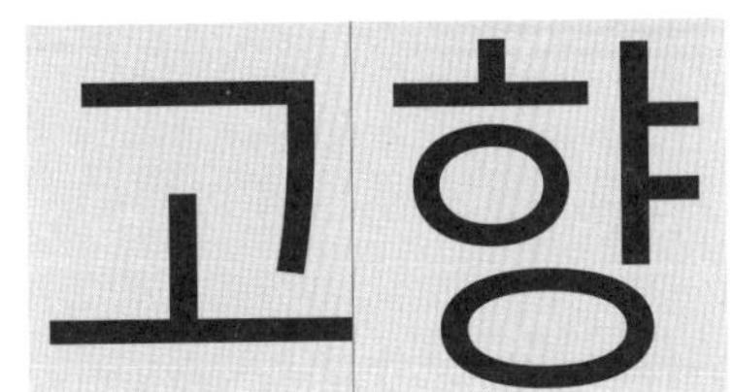

75pt, 없음/0, 본고딕 N

한눈에 보이는 무료 글꼴 가이드 *11/20pt, 없음/-50, 본명조 H*

비용을 지불하지 않고도 사용할 수 있는 글꼴을 '무료 글꼴'이라고 부릅니다. 사실은 무료 글꼴이 아니라 《공개 글꼴》 이라고 해야 맞습니다. 『공개 글꼴』 은 권리자가 설정한 "사용 범위"를 잘 살펴서 사용해야 합니다. 모든 것이 허용되는 진정한 무료 글꼴도 있고, 인쇄용으로는 무료로 사용할 *10/18pt, 없음/-10, 본고딕 N*

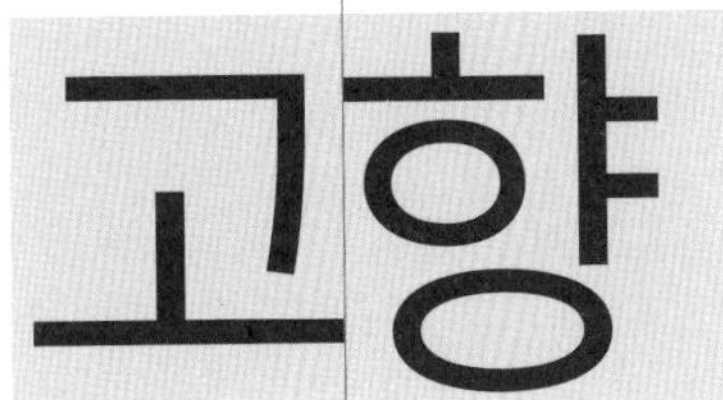

75pt, 없음/-110, 본고딕 N

한눈에 보이는 무료 글꼴 가이드 *11/20pt, 없음/-25, 본고딕 B*

비용을 지불하지 않고도 사용할 수 있는 글꼴을 '무료 글꼴'이라고 부릅니다. 사실은 무료 글꼴이 아니라 《공개 글꼴》 이라고 해야 맞습니다. 『공개 글꼴』 은 권리자가 설정한 "사용 범위"를 잘 살펴서 사용해야 합니다. 모든 것이 허용되는 진정한 무료 글꼴도 있고, 인쇄용으로는 무료로 사용할 수 *10/18pt, 없음/-25, 본고딕 N*

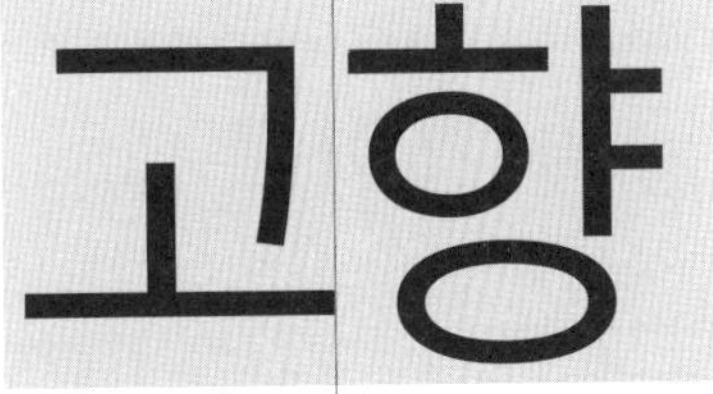

75pt, 시각적/0, 본고딕 N

한눈에 보이는 무료 글꼴 가이드 *11/20pt, 없음/-50, 본고딕 H*

비용을 지불하지 않고도 사용할 수 있는 글꼴을 '무료 글꼴'이라고 부릅니다. 사실은 무료 글꼴이 아니라 《공개 글꼴》 이라고 해야 맞습니다. 『공개 글꼴』 은 권리자가 설정한 "사용 범위"를 잘 살펴서 사용해야 합니다. 모든 것이 허용되는 진정한 무료 글꼴도 있고, 인쇄용으로는 무료로 사용할 수 있지만 *10/18pt, 없음/-50, 본고딕 N*

75pt, 시각적/-35, 본고딕 N

본고딕 Regular *24pt, 없음/0*

고 고 고 고 고 고 고 *20pt*

EL L N R M B H

덧글은 통신의 예절을 지키면서 표현의 자유를 추구하는 방향으로 씁니다.

가나다라마바사아자차카타파하 괄꽁넋뒷떨립밟빛빵술쏙없쥔짰척콥틈편흙

ABCDEFGHIJKLMNOPQRSTUVWXYZ abcdefghijklmnopqrstuvwxyz

1234567890 ①㊿ ⓵⓾ ❶⓴ ⑴⒇ Ⅰ Ⅱ Ⅲ Ⅳ Ⅴ Ⅹ ⅰ ⅱ ⅲ ⅳ ⅴ ⅹ

~ ! @ # $ % ^ & * _ / \ | * () [] {} <> 〈〉 《》 「」 『』 【】 〔〕 - + × ÷ =

. , ? : ; ' " ' ' " " · · · … © ® ™ ¶ § ㎎ ㎏ ㎜ ㎝ ㎞ ㎐ ㏄ ○□△☆ ●■▲★

大韓民國 東西南北 高等學校 無料書體 落花流水 莫逆之友 大器晩成 螢雪

13/30pt, 없음/0

100pt, 없음/0

글꼴 가이드 *20/40pt, 없음/0*

글꼴 가이드 *30/50pt, 없음/-10*

글꼴 가이드 *40/60pt, 없음/-25*

60pt, 없음/-50

한글 글꼴 가이드 *7/13pt, 없음/10*

한글 글꼴 가이드 *8/15pt, 없음/5*

한글 글꼴 가이드 *9/16pt, 없음/0*

한글 글꼴 가이드 *10/18pt, 없음/-10*

한글 글꼴 가이드 *11/20pt, 없음/-25*

한글 글꼴 가이드 *12/22pt, 없음/-50*

본고딕 Medium 24pt, 없음/0

고 고 고 고 고 고 고 20pt
EL L N R M B H

덧글은 통신의 예절을 지키면서 표현의 자유를 추구하는 방향으로 씁니다.

가나다라마바사아자차카타파하 괄꽁넋뒷떨립밟빛빵술쏙얹쥔짰척콥틈편흙

ABCDEFGHIJKLMNOPQRSTUVWXYZ abcdefghijklmnopqrstuvwxyz

1234567890 ①㊿ ①⑩ ❶⓴ ⑴⒇ Ⅰ Ⅱ Ⅲ Ⅳ Ⅴ Ⅹ ⅰ ⅱ ⅲ ⅳ ⅴ ⅹ

~ ! @ # $ % ^ & * _ / \ | * ( ) [ ] { } <> 〈〉 《》 「」 『』 【】 〔〕 - + × ÷ =

. , ? : ; ' " ' ' " " · · · … © ® ™ ¶ § ㎎ ㎏ ㎜ ㎝ ㎞ ㎐ ㏄ ○□△☆ ●■▲★

大韓民國 東西南北 高等學校 無料書體 落花流水 莫逆之友 大器晩成 螢雪

13/30pt, 없음/0

글꼴 가이드 20/40pt, 없음/0

글꼴 가이드 30/50pt, 없음/-10

글꼴 가이드 40/60pt, 없음/-25

글꼴 가이드 60pt, 없음/-50

100pt, 없음/0

한글 글꼴 가이드 7/13pt, 없음/10

한글 글꼴 가이드 8/15pt, 없음/5

한글 글꼴 가이드 9/16pt, 없음/0

한글 글꼴 가이드 10/18pt, 없음/-10

한글 글꼴 가이드 11/20pt, 없음/-25

한글 글꼴 가이드 12/22pt, 없음/-50

본고딕 Bold *24pt, 없음/0*

고 고 고 고 고 고 고 *20pt*
EL L N R M B H

덧글은 통신의 예절을 지키면서 표현의 자유를 추구하는 방향으로 씁니다.

가나다라마바사아자차카타파하 괄꽁넋뒷떨립밟빛빵술쏙읎쥔짰척콥틈편흙

ABCDEFGHIJKLMNOPQRSTUVWXYZ abcdefghijklmnopqrstuvwxyz

1234567890 ①㊿ ⓵⓾ ❶⓴ ⑴⒇ Ⅰ Ⅱ ⅢⅣⅤ Ⅹ ⅰ ⅱ ⅲⅳ ⅴ ⅹ

~ ! @ # $ % ^ & * _ / \ | * () [] {} <> 〈〉 《》 「」 『』 【】 〔〕 - + × ÷ =

. , ? : ; ' " ' ' " " · · · … © ® ™ ¶ § ㎎ ㎏ ㎜ ㎝ ㎞ ㎐ ㏄ ○□△☆ ●■▲★

大韓民國 東西南北 高等學校 無料書體 落花流水 莫逆之友 大器晩成 螢雪

13/30pt, 없음/0

글꼴 가이드 *20/40pt, 없음/0*

글꼴 가이드 *30/50pt, 없음/-10*

100pt, 없음/0

글꼴 가이드 *40/60pt, 없음/-25*

글꼴 가이드 *60pt, 없음/-50*

한글 글꼴 가이드 *7/13pt, 없음/10*

한글 글꼴 가이드 *8/15pt, 없음/5*

한글 글꼴 가이드 *9/16pt, 없음/0*

한글 글꼴 가이드 *10/18pt, 없음/-10*

한글 글꼴 가이드 *11/20pt, 없음/-25*

한글 글꼴 가이드 *12/22pt, 없음/-50*

본고딕 Heavy 24pt, 없음/0

명 명 명 명 명 명 명 20pt
EL L N R M B H

덧글은 통신의 예절을 지키면서 표현의 자유를 추구하는 방향으로 씁니다.

가나다라마바사아자차카타파하 괄꽁넋뒷떨립밟빛빵술쏙얹쥔짰척콥틈편흙

ABCDEFGHIJKLMNOPQRSTUVWXYZ abcdefghijklmnopqrstuvwx

1234567890 ①㊿ ①⑩ ❶⓴ ⑴⒇ Ⅰ ⅡⅢⅣⅤ Ⅹ ⅰ ⅱⅲⅳⅴ ⅹ

~ ! @ # $ % ^ & * _ / \ | * () [] {} <> 〈〉 《》 「」 『』 【】 〔〕 - + × ÷ =

. , ? : ; ' " ' ' " " . . . … © ® ™ ¶ § ㎎ ㎏ ㎜ ㎝ ㎞ ㎐ ㏄ ○□△☆●■▲★

大韓民國 東西南北 高等學校 無料書體 落花流水 莫逆之友 大器晩成 螢雪

13/30pt, 없음/0

글꼴 가이드 20/40pt, 없음/0

글꼴 가이드 30/50pt, 없음/-10

글꼴 가이드 40/60pt, 없음/-25

글꼴 가이드 60pt, 없음/-50

100pt, 없음/0

한글 글꼴 가이드 7/13pt, 없음/10

한글 글꼴 가이드 8/15pt, 없음/5

한글 글꼴 가이드 9/16pt, 없음/0

한글 글꼴 가이드 10/18pt, 없음/-10

한글 글꼴 가이드 11/20pt, 없음/-25

한글 글꼴 가이드 12/22pt, 없음/-50

10. 빙그레, 빙그레 Ⅱ, 빙그레 따옴체

20/40pt, 없음/-75, 빙그레체 R

배포: 빙그레

10/18pt, 없음/-60, 빙그레체II B/R

취지: 무료 한글 글꼴 배포, 제품 브랜드 홍보

발표: 빙그레체(2016), 빙그레체 Ⅱ(2017), 빙그레 따옴체(2018)

링크: www.bingfont.co.kr

10/18pt, 메트릭/0, Adobe Garamond Pro

분류: 돋움/디자인

굵기: 2단계(Regular, Bold)

특징: 브랜드의 개성 있는 로고를 글꼴로 옮겨 탄생한 개성 있고 매력적인 하이브리드 글꼴(돋움+디자인). 브랜드 글꼴로는 드물게 11,172자의 한글을 지원하며 훈민정음 서문에 나온 옛한글 31자도 지원함.

음료 브랜드 글꼴의 대표적인 성공사례라고 생각합니다. 빙그레체는 바나나맛 우유, 빙그레체 Ⅱ는 투게더 아이스크림, 빙그레 따옴체는 따옴 쥬스의 로고를 모티브로 디자인한 것이라 합니다. 빙그레체는 웃는 미소를 형상화하여 둥글둥글 부드러운 느낌이며, 빙그레체 Ⅱ에서는 Regular는 본문에 사용할 수 있도록 바탕체의 특성을 도입하고, Bold는 물방울 장식을 넣어 디자인 요소를 강조했습니다. 빙그레 따옴체는 나뭇가지 모양을 깔끔하게 잘 구현한 것 같습니다.

10/18pt, 없음/-60, 빙그레 따옴체 R

돋움형 글꼴과 디자인형 글꼴의 중간 지점에 있는 하이브리드 글꼴인데, 지저분하지 않고 깔끔해서 다양하게 사용하기에 좋습니다. 글꼴의 획을 섬세하게 잘 다듬어서 Regular 굵기는 본문에 사용하는데 무리가 없습니다. 빙그레 따옴체의 Bold는 Medium에 가까워 오히려 쓰기가 좋습니다. 빙그레체와 빙그레체 Ⅱ는 Bold 굵기가 좀 과해서 Medium 굵기 글꼴이 있다면 좋겠습니다.

무료 사용 범위			
인쇄: O	**영상:** O	**웹사이트:** O	**전자책:** O
BI/CI: X	**제품:** O	**모바일:** O	**서버:** O
출처 생략: O	**재배포:** O	**수정배포:** X	**판매:** X

10pt, 없음/0, 빙그레 따옴체 B

9pt, 없음/-60, 빙그레 따옴체 B/R

라이선스: 브랜드 글꼴의 아이덴디티를 위해 BI/CI로는 사용하지 못하게 금지해 놓았고, 수정 배포와 판매는 당연히 금지되어 있습니다.

8/14pt, 없음/-50, 빙그레 따옴체 B/R

참고: 여기에서 정리한 무료 사용 범위는 배포자의 실제 의사와 일부 다를 수 있으며, 이후 배포자의 의사가 바뀔 수도 있습니다. 따라서 일반적인 아닌 상업적 목적으로 이용하고자 할 때는 이 페이지 상단의 '링크'를 방문하여 정확한 사용 범위를 다시 한번 확인하기 바랍니다.

빙그레체 | 빙그레체 Ⅱ

20pt, 없음/-30

Regular 한글 | 한글 Regular

Bold 한글 | 한글 Bold

72/86pt, 없음/0

빙그레 따옴체 20pt, 없음/-30

Regular 한글

Bold 한글

72/86pt, 없음/0

자연생활
깊은 숲속을 거닐다
산책의 즐거움
Oct 2019
숲 속 향이 좋은 명소
An Adventure Journal for the young heart
아름다운 가을 트래킹

빙그레체 Regular 24pt, 없음/0

빙 **빙** 20pt
R B

덧글은 통신의 예절을 지키면서 표현의 자유를 추구하는 방향으로 씁니다.

가나다라마바사아자차카타파하 괄꽁넋뒭떨립밟빛빵숳쏙얹쥔짰척콥틈편흙

ABCDEFGHIJKLMNOPQRSTUVWXYZ abcdefghijklmnopqrstuvw

1234567890 ①⑮ ⑴⒂ Ⅰ Ⅱ Ⅲ Ⅳ Ⅴ Ⅹ ⅰ ⅱ ⅲ ⅳ ⅴ ⅹ ~ ! @ # $ % ^ &

* _ / ₩ | * ( ) [ ] { } ‹ › 〈 〉 《 》 「 」 『 』 【 】 〔 〕 − + × ÷ =

. , ? : ; ' " ' ' " " · .. ... ©™ ¶ § mg kg mm cm km Hz cc ○□△☆●■▲★

13/30pt, 없음/0

서로 어울리는 글꼴을 사용합니다. 26pt, 없음/-30

글꼴 가이드 20/40pt, 없음/0

글꼴 가이드 30/50pt, 없음/-25

글꼴 가이드 40/60pt, 없음/-50

글꼴 가이드 60pt, 없음/-75

돋움 100pt, 없음/0

한글 글꼴 가이드 7/13pt, 없음/10

한글 글꼴 가이드 8/15pt, 없음/5

한글 글꼴 가이드 9/16pt, 없음/0

한글 글꼴 가이드 10/18pt, 없음/-10

한글 글꼴 가이드 11/20pt, 없음/-25

한글 글꼴 가이드 12/22pt, 없음/-50

빙그레체 Bold 24pt, 없음/0

빙 빙 20pt
R B

덧글은 통신의 예절을 지키면서 표현의 자유를 추구하는 방향으로 씁니다.

가나다라마바사아자차카타파하 괄꽁넋뒷떨립밟빛빵술쏙얹쥔짰척콥틈편흝

ABCDEFGHIJKLMNOPQRSTUVWXYZ abcdefghijklmnopqrstuvw

1234567890 ①⑮ ⑴⒂ Ⅰ Ⅱ Ⅲ Ⅳ Ⅴ Ⅹ ⅰ ⅱ ⅲ ⅳ ⅴ ⅹ ~ ! @ # $ % ^ &

* _ / ₩ | * ( ) [ ] { } ‹ › 〈 〉 《 》 「 」 『 』 【 】 〔 〕 − + × ÷ =

. , ? : ; ' " ' ' " " · ‥ … ©™ ¶ § ㎎ ㎏ ㎜ ㎝ ㎞ ㎐ ㏄ ○□△☆●■▲★

13/30pt, 없음/0

서로 어울리는 글꼴을 사용합니다. 26pt, 없음/-30

글꼴 가이드 20/40pt, 없음/0

글꼴 가이드 30/50pt, 없음/-25

글꼴 가이드 40/60pt, 없음/-50

글꼴 가이드 60pt, 없음/-75

돋움 100pt, 없음/0

한글 글꼴 가이드 7/13pt, 없음/10

한글 글꼴 가이드 8/15pt, 없음/5

한글 글꼴 가이드 9/16pt, 없음/0

한글 글꼴 가이드 10/18pt, 없음/-10

한글 글꼴 가이드 11/20pt, 없음/-25

한글 글꼴 가이드 12/22pt, 없음/-50

빙그레체 Ⅱ Regular

24pt, 없음/0

빙 **빙** 20pt

R B

덧글은 통신의 예절을 지키면서 표현의 자유를 추구하는 방향으로 씁니다.

가나다라마바사아자차카타파하 괄꽁넋뒷떨립밟빛빵술쏙얹쥔짰척콥틈편흙

ABCDEFGHIJKLMNOPQRSTUVWXYZ abcdefghijklmnopqrstuv

1234567890 ①⑮ ⑴⒂ Ⅰ Ⅱ Ⅲ Ⅳ Ⅴ Ⅹ ⅰ ⅱ ⅲ ⅳ ⅴ ⅹ ~ ! @ # $ % ^ &

* _ / ₩ | * ( ) [ ] { } < > 〈 〉 《 》 「 」 『 』 【 】 [ ] - + × ÷ =

. , ? : ; ' " ' ' " " · .. ... ©™ ¶ § ㎎ ㎏ ㎜ ㎝ ㎞ ㎐ ㏄ ○□△☆●■▲★

13/30pt, 없음/0

서로 어울리는 글꼴을 사용합니다.

26pt, 없음/-30

글꼴 가이드 20/40pt, 없음/0

글꼴 가이드 30/50pt, 없음/-25

글꼴 가이드 40/60pt, 없음/-50

글꼴 가이드 60pt, 없음/-75

돋움

100pt, 없음/0

한글 글꼴 가이드 7/13pt, 없음/10

한글 글꼴 가이드 8/15pt, 없음/5

한글 글꼴 가이드 9/16pt, 없음/0

한글 글꼴 가이드 10/18pt, 없음/-10

한글 글꼴 가이드 11/20pt, 없음/-25

한글 글꼴 가이드 12/22pt, 없음/-50

빙그레체 II Bold 24pt, 없음/0

빙 빙 20pt
R B

덧글은 통신의 예절을 지키면서 표현의 자유를 추구하는 방향으로 씁니다.

가나다라마바사아자차카타파하 괄꽁넋뒷떨립밟빛빵술쏙앖쥔짰척콥틈편흙

ABCDEFGHIJKLMNOPQRSTUVWXYZ abcdefghijklmnopqrstu

1234567890 ①⑮ ⑴⒂ Ⅰ Ⅱ Ⅲ Ⅳ Ⅴ Ⅹ ⅰ ⅱ ⅲ ⅳ ⅴ ⅹ ~ ! @ # $ % ^ &

* _ / ₩ | * ( ) [ ] { } < > 〈 〉 《 》 「 」 『 』 【 】 〔 〕 - + × ÷ =

. , ? : ; ' " ' ' " " · .. ... ©™ ¶ § ㎎ ㎏ ㎜ ㎝ ㎞ ㎐ ㏄ ○□△☆●■▲★

13/30pt, 없음/0

서로 어울리는 글꼴을 사용합니다. 26pt, 없음/-30

글꼴 가이드 20/40pt, 없음/0

글꼴 가이드 30/50pt, 없음/-25

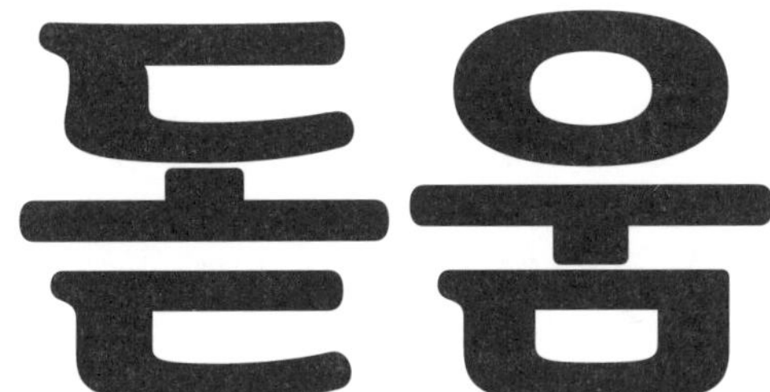

글꼴 가이드 40/60pt, 없음/-50

글꼴 가이드 60pt, 없음/-75

돋움 100pt, 없음/0

한글 글꼴 가이드 7/13pt, 없음/10

한글 글꼴 가이드 8/15pt, 없음/5

한글 글꼴 가이드 9/16pt, 없음/0

한글 글꼴 가이드 10/18pt, 없음/-10

한글 글꼴 가이드 11/20pt, 없음/-25

한글 글꼴 가이드 12/22pt, 없음/-50

빙그레 따옴체 Regular

24pt, 없음/0

빙 빙 20pt
R B

덧글은 통신의 예절을 지키면서 표현의 자유를 추구하는 방향으로 씁니다.

가나다라마바사아자차카타파하 괄꽁넋뒷떨립밟빛빵술쏙없쥔짰척콥틈편흙

ABCDEFGHIJKLMNOPQRSTUVWXYZ abcdefghijklmnopqrstuvwxyz

1234567890 ①⑮ ⑴⒂ Ⅰ Ⅱ Ⅲ Ⅳ Ⅴ Ⅹ ⅰ ⅱ ⅲ ⅳ ⅴ ⅹ

~ ! @ # $ % ^ & * _ / ₩ | * ( ) [ ] { } < > 〈 〉《 》「 」『 』【 】〔 〕 - + × ÷ =

. , ? : ; ' " ' ' " " · .. ... © ™ ¶ § ㎎ ㎏ ㎜ ㎝ ㎞ ㎐ ㏄ ○□△☆ ●■▲★

13/30pt, 없음/0

서로 어울리는 글꼴을 사용합니다. 26pt, 없음/-30

글꼴 가이드 20/40pt, 없음/0

글꼴 가이드 30/50pt, 없음/-25

글꼴 가이드 40/60pt, 없음/-50

글꼴 가이드 60pt, 없음/-75

돋움 100pt, 없음/0

한글 글꼴 가이드 7/13pt, 없음/10

한글 글꼴 가이드 8/15pt, 없음/5

한글 글꼴 가이드 9/16pt, 없음/0

한글 글꼴 가이드 10/18pt, 없음/-10

한글 글꼴 가이드 11/20pt, 없음/-25

한글 글꼴 가이드 12/22pt, 없음/-50

빙그레 따옴체 Bold 24pt, 없음/0

빙 빙 20pt
R B

덧글은 통신의 예절을 지키면서 표현의 자유를 추구하는 방향으로 씁니다.

가나다라마바사아자차카타파하 괄꽁넋뒷떨립밟빛빵술쏙얹쥔짰척콥틈편흙

ABCDEFGHIJKLMNOPQRSTUVWXYZ abcdefghijklmnopqrstuvwxyz

1234567890 ①⑮ ⑴⒂ Ⅰ Ⅱ Ⅲ Ⅳ Ⅴ Ⅹ ⅰ ⅱ ⅲ ⅳ ⅴ ⅹ

~ ! @ # $ % ^ & * _ / ₩ | * ( ) [ ] { } < > 〈 〉 《 》 「 」 『 』 【 】 〔 〕 - + × ÷ =

. , ? : ; ‘ “ ‘ ’ “ ” · .. ... © ™ ¶ § ㎎ ㎏ ㎜ ㎝ ㎞ ㎐ ㏄ ○□△☆ ●■▲★

13/30pt, 없음/0

서로 어울리는 글꼴을 사용합니다. 26pt, 없음/-30

글꼴 가이드 20/40pt, 없음/0

글꼴 가이드 30/50pt, 없음/-25

글꼴 가이드 40/60pt, 없음/-50

글꼴 가이드 60pt, 없음/-75

돋움 100pt, 없음/0

한글 글꼴 가이드 7/13pt, 없음/10

한글 글꼴 가이드 8/15pt, 없음/5

한글 글꼴 가이드 9/16pt, 없음/0

한글 글꼴 가이드 10/18pt, 없음/-10

한글 글꼴 가이드 11/20pt, 없음/-25

한글 글꼴 가이드 12/22pt, 없음/-50

11. 서울한강체, 남산체

20/40pt, 없음/0, 서울남산체 EB

배포: 서울특별시 10/18pt, 없음/-30, 서울남산체 B/M

취지: 서울시 홍보 및 브랜드 제고

발표: 2008년

링크: www.seoul.go.kr/seoul/font.do 10/18pt, 메트릭/0, Adobe Garamond Pro R

분류: 바탕, 돋움

굵기: 서울한강체 4단계(Light, Medium, Bold, ExtraBold)
서울남산체 4단계(Light, Medium, Bold, ExtraBold) + 세로쓰기 1단계
서울한강 장체 5단계(Light, Medium, Bold, ExtraBold, Black)
서울남산 장체 5단계(Light, Medium, Bold, ExtraBold, Black)

특징: 자형이 특이하고(덕분에 본문에 쓰기에는 가독성이 좋지 않다는 평) 정체와 장체가 있는 유니크한 글꼴. 정확한 정보가 제공되지 않지만 대략 현대한글 2,443, 옛한글 11,072, 한자 4,620, 특수문자 1,600자 이상을 지원.

실험적인 디자인으로 보이는 독특한 글꼴입니다. 한강체와 남산체가 같은 디자인에서 출발하였기에 비슷해 보입니다. 탈네모틀 성격이 있어서 본문 글꼴로 사용하기가 쉽지는 않습니다. 정체와 장체 모두 문자 폭이 좁은 편이어서 문단 폭이 좁아도 양쪽 정렬을 무난히 할 수 있는 것은 장점입니다. 다양한 기호가 제공되어 좋으나 모든 문자에 글꼴의 특성이 반영된 것은 아니며, 세로쓰기 글꼴에 세로쓰기용 기호들이 없어 본격적인 세로쓰기에 사용하기는 어렵습니다. 세로쓰기에는 한둥근체를 추천합니다. 뒤에 나오는 예제에 사용된 마침표는 실제로 마침표 문자가 아니며 다른 기호를 기준선 이동하여 오른쪽에 맞춘 것입니다. 10/18pt, 없음/-50, 서울한강체 M

무료 사용 범위			
인쇄: O	영상: O	웹사이트: O	전자책: O
BI/CI: O	제품: O	모바일: O	서버: O
출처 생략: △	재배포: O	수정배포: X	판매: X

10pt, 없음/0, 서울남산체 EB
9pt, 없음/0, 서울남산체 B/M

금지: 링크에 있는 저작권 설명에 따르면 유료로 양도하거나 판매하는 상업적 행위만을 금지하고 있습니다. 하지만 브랜드 홍보 글꼴이라서 허락없이 수정하여 배포하는 것도 금지할 가능성이 높습니다. 그리고"출처는 반드시 표시 하기를 권장합니다"라고 하니 가능하다면 출처 표기를 하는 것이 좋겠습니다. 8/14pt, 없음/-10, 서울남산체 B/L

참고: 여기에서 정리한 무료 사용 범위는 배포자의 실제 의사와 일부 다를 수 있으며, 이후 배포자의 의사가 바뀔 수도 있습니다. 따라서 일반적인 아닌 상업적 목적으로 이용하고자 할 때는 '다산콜센터'에 연락하여 정확한 사용 범위를 다시 한번 확인하기 바랍니다.

서울한강체	서울한강 장체	20pt, 없음/-30
Light 한글사랑	한글사랑	Light
Medium 한글사랑	한글사랑	Medium
Bold 한글사랑	한글사랑	Bold
ExtraBold 한글사랑	한글사랑	ExtraBold
	한글사랑	Black
		40/50pt, 없음/0

서울남산체	서울남산 장체	20pt, 없음/-30
Light 한글사랑	한글사랑	Light
Medium 한글사랑	한글사랑	Medium
Bold 한글사랑	한글사랑	Bold
ExtraBold 한글사랑	한글사랑	ExtraBold
세로쓰기 한글사랑	한글사랑	Black
		40/50pt, 없음/0

서울한강체 Light *24pt, 없음/0*

한 한 한 한 *20pt*
L M B EB

덧글은 통신의 예절을 지키면서 표현의 자유를 추구하는 방향으로 씁니다.

가나다라마바사아자차카타파하 괄꽁넋뒷떨립밟빛빵술쏙엉쥔짰척콥튿편흙

ABCDEFGHIJKLMNOPQRSTUVWXYZ abcdefghijklmnopqrstuvwxyz

1234567890 ①㉚ ❶㉚ 1 20 1 20 (1)(20)(26) Ⅰ Ⅱ Ⅲ Ⅳ Ⅴ Ⅹ ⅰ ⅱ ⅲ ⅳ ⅴ ⅹ

~ ! @ # $ % ^ & * _ / \ | * ( ) [ ] { } < > 〈 〉 《 》 「 」 『 』 【 】 〔 〕 - + × ÷ =

. , ? : ; ' " ' ' " " . .. ... © ™ ¶ § ㎎ ㎏ ㎜ ㎝ ㎞ ㎐ ㏄ ○ □ △ ☆ ● ■ ▲ ★

1 9 [1][9] [1][20] [|][20] [1][20] [1][20] [1][20] ←←←←←←←← ㊞ ❖ ✣ ✿ ❀ ⚜

大韓民國 東西南北 高等學校 無料書體 落花流水 莫逆之友 大器晩成 螢雪之功

13/30pt, 없음/0

글꼴 가이드 *20/40pt, 없음/0*

글꼴 가이드 *30/50pt, 없음/-10*

글꼴 가이드 *40/60pt, 없음/-25*

글꼴 가이드 *60pt, 없음/-50*

한강

100pt, 없음/0

한글 글꼴 가이드	7/13pt, 없음/10
한글 글꼴 가이드	8/15pt, 없음/5
한글 글꼴 가이드	9/16pt, 없음/0
한글 글꼴 가이드	10/18pt, 없음/-10
한글 글꼴 가이드	11/20pt, 없음/-25
한글 글꼴 가이드	12/22pt, 없음/-50

한눈에 보이는 무료 글꼴 가이드 *11/20pt, 없음/0, 서울한강체 EB*

비용을 지불하지 않고도 사용할 수 있는 글꼴을 '무료 글꼴'이라고 부릅니다. 사실은 무료 글꼴이 아니라 《공개 글꼴》이라고 해야 맞습니다. 『공개 글꼴』은 권리자가 설정한 "사용 범위"를 잘 살펴서 사용해야 합니다. 모든 것이 허용되는 진정한 무료 글꼴도 있고, 인쇄용으로는 무료로 사용할 수 *10/18pt, 없음/0, 서울한강체 L*

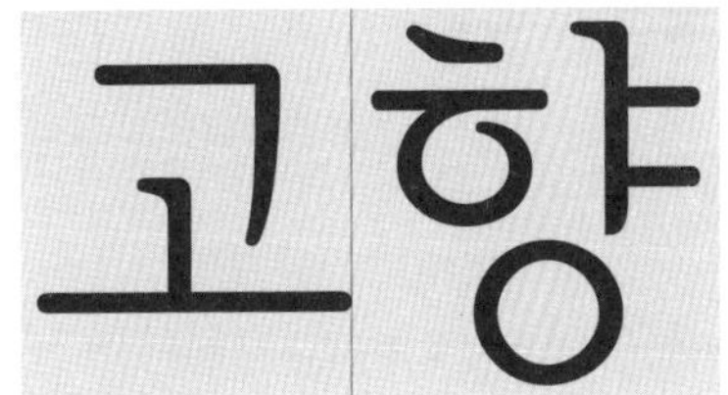

75pt, 없음/0, 서울한강체 L

한눈에 보이는 무료 글꼴 가이드 *11/20pt, 없음/-10, 서울 남산체 B*

비용을 지불하지 않고도 사용할 수 있는 글꼴을 '무료 글꼴'이라고 부릅니다. 사실은 무료 글꼴이 아니라 《공개 글꼴》이라고 해야 맞습니다. 『공개 글꼴』은 권리자가 설정한 "사용 범위"를 잘 살펴서 사용해야 합니다. 모든 것이 허용되는 진정한 무료 글꼴도 있고, 인쇄용으로는 무료로 사용할 수 있지만 *10/18pt, 없음/-25, 서울한강체 L*

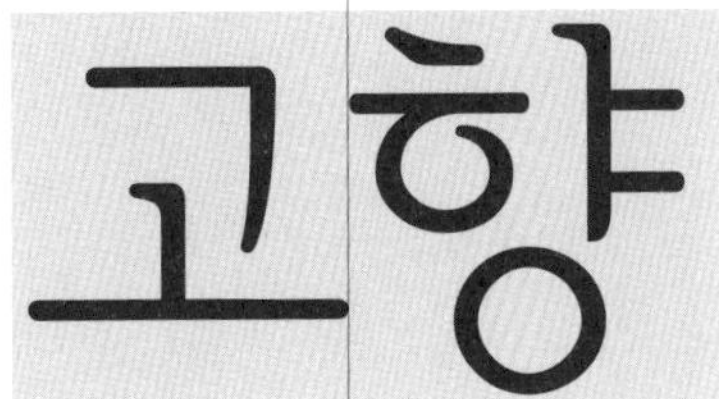

75pt, 없음/-50, 서울한강체 L

한눈에 보이는 무료 글꼴 가이드 *11/20pt, 없음/-25, 서울 남산체 EB*

비용을 지불하지 않고도 사용할 수 있는 글꼴을 '무료 글꼴'이라고 부릅니다. 사실은 무료 글꼴이 아니라 《공개 글꼴》이라고 해야 맞습니다. 『공개 글꼴』은 권리자가 설정한 "사용 범위"를 잘 살펴서 사용해야 합니다. 모든 것이 허용되는 진정한 무료 글꼴도 있고, 인쇄용으로는 무료로 사용할 수 있지만 영상에는 *10/18pt, 없음/-50, 서울한강체 L*

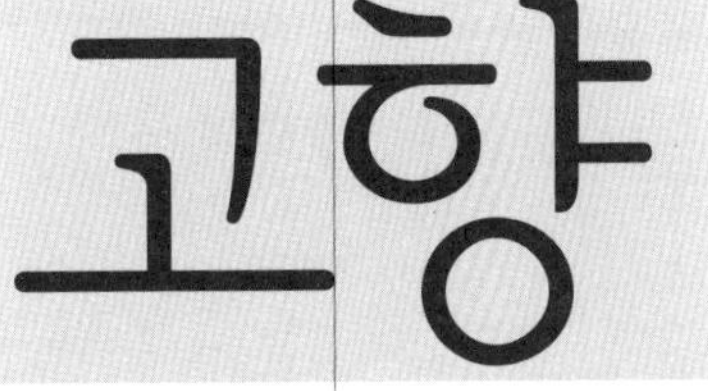

75pt, 시각적/0, 서울한강체 L

한눈에 보이는 무료 글꼴 가이드 *11/20pt, 없음/-50, 제주고딕 R*

비용을 지불하지 않고도 사용할 수 있는 글꼴을 '무료 글꼴'이라고 부릅니다. 사실은 무료 글꼴이 아니라 《공개 글꼴》이라고 해야 맞습니다. 『공개 글꼴』은 권리자가 설정한 "사용 범위"를 잘 살펴서 사용해야 합니다. 모든 것이 허용되는 진정한 무료 글꼴도 있고, 인쇄용으로는 무료로 사용할 수 있지만 영상에는 별도로 허락을 *10/18pt, 없음/-75, 서울한강체 L*

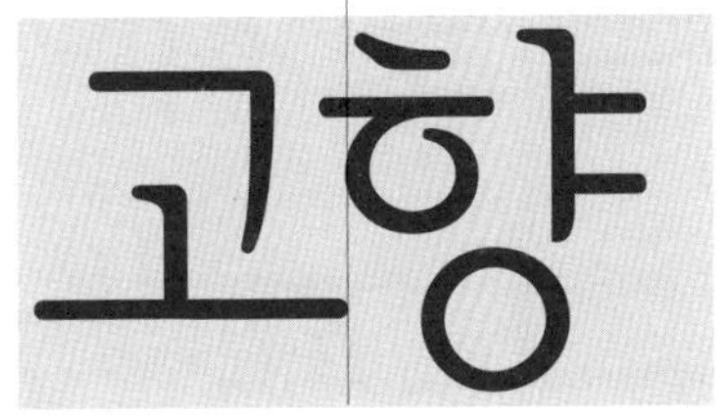

75pt, 시각적/-30, 서울한강체 L

서울 한강체 Medium
24pt, 없음/0

한 한 한 한 20pt
L M B EB

덧글은 통신의 예절을 지키면서 표현의 자유를 추구하는 방향으로 씁니다.

가나다라마바사아자차카타파하 괄꽁넋뒷떨립밟빛빵술쏙얹쥔짢척콥틈편훑

ABCDEFGHIJKLMNOPQRSTUVWXYZ abcdefghijklmnopqrstuvwxyz

1234567890 ①㉚ ❶㉚ ❶⑳ ❶⑳ (1)(20)(26) Ⅰ Ⅱ Ⅲ Ⅳ Ⅴ Ⅹ ⅰ ⅱ ⅲ ⅳ ⅴ ⅹ

~ ! @ # $ % ^ & * _ / \ | * ( ) [ ] { } < > 〈 〉 《 》 「 」 『 』 【 】 〔 〕 - + × ÷ =

. , ? : ; ‘ “ ‘ ’ “ ” · ‥ … © ™ ¶ § ㎎ ㎏ ㎜ ㎝ ㎞ ㎐ ㏄ ○ □ △ ☆ ● ■ ▲ ★

1 9 [1][9] [1][20] [1][20] [1][20] [1][20] [1][20] ← ← ← ← ← ← ← ← ㊞ ❖ ✣ ✿ ❀ ⚜

大韓民國 東西南北 高等學校 無料書體 落花流水 莫逆之友 大器晩成 螢雪之功

13/30pt, 없음/0

글꼴 가이드 20/40pt, 없음/0

글꼴 가이드 30/50pt, 없음/-10

글꼴 가이드 40/60pt, 없음/-25

글꼴 가이드 60pt, 없음/-50

한강

100pt, 없음/0

한글 글꼴 가이드	7/13pt, 없음/10
한글 글꼴 가이드	8/15pt, 없음/5
한글 글꼴 가이드	9/16pt, 없음/0
한글 글꼴 가이드	10/18pt, 없음/-10
한글 글꼴 가이드	11/20pt, 없음/-25
한글 글꼴 가이드	12/22pt, 없음/-50

한눈에 보이는 무료 글꼴 가이드 11/20pt, 없음/0, 서울 한강체 EB

비용을 지불하지 않고도 사용할 수 있는 글꼴을 '무료 글꼴'이라고 부릅니다. 사실은 무료 글꼴이 아니라 《공개 글꼴》이라고 해야 맞습니다. 『공개 글꼴』은 권리자가 설정한 "사용 범위"를 잘 살펴서 사용해야 합니다. 모든 것이 허용되는 진정한 무료 글꼴도 있고, 인쇄용으로는 무료로 사용할 수 10/18pt, 없음/0, 서울 한강체 M

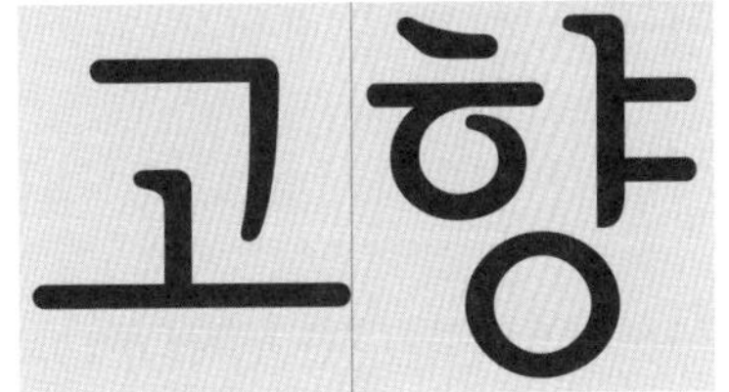

75pt, 없음/0, 서울 한강체 M

한눈에 보이는 무료 글꼴 가이드 11/20pt, 없음/-10, 서울 남산체 EB

비용을 지불하지 않고도 사용할 수 있는 글꼴을 '무료 글꼴'이라고 부릅니다. 사실은 무료 글꼴이 아니라 《공개 글꼴》이라고 해야 맞습니다. 『공개 글꼴』은 권리자가 설정한 "사용 범위"를 잘 살펴서 사용해야 합니다. 모든 것이 허용되는 진정한 무료 글꼴도 있고, 인쇄용으로는 무료로 사용할 수 10/18pt, 없음/-10, 서울 한강체 M

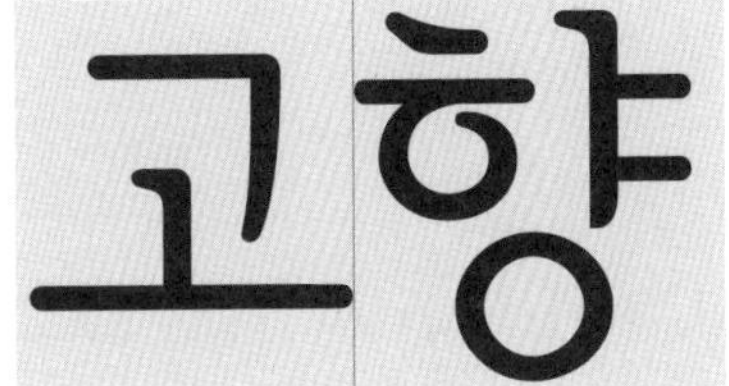

75pt, 없음/-40, 서울 한강체 M

한눈에 보이는 무료 글꼴 가이드 11/20pt, 없음/-25, 한둥근체 제목 R

비용을 지불하지 않고도 사용할 수 있는 글꼴을 '무료 글꼴'이라고 부릅니다. 사실은 무료 글꼴이 아니라 《공개 글꼴》이라고 해야 맞습니다. 『공개 글꼴』은 권리자가 설정한 "사용 범위"를 잘 살펴서 사용해야 합니다. 모든 것이 허용되는 진정한 무료 글꼴도 있고, 인쇄용으로는 무료로 사용할 수 있지만 10/18pt, 없음/-25, 서울 한강체 M

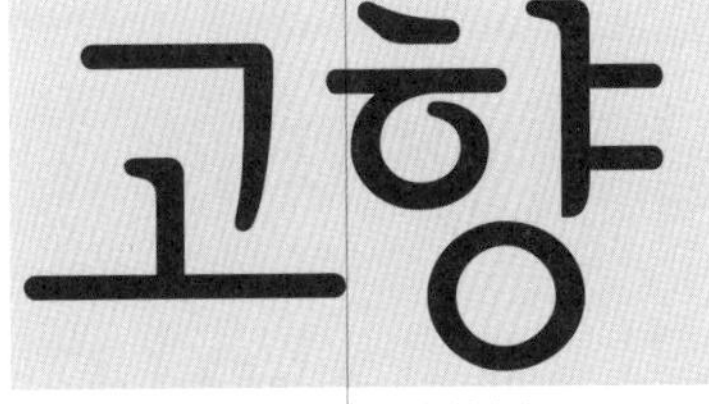

75pt, 시각적/0, 서울 한강체 M

한눈에 보이는 무료 글꼴 가이드 11/20pt, 없음/-50, 나눔바른고딕 B

비용을 지불하지 않고도 사용할 수 있는 글꼴을 '무료 글꼴'이라고 부릅니다. 사실은 무료 글꼴이 아니라 《공개 글꼴》이라고 해야 맞습니다. 『공개 글꼴』은 권리자가 설정한 "사용 범위"를 잘 살펴서 사용해야 합니다. 모든 것이 허용되는 진정한 무료 글꼴도 있고, 인쇄용으로는 무료로 사용할 수 있지만 영상에는 10/18pt, 없음/-50, 서울 한강체 M

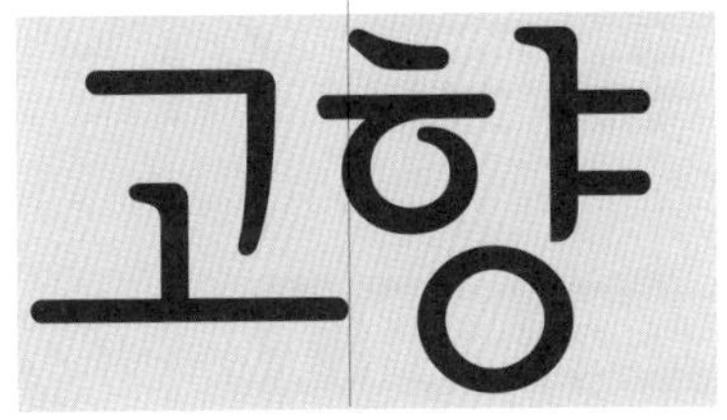

75pt, 시각적/-30, 서울 한강체 M

서울 한강체 Bold 24pt, 없음/0

한 한 한 한 20pt
L M B EB

덧글은 통신의 예절을 지키면서 표현의 자유를 추구하는 방향으로 씁니다.

가나다라마바사아자차카타파하 괄꽁넋뒷떨립밟빛빵술쏙얹짔짰척쿕틈편흙

ABCDEFGHIJKLMNOPQRSTUVWXYZ abcdefghijklmnopqrstuvwxyz

1234567890 ①㉚ ❶㉚ ❶⓴ ❶⓴ ⑴⒇(26) Ⅰ Ⅱ Ⅲ Ⅳ Ⅴ Ⅹ ⅰ ⅱ ⅲ ⅳ ⅴ ⅹ

~ ! @ # $ % ^ & * _ / \ | * ( ) [ ] { } < > 〈 〉 《 》 「 」 『 』 【 】 〔 〕 - + × ÷ =

. , ? : ; ‘ “ ‘ ’ “ ” · ‥ … © ™ ¶ § ㎎ ㎏ ㎜ ㎝ ㎞ ㎐ ㏄ ○ □ △ ☆ ● ■ ▲ ★

1 9 [1][9] [1][20] [1][20] [1][20] [1][20] [1][20] ← ← ← ← ← ← ← ㊞ ❖ ✣ ❀ ❀ ⚜

大韓民國 東西南北 高等學校 無料書體 落花流水 莫逆之友 大器晩成 螢雪之功

13/30pt, 없음/0

글꼴 가이드 20/40pt, 없음/0

글꼴 가이드 30/50pt, 없음/-10

글꼴 가이드 40/60pt, 없음/-25

글꼴 가이드 60pt, 없음/-50

한강 100pt, 없음/0

한글 글꼴 가이드 7/13pt, 없음/10

한글 글꼴 가이드 8/15pt, 없음/5

한글 글꼴 가이드 9/16pt, 없음/0

한글 글꼴 가이드 10/18pt, 없음/-10

한글 글꼴 가이드 11/20pt, 없음/-25

한글 글꼴 가이드 12/22pt, 없음/-50

서울 한강체 ExtaBold 24pt, 없음/0

한 한 한 한 20pt
L M B EB

덧글은 통신의 예절을 지키면서 표현의 자유를 추구하는 방향으로 씁니다.

가나다라마바사아자차카타파하 괄꽁넋뒷떨립밟빛빵술쏙얹쥔짰척콥틈편흙

ABCDEFGHIJKLMNOPQRSTUVWXYZ abcdefghijklmnopqrstuvwxyz

1234567890 ①㉚ ❶㉚ ❶⓴ ❶⓴ ⑴⒇(26) Ⅰ Ⅱ Ⅲ Ⅳ Ⅴ Ⅹ ⅰ ⅱ ⅲ ⅳ ⅴ ⅹ

~ ! @ # $ % ^ & * _ / \ | * ( ) [ ] { } < > 〈 〉《 》「 」『 』【 】〔 〕- + × ÷ =

. , ? : ; ‘ “ ‘ ’ “ ” · ·· ··· © ™ ¶ § ㎎ ㎏ ㎜ ㎝ ㎞ ㎐ ㏄ ○ □ △ ☆ ● ■ ▲ ★

①⑨ [1][9] [1][20] [1][20] [1][20] [1][20] [1][20] ← ← ← ← ← ← ← ← ㊞ ❖ ✣ ❀ ❁ ⚜

大韓民國 東西南北 高等學校 無料書體 落花流水 莫逆之友 大器晩成 螢雪之功

13/30pt, 없음/0

글꼴 가이드 20/40pt, 없음/0

글꼴 가이드 30/50pt, 없음/-10

글꼴 가이드 40/60pt, 없음/-25

글꼴 가이드 60pt, 없음/-50

한강 100pt, 없음/0

한글 글꼴 가이드 7/13pt, 없음/10

한글 글꼴 가이드 8/15pt, 없음/5

한글 글꼴 가이드 9/16pt, 없음/0

한글 글꼴 가이드 10/18pt, 없음/-10

한글 글꼴 가이드 11/20pt, 없음/-25

한글 글꼴 가이드 12/22pt, 없음/-50

서울한강 장체 Light 24pt, 없음/0

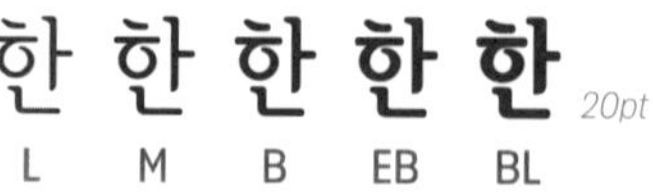

한 한 한 한 한 20pt
L M B EB BL

덧글은 통신의 예절을 지키면서 표현의 자유를 추구하는 방향으로 씁니다.

가나다라마바사아자차카타파하 괄꽁넋뒷떨립밟빛빵술쏙엌쥔짰척콥틈편흙

ABCDEFGHIJKLMNOPQRSTUVWXYZ abcdefghijklmnopqrstuvwxyz

1234567890 ①㉚ ❶㉚ 1 20 1 20 ⑴⒇㉖ Ⅰ Ⅱ Ⅲ Ⅳ Ⅴ Ⅹ ⅰ ⅱ ⅲ ⅳ ⅴ ⅹ

~ ! @ # $ % ^ & * _ / ₩ | * ( ) [ ] { } 〈 〉 〈 〉 《 》 「 」 『 』 【 】 〔 〕 - + × ÷ =

. , ? : ; ' " ' ' " " · ‥ … © ™ ¶ § ㎎ ㎏ ㎜ ㎝ ㎞ ㎐ ㏄ ○ □ △ ☆ ● ■ ▲ ★

1 9 [1][9] [1][20] [1][20] [1][20] [1][20] [1][20] ➤ ← ⬅ ⬅ ⬅ ⬅ ⬅ ◘ ㊞ ❖ ✣ ❀ ❀ ⚜

大韓民國 東西南北 高等學校 無料書體 落花流水 莫逆之友 大器晩成 螢雪之功

13/30pt, 없음/0

글꼴 가이드 20/40pt, 없음/0

글꼴 가이드 30/50pt, 없음/-10

글꼴 가이드 40/60pt, 없음/-25

글꼴 가이드 60pt, 없음/-50

한강 100pt, 없음/0

한글 글꼴 가이드	7/13pt, 없음/10
한글 글꼴 가이드	8/15pt, 없음/5
한글 글꼴 가이드	9/16pt, 없음/0
한글 글꼴 가이드	10/18pt, 없음/-10
한글 글꼴 가이드	11/20pt, 없음/-25
한글 글꼴 가이드	12/22pt, 없음/-50

한눈에 보이는 무료 글꼴 가이드 *11/20pt, 없음/0, 서울한강 장체 EB*

비용을 지불하지 않고도 사용할 수 있는 글꼴을 '무료 글꼴'이라고 부릅니다. 사실은 무료 글꼴이 아니라 《공개 글꼴》이라고 해야 맞습니다. 『공개 글꼴』은 권리자가 설정한 "사용 범위"를 잘 살펴서 사용해야 합니다. 모든 것이 허용되는 진정한 무료 글꼴도 있고, 인쇄용으로는 무료로 사용할 수 있지만 영상에는 별도로 허락을 *10/18pt, 없음/0, 서울한강 장체 L*

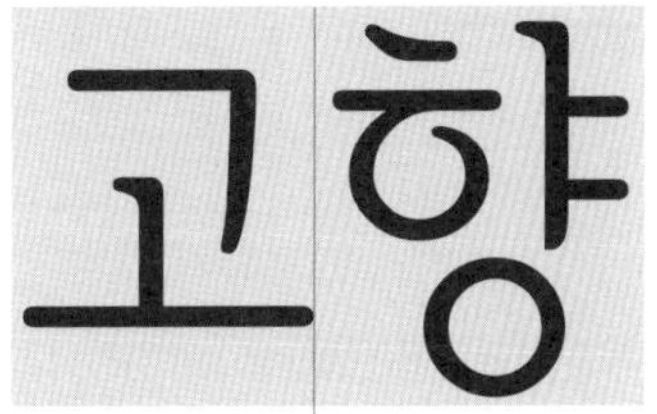

75pt, 없음/0, 서울한강 장체 L

한눈에 보이는 무료 글꼴 가이드 *11/20pt, 없음/-10, 서울남산 장체 B*

비용을 지불하지 않고도 사용할 수 있는 글꼴을 '무료 글꼴'이라고 부릅니다. 사실은 무료 글꼴이 아니라 《공개 글꼴》이라고 해야 맞습니다. 『공개 글꼴』은 권리자가 설정한 "사용 범위"를 잘 살펴서 사용해야 합니다. 모든 것이 허용되는 진정한 무료 글꼴도 있고, 인쇄용으로는 무료로 사용할 수 있지만 영상에는 별도로 허락을 얻어야 하는 *10/18pt, 없음/-25, 서울한강 장체 L*

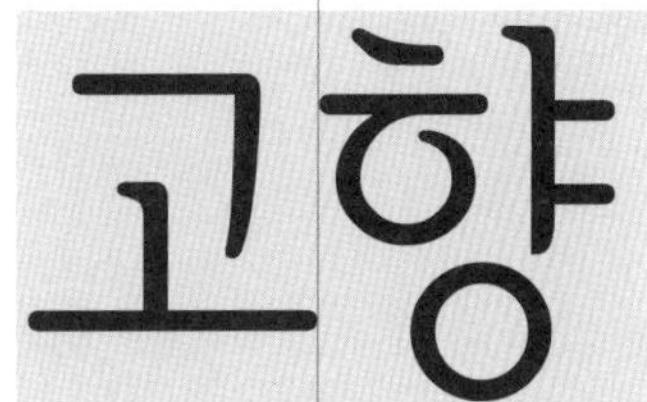

75pt, 없음/-45, 서울한강 장체 L

한눈에 보이는 무료 글꼴 가이드 *11/20pt, 없음/-25, 서울남산 장체 EB*

비용을 지불하지 않고도 사용할 수 있는 글꼴을 '무료 글꼴'이라고 부릅니다. 사실은 무료 글꼴이 아니라 《공개 글꼴》이라고 해야 맞습니다. 『공개 글꼴』은 권리자가 설정한 "사용 범위"를 잘 살펴서 사용해야 합니다. 모든 것이 허용되는 진정한 무료 글꼴도 있고, 인쇄용으로는 무료로 사용할 수 있지만 영상에는 별도로 허락을 얻어야 하는 글꼴도 있습니다. *10/18pt, 없음/-50, 서울한강 장체 L*

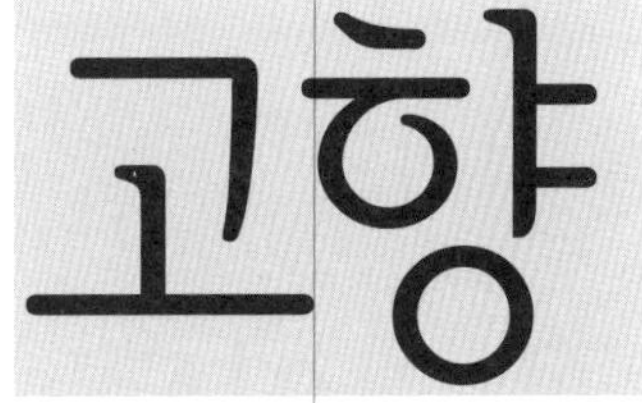

75pt, 시각적/0, 서울한강 장체 L

한눈에 보이는 무료 글꼴 가이드 *11/20pt, 없음/-50, 서울남산 장체 BL*

비용을 지불하지 않고도 사용할 수 있는 글꼴을 '무료 글꼴'이라고 부릅니다. 사실은 무료 글꼴이 아니라 《공개 글꼴》이라고 해야 맞습니다. 『공개 글꼴』은 권리자가 설정한 "사용 범위"를 잘 살펴서 사용해야 합니다. 모든 것이 허용되는 진정한 무료 글꼴도 있고, 인쇄용으로는 무료로 사용할 수 있지만 영상에는 별도로 허락을 얻어야 하는 글꼴도 있습니다. 기업의 *10/18pt, 없음/-75, 서울한강 장체 L*

75pt, 시각적/-30, 서울한강 장체 L

서울한강 장체 Medium
24pt, 없음/0

한 한 한 한 한 20pt
L M B EB BL

덧글은 통신의 예절을 지키면서 표현의 자유를 추구하는 방향으로 씁니다.

가나다라마바사아자차카타파하 괄꽁넋뒷떨립밟빛빵술쏙얹쥔짰척콥틈편흙

ABCDEFGHIJKLMNOPQRSTUVWXYZ abcdefghijklmnopqrstuvwxyz

1234567890 ①㉚ ❶❸⓪ ❶⓴ ❶⓴ ⑴⒇(26) Ⅰ Ⅱ Ⅲ Ⅳ Ⅴ Ⅹ ⅰ ⅱ ⅲ ⅳ ⅴ ⅹ

~ ! @ # $ % ^ & * _ / ₩ | * ( ) [ ] { } < > 〈 〉 《 》 「 」 『 』 【 】 〔 〕 - + × ÷ =

. , ? : ; ' " ' ' " " · ‥ … © ™ ¶ § ㎎ ㎏ ㎜ ㎝ ㎞ ㎐ ㏄ ○ □ △ ☆ ● ■ ▲ ★

1 9 [1][9] [1][20] [1][20] [1][20] [1][20] [1][20] ← ← ← ← ← ← ← ㊞ ❖ ✣ ✾ ❀ ⚜

大韓民國 東西南北 高等學校 無料書體 落花流水 莫逆之友 大器晩成 螢雪之功

13/30pt, 없음/0

글꼴 가이드 20/40pt, 없음/0

글꼴 가이드 30/50pt, 없음/-10

글꼴 가이드 40/60pt, 없음/-25

글꼴 가이드 60pt, 없음/-50

한강 100pt, 없음/0

한글 글꼴 가이드	7/13pt, 없음/10
한글 글꼴 가이드	8/15pt, 없음/5
한글 글꼴 가이드	9/16pt, 없음/0
한글 글꼴 가이드	10/18pt, 없음/-10
한글 글꼴 가이드	11/20pt, 없음/-25
한글 글꼴 가이드	12/22pt, 없음/-50

한눈에 보이는 무료 글꼴 가이드 *11/20pt, 없음/0, 서울한강 장체 EB*

비용을 지불하지 않고도 사용할 수 있는 글꼴을 '무료 글꼴'이라고 부릅니다. 사실은 무료 글꼴이 아니라 《공개 글꼴》이라고 해야 맞습니다. 『공개 글꼴』은 권리자가 설정한 "사용 범위"를 잘 살펴서 사용해야 합니다. 모든 것이 허용되는 진정한 무료 글꼴도 있고, 인쇄용으로는 무료로 사용할 수 있지만 영상에는 별도로 허락을 *10/18pt, 없음/0, 서울한강 장체 M*

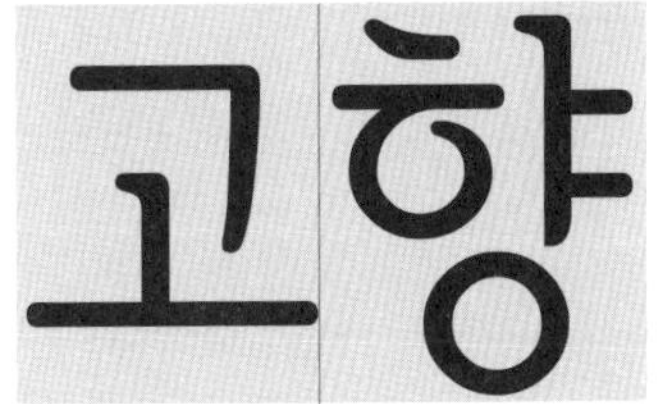

75pt, 없음/0, 서울한강 장체 M

한눈에 보이는 무료 글꼴 가이드 *11/20pt, 없음/-10, 서울남산 장체 B*

비용을 지불하지 않고도 사용할 수 있는 글꼴을 '무료 글꼴'이라고 부릅니다. 사실은 무료 글꼴이 아니라 《공개 글꼴》이라고 해야 맞습니다. 『공개 글꼴』은 권리자가 설정한 "사용 범위"를 잘 살펴서 사용해야 합니다. 모든 것이 허용되는 진정한 무료 글꼴도 있고, 인쇄용으로는 무료로 사용할 수 있지만 영상에는 별도로 허락을 얻어야 하는 *10/18pt, 없음/-25, 서울한강 장체 M*

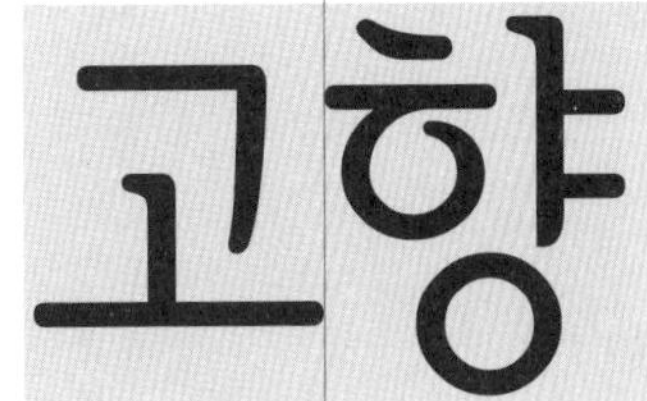

75pt, 없음/-35, 서울한강 장체 M

한눈에 보이는 무료 글꼴 가이드 *11/20pt, 없음/-25, 서울남산 장체 EB*

비용을 지불하지 않고도 사용할 수 있는 글꼴을 '무료 글꼴'이라고 부릅니다. 사실은 무료 글꼴이 아니라 《공개 글꼴》이라고 해야 맞습니다. 『공개 글꼴』은 권리자가 설정한 "사용 범위"를 잘 살펴서 사용해야 합니다. 모든 것이 허용되는 진정한 무료 글꼴도 있고, 인쇄용으로는 무료로 사용할 수 있지만 영상에는 별도로 허락을 얻어야 하는 글꼴도 *10/18pt, 없음/-50, 서울한강 장체 M*

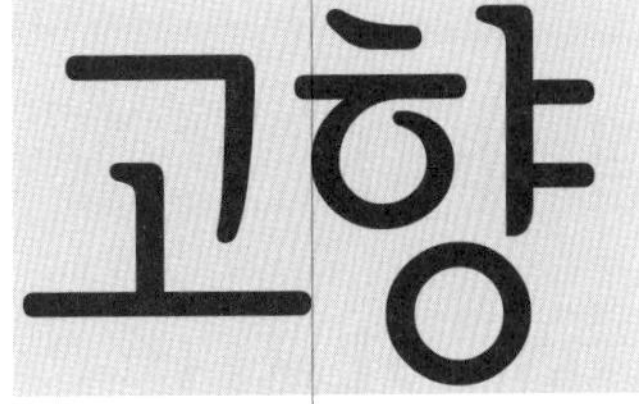

75pt, 시각적/0, 서울한강 장체 M

한눈에 보이는 무료 글꼴 가이드 *11/20pt, 없음/-50, 서울남산 장체 BL*

비용을 지불하지 않고도 사용할 수 있는 글꼴을 '무료 글꼴'이라고 부릅니다. 사실은 무료 글꼴이 아니라 《공개 글꼴》이라고 해야 맞습니다. 『공개 글꼴』은 권리자가 설정한 "사용 범위"를 잘 살펴서 사용해야 합니다. 모든 것이 허용되는 진정한 무료 글꼴도 있고, 인쇄용으로는 무료로 사용할 수 있지만 영상에는 별도로 허락을 얻어야 하는 글꼴도 있습니다. 기업의 *10/18pt, 없음/-75, 서울한강 장체 M*

75pt, 시각적/-30, 서울한강 장체 M

서울한강 장체 Bold 24pt, 없음/0

한 한 한 한 한 20pt
L M B EB BL

덧글은 통신의 예절을 지키면서 표현의 자유를 추구하는 방향으로 씁니다.

가나다라마바사아자차카타파하 괄꽁넋뒷떨립밟빛빵술쏙얹쥔짰척쿱틈편흝

ABCDEFGHIJKLMNOPQRSTUVWXYZ abcdefghijklmnopqrstuvwxyz

1234567890 ①㉚ ❶㉚ ❶⓴ ❶⓴ ⑴⒇㉖ Ⅰ Ⅱ Ⅲ Ⅳ Ⅴ Ⅹ ⅰ ⅱ ⅲ ⅳ ⅴ ⅹ

~ ! @ # $ % ^ & * _ / ₩ | * ( ) [ ] { } < > 〈 〉 《 》 「 」 『 』 【 】 〔 〕 - + × ÷ =

. , ? : ; ' " ' ' " " · ‥ … © ™ ¶ § ㎎ ㎏ ㎜ ㎝ ㎞ ㎐ ㏄ ○ □ △ ☆ ● ■ ▲ ★

1 9 [1][9] [1][20] [1][20] [1][20] [1][20] [1][20] ←←←←←←←← ㊞❖✣❀❀⚜

大韓民國 東西南北 高等學校 無料書體 落花流水 莫逆之友 大器晩成 螢雪之功

13/30pt, 없음/0

글꼴 가이드 20/40pt, 없음/0

글꼴 가이드 30/50pt, 없음/-10

글꼴 가이드 40/60pt, 없음/-25

글꼴 가이드 60pt, 없음/-50

한강

100pt, 없음/0

한글 글꼴 가이드 7/13pt, 없음/10

한글 글꼴 가이드 8/15pt, 없음/5

한글 글꼴 가이드 9/16pt, 없음/0

한글 글꼴 가이드 10/18pt, 없음/-10

한글 글꼴 가이드 11/20pt, 없음/-25

한글 글꼴 가이드 12/22pt, 없음/-50

서울한강 장체 ExtraBold
24pt, 없음/0

한 한 한 한 한 20pt
L M B EB BL

덧글은 통신의 예절을 지키면서 표현의 자유를 추구하는 방향으로 씁니다.

가나다라마바사아자차카타파하 괄꽁넋뒷떨립밟빛빵술쏙얹쥔짰척콥틈편훑

ABCDEFGHIJKLMNOPQRSTUVWXYZ abcdefghijklmnopqrstuvwxyz

1234567890 ①㉚ ➊❸⓪ ➊⓴ ➊⓴ ⑴⒇㉖ Ⅰ Ⅱ Ⅲ Ⅳ Ⅴ Ⅹ ⅰ ⅱ ⅲ ⅳ ⅴ ⅹ

~ ! @ # $ % ^ & * _ / ₩ | * ( ) [ ] { } < > 〈 〉 《 》 「 」 『 』 【 】 〔 〕 - + × ÷ =

. , ? : ; ' " ' ' " " · ‥ … © ™ ¶ § ㎎ ㎏ ㎜ ㎝ ㎞ ㎐ ㏄ ○ □ △ ☆ ● ■ ▲ ★

①⑨ [1][9] [1][20] [1][20] ①⑳ [1][20] [1][20] ← ← ← ← ← ← ← ← ㊞ ❖ ✣ ❀ ❀ ⚜

大韓民國 東西南北 高等學校 無料書體 落花流水 莫逆之友 大器晩成 螢雪之功

13/30pt, 없음/0

글꼴 가이드 20/40pt, 없음/0

글꼴 가이드 30/50pt, 없음/-10

글꼴 가이드 40/60pt, 없음/-25

글꼴 가이드 60pt, 없음/-50

한강

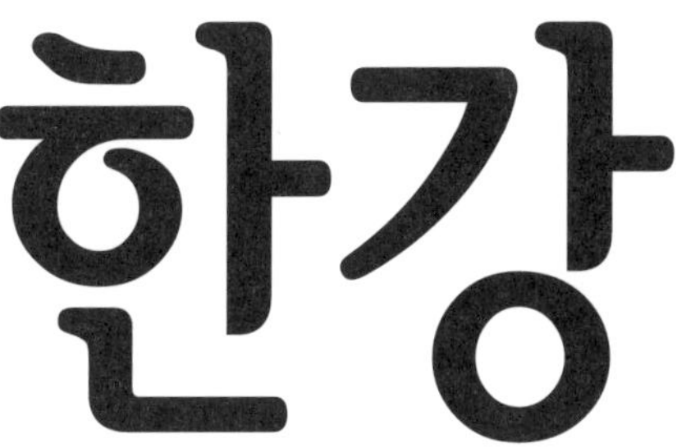

100pt, 없음/0

한글 글꼴 가이드 7/13pt, 없음/10

한글 글꼴 가이드 8/15pt, 없음/5

한글 글꼴 가이드 9/16pt, 없음/0

한글 글꼴 가이드 10/18pt, 없음/-10

한글 글꼴 가이드 11/20pt, 없음/-25

한글 글꼴 가이드 12/22pt, 없음/-50

서울남산체 Light *24pt, 없음/0*

남 남 남 남 *20pt*
L M B EB

덧글은 통신의 예절을 지키면서 표현의 자유를 추구하는 방향으로 씁니다.

가나다라마바사아자차카타파하 괄꽁넋뒷떨립밟빛빵술쏙얹쥔짮척콥틈편훑

ABCDEFGHIJKLMNOPQRSTUVWXYZ abcdefghijklmnopqrstuvwxyz

1234567890 ①㉚ ➊㉚ ➊⑳ ➊⑳ ⑴⒇(26) Ⅰ Ⅱ Ⅲ Ⅳ Ⅴ Ⅹ ⅰ ⅱ ⅲ ⅳ ⅴ ⅹ

~ ! @ # $ % ^ & * _ / \ | * ( ) [ ] { } < > 〈 〉《 》「 」『 』【 】〔 〕- + × ÷ =

. , ? : ; ' " ' ' " " · ·· ··· © ™ ¶ § ㎎ ㎏ ㎜ ㎝ ㎞ ㎐ ㏄ ○ □ △ ☆ ● ■ ▲ ★

①⑨ [1][9] [1][20] [1][20] [1][20] [1][20] [1][20] ← ← ← ← ← ← ← ← ㊞ ❖ ✣ ✿ ❀ ⚜

大韓民國 東西南北 高等學校 無料書體 落花流水 莫逆之友 大器晩成 螢雪之功

13/30pt, 없음/0

글꼴 가이드 *20/40pt, 없음/0*

글꼴 가이드 *30/50pt, 없음/-10*

글꼴 가이드 *40/60pt, 없음/-25*

글꼴 가이드 *60pt, 없음/-50*

남산 *100pt, 없음/0*

한글 글꼴 가이드 *7/13pt, 없음/10*

한글 글꼴 가이드 *8/15pt, 없음/5*

한글 글꼴 가이드 *9/16pt, 없음/0*

한글 글꼴 가이드 *10/18pt, 없음/-10*

한글 글꼴 가이드 *11/20pt, 없음/-25*

한글 글꼴 가이드 *12/22pt, 없음/-50*

한눈에 보이는 무료 글꼴 가이드 *11/20pt, 없음/0, 서울한강체 EB*

비용을 지불하지 않고도 사용할 수 있는 글꼴을 '무료 글꼴'이라고 부릅니다. 사실은 무료 글꼴이 아니라 《공개 글꼴》이라고 해야 맞습니다. 『공개 글꼴』은 권리자가 설정한 "사용 범위"를 잘 살펴서 사용해야 합니다. 모든 것이 허용되는 진정한 무료 글꼴도 있고, 인쇄용으로는 무료로 사용할 수 *10/18pt, 없음/0, 서울남산체 L*

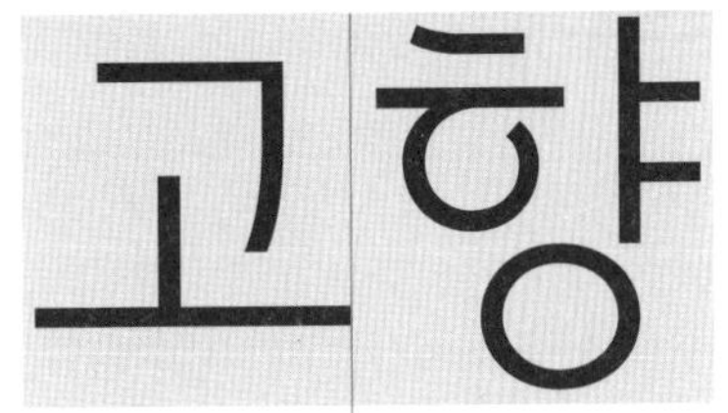

75pt, 없음/0, 서울남산체 L

한눈에 보이는 무료 글꼴 가이드 *11/20pt, 없음/-10, 서울 남산체 B*

비용을 지불하지 않고도 사용할 수 있는 글꼴을 '무료 글꼴'이라고 부릅니다. 사실은 무료 글꼴이 아니라 《공개 글꼴》이라고 해야 맞습니다. 『공개 글꼴』은 권리자가 설정한 "사용 범위"를 잘 살펴서 사용해야 합니다. 모든 것이 허용되는 진정한 무료 글꼴도 있고, 인쇄용으로는 무료로 사용할 수 있지만 *10/18pt, 없음/-25, 서울남산체 L*

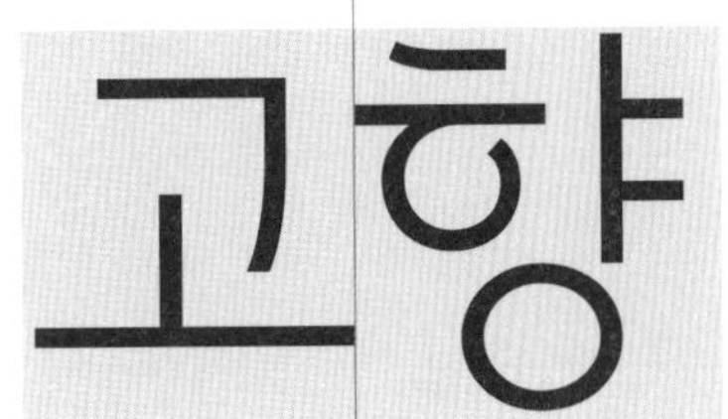

75pt, 없음/-65, 서울남산체 L

한눈에 보이는 무료 글꼴 가이드 *11/20pt, 없음/-25, 서울 남산체 EB*

비용을 지불하지 않고도 사용할 수 있는 글꼴을 '무료 글꼴'이라고 부릅니다. 사실은 무료 글꼴이 아니라 《공개 글꼴》이라고 해야 맞습니다. 『공개 글꼴』은 권리자가 설정한 "사용 범위"를 잘 살펴서 사용해야 합니다. 모든 것이 허용되는 진정한 무료 글꼴도 있고, 인쇄용으로는 무료로 사용할 수 있지만 영상에는 *10/18pt, 없음/-50, 서울남산체 L*

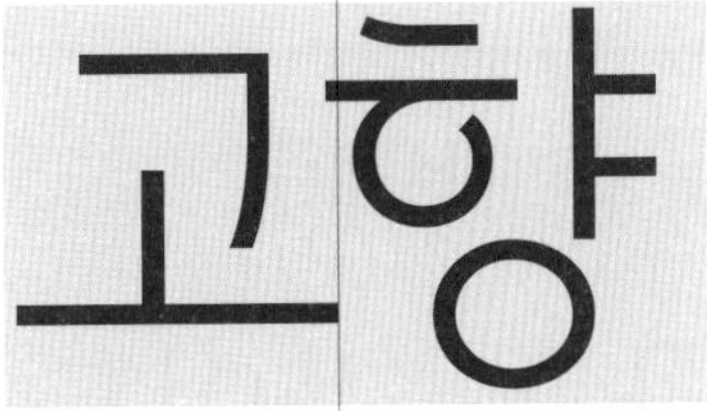

75pt, 시각적/0, 서울남산체 L

한눈에 보이는 무료 글꼴 가이드 *11/20pt, 없음/-50, 제주고딕 R*

비용을 지불하지 않고도 사용할 수 있는 글꼴을 '무료 글꼴'이라고 부릅니다. 사실은 무료 글꼴이 아니라 《공개 글꼴》이라고 해야 맞습니다. 『공개 글꼴』은 권리자가 설정한 "사용 범위"를 잘 살펴서 사용해야 합니다. 모든 것이 허용되는 진정한 무료 글꼴도 있고, 인쇄용으로는 무료로 사용할 수 있지만 영상에는 별도로 허락을 *10/18pt, 없음/-75, 서울남산체 L*

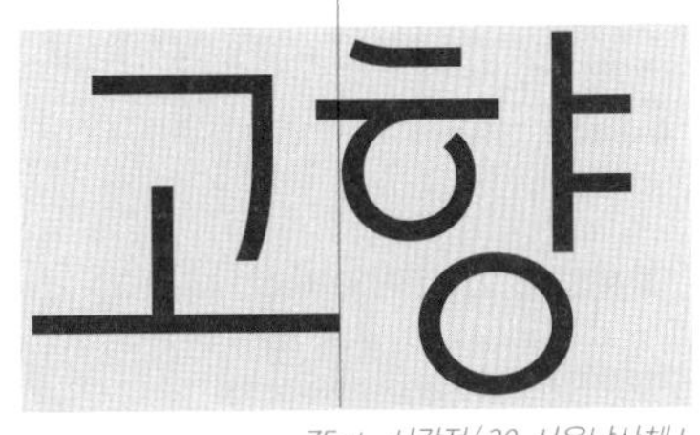

75pt, 시각적/-30, 서울남산체 L

서울남산체 Medium

24pt, 없음/0

남 남 남 남 *20pt*
L M B EB

덧글은 통신의 예절을 지키면서 표현의 자유를 추구하는 방향으로 씁니다.

가나다라마바사아자차카타파하 괄꽁넋뒷떨립밟빛빵술쏙얹쥔짰척콥틈편흙

ABCDEFGHIJKLMNOPQRSTUVWXYZ abcdefghijklmnopqrstuvwxyz

1234567890 ①㉚ ❶㉚ ❶⑳ ❶⑳ ⑴⒇(26) Ⅰ Ⅱ Ⅲ Ⅳ Ⅴ Ⅹ ⅰ ⅱ ⅲ ⅳ ⅴ ⅹ

~ ! @ # $ % ^ & * _ / \ | * ( ) [ ] { } < > 〈 〉《 》「 」『 』【 】〔 〕 - + × ÷ =

. , ? : ; ' " ' ' " " · ·· ··· © ™ ¶ § ㎎ ㎏ ㎜ ㎝ ㎞ ㎐ ㏄ ○ □ △ ☆ ● ■ ▲ ★

①⑨ [1][9] [1][20] [1][20] [1][20] [1][20] [1][20] ← ← ← ← ← ← ← ← ㊞ ❖ ✣ ❀ ❀ ⚜

大韓民國 東西南北 高等學校 無料書體 落花流水 莫逆之友 大器晩成 螢雪之功

13/30pt, 없음/0

글꼴 가이드 *20/40pt, 없음/0*

글꼴 가이드 *30/50pt, 없음/-10*

글꼴 가이드 *40/60pt, 없음/-25*

글꼴 가이드 *60pt, 없음/-50*

남산 *100pt, 없음/0*

한글 글꼴 가이드 *7/13pt, 없음/10*

한글 글꼴 가이드 *8/15pt, 없음/5*

한글 글꼴 가이드 *9/16pt, 없음/0*

한글 글꼴 가이드 *10/18pt, 없음/-10*

한글 글꼴 가이드 *11/20pt, 없음/-25*

한글 글꼴 가이드 *12/22pt, 없음/-50*

서울남산체 Bold 24pt, 없음/0

남 남 남 남 20pt
L M B EB

덧글은 통신의 예절을 지키면서 표현의 자유를 추구하는 방향으로 씁니다.

가나다라마바사아자차카타파하 괄꽁넋뒷떨립밟빛빵술쏙엌쥔짰척콥틈편훍

ABCDEFGHIJKLMNOPQRSTUVWXYZ abcdefghijklmnopqrstuvwxyz

1234567890 ①㉚ ❶㉚ ❶⓴ ❶⓴ (1)(20)(26) Ⅰ Ⅱ Ⅲ Ⅳ Ⅴ Ⅹ ⅰ ⅱ ⅲ ⅳ ⅴ ⅹ

~ ! @ # $ % ^ & * _ / \ | * ( ) [ ] { } < > 〈 〉 《 》 「 」 『 』 【 】 〔 〕 - + × ÷ =

. , ? : ; ' " ' ' " " · ·· ··· © ™ ¶ § ㎎ ㎏ ㎜ ㎝ ㎞ ㎐ ㏄ ○ □ △ ☆ ● ■ ▲ ★

①⑨ [1][9] [1][20] [1][20] [1][20] [1][20] [1][20] ← ← ← ← ← ← ← ← ㊞ ❖ ✣ ❀ ❀ ⚜

大韓民國 東西南北 高等學校 無料書體 落花流水 莫逆之友 大器晩成 螢雪之功

13/30pt, 없음/0

글꼴 가이드 20/40pt, 없음/0

글꼴 가이드 30/50pt, 없음/-10

글꼴 가이드 40/60pt, 없음/-25

글꼴 가이드 60pt, 없음/-50

남산

100pt, 없음/0

한글 글꼴 가이드	7/13pt, 없음/10
한글 글꼴 가이드	8/15pt, 없음/5
한글 글꼴 가이드	9/16pt, 없음/0
한글 글꼴 가이드	10/18pt, 없음/-10
한글 글꼴 가이드	11/20pt, 없음/-25
한글 글꼴 가이드	12/22pt, 없음/-50

서울 남산체 ExtraBold 24pt, 없음/0

남 남 남 남 20pt
L M B EB

덧글은 통신의 예절을 지키면서 표현의 자유를 추구하는 방향으로 씁니다.

가나다라마바사아자차카타파하 괄꽁넋뒷떨립밟빛빵술쏙엌쥔짰척콥틈편훑

ABCDEFGHIJKLMNOPQRSTUVWXYZ abcdefghijklmnopqrstuvwxyz

1234567890 ①㉚ ❶㉚ ❶⑳ ❶⑳ ⑴⒇(26) Ⅰ Ⅱ Ⅲ Ⅳ Ⅴ Ⅹ ⅰ ⅱ ⅲ ⅳ ⅴ ⅹ

~ ! @ # $ % ^ & * _ / \ | * ( ) [ ] { } < > 〈 〉 《 》 「 」 『 』 【 】 〔 〕 - + × ÷ =

. , ? : ; ' " ' ' " " · ‥ … © ™ ¶ § ㎎ ㎏ ㎜ ㎝ ㎞ ㎐ ㏄ ○ □ △ ☆ ● ■ ▲ ★

①⑨ [1][9] [1][20] [1][20] [1][20] [1][20] [1][20] ← ← ← ← ← ← ← ⇦ ㊞ ❖ ✣ ❀ ❀ ⚜

大韓民國 東西南北 高等學校 無料書體 落花流水 莫逆之友 大器晩成 螢雪之

13/30pt, 없음/0

글꼴 가이드 20/40pt, 없음/0

글꼴 가이드 30/50pt, 없음/-10

글꼴 가이드 40/60pt, 없음/-25

글꼴 가이드 60pt, 없음/-50

한강 100pt, 없음/0

한글 글꼴 가이드 7/13pt, 없음/10

한글 글꼴 가이드 8/15pt, 없음/5

한글 글꼴 가이드 9/16pt, 없음/0

한글 글꼴 가이드 10/18pt, 없음/-10

한글 글꼴 가이드 11/20pt, 없음/-25

한글 글꼴 가이드 12/22pt, 없음/-50

18pt, 없음/0

서울남산체 세로쓰기

16/38pt, 없음/0, 서울남산체 세로쓰기

一樹梨花伴寂寥 可憐辜負月明宵
靑年獨臥孤窓畔 何處玉人吹鳳簫
翡翠孤飛不作雙 鴛鴦失侶浴晴江
誰家有約敲碁子 夜卜燈花愁倚窓

12pt, 없음/0, 서울남산체 세로쓰기

김시습의 금오신화—만복사저포기

11/17pt, 없음/0, 서울남산체세로쓰기

한 떨기 배꽃이 외로움을 달래주지만
달 밝은 밤은 홀로 보내기 괴로워.
젊은 내가 홀로 호젓한 창가에 누워 있으니
어느 집 고운 님이 통소를 불어주네.
외로운 저 물총새는 홀로 날고
짝 잃은 원앙새는 맑은 물에서 몸을 씼는구나.
약속을 한 집에서 바둑을 두다가
밤에 등불로 점을 치며 창가에서 시름하네.

20pt, 없음/50

서울남산체 세로쓰기

18/42pt, 없음/-25, 서울남산체 세로쓰기

一樹梨花伴寂寥 可憐辜負月明宵
靑年獨臥孤窓畔 何處玉人吹鳳簫
翡翠孤飛不作雙 鴛鴦失侶浴晴江
誰家有約敲碁子 夜卜燈花愁倚窓

14pt, 없음/50, 서울남산체 세로쓰기

김시습의 금오신화—만복사저포기

12/19pt, 없음/-25, 서울남산체 세로쓰기

한 떨기 배꽃이 외로움을 달래주지만
달 밝은 밤은 홀로 보내기 괴로워.
젊은 내가 홀로 호젓한 창가에 누워 있으니
어느 집 고운 님이 통소를 불어주네.
외로운 저 물총새는 홀로 날고
짝 잃은 원앙새는 맑은 물에서 몸을 씼는구나.
약속을 한 집에서 바둑을 두다가
밤에 등불로 점을 치며 창가에서 시름하네.

서울남산 장체 Light *24pt, 없음/0*

한 한 한 한 한 *20pt*
L M B EB BL

덧글은 통신의 예절을 지키면서 표현의 자유를 추구하는 방향으로 씁니다.

가나다라마바사아자차카타파하 괄꽁넋뒷떨립밟빛빵술쏙얹쥔짰척콥틈편흙

ABCDEFGHIJKLMNOPQRSTUVWXYZ abcdefghijklmnopqrstuvwxyz

1234567890 ①㉚ ❶㉚ ❶⑳ ❶⑳ ⑴⒇㉖ Ⅰ Ⅱ Ⅲ Ⅳ Ⅴ Ⅹ ⅰ ⅱ ⅲ ⅳ ⅴ ⅹ

~ ! @ # $ % ^ & * _ / ₩ | * ( ) [ ] { } < > 〈 〉《 》「 」『 』【 】〔 〕- + × ÷ =

. , ? : ; ' " ' ' " " · ‥ … © ™ ¶ § ㎎ ㎏ ㎜ ㎝ ㎞ ㎐ ㏄ ○ □ △ ☆ ● ■ ▲ ★

①⑨ 1 9 1 20 1 20 1 20 1 20 1 20 ← ← ← ← ← ← ← ← ㊞ ❖ ✣ ❀ ❀ ⚜

大韓民國 東西南北 高等學校 無料書體 落花流水 莫逆之友 大器晩成 螢雪之功

13/30pt, 없음/0

글꼴 가이드 *20/40pt, 없음/0*

글꼴 가이드 *30/50pt, 없음/-10*

글꼴 가이드 *40/60pt, 없음/-25*

글꼴 가이드 *60pt, 없음/-50*

한강 *100pt, 없음/0*

한글 글꼴 가이드 *7/13pt, 없음/10*
한글 글꼴 가이드 *8/15pt, 없음/5*
한글 글꼴 가이드 *9/16pt, 없음/0*
한글 글꼴 가이드 *10/18pt, 없음/-10*
한글 글꼴 가이드 *11/20pt, 없음/-25*
한글 글꼴 가이드 *12/22pt, 없음/-50*

한눈에 보이는 무료 글꼴 가이드 *11/20pt, 없음/0, 서울한강 장체 EB*

비용을 지불하지 않고도 사용할 수 있는 글꼴을 '무료 글꼴'이라고 부릅니다. 사실은 무료 글꼴이 아니라 《공개 글꼴》이라고 해야 맞습니다. 『공개 글꼴』은 권리자가 설정한 "사용 범위"를 잘 살펴서 사용해야 합니다. 모든 것이 허용되는 진정한 무료 글꼴도 있고, 인쇄용으로는 무료로 사용할 수 있지만 영상에는 별도로 허락을 *10/18pt, 없음/0, 서울남산 장체 L*

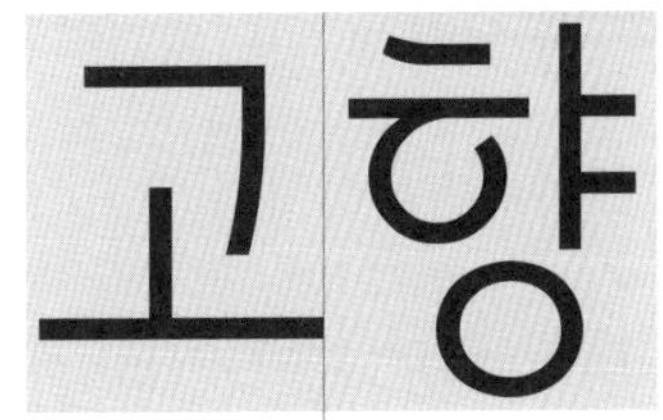

75pt, 없음/0, 서울남산 장체 L

한눈에 보이는 무료 글꼴 가이드 *11/20pt, 없음/-10, 서울남산 장체 B*

비용을 지불하지 않고도 사용할 수 있는 글꼴을 '무료 글꼴'이라고 부릅니다. 사실은 무료 글꼴이 아니라 《공개 글꼴》이라고 해야 맞습니다. 『공개 글꼴』은 권리자가 설정한 "사용 범위"를 잘 살펴서 사용해야 합니다. 모든 것이 허용되는 진정한 무료 글꼴도 있고, 인쇄용으로는 무료로 사용할 수 있지만 영상에는 별도로 허락을 얻어야 하는 *10/18pt, 없음/-25, 서울남산 장체 L*

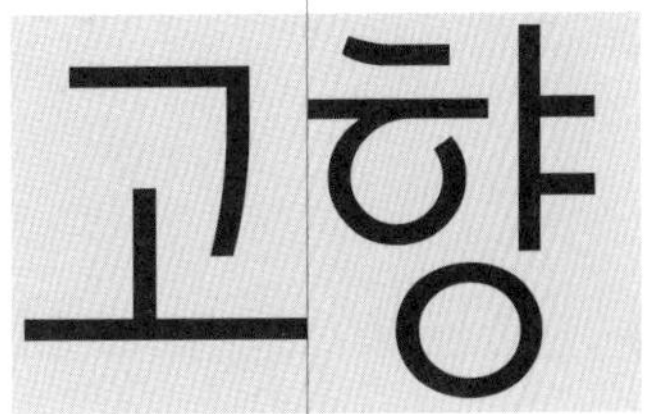

75pt, 없음/-65, 서울남산 장체 L

한눈에 보이는 무료 글꼴 가이드 *11/20pt, 없음/-25, 서울남산 장체 EB*

비용을 지불하지 않고도 사용할 수 있는 글꼴을 '무료 글꼴'이라고 부릅니다. 사실은 무료 글꼴이 아니라 《공개 글꼴》이라고 해야 맞습니다. 『공개 글꼴』은 권리자가 설정한 "사용 범위"를 잘 살펴서 사용해야 합니다. 모든 것이 허용되는 진정한 무료 글꼴도 있고, 인쇄용으로는 무료로 사용할 수 있지만 영상에는 별도로 허락을 얻어야 하는 글꼴도 있습 *10/18pt, 없음/-50, 서울남산 장체 L*

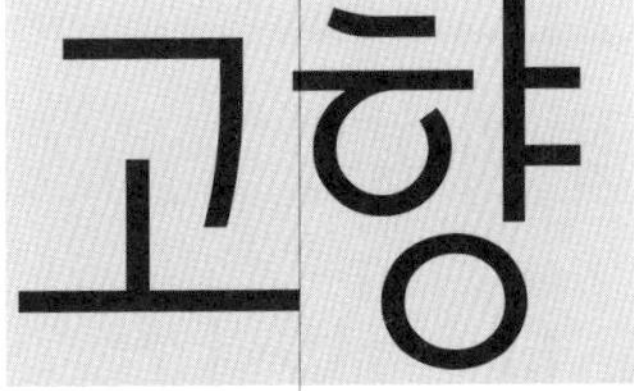

75pt, 시각적/0, 서울남산 장체 L

한눈에 보이는 무료 글꼴 가이드 *11/20pt, 없음/-50, 서울남산 장체 BL*

비용을 지불하지 않고도 사용할 수 있는 글꼴을 '무료 글꼴'이라고 부릅니다. 사실은 무료 글꼴이 아니라 《공개 글꼴》이라고 해야 맞습니다. 『공개 글꼴』은 권리자가 설정한 "사용 범위"를 잘 살펴서 사용해야 합니다. 모든 것이 허용되는 진정한 무료 글꼴도 있고, 인쇄용으로는 무료로 사용할 수 있지만 영상에는 별도로 허락을 얻어야 하는 글꼴도 있습니다. 기업의 *10/18pt, 없음/-75, 서울남산 장체 L*

75pt, 시각적/-30, 서울남산 장체 L

서울남산 장체 Medium *24pt, 없음/0*

한 한 한 한 한 *20pt*
L M B EB BL

덧글은 통신의 예절을 지키면서 표현의 자유를 추구하는 방향으로 씁니다.

가나다라마바사아자차카타파하 괄꽁넋뒷떨립밟빛빵술쏙얹진짰척콥틈편흙

ABCDEFGHIJKLMNOPQRSTUVWXYZ abcdefghijklmnopqrstuvwxyz

1234567890 ①㉚ ❶㉚ ❶⑳ ❶⑳ (1)(20)(26) Ⅰ Ⅱ Ⅲ Ⅳ Ⅴ Ⅹ ⅰ ⅱ ⅲ ⅳ ⅴ ⅹ

~ ! @ # $ % ^ & * _ / ₩ | * ( ) [ ] { } < > 〈 〉 《 》 「 」 『 』 【 】 〔 〕 - + × ÷ =

. , ? : ; ' " ' ' " " · ‥ … © ™ ¶ § mg kg mm cm km Hz cc ○ □ △ ☆ ● ■ ▲ ★

①⑨ 1 9 1 20 1 20 1 20 1 20 1 20 ➛ ← ⬅ ⬅ ⬅ ⬅ ⬅ ⇦ ㊞ ❖ ✣ ❀ ❀ ⚜

大韓民國 東西南北 高等學校 無料書體 落花流水 莫逆之友 大器晩成 螢雪之功

13/30pt, 없음/0

글꼴 가이드 *20/40pt, 없음/0*

글꼴 가이드 *30/50pt, 없음/-10*

글꼴 가이드 *40/60pt, 없음/-25*

글꼴 가이드 *60pt, 없음/-50*

100pt, 없음/0

한글 글꼴 가이드 *7/13pt, 없음/10*

한글 글꼴 가이드 *8/15pt, 없음/5*

한글 글꼴 가이드 *9/16pt, 없음/0*

한글 글꼴 가이드 *10/18pt, 없음/-10*

한글 글꼴 가이드 *11/20pt, 없음/-25*

한글 글꼴 가이드 *12/22pt, 없음/-50*

한눈에 보이는 무료 글꼴 가이드 *11/20pt, 없음/0, 서울한강 장체 EB*

비용을 지불하지 않고도 사용할 수 있는 글꼴을 '무료 글꼴'이라고 부릅니다. 사실은 무료 글꼴이 아니라 《공개 글꼴》이라고 해야 맞습니다. 『공개 글꼴』은 권리자가 설정한 "사용 범위"를 잘 살펴서 사용해야 합니다. 모든 것이 허용되는 진정한 무료 글꼴도 있고, 인쇄용으로는 무료로 사용할 수 있지만 영상에는 별도로 허락을 *10/18pt, 없음/0, 서울남산 장체 M*

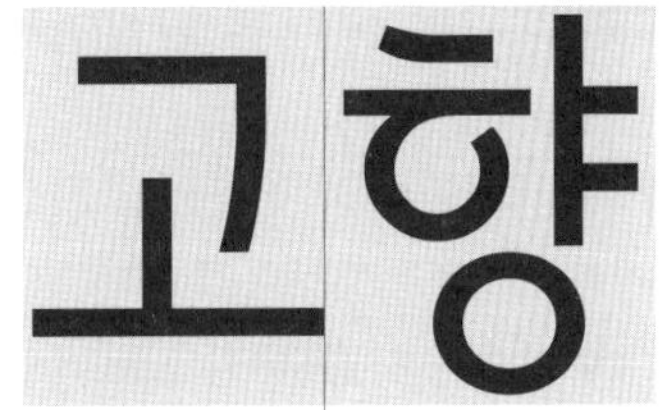

75pt, 없음/0, 서울남산 장체 M

한눈에 보이는 무료 글꼴 가이드 *11/20pt, 없음/-10, 서울남산 장체 B*

비용을 지불하지 않고도 사용할 수 있는 글꼴을 '무료 글꼴'이라고 부릅니다. 사실은 무료 글꼴이 아니라 《공개 글꼴》이라고 해야 맞습니다. 『공개 글꼴』은 권리자가 설정한 "사용 범위"를 잘 살펴서 사용해야 합니다. 모든 것이 허용되는 진정한 무료 글꼴도 있고, 인쇄용으로는 무료로 사용할 수 있지만 영상에는 별도로 허락을 얻어야 하는 *10/18pt, 없음/-25, 서울남산 장체 M*

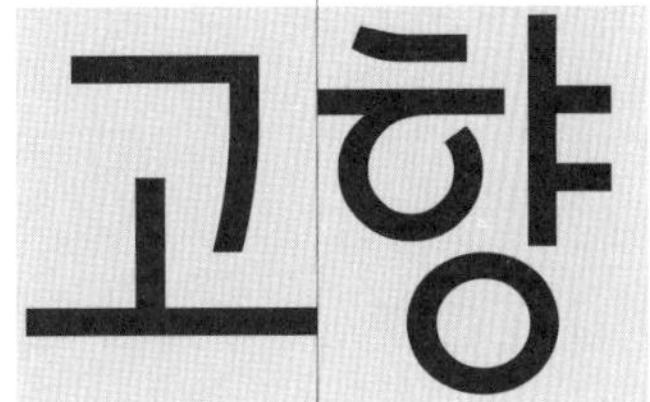

75pt, 없음/-50, 서울남산 장체 M

한눈에 보이는 무료 글꼴 가이드 *11/20pt, 없음/-25, 서울남산 장체 EB*

비용을 지불하지 않고도 사용할 수 있는 글꼴을 '무료 글꼴'이라고 부릅니다. 사실은 무료 글꼴이 아니라 《공개 글꼴》이라고 해야 맞습니다. 『공개 글꼴』은 권리자가 설정한 "사용 범위"를 잘 살펴서 사용해야 합니다. 모든 것이 허용되는 진정한 무료 글꼴도 있고, 인쇄용으로는 무료로 사용할 수 있지만 영상에는 별도로 허락을 얻어야 하는 글꼴도 *10/18pt, 없음/-50, 서울남산 장체 M*

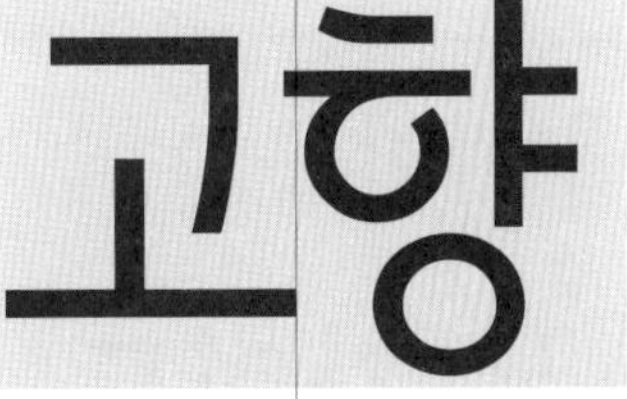

75pt, 시각적/0, 서울남산 장체 M

한눈에 보이는 무료 글꼴 가이드 *11/20pt, 없음/-50, 서울남산 장체 BL*

비용을 지불하지 않고도 사용할 수 있는 글꼴을 '무료 글꼴'이라고 부릅니다. 사실은 무료 글꼴이 아니라 《공개 글꼴》이라고 해야 맞습니다. 『공개 글꼴』은 권리자가 설정한 "사용 범위"를 잘 살펴서 사용해야 합니다. 모든 것이 허용되는 진정한 무료 글꼴도 있고, 인쇄용으로는 무료로 사용할 수 있지만 영상에는 별도로 허락을 얻어야 하는 글꼴도 있습니다. 기업의 *10/18pt, 없음/-75, 서울남산 장체 M*

75pt, 시각적/-30, 서울남산 장체 M

서울남산 장체 Bold 24pt, 없음/0

남 남 남 남 남 20pt

L M B EB BL

덧글은 통신의 예절을 지키면서 표현의 자유를 추구하는 방향으로 씁니다.

가나다라마바사아자차카타파하 괄꽁넋뒷떨립밟빛빵술쏙엌쥔짰척콥틈편흙

ABCDEFGHIJKLMNOPQRSTUVWXYZ abcdefghijklmnopqrstuvwxyz

1234567890 ①㉚ ❶⓴ ❶⓴ ❶⓴ ⑴⒇㉖ Ⅰ Ⅱ Ⅲ Ⅳ Ⅴ Ⅹ ⅰ ⅱ ⅲ ⅳ ⅴ ⅹ

~ ! @ # $ % ^ & * _ / ₩ | * ( ) [ ] { } < > 〈 〉 《 》 「 」 『 』 【 】 〔 〕 - + × ÷ =

. , ? : ; ' " ' ' " " · ·· ··· © ™ ¶ § ㎎ ㎏ ㎜ ㎝ ㎞ ㎐ ㏄ ○ □ △ ☆ ● ■ ▲ ★

①⑨ [1][9] [1][20] [1][20] [1][20] [1][20] [1][20] ← ← ← ← ← ← ← ㊞ ❖ ✣ ❀ ❀ ⚜

大韓民國 東西南北 高等學校 無料書體 落花流水 莫逆之友 大器晩成 螢雪之功

13/30pt, 없음/0

글꼴 가이드 20/40pt, 없음/0

글꼴 가이드 30/50pt, 없음/-10

글꼴 가이드 40/60pt, 없음/-25

글꼴 가이드 60pt, 없음/-50

남산 100pt, 없음/0

한글 글꼴 가이드 7/13pt, 없음/10

한글 글꼴 가이드 8/15pt, 없음/5

한글 글꼴 가이드 9/16pt, 없음/0

한글 글꼴 가이드 10/18pt, 없음/-10

한글 글꼴 가이드 11/20pt, 없음/-25

한글 글꼴 가이드 12/22pt, 없음/-50

서울남산 장체 ExtraBold 24pt, 없음/0

남 남 남 남 남 20pt
L M B EB BL

덧글은 통신의 예절을 지키면서 표현의 자유를 추구하는 방향으로 씁니다.

가나다라마바사아자차카타파하 괄꽁넋뒷떨립밟빛빵술쏙얹쥔짰척콥튬편훍

ABCDEFGHIJKLMNOPQRSTUVWXYZ abcdefghijklmnopqrstuvwxyz

1234567890 ①㉚ ❶⑳ ❶⑳ ❶⑳ ⑴⒇(26) Ⅰ Ⅱ Ⅲ Ⅳ Ⅴ Ⅹ ⅰ ⅱ ⅲ ⅳ ⅴ ⅹ

~ ! @ # $ % ^ & * _ / ₩ | * ( ) [ ] { } < > 〈 〉 《 》 「 」 『 』 【 】 〔 〕 - + × ÷ =

. , ? : ; ' " ' ' " " · ·· ··· © ™ ¶ § ㎎ ㎏ ㎜ ㎝ ㎞ ㎐ ㏄ ○ □ △ ☆ ● ■ ▲ ★

①⑨ [1][9] [1][20] [1][20] [1][20] [1][20] [1][20] ← ← ← ← ← ← ← [印] ❖ ✣ ❀ ❀ ⚜

大韓民國 東西南北 高等學校 無料書體 落花流水 莫逆之友 大器晩成 螢雪之功

13/30pt, 없음/0

글꼴 가이드 20/40pt, 없음/0

글꼴 가이드 30/50pt, 없음/-10

글꼴 가이드 40/60pt, 없음/-25

글꼴 가이드 60pt, 없음/-50

남산

100pt, 없음/0

한글 글꼴 가이드	7/13pt, 없음/10
한글 글꼴 가이드	8/15pt, 없음/5
한글 글꼴 가이드	9/16pt, 없음/0
한글 글꼴 가이드	10/18pt, 없음/-10
한글 글꼴 가이드	11/20pt, 없음/-25
한글 글꼴 가이드	12/22pt, 없음/-50

서울한강 장체 Black 24pt, 없음/0

한 한 한 한 한 20pt
L M B EB BL

덧글은 통신의 예절을 지키면서 표현의 자유를 추구하는 방향으로 씁니다.

가나다라마바사아자차카타파하 괄꽁넋뒷떨립밟빛빵술쏙얹쥔짰척쿱틈편흙

ABCDEFGHIJKLMNOPQRSTUVWXYZ abcdefghijklmnopqrstuvwxyz

1234567890 ①㉚ ❶⓴ ❶⓴ ❶⓴ ⑴⒇㉖ Ⅰ Ⅱ Ⅲ Ⅳ Ⅴ Ⅹ ⅰ ⅱ ⅲ ⅳ ⅴ ⅹ

~ ! @ # $ % ^ & * _ / ₩ | * ( ) [ ] { } < > 〈 〉《 》「 」『 』【 】〔 〕- + × ÷ =

. , ? : ; ' " ' ' " " · ‥ … © ™ ¶ § ㎎ ㎏ ㎜ ㎝ ㎞ ㎐ ㏄ ○ □ △ ☆ ● ■ ▲ ★

①⑨ 19 1⑳ 120 ①⑳ 120 120 ← ← ← ← ← ← ← ㊞ ❖ ✣ ✽ ❀ ⚜

大韓民國 東西南北 高等學校 無料書體 落花流水 莫逆之友 大器晚成 螢雪之功

13/30pt, 없음/0

글꼴 가이드 20/40pt, 없음/0

글꼴 가이드 30/50pt, 없음/-10

글꼴 가이드 40/60pt, 없음/-25

글꼴 가이드 60pt, 없음/-50

한강

100pt, 없음/0

한글 글꼴 가이드 7/13pt, 없음/10

한글 글꼴 가이드 8/15pt, 없음/5

한글 글꼴 가이드 9/16pt, 없음/0

한글 글꼴 가이드 10/18pt, 없음/-10

한글 글꼴 가이드 11/20pt, 없음/-25

한글 글꼴 가이드 12/22pt, 없음/-50

서울남산 장체 Black 24pt, 없음/0

남 남 남 남 남 20pt
L M B EB BL

덧글은 통신의 예절을 지키면서 표현의 자유를 추구하는 방향으로 씁니다.

가나다라마바사아자차카타파하 괄꽁넋뒷떨립밟빛빵술쏙얹쥔짰척콥틈편훑

ABCDEFGHIJKLMNOPQRSTUVWXYZ abcdefghijklmnopqrstuvwxyz

1234567890 ①㉚ ❶⑳ ❶⑳ ❶⑳ ⑴⒇㉖ Ⅰ Ⅱ Ⅲ Ⅳ Ⅴ Ⅹ ⅰ ⅱ ⅲ ⅳ ⅴ ⅹ

~ ! @ # $ % ^ & * _ / ₩ | * ( ) [ ] { } < > 〈 〉 《 》 「 」 『 』 【 】 〔 〕 - + × ÷ =

. , ? : ; ' " ' ' " " · ‥ … © ™ ¶ § ㎎ ㎏ ㎜ ㎝ ㎞ ㎐ ㏄ ○ □ △ ☆ ● ■ ▲ ★

①⑨ [1][9] [1][20] [1][20] [1][20] [1][20] [1][20] ← ← ← ← ← ← ← ← ㊞ ❖ ✣ ❀ ❀ ⚜

大韓民國 東西南北 高等學校 無料書體 落花流水 莫逆之友 大器晩成 螢雪之功

13/30pt, 없음/0

글꼴 가이드 20/40pt, 없음/0

글꼴 가이드 30/50pt, 없음/-10

글꼴 가이드 40/60pt, 없음/-25

글꼴 가이드

60pt, 없음/-50

남산

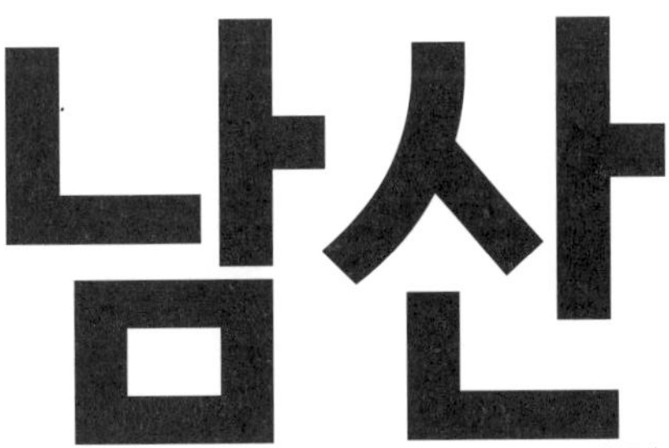

100pt, 없음/0

한글 글꼴 가이드	7/13pt, 없음/10
한글 글꼴 가이드	8/15pt, 없음/5
한글 글꼴 가이드	9/16pt, 없음/0
한글 글꼴 가이드	10/18pt, 없음/-10
한글 글꼴 가이드	11/20pt, 없음/-25
한글 글꼴 가이드	12/22pt, 없음/-50

12. 아리따 부리, 돋움

20/40pt, 없음/0, 아리따 돋움 B

배포: 아모레퍼시픽

10/18pt, 없음/-30, 아리따 돋움 SB/L

취지: 기업 아이덴티티를 보여주는 글꼴 개발 및 브랜드 홍보, 문화 나눔 활동.

발표: 아리따 돋움(2006 한글날), 아리따 부리(2014), 아리따 돋움 4.0(2018)

링크: www.apgroup.com/int/ko/about-us/visual-identity/arita-typeface.html
agfont.com/아리따-글꼴-arita-typeface/

10/18pt, 메트릭/0, Adobe Garamond Pro R

분류: 바탕, 돋움

굵기: 아리따 부리 5단계(HairLine, Light, Medium, SemiBold, Bold)
아리따 돋움 5단계(Thin, Light, Medium, SemiBold, Bold)

특징: 섬세하게 6단계로 디자인된 아름다운 글꼴. 한글 11,172, 로마자 94, 기호 1,028(돋움은 989)자를 지원. 한자는 지원하는 않음.

ag 타이포그라피 연구소에서 개발한, 완성도 높은 기업 브랜드 글꼴. 아쉽게도 책과 비매품 인쇄물에만 사용할 수 있지만 매우 아름다운 한글 글꼴로 활용 가치가 높습니다. 특히 부리부리와 돋움 각 5단계 굵기이지만 오른쪽에서 보듯이 전체적으로는 6단계로 설계되어 있습니다. 아리따 글꼴은 공간을 균일하게 채워주고 획이 복잡한 글자도 부드럽게 표현해줍니다.

10/18pt, 없음/-30, 아리따 부리 L

대부분의 무료 글꼴의 기호 문자는 단일 굵기로 되어 있는 경우가 대부분인데, 아리따 글꼴은 굵기별로 차이나게 잘 다듬어져 있져 활용도가 높습니다. 기호 문자의 수가 많지 않은 것이 아쉽습니다.

무료 사용 범위			
인쇄: O	**영상:** X	**웹사이트:** O	**전자책:** X
BI/CI: X	**제품:** X	**모바일:** X	**서버:** X
출처 생략: X	**재배포:** O	**수정배포:** X	**판매:** X

10pt, 없음/0, 아리따 돋움 SB

9pt, 없음/0, 아리따 돋움 M/L

출처: 아리따 글꼴을 사용하려면 "이 제작물은 아무레퍼시픽의 아리따글꼴을 사용하여 디자인되었습니다." 문구를 6pt 이상의 크기로 명기해야 합니다.

8/14pt, 없음/-10, 아리따 돋움 M/L

주의: 아리따 글꼴은 판매용 제품과 포장용 상자, 그리고 CI와 BI에는 사용할 수 없습니다. 예외는 출판용 서책, 판매용이 아닌 인쇄물, 기업을 대표하는 웹사이트이며, 이때도 반드시 출처를 밝혀야 합니다. 다른 무료 글꼴보다 사용 조건이 까다로우므로 조심하기 바랍니다. 영상, 전자책, 모바일, 서버 등은 언급이 없지만 화장품 회사의 브랜드용 글꼴이므로 사용을 허락하지 않을 것으로 보입니다.

아리따 부리	아리따 돋움	20pt, 없음/-30

HairLine

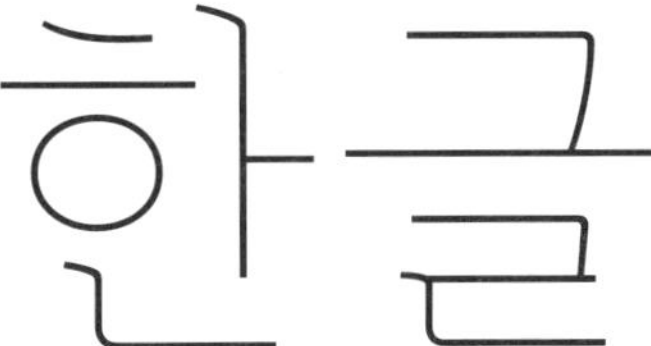

	아리따 부리	아리따 돋움	
		한글	Thin
Light	한글	한글	Light
Medium	한글	한글	Medium
SemiBold	한글	한글	SemiBold
Bold	한글	한글	Bold

72/80pt, 없음/0

아리따 부리 HairLine 24pt, 없음/0

바 바 바 바 바 20pt
HL L M SB B

덧글은 통신의 예절을 지키면서 표현의 자유를 추구하는 방향으로 씁니다.

가나다라마바사아자차카타파하 괄꽁넋뒷떨립밟빛빵숱쏙얹쥔짰척콥틈편흙

ABCDEFGHIJKLMNOPQRSTUVWXYZ abcdefghijklmnopqrstuvwxyz

1 2 3 4 5 6 7 8 9 0 ①⑩⑮ (1)(10)(15) I II III IV V X i ii iii iv v x

~ ! @ # $ % ^ & * _ / \ | * ( ) [ ] { } <> 〈〉《》「」『』【】〔〕 - + × ÷ =

. , ? : ; ' " ‘ ’ “ ” · ‥ … ® ™¶§ mg kg mm cm km Hz cc ○□△☆ ●■▲★

13/30pt, 없음/0

서로 어울리는 글꼴을 사용합니다. 26pt, 없음/-30

글꼴 가이드 20/40pt, 없음/0

글꼴 가이드 30/50pt, 없음/-10

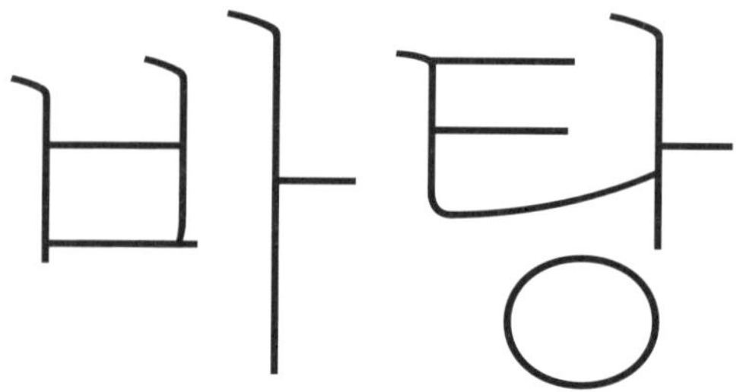

글꼴 가이드 40/60pt, 없음/-25

글꼴 가이드 60pt, 없음/-50

바탕 100pt, 없음/0

한글 글꼴 가이드 7/13pt, 없음/10
한글 글꼴 가이드 8/15pt, 없음/5
한글 글꼴 가이드 9/16pt, 없음/0
한글 글꼴 가이드 10/18pt, 없음/-10
한글 글꼴 가이드 11/20pt, 없음/-25
한글 글꼴 가이드 12/22pt, 없음/-50

한눈에 보이는 무료 글꼴 가이드 *11/20pt, 없음/-10, 아리따 부리 SB*

비용을 지불하지 않고도 사용할 수 있는 글꼴을 '무료 글꼴'이라고 부릅니다. 사실은 무료 글꼴이 아니라 《공개 글꼴》이라고 해야 맞습니다. 『공개 글꼴』은 권리자가 설정한 "사용 범위"를 잘 살펴서 사용해야 합니다. 모든 것이 허용되는 진정한 무료 글꼴도 있고, 인쇄용으로는 *10/18pt, 없음/0, 아리따 부리 HL*

한눈에 보이는 무료 글꼴 가이드 *11/20pt, 없음/-25, 아리따 부리 B*

비용을 지불하지 않고도 사용할 수 있는 글꼴을 '무료 글꼴'이라고 부릅니다. 사실은 무료 글꼴이 아니라 《공개 글꼴》이라고 해야 맞습니다. 『공개 글꼴』은 권리자가 설정한 "사용 범위"를 잘 살펴서 사용해야 합니다. 모든 것이 허용되는 진정한 무료 글꼴도 있고, 인쇄용으로는 무료로 *10/18pt, 없음/-25, 아리따 부리 HL*

한눈에 보이는 무료 글꼴 가이드 *11/20pt, 없음/-50, 아리따 돋움 M*

비용을 지불하지 않고도 사용할 수 있는 글꼴을 '무료 글꼴'이라고 부릅니다. 사실은 무료 글꼴이 아니라 《공개 글꼴》이라고 해야 맞습니다. 『공개 글꼴』은 권리자가 설정한 "사용 범위"를 잘 살펴서 사용해야 합니다. 모든 것이 허용되는 진정한 무료 글꼴도 있고, 인쇄용으로는 무료로 사용할 수 *10/18pt, 없음/-50, 아리따 부리 HL*

한눈에 보이는 무료 글꼴 가이드 *11/20pt, 없음/-75, 아리따 돋움 SB*

비용을 지불하지 않고도 사용할 수 있는 글꼴을 '무료 글꼴'이라고 부릅니다. 사실은 무료 글꼴이 아니라 《공개 글꼴》이라고 해야 맞습니다. 『공개 글꼴』은 권리자가 설정한 "사용 범위"를 잘 살펴서 사용해야 합니다. 모든 것이 허용되는 진정한 무료 글꼴도 있고, 인쇄용으로는 무료로 사용할 수 있지만 영상 *10/18pt, 없음/-75, 아리따 부리 HL*

75pt, 없음/0, 아리따 부리 HL

75pt, 없음/-100, 아리따 부리 HL

75pt, 시각적/0, 아리따 부리 HL

75pt, 시각적/-30, 아리따 부리 HL

아리따 부리 Light *24pt, 없음/0*

바 바 바 바 바 *20pt*

HL L M SB B

덧글은 통신의 예절을 지키면서 표현의 자유를 추구하는 방향으로 씁니다.

가나다라마바사아자차카타파하 괄꽁넋뒷떨립밟빛빵술쏙얹쥔짰척콥틈편흙

ABCDEFGHIJKLMNOPQRSTUVWXYZ abcdefghijklmnopqrstuvwxyz

1 2 3 4 5 6 7 8 9 0 ①⑩⑮ (1)(10)(15) I II III IV V X i ii iii iv v x

~ ! @ # $ % ^ & * _ / \ | * ( ) [ ] { } < > 〈 〉《 》「 」『 』【 】〔 〕 - + × ÷ =

. , ? : ; ' " ‘ ’ “ ” · ·· ··· ® ™ ¶ § mg kg mm cm km Hz cc ○ □ △ ☆ ● ■ ▲ ★

13/30pt, 없음/0

서로 어울리는 글꼴을 사용합니다. *26pt, 없음/-30*

글꼴 가이드 *20/40pt, 없음/0*

100pt, 없음/0

글꼴 가이드 *30/50pt, 없음/-10*

글꼴 가이드 *40/60pt, 없음/-25*

글꼴 가이드 *60pt, 없음/-50*

한글 글꼴 가이드 *7/13pt, 없음/10*

한글 글꼴 가이드 *8/15pt, 없음/5*

한글 글꼴 가이드 *9/16pt, 없음/0*

한글 글꼴 가이드 *10/18pt, 없음/-10*

한글 글꼴 가이드 *11/20pt, 없음/-25*

한글 글꼴 가이드 *12/22pt, 없음/-50*

한눈에 보이는 무료 글꼴 가이드 *11/20pt, 없음/-10, 아리따 부리 B*

비용을 지불하지 않고도 사용할 수 있는 글꼴을 '무료 글꼴'이라고 부릅니다. 사실은 무료 글꼴이 아니라 《공개 글꼴》이라고 해야 맞습니다. 『공개 글꼴』은 권리자가 설정한 "사용 범위"를 잘 살펴서 사용해야 합니다. 모든 것이 허용되는 진정한 무료 글꼴도 있고, 인쇄용으로는 무료로 *10/18pt, 없음/0, 아리따 부리 L*

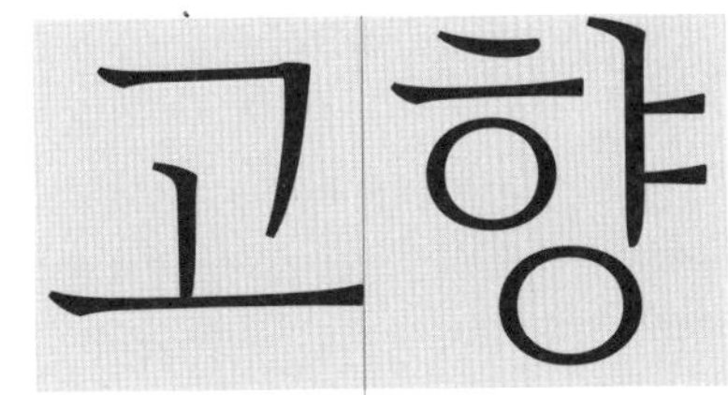

75pt, 없음/0, 아리따 부리 L

한눈에 보이는 무료 글꼴 가이드 *11/20pt, 없음/-25, 아리따 돋움 M*

비용을 지불하지 않고도 사용할 수 있는 글꼴을 '무료 글꼴'이라고 부릅니다. 사실은 무료 글꼴이 아니라 《공개 글꼴》이라고 해야 맞습니다. 『공개 글꼴』은 권리자가 설정한 "사용 범위"를 잘 살펴서 사용해야 합니다. 모든 것이 허용되는 진정한 무료 글꼴도 있고, 인쇄용으로는 무료로 사용할 수 *10/18pt, 없음/-25, 아리따 부리 L*

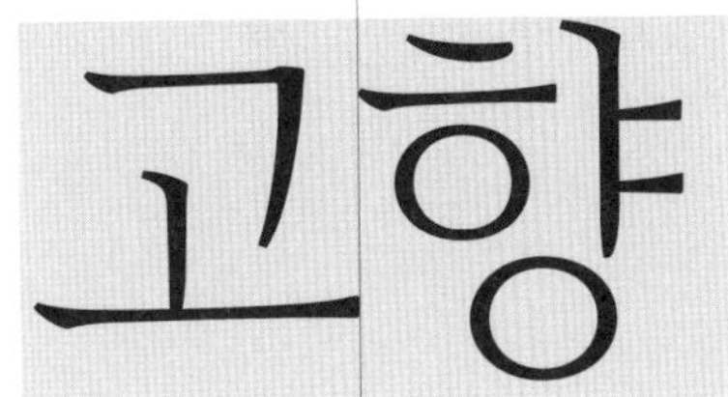

75pt, 없음/-80, 아리따 부리 L

한눈에 보이는 무료 글꼴 가이드 *11/20pt, 없음/-50, 아리따 돋움 SB*

비용을 지불하지 않고도 사용할 수 있는 글꼴을 '무료 글꼴'이라고 부릅니다. 사실은 무료 글꼴이 아니라 《공개 글꼴》이라고 해야 맞습니다. 『공개 글꼴』은 권리자가 설정한 "사용 범위"를 잘 살펴서 사용해야 합니다. 모든 것이 허용되는 진정한 무료 글꼴도 있고, 인쇄용으로는 무료로 사용할 수 있지만 *10/18pt, 없음/-50, 아리따 부리 L*

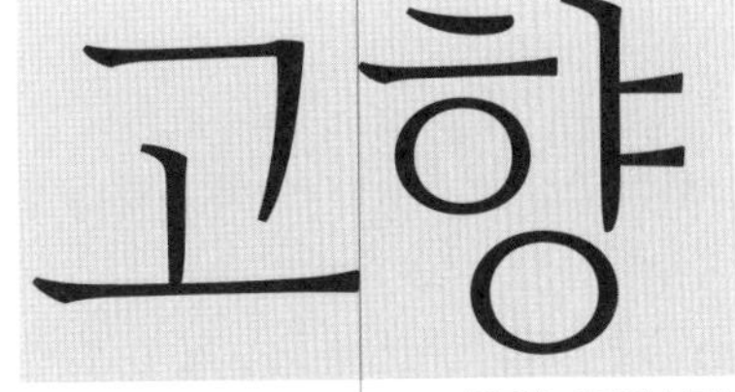

75pt, 시각적/0, 아리따 부리 L

한눈에 보이는 무료 글꼴 가이드 *11/20pt, 없음/-75, 아리따 돋움 B*

비용을 지불하지 않고도 사용할 수 있는 글꼴을 '무료 글꼴'이라고 부릅니다. 사실은 무료 글꼴이 아니라 《공개 글꼴》이라고 해야 맞습니다. 『공개 글꼴』은 권리자가 설정한 "사용 범위"를 잘 살펴서 사용해야 합니다. 모든 것이 허용되는 진정한 무료 글꼴도 있고, 인쇄용으로는 무료로 사용할 수 있지만 영상에는 *10/18pt, 없음/-75, 아리따 부리 L*

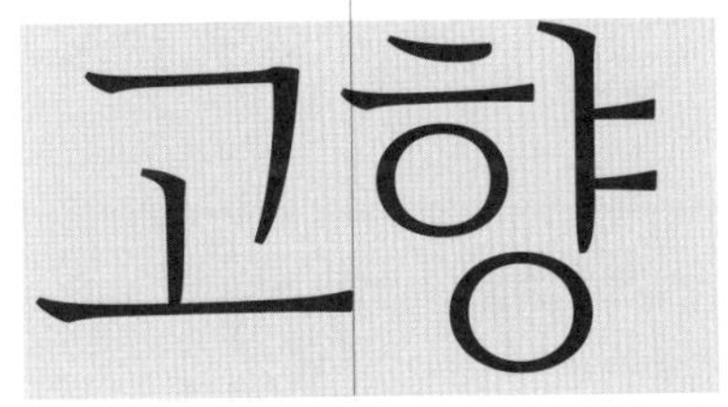

75pt, 시각적/-30, 아리따 부리 L

아리따 부리 Medium 24pt, 없음/0

바 바 바 바 바 20pt
HL L M SB B

덧글은 통신의 예절을 지키면서 표현의 자유를 추구하는 방향으로 씁니다.

가나다라마바사아자차카타파하 괄꽁넋뒷떨립밟빛빵술쏙얹쥔짰척콥틈편흙

ABCDEFGHIJKLMNOPQRSTUVWXYZ abcdefghijklmnopqrstuvwxyz

1 2 3 4 5 6 7 8 9 0 ①⑩⑮ (1)(10)(15) I II III IV V X i ii iii iv v x

~ ! @ # $ % ^ & * _ / \ | * ( ) [ ] { } < > 〈 〉《 》「 」『 』【 】〔 〕- + × ÷ =

. , ? : ; ' " ‘ ’ “ ” · ‥ … ® ™ ¶ § mg kg mm cm km Hz cc ○ □ △ ☆ ● ■ ▲ ★

13/30pt, 없음/0

서로 어울리는 글꼴을 사용합니다. 26pt, 없음/-30

글꼴 가이드 20/40pt, 없음/0

글꼴 가이드 30/50pt, 없음/-10

글꼴 가이드 40/60pt, 없음/-25

글꼴 가이드 60pt, 없음/-50

바탕 100pt, 없음/0

한글 글꼴 가이드 7/13pt, 없음/10

한글 글꼴 가이드 8/15pt, 없음/5

한글 글꼴 가이드 9/16pt, 없음/0

한글 글꼴 가이드 10/18pt, 없음/-10

한글 글꼴 가이드 11/20pt, 없음/-25

한글 글꼴 가이드 12/22pt, 없음/-50

한눈에 보이는 무료 글꼴 가이드 *11/20pt, 없음/-10, 아리따 부리 B*

비용을 지불하지 않고도 사용할 수 있는 글꼴을 '무료 글꼴'이라고 부릅니다. 사실은 무료 글꼴이 아니라 《공개 글꼴》이라고 해야 맞습니다. 『공개 글꼴』은 권리자가 설정한 "사용 범위"를 잘 살펴서 사용해야 합니다. 모든 것이 허용되는 진정한 무료 글꼴도 있고, 인쇄용으로는 무료로 *10/18pt, 없음/0, 아리따 부리 M*

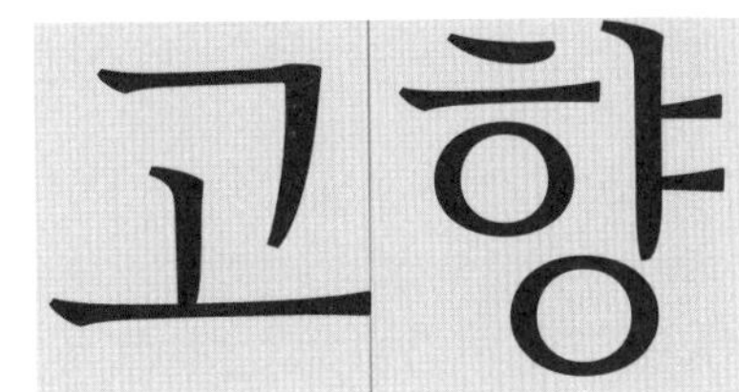

75pt, 없음/0, 아리따 부리 M

한눈에 보이는 무료 글꼴 가이드 *11/20pt, 없음/-25, 아리따 돋움 SB*

비용을 지불하지 않고도 사용할 수 있는 글꼴을 '무료 글꼴'이라고 부릅니다. 사실은 무료 글꼴이 아니라 《공개 글꼴》이라고 해야 맞습니다. 『공개 글꼴』은 권리자가 설정한 "사용 범위"를 잘 살펴서 사용해야 합니다. 모든 것이 허용되는 진정한 무료 글꼴도 있고, 인쇄용으로는 무료로 사용할 수 *10/18pt, 없음/-25, 아리따 부리 M*

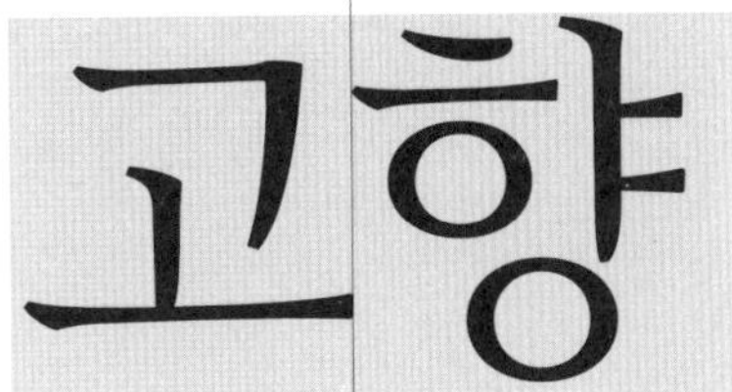

75pt, 없음/-80, 아리따 부리 M

한눈에 보이는 무료 글꼴 가이드 *11/20pt, 없음/-50, 아리따 돋움 B*

비용을 지불하지 않고도 사용할 수 있는 글꼴을 '무료 글꼴'이라고 부릅니다. 사실은 무료 글꼴이 아니라 《공개 글꼴》이라고 해야 맞습니다. 『공개 글꼴』은 권리자가 설정한 "사용 범위"를 잘 살펴서 사용해야 합니다. 모든 것이 허용되는 진정한 무료 글꼴도 있고, 인쇄용으로는 무료로 사용할 수 있지만 *10/18pt, 없음/-50, 아리따 부리 M*

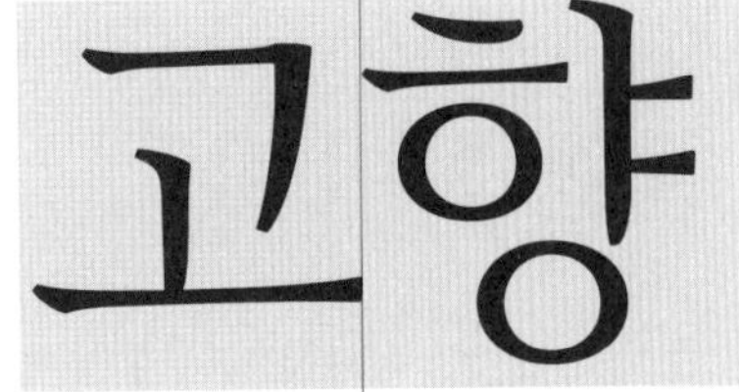

75pt, 시각적/0, 아리따 부리 M

한눈에 보이는 무료 글꼴 가이드 *11/20pt, 없음/-50, 한둥근체 돋움 B*

비용을 지불하지 않고도 사용할 수 있는 글꼴을 '무료 글꼴'이라고 부릅니다. 사실은 무료 글꼴이 아니라 《공개 글꼴》이라고 해야 맞습니다. 『공개 글꼴』은 권리자가 설정한 "사용 범위"를 잘 살펴서 사용해야 합니다. 모든 것이 허용되는 진정한 무료 글꼴도 있고, 인쇄용으로는 무료로 사용할 수 있지만 영상에는 *10/18pt, 없음/-75, 아리따 부리 M*

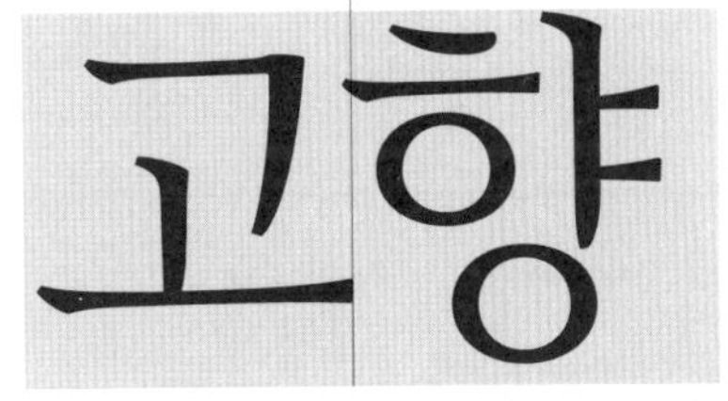

75pt, 시각적/-30, 아리따 부리 M

아리따 부리 SemiBold
24pt, 없음/0

바 바 바 바 바 20pt
HL L M SB B

덧글은 통신의 예절을 지키면서 표현의 자유를 추구하는 방향으로 씁니다.

가나다라마바사아자차카타파하 괄꽁넋뒷떨립밟빛빵술쏙얹쥔짰척콥틈편흙

ABCDEFGHIJKLMNOPQRSTUVWXYZ abcdefghijklmnopqrstuvwxyz

1 2 3 4 5 6 7 8 9 0 ①⑩⑮ (1)(10)(15) I II III IV V X i ii iii iv v x

~ ! @ # $ % ^ & * _ / \ | * () [] {} <> 〈〉《》「」『』【】〔〕 - + × ÷ =

. , ? : ; ' " ' ' " " · ·· ··· ® ™¶ § mg kg mm cm km Hz cc ○□△☆ ●■▲★

13/30pt, 없음/0

서로 어울리는 글꼴을 사용합니다.
26pt, 없음/-30

글꼴 가이드 20/40pt, 없음/0

글꼴 가이드 30/50pt, 없음/-10

글꼴 가이드 40/60pt, 없음/-25

글꼴 가이드 60pt, 없음/-50

바탕
100pt, 없음/0

한글 글꼴 가이드 7/13pt, 없음/10

한글 글꼴 가이드 8/15pt, 없음/5

한글 글꼴 가이드 9/16pt, 없음/0

한글 글꼴 가이드 10/18pt, 없음/-10

한글 글꼴 가이드 11/20pt, 없음/-25

한글 글꼴 가이드 12/22pt, 없음/-50

아리따 부리 Bold
24pt, 없음/0

바 바 바 바 바
HL L M SB B
20pt

덧글은 통신의 예절을 지키면서 표현의 자유를 추구하는 방향으로 씁니다.

가나다라마바사아자차카타파하 괄꽁넋뒷떨립밟빛빵술쏙얹쥔짰척콥틈편흙

ABCDEFGHIJKLMNOPQRSTUVWXYZ abcdefghijklmnopqrstuvwxyz

1 2 3 4 5 6 7 8 9 0 ①⑩⑮ (1)⑽⒂ I II III IV V X i ii iii iv v x

~ ! @ # $ % ^ & * _ / \ | * () [] {} <> 〈〉《》「」『』【】〔〕 - + × ÷ =

. , ? : ; ' " ' ' " " · ‥ … ® ™ ¶ § mg kg mm cm km Hz cc ○□△☆ ●■▲★

13/30pt, 없음/0

서로 어울리는 글꼴을 사용합니다.
26pt, 없음/-30

글꼴 가이드 20/40pt, 없음/0

글꼴 가이드 30/50pt, 없음/-10

글꼴 가이드 40/60pt, 없음/-25

글꼴 가이드 60pt, 없음/-50

바탕
100pt, 없음/0

한글 글꼴 가이드 7/13pt, 없음/10

한글 글꼴 가이드 8/15pt, 없음/5

한글 글꼴 가이드 9/16pt, 없음/0

한글 글꼴 가이드 10/18pt, 없음/-10

한글 글꼴 가이드 11/20pt, 없음/-25

한글 글꼴 가이드 12/22pt, 없음/-50

아리따 돋움 Thin *24pt, 없음/0*

돋 돋 돋 **돋** **돋** *20pt*

TH L M SB B

덧글은 통신의 예절을 지키면서 표현의 자유를 추구하는 방향으로 씁니다.

가나다라마바사아자차카타파하 괄꽁넋뒷떨립밟빛빵술쏙얹쥔짧척쿱튼편흙

ABCDEFGHIJKLMNOPQRSTUVWXYZ abcdefghijklmnopqrstuvwxyz

1 2 3 4 5 6 7 8 9 0 ①⑩⑮ (1)(10)(15) I II III IV V X i ii iii iv v x

~ ! @ # $ % ^ & * _ / \ | * ( ) [ ] { } < > 〈 〉 《 》 「 」 『 』 【 】 〔 〕 - + × ÷ =

. , ? : ; ' " ' ' " " · ·· ··· ® TM ¶ § mg kg mm cm km Hz cc ○□△☆ ●■▲★

13/30pt, 없음/0

서로 어울리는 글꼴을 사용합니다. *26pt, 없음/-30*

글꼴 가이드 *20/40pt, 없음/0*

글꼴 가이드 *30/50pt, 없음/-10*

글꼴 가이드 *40/60pt, 없음/-25*

글꼴 가이드 *60pt, 없음/-50*

돋움 *100pt, 없음/0*

한글 글꼴 가이드 *7/13pt, 없음/10*

한글 글꼴 가이드 *8/15pt, 없음/5*

한글 글꼴 가이드 *9/16pt, 없음/0*

한글 글꼴 가이드 *10/18pt, 없음/-10*

한글 글꼴 가이드 *11/20pt, 없음/-25*

한글 글꼴 가이드 *12/22pt, 없음/-50*

한눈에 보이는 무료 글꼴 가이드 *11/20pt, 없음/-10, 아리따 부리 B*

비용을 지불하지 않고도 사용할 수 있는 글꼴을 '무료 글꼴'이라고 부릅니다. 사실은 무료 글꼴이 아니라 《공개 글꼴》이라고 해야 맞습니다. 『공개 글꼴』은 권리자가 설정한 "사용 범위"를 잘 살펴서 사용해야 합니다. 모든 것이 허용되는 진정한 무료 글꼴도 있고, 인쇄용으로는 무료로 사용할 수 *10/18pt, 없음/0, 아리따 돋움 TH*

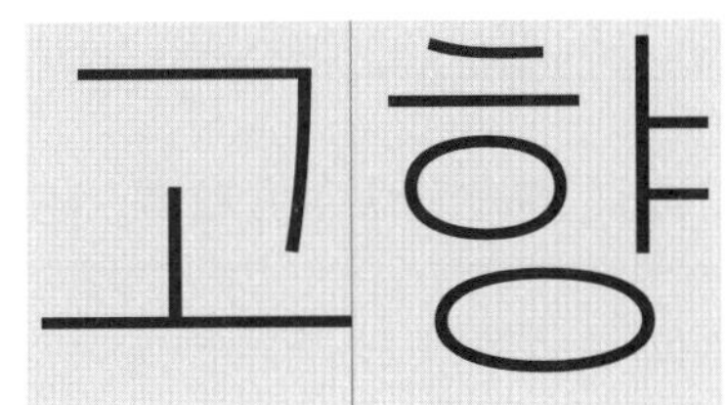

75pt, 없음/0, 아리따 돋움 TH

한눈에 보이는 무료 글꼴 가이드 *11/20pt, 없음/-25, 아리따 돋움 M*

비용을 지불하지 않고도 사용할 수 있는 글꼴을 '무료 글꼴'이라고 부릅니다. 사실은 무료 글꼴이 아니라 《공개 글꼴》이라고 해야 맞습니다. 『공개 글꼴』은 권리자가 설정한 "사용 범위"를 잘 살펴서 사용해야 합니다. 모든 것이 허용되는 진정한 무료 글꼴도 있고, 인쇄용으로는 무료로 사용할 수 있지만 영상 *10/18pt, 없음/-25, 아리따 돋움 TH*

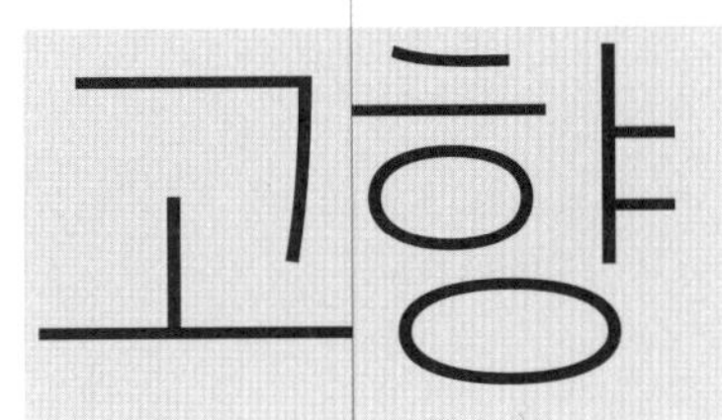

75pt, 없음/-100, 아리따 돋움 TH

한눈에 보이는 무료 글꼴 가이드 *11/20pt, 없음/-50, 아리따 돋움 SB*

비용을 지불하지 않고도 사용할 수 있는 글꼴을 '무료 글꼴'이라고 부릅니다. 사실은 무료 글꼴이 아니라 《공개 글꼴》이라고 해야 맞습니다. 『공개 글꼴』은 권리자가 설정한 "사용 범위"를 잘 살펴서 사용해야 합니다. 모든 것이 허용되는 진정한 무료 글꼴도 있고, 인쇄용으로는 무료로 사용할 수 있지만 영상에는 별도로 *10/18pt, 없음/-50, 아리따 돋움 TH*

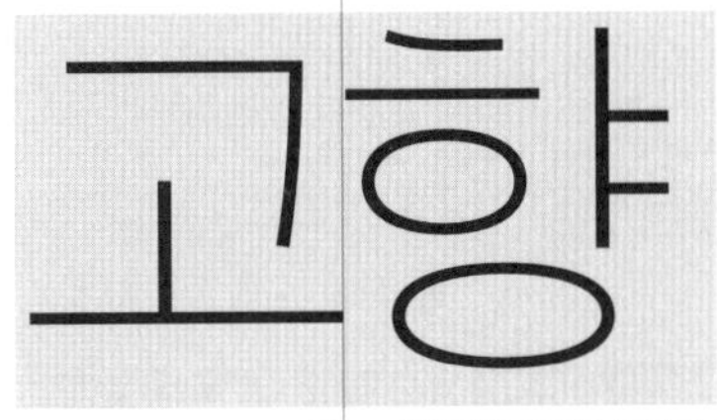

75pt, 시각적/0, 아리따 돋움 TH

한눈에 보이는 무료 글꼴 가이드 *11/20pt, 없음/-75, 아리따 돋움 B*

비용을 지불하지 않고도 사용할 수 있는 글꼴을 '무료 글꼴'이라고 부릅니다. 사실은 무료 글꼴이 아니라 《공개 글꼴》이라고 해야 맞습니다. 『공개 글꼴』은 권리자가 설정한 "사용 범위"를 잘 살펴서 사용해야 합니다. 모든 것이 허용되는 진정한 무료 글꼴도 있고, 인쇄용으로는 무료로 사용할 수 있지만 영상에는 별도로 허락을 얻어 *10/18pt, 없음/-75, 아리따 돋움 TH*

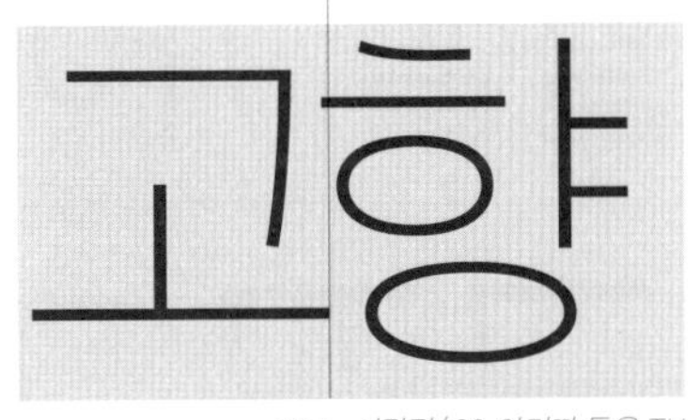

75pt, 시각적/-30, 아리따 돋움 TH

아리따 돋움 Light *24pt, 없음/0*

돋 돋 돋 **돋 돋** *20pt*
TH L M SB B

덧글은 통신의 예절을 지키면서 표현의 자유를 추구하는 방향으로 씁니다.

가나다라마바사아자차카타파하 괄꽁넋뒷떨립밟빛빵술쏙얹쥔짰척콥틈편흙

ABCDEFGHIJKLMNOPQRSTUVWXYZ abcdefghijklmnopqrstuvwxyz

1 2 3 4 5 6 7 8 9 0 ①⑩⑮ (1)(10)(15) Ⅰ Ⅱ Ⅲ Ⅳ Ⅴ Ⅹ ⅰ ⅱ ⅲ ⅳ ⅴ ⅹ

~ ! @ # $ % ^ & * _ / \ | * ( ) [ ] { } < > 〈 〉 《 》 「 」 『 』 【 】 〔 〕 - + × ÷ =

. , ? : ; ' " ' ' " " · ·· ··· ® TM ¶ § mg kg mm cm km Hz cc ○□△☆ ●■▲★

13/30pt, 없음/0

서로 어울리는 글꼴을 사용합니다. *26pt, 없음/-30*

글꼴 가이드 *20/40pt, 없음/0*

글꼴 가이드 *30/50pt, 없음/-10*

글꼴 가이드 *40/60pt, 없음/-25*

글꼴 가이드 *60pt, 없음/-50*

돋움 *100pt, 없음/0*

한글 글꼴 가이드 *7/13pt, 없음/10*

한글 글꼴 가이드 *8/15pt, 없음/5*

한글 글꼴 가이드 *9/16pt, 없음/0*

한글 글꼴 가이드 *10/18pt, 없음/-10*

한글 글꼴 가이드 *11/20pt, 없음/-25*

한글 글꼴 가이드 *12/22pt, 없음/-50*

한눈에 보이는 무료 글꼴 가이드 *11/20pt, 없음/-10, 아리따 부리 B*

비용을 지불하지 않고도 사용할 수 있는 글꼴을 '무료 글꼴'이라고 부릅니다. 사실은 무료 글꼴이 아니라 《공개 글꼴》이라고 해야 맞습니다. 『공개 글꼴』은 권리자가 설정한 "사용 범위"를 잘 살펴서 사용해야 합니다. 모든 것이 허용되는 진정한 무료 글꼴도 있고, 인쇄용으로는 무료로 사용할 수 *10/18pt, 없음/0, 아리따 돋움 L*

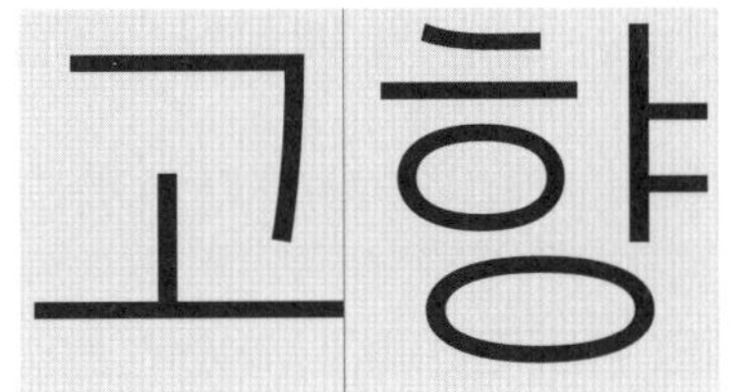

75pt, 없음/0, 아리따 돋움 L

한눈에 보이는 무료 글꼴 가이드 *11/20pt, 없음/-25, 아리따 돋움 SB*

비용을 지불하지 않고도 사용할 수 있는 글꼴을 '무료 글꼴'이라고 부릅니다. 사실은 무료 글꼴이 아니라 《공개 글꼴》이라고 해야 맞습니다. 『공개 글꼴』은 권리자가 설정한 "사용 범위"를 잘 살펴서 사용해야 합니다. 모든 것이 허용되는 진정한 무료 글꼴도 있고, 인쇄용으로는 무료로 사용할 수 있지만 영상 *10/18pt, 없음/-25, 아리따 돋움 L*

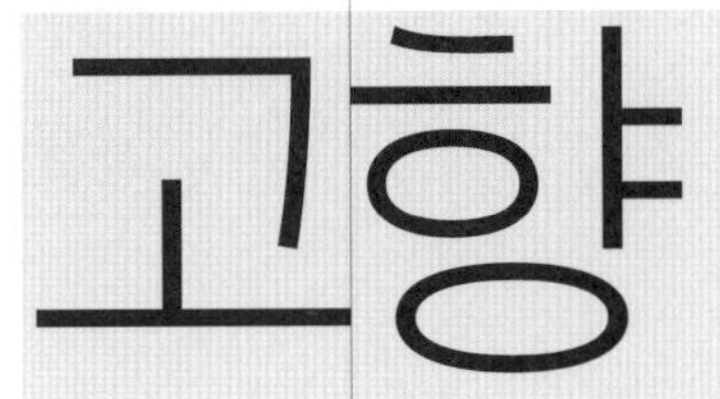

75pt, 없음/-100, 아리따 돋움 L

한눈에 보이는 무료 글꼴 가이드 *11/20pt, 없음/-50, 아리따 돋움 B*

비용을 지불하지 않고도 사용할 수 있는 글꼴을 '무료 글꼴'이라고 부릅니다. 사실은 무료 글꼴이 아니라 《공개 글꼴》이라고 해야 맞습니다. 『공개 글꼴』은 권리자가 설정한 "사용 범위"를 잘 살펴서 사용해야 합니다. 모든 것이 허용되는 진정한 무료 글꼴도 있고, 인쇄용으로는 무료로 사용할 수 있지만 영상에는 별도 *10/18pt, 없음/-50, 아리따 돋움 L*

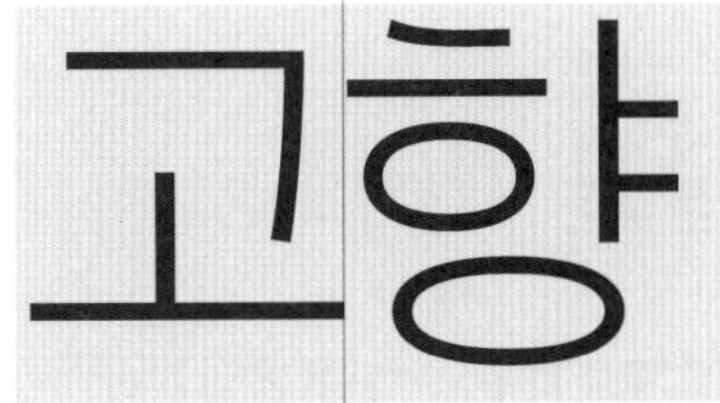

75pt, 시각적/0, 아리따 돋움 L

한눈에 보이는 무료 글꼴 가이드 *11/20pt, 없음/-50, 한둥근체 돋움 B*

비용을 지불하지 않고도 사용할 수 있는 글꼴을 '무료 글꼴'이라고 부릅니다. 사실은 무료 글꼴이 아니라 《공개 글꼴》이라고 해야 맞습니다. 『공개 글꼴』은 권리자가 설정한 "사용 범위"를 잘 살펴서 사용해야 합니다. 모든 것이 허용되는 진정한 무료 글꼴도 있고, 인쇄용으로는 무료로 사용할 수 있지만 영상에는 별도로 허락을 *10/18pt, 없음/-75, 아리따 돋움 L*

75pt, 시각적/-30, 아리따 돋움 L

아리따 돋움 Medium 24pt, 없음/0

돋 돋 돋 돋 돋 20pt

TH L M SB B

덧글은 통신의 예절을 지키면서 표현의 자유를 추구하는 방향으로 씁니다.

가나다라마바사아자차카타파하 괄꽁넋뒷떨립밟빛빵술쏙얹줜짰척콥틈편흙

ABCDEFGHIJKLMNOPQRSTUVWXYZ abcdefghijklmnopqrstuvwxyz

1 2 3 4 5 6 7 8 9 0 ①⑩⑮ (1)(10)(15) I II III IV V X i ii iii iv v x

~ ! @ # $ % ^ & * _ / \ | * ( ) [ ] { } 〈 〉 〈 〉 《 》 「 」 『 』 【 】 〔 〕 - + × ÷ =

. , ? : ; ' " ' ' " " · ·· ··· ® TM ¶ § mg kg mm cm km Hz cc ○□△☆ ●■▲★

13/30pt, 없음/0

서로 어울리는 글꼴을 사용합니다. 26pt, 없음/-30

글꼴 가이드 20/40pt, 없음/0

글꼴 가이드 30/50pt, 없음/-10

글꼴 가이드 40/60pt, 없음/-25

글꼴 가이드 60pt, 없음/-50

돋움

100pt, 없음/0

한글 글꼴 가이드 7/13pt, 없음/10

한글 글꼴 가이드 8/15pt, 없음/5

한글 글꼴 가이드 9/16pt, 없음/0

한글 글꼴 가이드 10/18pt, 없음/-10

한글 글꼴 가이드 11/20pt, 없음/-25

한글 글꼴 가이드 12/22pt, 없음/-50

아리따 돋움 SemiBold 24pt, 없음/0

돋 돋 돋 **돋** **돋** 20pt

T L M SB B

덧글은 통신의 예절을 지키면서 표현의 자유를 추구하는 방향으로 씁니다.

가나다라마바사아자차카타파하 괄꽁넋뒷떨립밟빛빵술쏙얹쥔짰척콥틈편흙

ABCDEFGHIJKLMNOPQRSTUVWXYZ abcdefghijklmnopqrstuvwxyz

1 2 3 4 5 6 7 8 9 0 ①⑩⑮ (1)(10)(15) Ⅰ Ⅱ Ⅲ Ⅳ Ⅴ Ⅹ ⅰ ⅱ ⅲ ⅳ ⅴ ⅹ

~ ! @ # $ % ^ & * _ / \ | * ( ) [ ] { } < > 〈 〉 《 》 「 」 『 』 【 】 〔 〕 - + × ÷ =

. , ? : ; ' " ' ' " " · ·· ··· ® TM ¶ § mg kg mm cm km Hz cc ○□△☆ ●■▲★

13/30pt, 없음/0

서로 어울리는 글꼴을 사용합니다. 26pt, 없음/-30

글꼴 가이드 20/40pt, 없음/0

글꼴 가이드 30/50pt, 없음/-10

글꼴 가이드 40/60pt, 없음/-25

글꼴 가이드 60pt, 없음/-50

돋움 100pt, 없음/0

한글 글꼴 가이드 7/13pt, 없음/10

한글 글꼴 가이드 8/15pt, 없음/5

한글 글꼴 가이드 9/16pt, 없음/0

한글 글꼴 가이드 10/18pt, 없음/-10

한글 글꼴 가이드 11/20pt, 없음/-25

한글 글꼴 가이드 12/22pt, 없음/-50

아리따 돋움 Bold 24pt, 없음/0

돋 돋 돋 돋 돋 20pt
TH L M SB B

덧글은 통신의 예절을 지키면서 표현의 자유를 추구하는 방향으로 씁니다.

가나다라마바사아자차카타파하 괄공넋뒷떨립밟빛빵술쏙얹쥔짰척콥틈편흙

ABCDEFGHIJKLMNOPQRSTUVWXYZ abcdefghijklmnopqrstuvwxyz

1 2 3 4 5 6 7 8 9 0 ①⑩⑮ ⑴⑽⒂ Ⅰ Ⅱ Ⅲ Ⅳ Ⅴ Ⅹ ⅰ ⅱ ⅲ ⅳ ⅴ ⅹ

~ ! @ # $ % ^ & * _ / \ | * ( ) [ ] { } 〈 〉 〈 〉 《 》 「 」 『 』 【 】 〔 〕 - + × ÷ =

. , ? : ; ' " ' ' " " · ·· ··· ® TM ¶ § mg kg mm cm km Hz cc ○□△☆ ●■▲★

13/30pt, 없음/0

서로 어울리는 글꼴을 사용합니다. 26pt, 없음/-30

글꼴 가이드 20/40pt, 없음/0

글꼴 가이드 30/50pt, 없음/-10

글꼴 가이드 40/60pt, 없음/-25

글꼴 가이드 60pt, 없음/-50

돋움 100pt, 없음/0

한글 글꼴 가이드 7/13pt, 없음/10

한글 글꼴 가이드 8/15pt, 없음/5

한글 글꼴 가이드 9/16pt, 없음/0

한글 글꼴 가이드 10/18pt, 없음/-10

한글 글꼴 가이드 11/20pt, 없음/-25

한글 글꼴 가이드 12/22pt, 없음/-50

아리따 부리

18pt, 없음/0

HairLine 서로 어울리는 글꼴을 골라서
사용하는 것이 중요합니다.

Light 서로 어울리는 글꼴을 골라서
사용하는 것이 중요합니다.

Medium 서로 어울리는 글꼴을 골라서
사용하는 것이 중요합니다.

SemiBold **서로 어울리는 글꼴을 골라서
사용하는 것이 중요합니다.**

Bold **서로 어울리는 글꼴을 골라서
사용하는 것이 중요합니다.**

아리따 돋움

18pt, 없음/0

Thin 서로 어울리는 글꼴을 골라서
사용하는 것이 중요합니다.

Light 서로 어울리는 글꼴을 골라서
사용하는 것이 중요합니다.

Medium 서로 어울리는 글꼴을 골라서
사용하는 것이 중요합니다.

SemiBold **서로 어울리는 글꼴을 골라서
사용하는 것이 중요합니다.**

Bold **서로 어울리는 글꼴을 골라서
사용하는 것이 중요합니다.**

*20/26pt, 없음/0
문단이후공백 2.5mm*

13. 이순신 돋움체, 이순신체

20/40pt, 없음/0, 이순신 돋움체 B

배포: 아산시

10/18pt, 없음/-30, 이순신 돋움체 B/M

취지: 이순신 장군 추모, 지자체 홍보

발표: 이순신체(2015), 이순신 돋움체(2016)

링크: www.asan.go.kr/main/cms/?no=49

10/18pt, 메트릭/0, Adobe Garamond Pro SB

분류: 돋움, 필기

굵기: 이순신 돋움체 3단계(Light, Medium, Bold)
이순신체 2단계(Regular, Bold)

특징: 한마음 명조는 본문용으로 사용하기에 적합한 글꼴이며, 한마음 명조는 본문보다는 제목에 더 적합. 한글 2,350, 한자 4,676자로 지원하는 문자수가 많지는 않음.

이순신체는 난중일기의 한문 서체를 참고로 하여 개발한 글꼴입니다. 이순신 장군의 강인함과 리더쉽을 표현하기 위해 거칠고 강한 느낌을 살린 필기체 글꼴입니다. 무료 필기체로서는 보기 드물게 2단계의 굵기를 지원합니다.

10/18pt, 없음/-30, 이순신 돋움체 L

죽자고 하면 살 것이요, 살자고 하면 죽을 것이다!

24pt, 없음/0

이에 비해 이순신 돋움체는 활용도가 높은 돋움 글꼴입니다. 자음 'ㅎ'의 자형이 특이해서 금방 알아볼 수 있습니다.

무료 사용 범위			
인쇄: O	**영상:** O	**웹사이트:** O	**전자책:** O
BI/CI: O	**제품:** O	**모바일:** O	**서버:** O (승인 필요함)
출처 생략: O	**재배포:** O	**수정배포:** O	**판매:** X

10pt, 없음/0, 이순신 돋움체 B

9pt, 없음/0, 이순신 돋움체 M/L

라이선스: 링크에는 "Open Font License", "개인, 학교, 공공기관 등 누구나 무료 사용 가능", "영상 및 인쇄매체, 웹과 모바일 등 제한없이 사용 가능"이라고 되어 있습니다. 따라서 판매를 제외한 모든 것이 가능하다고 봅니다.

8/14pt, 없음/-10, 이순신 돋움체 M/L

참고: 여기에서 정리한 무료 사용 범위는 배포자의 실제 의사와 일부 다를 수 있으며, 이후 배포자의 의사가 바뀔 수도 있습니다. 따라서 상업적인 목적으로 이용하고자 할 때는 이 페이지 상단의 '링크'를 방문하여 정확한 사용 범위를 다시 한번 확인하기 바랍니다.

이순신 돋움체	이순신체	20pt, 없음/-30

Light 한글

Medium 한글 한글 Regular

Bold 한글 한글 Bold

72/80pt, 없음/0

Light 서로 어울리는 글꼴을 사용합니다!

Medium 서로 어울리는 글꼴을 사용합니다!

Bold 서로 어울리는 글꼴을 사용합니다!

Regular 서로 어울리는 글꼴을 사용합니다!

Bold 서로 어울리는 글꼴을 사용합니다!

29/50pt, 없음/0

이순신 돋움체 Light 24pt, 없음/0

돋 돋 돋 20pt
L M B

덧글은 통신의 예절을 지키면서 표현의 자유를 추구하는 방향으로 씁니다.

가나다라마바사아자차카타파하 괄꽁넋뒷떨립밟빛방술쏙얹쥔짰척콥틈편흙

ABCDEFGHIJKLMNOPQRSTUVWXYZ abcdefghijklmnopqrstuvwxyz

1 2 3 4 5 6 7 8 9 0 ①⑩⑮ (1)(10)(15) Ⅰ Ⅱ Ⅲ Ⅳ Ⅴ Ⅹ ⅰ ⅱ ⅲ ⅳ ⅴ ⅹ

~ ! @ # $ % ^ & * _ / ₩ | * ( ) [ ] { } < > 〈 〉《 》「 」『 』【 】〔 〕 − + × ÷ =

. , ? : ; ' " ' ' " " · · · ··· ® ™ ¶ § mg kg mm cm km Hz cc ○ □ △ ☆ ● ■ ▲ ★

13/30pt, 없음/0

서로 어울리는 글꼴을 사용합니다.

28pt, 없음/-30

글꼴 가이드 20/40pt, 없음/0

글꼴 가이드 30/50pt, 없음/-10

글꼴 가이드 40/60pt, 없음/-25

글꼴 가이드

60pt, 없음/-50

돋움

100pt, 없음/0

한글 글꼴 가이드	7/13pt, 없음/10
한글 글꼴 가이드	8/15pt, 없음/5
한글 글꼴 가이드	9/16pt, 없음/0
한글 글꼴 가이드	10/18pt, 없음/-10
한글 글꼴 가이드	11/20pt, 없음/-25
한글 글꼴 가이드	12/22pt, 없음/-50

한눈에 보이는 무료 글꼴 가이드 *11/20pt, 없음/0, 이순신 돋움체 M*

비용을 지불하지 않고도 사용할 수 있는 글꼴을 '무료 글꼴' 이라고
부릅니다. 사실은 무료 글꼴이 아니라 《공개 글꼴》이라고 해야 맞습
니다. 『공개 글꼴』은 권리자가 설정한 "사용 범위"를 잘 살펴서 사용
해야 합니다. 모든 것이 허용되는 진정한 무료 글꼴도 있고, 인쇄용으
로는 무료로 사용할 수 있지만 영상에는 별도 *10/18pt, 없음/0, 이순신 돋움체 L*

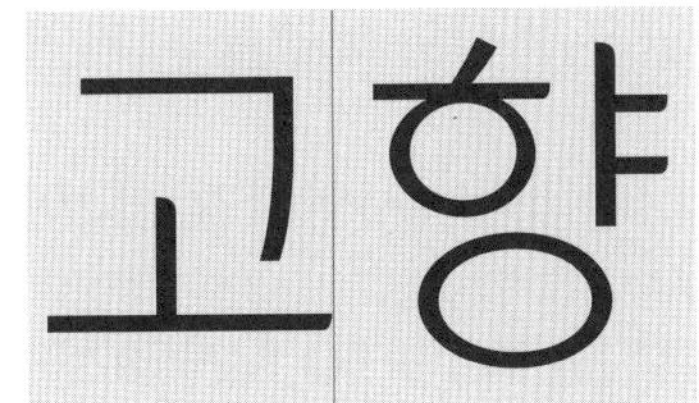

75pt, 없음/0, 이순신 돋움체 L

한눈에 보이는 무료 글꼴 가이드 *11/20pt, 없음/-10, 이순신 돋움체 B*

비용을 지불하지 않고도 사용할 수 있는 글꼴을 '무료 글꼴' 이라고 부
릅니다. 사실은 무료 글꼴이 아니라 《공개 글꼴》이라고 해야 맞습니
다. 『공개 글꼴』은 권리자가 설정한 "사용 범위"를 잘 살펴서 사용해
야 합니다. 모든 것이 허용되는 진정한 무료 글꼴도 있고, 인쇄용으로
는 무료로 사용할 수 있지만 영상에는 별도로 *10/18pt, 없음/-10, 이순신 돋움체 L*

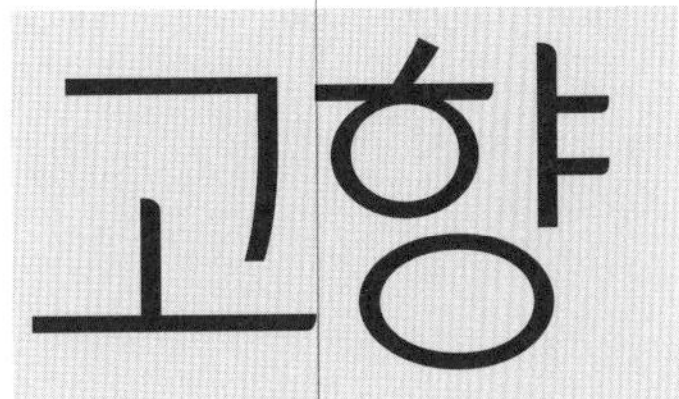

75pt, 없음/-110, 이순신 돋움체 L

한눈에 보이는 무료 글꼴 가이드 *11/20pt, 없음/-25, 바른돋움Pro 3*

비용을 지불하지 않고도 사용할 수 있는 글꼴을 '무료 글꼴' 이라고 부
릅니다. 사실은 무료 글꼴이 아니라 《공개 글꼴》이라고 해야 맞습니다.
『공개 글꼴』은 권리자가 설정한 "사용 범위"를 잘 살펴서 사용해야 합
니다. 모든 것이 허용되는 진정한 무료 글꼴도 있고, 인쇄용으로는 무료
로 사용할 수 있지만 영상에는 별도로 허락을 *10/18pt, 없음/-25, 이순신 돋움체 L*

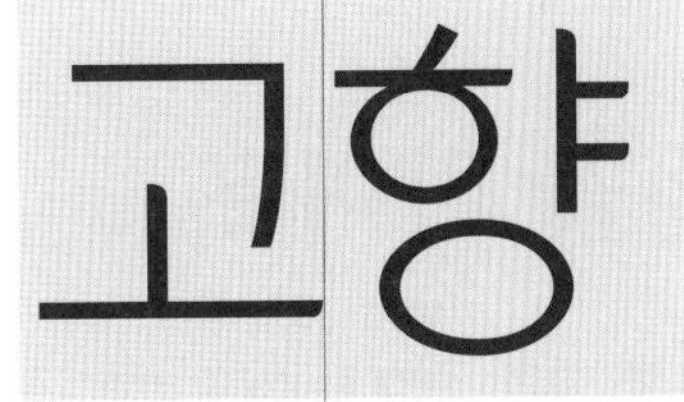

75pt, 시각적/0, 이순신 돋움체 L

한눈에 보이는 무료 글꼴 가이드 *11/20pt, 없음/-50, 본고딕 H*

비용을 지불하지 않고도 사용할 수 있는 글꼴을 '무료 글꼴' 이라고 부릅니
다. 사실은 무료 글꼴이 아니라 《공개 글꼴》이라고 해야 맞습니다. 『공개
글꼴』은 권리자가 설정한 "사용 범위"를 잘 살펴서 사용해야 합니다. 모든
것이 허용되는 진정한 무료 글꼴도 있고, 인쇄용으로는 무료로 사용할 수
있지만 영상에는 별도로 허락을 받아야 하는 *10/18pt, 없음/-50, 이순신 돋움체 L*

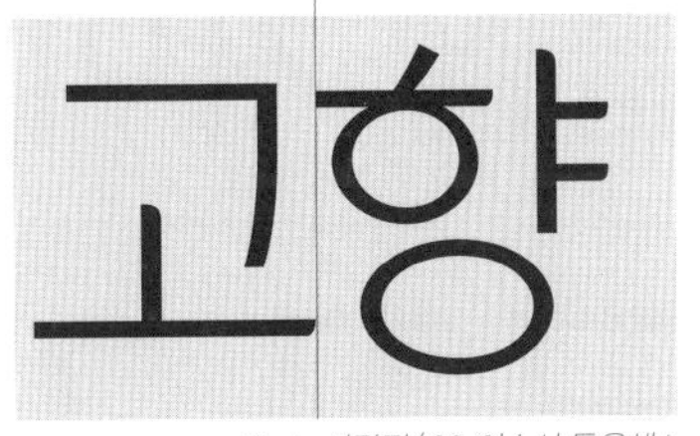

75pt, 시각적/-30, 이순신 돋움체 L

이순신 돋움체 Medium 24pt, 없음/0

돋 돋 돋 20pt
L M B

덧글은 통신의 예절을 지키면서 표현의 자유를 추구하는 방향으로 씁니다.

가나다라마바사아자차카타파하 괄꽁넋뒷떨립밟빛빵술쏙얹쥔짰척콥틈편흙

ABCDEFGHIJKLMNOPQRSTUVWXYZ abcdefghijklmnopqrstuvwxyz

1 2 3 4 5 6 7 8 9 0 ①⑩⑮ ⑴⑽⒂ Ⅰ Ⅱ Ⅲ Ⅳ Ⅴ Ⅹ ⅰ ⅱ ⅲ ⅳ ⅴ ⅹ

~ ! @ # $ % ^ & * _ / ₩ | * ( ) [ ] { } < > 〈 〉《 》「 」『 』【 】〔 〕 − + × ÷ =

. , ? : ; ' " ' ' " " · · · · ··· ® ™ ¶ § ㎎ ㎏ ㎜ ㎝ ㎞ ㎐ ㏄ ○ □ △ ☆ ● ■ ▲ ★

13/30pt, 없음/0

서로 어울리는 글꼴을 사용합니다. 26pt, 없음/-30

글꼴 가이드 20/40pt, 없음/0

글꼴 가이드 30/50pt, 없음/-10

글꼴 가이드 40/60pt, 없음/-25

글꼴 가이드 60pt, 없음/-50

돋움

100pt, 없음/0

한글 글꼴 가이드	7/13pt, 없음/10
한글 글꼴 가이드	8/15pt, 없음/5
한글 글꼴 가이드	9/16pt, 없음/0
한글 글꼴 가이드	10/18pt, 없음/-10
한글 글꼴 가이드	11/20pt, 없음/-25
한글 글꼴 가이드	12/22pt, 없음/-50

이순신 돋움체 Bold 24pt, 없음/0

돋 돋 돋 20pt
L M B

덧글은 통신의 예절을 지키면서 표현의 자유를 추구하는 방향으로 씁니다.

가나다라마바사아자차카타파하 괄꽁넋뒷떨립밟빛빵술쏙없쥔짰척콥틈편흙

ABCDEFGHIJKLMNOPQRSTUVWXYZ abcdefghijklmnopqrstuvwxyz

1 2 3 4 5 6 7 8 9 0 ①⑩⑮ (1)(10)(15) Ⅰ Ⅱ Ⅲ Ⅳ Ⅴ Ⅹ ⅰ ⅱ ⅲ ⅳ ⅴ ⅹ

~ ! @ # $ % ^ & * _ / ₩ | * ( ) [ ] { } < > 〈 〉《 》「 」『 』【 】〔 〕 − + × ÷ =

. , ? : ; ' " ' ' " " · ‥ … ® ™ ¶ § ㎎ ㎏ ㎜ ㎝ ㎞ ㎐ ㏄ ○ □ △ ☆ ● ■ ▲ ★

13/30pt, 없음/0

서로 어울리는 글꼴을 사용합니다. 26pt, 없음/-30

글꼴 가이드 20/40pt, 없음/0

글꼴 가이드 30/50pt, 없음/-10

글꼴 가이드 40/60pt, 없음/-25

글꼴 가이드 60pt, 없음/-50

돋움

100pt, 없음/0

한글 글꼴 가이드 7/13pt, 없음/10

한글 글꼴 가이드 8/15pt, 없음/5

한글 글꼴 가이드 9/16pt, 없음/0

한글 글꼴 가이드 10/18pt, 없음/-10

한글 글꼴 가이드 11/20pt, 없음/-25

한글 글꼴 가이드 12/22pt, 없음/-50

이순신 Regular 24pt, 없음/0

돋 돋 20pt
R B

덧글은 통신의 예절을 지키면서 표현의 자유를 추구하는 방향으로 씁니다.

가나다라마바사아자차카타파하 괄꽁넋됫떨립밟빛빵슐쏙엉쥔짰척콥틈편흙

ABCDEFGHIJKLMNOPQRSTUVWXYZ abcdefghijklmnopqrstuvwxyz

1 2 3 4 5 6 7 8 9 0 ① ⑩ ⑮ (1)(10)(15) Ⅰ Ⅱ Ⅲ Ⅳ Ⅴ Ⅹ ⅰ ⅱ ⅲ ⅳ ⅴ ⅹ

~ ! @ # $ % ^ & * _ / \ | * ( ) [ ] { } 〈 〉〈 〉《 》「 」『 』【 】〔 〕 − + × ÷ =

. , ? : ; ' " ' ' " " · · · · … ® ™ ¶ § mg kg mm cm km Hz cc ○ □ △ ☆ ● ■ ▲ ★

13/30pt, 없음/0

서로 어울리는 글꼴을 사용합니다.

26pt, 없음/-30

글꼴 가이드 20/40pt, 없음/0

글꼴 가이드 30/50pt, 없음/-10

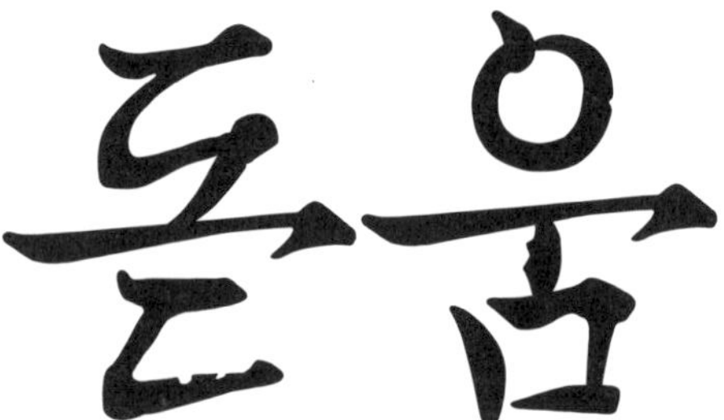

100pt, 없음/0

글꼴 가이드 40/60pt, 없음/-25

60pt, 없음/-50

한글 글꼴 가이드 7/13pt, 없음/10

한글 글꼴 가이드 8/15pt, 없음/5

한글 글꼴 가이드 9/16pt, 없음/0

한글 글꼴 가이드 10/18pt, 없음/-10

한글 글꼴 가이드 11/20pt, 없음/-25

한글 글꼴 가이드 12/22pt, 없음/-50

이순신 Bold 24pt, 없음/0

돋 돋 20pt
R B

덧글은 통신의 예절을 지키면서 표현의 자유를 추구하는 방향으로 씁니다.

가나다라마바사아자차카타파하 괄꽁넋뒷떨립밟빛빵술쓱얹쥔짰칙콥츰펀흙

ABCDEFGHIJKLMNOPQRSTUVWXYZ abcdefghijklmnopqrstuvwxyz

1 2 3 4 5 6 7 8 9 0 ① ⑩ ⑮ (1)(10)(15) Ⅰ Ⅱ Ⅲ Ⅳ Ⅴ Ⅹ ⅰ ⅱ ⅲ ⅳ ⅴ ⅹ

~ ! @ # $ % ^ & * _ / \ | * ( ) [ ] { } 〈 〉〈 〉《 》「 」『 』【 】〔 〕 − + × ÷ =

. , ? : ; ' " ' ' " " · · · · ··· ® ™ ¶ § mg kg mm cm km Hz cc ○ □ △ ☆ ● ■ ▲ ★

13/30pt, 없음/0

서로 어울리는 글꼴을 사용합니다. 26pt, 없음/-30

글꼴 가이드 20/40pt, 없음/0

글꼴 가이드 30/50pt, 없음/-10

글꼴 가이드 40/60pt, 없음/-25

글꼴 가이드 60pt, 없음/-50

돋움 100pt, 없음/0

한글 글꼴 가이드 7/13pt, 없음/10

한글 글꼴 가이드 8/15pt, 없음/5

한글 글꼴 가이드 9/16pt, 없음/0

한글 글꼴 가이드 10/18pt, 없음/-10

한글 글꼴 가이드 11/20pt, 없음/-25

한글 글꼴 가이드 12/22pt, 없음/-50

14. 제주명조, 고딕, 한라산

20/40pt, 없음/0, 제주고딕 R

배포: 제주도

10/18pt, 없음/-30, 제주고딕 R

취지: 제주도 아이덴디티 확립, 연대감 구축, 사인 표준화

발표: 2010년

링크: www.jeju.go.kr/jeju/symbol/font/infor.htm

10/18pt, 메트릭/0, Adobe Garamond Pro S

분류: 바탕, 돋움, 디자인

굵기: 1단계(Regular)

특징: 한글 11,172, 제주어 160, 영문 94, 특수문자 986자를 지원. 한자를 지원하지 않고 기호의 종류가 부족하며 글자 굵기도 1단계뿐인 것이 단점. 하지만 제주명조와 제주고딕은 현대적인 느낌으로 색다른 느낌을 주기에 인기가 높음. 제주어 문자(ᄀᆞ ᄀᆞᆼ ᄋᆞ ᄋᆢ ᄑᆢ ᄒᆞ ᄒᆞᆫ 등)를 지원하는 것이 특징.

제주도가 (주)산돌커뮤니케이션에 의뢰하여 제작한 글꼴입니다. 제주명조와 제주고딕은 위에서 말한 몇 가지 단점에도 불구하고 현대적이고 트렌디한 느낌을 주기 때문인지 본문 글꼴로 인기가 높습니다. 비용 문제로 한자는 추가가 어렵더라도 Light와 Bold 글꼴은 추가해주면 좋을 것 같습니다. '사인 표준화'라는 취지를 살리려고 해도 단일 굵기로는 어렵지 않을까요.

10/18pt, 없음/-30, 제주명조 R

그런데 제주명조에서 일부 기호(' ' ?)에서 왼쪽 혹은 오른쪽에 공간이 생깁니다. 윗문단의 마지막 두 줄에서 확인하실 수 있습니다. 제조고딕에서는 이런 현상이 보이지 않습니다. 어도비 어플리케이션인 포토샵, 일러스트레이터, 인디자인에서는 '시각적' 커닝 기능을 사용하여 이 문제를 해결할 수 있습니다.

무료 사용 범위			
인쇄: O	영상: O	웹사이트: O	전자책: O
BI/CI: O	제품: O	모바일: O	서버: O
출처 생략: O	재배포: O	수정배포: X	판매: X

10pt, 없음/0, 제주고딕 R

9pt, 없음/0, 제주고딕 R

수정: 제주 글꼴의 저작권을 보면 판매만 금지하고 있습니다. 서버 업로드, 재배포, 수정 배포에 대한 언급은 없습니다. 하지만 지자체 브랜드 글꼴이므로 수정 배포는 허락하지 않을 것 같습니다.

8/14pt, 없음/-10, 제주고딕 R

참고: 여기에서 정리한 무료 사용 범위는 배포자의 실제 의사와 일부 다를 수 있으며, 이후 배포자의 의사가 바뀔 수도 있습니다. 따라서 상업적인 목적으로 이용하고자 할 때는 이 페이지 상단의 '링크'를 방문하여 정확한 사용 범위를 다시 한번 확인하기 바랍니다.

제주명조 제주고딕 20pt, 없음/-30

Regular

한글 한글

Regular

72pt, 없음/0

서로 어울리는 글꼴을 골라서
사용하는 것이 중요합니다.

서로 어울리는 글꼴을 골라서
사용하는 것이 중요합니다.

28/40pt, 없음/-25
단락이후 간격 3mm

제주한라산

20pt, 없음/-30

Regular

72pt, 없음/0

서로 어울리는 글꼴을 골라서
사용하는 것이 중요합니다.

28/40pt, 없음/-25

제주명조 Regular 24pt, 없음/0

덧글은 통신의 예절을 지키면서 표현의 자유를 추구하는 방향으로 씁니다.

가나다라마바사아자차카타파하 괄꽁넋뒷떨립밟빛빵술쏙얹쥔짰척콥틈편훍

ABCDEFGHIJKLMNOPQRSTUVWXYZ abcdefghijklmnopqrstuvwxyz

1 2 3 4 5 6 7 8 9 0 ①⑩⑮ ⑴⑽⒂ Ⅰ Ⅱ Ⅲ Ⅳ Ⅴ Ⅹ ⅰ ⅱ ⅲ ⅳ ⅴ ⅹ

~ ! @ # $ % ^ & * _ / ₩ | * ( ) [ ] { } < > 〈 〉 《 》 「 」 『 』 【 】 〔 〕 − + × ÷ =

. , ? : ; ' " ‘ ’ “ ” · ‥ … © ™ ¶ § ㎎ ㎏ ㎜ ㎝ ㎞ ㎐ ㏄ ○□△☆ ●■▲★

13/30pt, 없음/0

서로 어울리는 글꼴을 사용합니다. 26pt, 없음/-30

글꼴 가이드 20/40pt, 없음/0

글꼴 가이드 30/50pt, 없음/-10

글꼴 가이드 40/60pt, 없음/-25

글꼴 가이드 60pt, 없음/-50

명조

100pt, 없음/0

한글 글꼴 가이드 7/13pt, 없음/10

한글 글꼴 가이드 8/15pt, 없음/5

한글 글꼴 가이드 9/16pt, 없음/0

한글 글꼴 가이드 10/18pt, 없음/-10

한글 글꼴 가이드 11/20pt, 없음/-25

한글 글꼴 가이드 12/22pt, 없음/-50

한눈에 보이는 무료 글꼴 가이드 *11/20pt, 없음/0, 제주고딕 R*

비용을 지불하지 않고도 사용할 수 있는 글꼴을 '무료 글꼴' 이라고 부릅니다. 사실은 무료 글꼴이 아니라《공개 글꼴》이라고 해야 맞습니다.『공개 글꼴』은 권리자가 설정한 "사용 범위"를 잘 살펴서 사용해야 합니다. 모든 것이 허용되는 진정한 무료 글꼴도 있고, 인쇄용으로는 무료로 사용할 *10/18pt, 없음/0, 제주명조 R*

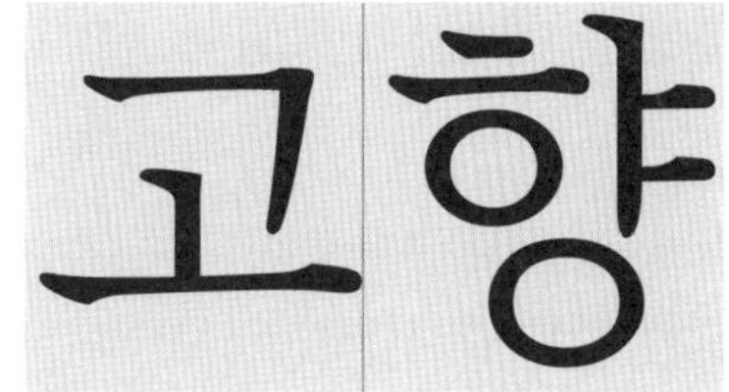

75pt, 없음/0, 제주명조 R

한눈에 보이는 무료 글꼴 가이드 *11/20pt, 없음/-10, 제주고딕 R*

비용을 지불하지 않고도 사용할 수 있는 글꼴을 '무료 글꼴' 이라고 부릅니다. 사실은 무료 글꼴이 아니라《공개 글꼴》이라고 해야 맞습니다.『공개 글꼴』은 권리자가 설정한 "사용 범위"를 잘 살펴서 사용해야 합니다. 모든 것이 허용되는 진정한 무료 글꼴도 있고, 인쇄용으로는 무료로 사용할 수 *10/18pt, 없음/-10, 제주명조 R*

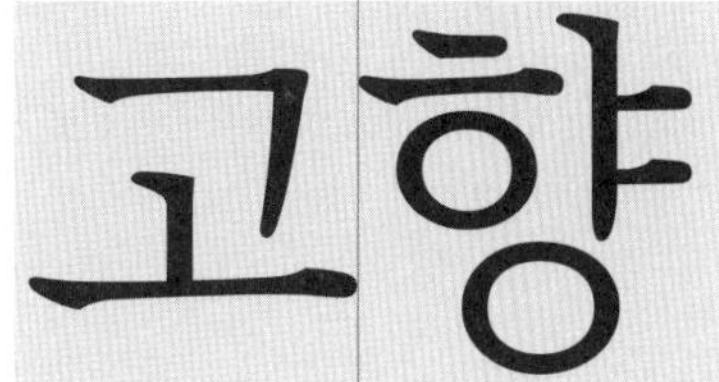

75pt, 없음/-65, 제주명조 R

한눈에 보이는 무료 글꼴 가이드 *11/20pt, 없음/-25, 제주고딕 R*

비용을 지불하지 않고도 사용할 수 있는 글꼴을 '무료 글꼴' 이라고 부릅니다. 사실은 무료 글꼴이 아니라《공개 글꼴》이라고 해야 맞습니다.『공개 글꼴』은 권리자가 설정한 "사용 범위"를 잘 살펴서 사용해야 합니다. 모든 것이 허용되는 진정한 무료 글꼴도 있고, 인쇄용으로는 무료로 사용할 수 *10/18pt, 없음/-25, 제주명조 R*

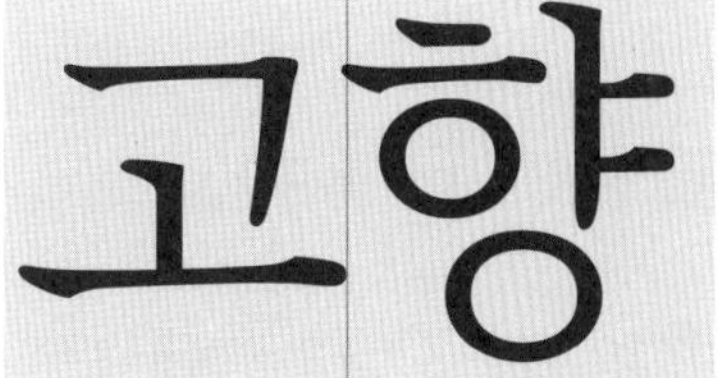

75pt, 시각적/0, 제주명조 R

한눈에 보이는 무료 글꼴 가이드 *11/20pt, 없음/-50, 제주고딕 R*

비용을 지불하지 않고도 사용할 수 있는 글꼴을 '무료 글꼴' 이라고 부릅니다. 사실은 무료 글꼴이 아니라《공개 글꼴》이라고 해야 맞습니다.『공개 글꼴』은 권리자가 설정한 "사용 범위"를 잘 살펴서 사용해야 합니다. 모든 것이 허용되는 진정한 무료 글꼴도 있고, 인쇄용으로는 무료로 사용할 수 있지만 영상에는 *10/18pt, 없음/-50, 제주명조 R*

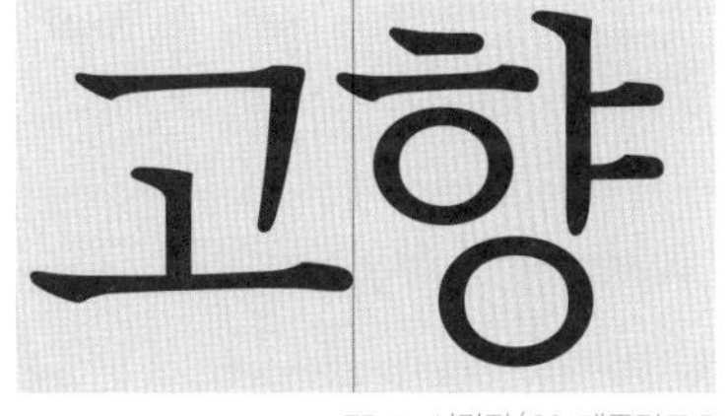

75pt, 시각적/-30, 제주명조 R

제주고딕 Regular *24pt, 없음/0*

덧글은 통신의 예절을 지키면서 표현의 자유를 추구하는 방향으로 씁니다.

가나다라마바사아자차카타파하 괄꽁넋뒷떨립밟빛빵술쏙얹쥔짰척콥틈편훍

ABCDEFGHIJKLMNOPQRSTUVWXYZ abcdefghijklmnopqrstuvwxyz

1 2 3 4 5 6 7 8 9 0 ①⑩⑮ ⑴⑽⒂ Ⅰ Ⅱ Ⅲ Ⅳ Ⅴ Ⅹ ⅰ ⅱ ⅲ ⅳ ⅴ ⅹ

~ ! @ # $ % ^ & * _ / ₩ | * ( ) [ ] { } < > 〈 〉 《 》 「 」 『 』 【 】 〔 〕 - + × ÷ =

. , ? : ; ' " ' ' " " · · · ··· © ™ ¶ § ㎎ ㎏ ㎜ ㎝ ㎞ ㎐ ㏄ ○□△☆ ●■▲★

13/30pt, 없음/0

서로 어울리는 글꼴을 사용합니다. *26pt, 없음/-30*

글꼴 가이드 *20/40pt, 없음/0*

글꼴 가이드 *30/50pt, 없음/-10*

글꼴 가이드 *40/60pt, 없음/-25*

글꼴 가이드 *60pt, 없음/-50*

고딕 *100pt, 없음/0*

한글 글꼴 가이드 *7/13pt, 없음/10*

한글 글꼴 가이드 *8/15pt, 없음/5*

한글 글꼴 가이드 *9/16pt, 없음/0*

한글 글꼴 가이드 *10/18pt, 없음/-10*

한글 글꼴 가이드 *11/20pt, 없음/-25*

한글 글꼴 가이드 *12/22pt, 없음/-50*

제주한라산 Regular 24pt, 없음/0

덧글은 통신의 예절을 지키면서 표현의 자유를 추구하는 방향으로 씁니다.

가나다라마바사아자차카타파하 괄꽁낚뒧떨립밟빛빵숱쏙얹쥔짠척콥틈펀흝

ABCDEFGHIJKLMNOPQRSTUVWXYZ abcdefghijklmnopqrstuvwxyz

1 2 3 4 5 6 7 8 9 0 ①⑩⑮ ⑴⑽⒂ Ⅰ Ⅱ Ⅲ Ⅳ Ⅴ Ⅹ ⅰ ⅱ ⅲ ⅳ ⅴ ⅹ

~ ! @ # $ % ^ & * _ / ₩ | * ( ) [ ] { } 〈 〉 〈 〉 《 》 「 」 『 』 【 】 〔 〕 - + × ÷ =

. , ? : ; ' " ' ' " " · ‥ … © ™ ¶ § ㎎ ㎏ ㎜ ㎝ ㎞ ㎐ ㏄ ○□△☆ ●■▲★

13/30pt, 없음/0

서로 어울리는 글꼴을 사용합니다. 26pt, 없음/-30

글꼴 가이드 20/40pt, 없음/0

글꼴 가이드 30/50pt, 없음/-10

글꼴 가이드 40/60pt, 없음/-25

글꼴 가이드 60pt, 없음/-50

한라

100pt, 없음/0

한글 글꼴 가이드 7/13pt, 없음/10

한글 글꼴 가이드 8/15pt, 없음/5

한글 글꼴 가이드 9/16pt, 없음/0

한글 글꼴 가이드 10/18pt, 없음/-10

한글 글꼴 가이드 11/20pt, 없음/-25

한글 글꼴 가이드 12/22pt, 없음/-50

15. 포천 오성과한음체, 막걸리체

20/40pt, 없음/0, 오성과한음 B

배포: 포천시 *10/18pt, 없음/-30, 오성과한음 B/R*

취지: 지자체 명물 홍보

발표: 2015년

링크: www.pocheon.go.kr/www/contents.do?key=5582 *10/18pt, 메트릭/0, Adobe Garamond Pro R*

분류: 돋움, 필기

굵기: 오성과한음체 2단계(Regular, Bold), 포천막걸리체 1단계(Regular)

특징: 지자체의 명물을 홍보하는 브랜드 글꼴. 오성과한음체도 신선한 돋움 글꼴이지만 붓으로 쓴 듯 결이 살아 있는 포천 막걸리체가 인기.

지자체의 명물을 홍보하는 브랜드 글꼴은 더 친근한 느낌이 듭니다. 오성과한음체는 미소가 지어지는 유쾌한 돋움 글꼴입니다. 한편 포천 막걸리체는 80년 전통의 포천 막걸리의 부드럽고 깊은 맛을 붓글씨의 질감으로 표현했다는 글꼴로 과일소주 '좋은데이' 로고에도 차용되었습니다. 자형에 스크래치가 난 부분의 효과를 보려면 글자 크기를 많이 키워야 합니다. *10/18pt, 없음/-30, 오성과한음 R*

좋은데이

무료 사용 범위			
인쇄: O	**영상:** O	**웹사이트:** O	**전자책:** O
BI/CI: O	**제품:** O	**모바일:** O	**서버:** O
출처 생략: X	**재배포:** O	**수정배포:** X	**판매:** X
라이선스: 인쇄물(포스터, 브로슈어, 리플렛 등)이나 출판용 서책, 웹사이트 등 저작권자를 밝히고 사용이 가능한 곳은 저작권을 밝히고 사용하여 주시기 바랍니다.			

10pt, 없음/0, 오성과한음 B
9pt, 없음/0, 오성과한음 B/R
8/14pt, 없음/-10, 오성과한음 B/R

참고: 여기에서 정리한 무료 사용 범위는 배포자의 실제 의사와 일부 다를 수 있으며, 이후 배포자의 의사가 바뀔 수도 있습니다. 따라서 상업적인 목적으로 이용하고자 할 때는 이 페이지 상단의 '링크'를 방문하여 정확한 사용 범위를 다시 한번 확인하기 바랍니다.

오성과한음 포천 막걸리

20pt, 없음/0

Regular 한글 한글 Regular

Bold 한글

72/86pt, 없음/0

서로 어울리는 글꼴을 골라서 현명하게 사용해야 합니다!

서로 어울리는 글꼴을 골라서 현명하게 사용해야 합니다!

서로 어울리는 글꼴을 골라서 현명하게 사용해야 합니다!

29/40pt, 없음/0
단락이후간격 3mm

포천 오성과한음 Regular 24pt, 없음/0

덧글은 통신의 예절을 지키면서 표현의 자유를 추구하는 방향으로 씁니다.

가나다라마바사아자차카타파하 괄꽁넋뒷떨립밟빛빵술쏙얹쥔짰첵콥틈편흙

ABCDEFGHIJKLMNOPQRSTUVWXYZ abcdefghijklmnopqrstuvwxyz

1 2 3 4 5 6 7 8 9 0 ①⑩⑮ ⑴⑽⒂ Ⅰ Ⅱ Ⅲ Ⅳ Ⅴ Ⅹ ⅰ ⅱ ⅲ ⅳ ⅴ ⅹ

~ ! @ # $ % ^ & * _ / ₩ | * ( ) [ ] { } ‹ › 〈 〉 《 》 「 」 『 』 【 】 〔 〕 - + × ÷ =

. , ? : ; ' " ' ' " " · . . ... ® ™ ¶ § ㎎ ㎏ ㎜ ㎝ ㎞ ㎐ ㏄ ○□△☆ ●■▲★

13/30pt, 없음/0

서로 어울리는 글꼴을 사용합니다. 28pt, 없음/0

글꼴 가이드 20/40pt, 없음/0

글꼴 가이드 30/50pt, 없음/-10

글꼴 가이드 40/60pt, 없음/-25

글꼴 가이드 60pt, 없음/-50

돋움 100pt, 없음/0

한글 글꼴 가이드 7/13pt, 없음/10

한글 글꼴 가이드 8/15pt, 없음/5

한글 글꼴 가이드 9/16pt, 없음/0

한글 글꼴 가이드 10/18pt, 없음/-10

한글 글꼴 가이드 11/20pt, 없음/-25

한글 글꼴 가이드 12/22pt, 없음/-50

한눈에 보이는 무료 글꼴 가이드 *11/20pt, 없음/0, 오성과한음 B*

비용을 지불하지 않고도 사용할 수 있는 글꼴을 '무료 글꼴'이라고 부릅니다. 사실은 무료 글꼴이 아니라 《공개 글꼴》이라고 해야 맞습니다. 『공개 글꼴』은 권리자가 설정한 "사용 범위"를 잘 살펴서 사용해야 합니다. 모든 것이 허용되는 진정한 무료 글꼴도 있고, 인쇄용으로는 무료로 *10/18pt, 없음/0, 오성과한음 R*

75pt, 없음/0, 오성과한음 R

한눈에 보이는 무료 글꼴 가이드 *11/20pt, 없음/-10, 한둥근체 돋움 B*

비용을 지불하지 않고도 사용할 수 있는 글꼴을 '무료 글꼴'이라고 부릅니다. 사실은 무료 글꼴이 아니라 《공개 글꼴》이라고 해야 맞습니다. 『공개 글꼴』은 권리자가 설정한 "사용 범위"를 잘 살펴서 사용해야 합니다. 모든 것이 허용되는 진정한 무료 글꼴도 있고, 인쇄용으로는 무료로 사용할 *10/18pt, 없음/-10, 오성과한음 R*

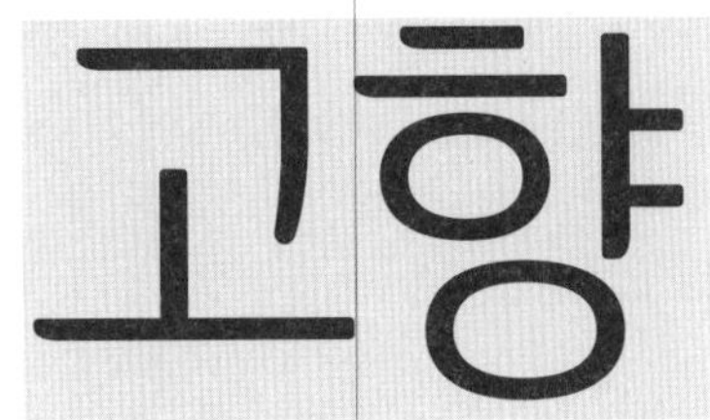

75pt, 없음/-55, 오성과한음 R

한눈에 보이는 무료 글꼴 가이드 *11/20pt, 없음/-25, 바른돋움Pro 3*

비용을 지불하지 않고도 사용할 수 있는 글꼴을 '무료 글꼴'이라고 부릅니다. 사실은 무료 글꼴이 아니라 《공개 글꼴》이라고 해야 맞습니다. 『공개 글꼴』은 권리자가 설정한 "사용 범위"를 잘 살펴서 사용해야 합니다. 모든 것이 허용되는 진정한 무료 글꼴도 있고, 인쇄용으로는 무료로 사용할 수 있 *10/18pt, 없음/-25, 오성과한음 R*

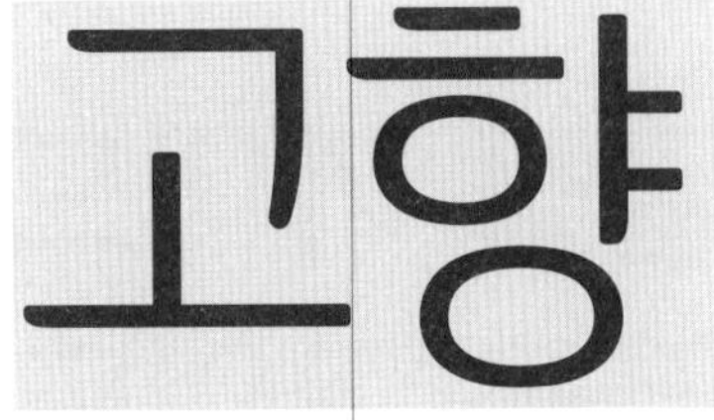

75pt, 시각적/0, 오성과한음 R

한눈에 보이는 무료 글꼴 가이드 *11/20pt, 없음/-50, 본고딕 B*

비용을 지불하지 않고도 사용할 수 있는 글꼴을 '무료 글꼴'이라고 부릅니다. 사실은 무료 글꼴이 아니라 《공개 글꼴》이라고 해야 맞습니다. 『공개 글꼴』은 권리자가 설정한 "사용 범위"를 잘 살펴서 사용해야 합니다. 모든 것이 허용되는 진정한 무료 글꼴도 있고, 인쇄용으로는 무료로 사용할 수 있지만 영상에 *10/18pt, 없음/-50, 오성과한음 R*

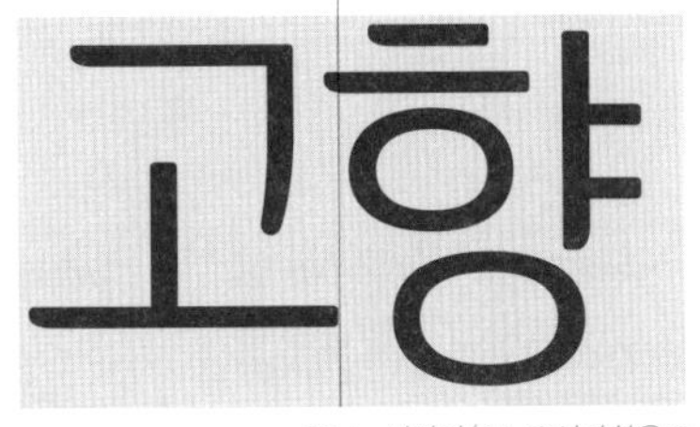

75pt, 시각적/-30, 오성과한음 R

포천 오성과한음 Bold

20pt, 없음/0

돋 돋 20pt
R B

덧글은 통신의 예절을 지키면서 표현의 자유를 추구하는 방향으로 씁니다.

가나다라마바사아자차카타파하 괄꽁넋뒷떨립밟빛빵술쏙얹쥔짰척콥틈편흙

ABCDEFGHIJKLMNOPQRSTUVWXYZ abcdefghijklmnopqrstuvwxyz

1 2 3 4 5 6 7 8 9 0 ①⑩⑮ ⑴⑽⒂ Ⅰ Ⅱ Ⅲ Ⅳ Ⅴ Ⅹ ⅰ ⅱ ⅲ ⅳ ⅴ ⅹ

~ ! @ # $ % ^ & * _ / ₩ | * ( ) [ ] { } 〈 〉 〈 〉 《 》 「 」 『 』 【 】 〔 〕 - + × ÷ =

. , ? : ; ' " ' ' " " · .. ... ® ™ ¶ § ㎎ ㎏ ㎜ ㎝ ㎞ ㎐ ㏄ ○□△☆ ●■▲★

13/30pt, 없음/0

서로 어울리는 글꼴을 사용합니다.

26pt, 없음/-30

글꼴 가이드 20/40pt, 없음/0

글꼴 가이드 30/50pt, 없음/-10

돋움

100pt, 없음/0

글꼴 가이드 40/60pt, 없음/-25

글꼴 가이드 60pt, 없음/-50

한글 글꼴 가이드 7/13pt, 없음/10
한글 글꼴 가이드 8/15pt, 없음/5
한글 글꼴 가이드 9/16pt, 없음/0
한글 글꼴 가이드 10/18pt, 없음/-10
한글 글꼴 가이드 11/20pt, 없음/-25
한글 글꼴 가이드 12/22pt, 없음/-50

포천 막걸리체

30pt, 없음/0

덧글은 통신의 예절을 지키면서 표현의 자유를 추구하는 방향으로 씁니다.

가나다라마바사아자차카타파하 괄꽁넋뒷떨립밟빛빵슬쏙엿쥔짰척콥틈편훑

ABCDEFGHIJKLMNOPQRSTUVWXYZ abcdefghijklmnopqrstuvwxyz

1 2 3 4 5 6 7 8 9 0 ① ⑩ ⑮ ⑴ ⑽ ⒂ Ⅰ Ⅱ Ⅲ Ⅳ Ⅴ Ⅹ ⅰ ⅱ ⅲ ⅳ ⅴ ⅹ

~ ! @ # $ % ^ & * _ / ₩ | * ( ) [ ] { } < > 〈 〉《 》「 」『 』【 】〔 〕- + × ÷ =

. , ? : ; ' " ' ' " " · .. ... ® ™ ¶ § ㎎㎏㎜㎝㎞㎐㏄ ○ □ △ ☆ ● ■ ▲ ★

16/30pt, 없음/0

서로 어울리는 글꼴을 선택하여 사용합니다.

26pt, 없음/-30

글꼴 가이드 20/40pt, 없음/0

글꼴 가이드 30/50pt, 없음/-10

글꼴 가이드 40/60pt, 없음/-25

글꼴 가이드 60pt, 없음/-50

100pt, 없음/0

한글 글꼴 가이드 7/13pt, 없음/10

한글 글꼴 가이드 8/15pt, 없음/5

한글 글꼴 가이드 9/16pt, 없음/0

한글 글꼴 가이드 10/18pt, 없음/-10

한글 글꼴 가이드 11/20pt, 없음/-25

한글 글꼴 가이드 12/22pt, 없음/-50

16. 한둥근체 바탕, 돋움, 제목

20/40pt, 없음/0, 한둥근체 돋움 B

배포: 원불교 *10/18pt, 없음/-30, 한둥근체 돋움 B/R*

취지: 원불교의 특성과 비전을 표현하고 커뮤니케이션하는 도구 제공

발표: 2014년

링크: won.or.kr/posts/detail/29021, font.co.kr/yoonfont/free/free_won.asp *10/18pt, 메트릭/0, Adobe Garamond Pro R*

분류: 바탕, 돋움

굵기: 한둥근체 바탕 2단계(Regular, Bold) 한둥근체 세로쓰기 바탕 2단계(Regular, Bold)
한둥근체 돋움 2단계(Regular, Bold) 한둥근체 세로쓰기 돋움 2단계(Regular, Bold)
한둥근체 제목 1단계(Regular) 한둥근체 세로쓰기 제목 1단계(Regular)

특징: 현대한글 11,172, 한글고어 1,677, 영문 94, KS심볼 986, 한자 20,902자를 지원하며 세로쓰기용 글꼴이 별도로 있음.

원불교가 필요하여 윤디자인에 의뢰하여 개발한 글꼴입니다. 원불교가 가지고 있는 컨텐츠를 다루기 위해 고어와 확장 한자를 지원합니다. 문자수가 많기 때문에 굵기는 2단계만 만든 것 같습니다. 바탕 2개, 돋움 2개, 제목 1개로 5개의 글꼴로 구성되며, 세로쓰기용 글꼴이 있어 총 10개의 글꼴 파일이 있습니다. 일반 글꼴은 세로쓰기를 하면 여러 가지 문제점이 발견되므로 세로쓰기 전용 글꼴을 사용해야 합니다. *10/18pt, 없음/-30, 한둥근체 바탕 R*

자형을 확대해보면 물결치는 듯한 느낌이 납니다. 제목체는 바탕체와 돋움체를 섞어서 만든 것 같습니다. 무료 글꼴이지만 글꼴 파일을 제공하는 용도로는 사용할 수 없으므로 주의하기 바랍니다.

무료 사용 범위 *10pt, 없음/0, 한둥근체 돋움 B*

인쇄: O	**영상:** O	**웹사이트:** O	**전자책:** O
BI/CI: O	**제품:** O	**모바일:** O	**서버:** X
출처 생략: O	**재배포:** X	**수정배포:** X	**판매:** X

9pt, 없음/0, 한둥근체 돋움 B/R

금지: 글꼴의 수정 및 변형(디지털 포맷 변경 포함)을 포함한 개작, 개명은 허용되지 않습니다. 재배포는 허락을 받아야 하며, 유료 양도나 재판매는 금지합니다. 프로그램 패키지, 장비, 디바이스, 서버에 넣는 것은 별도의 허락이 필요합니다. *8/14pt, 없음/-10, 한둥근체 돋움 B/R*

참고: 여기에서 정리한 무료 사용 범위는 배포자의 실제 의사와 일부 다를 수 있으며, 이후 배포자의 의사가 바뀔 수도 있습니다. 따라서 상업적인 목적으로 이용하고자 할 때는 이 페이지 상단의 '링크'를 방문하여 정확한 사용 범위를 다시 한번 확인하기 바랍니다.

한둥근체 바탕

한둥근체 돋움

20pt, 없음/-30

Regular

한글

Regular

한글

Bold

한글

Bold

한글

72/80pt, 없음/0

한둥근체 바탕

세로쓰기 Regular

한둥근체 바탕

세로쓰기 Bold

24pt, 없음/0

한둥근체 돋움

세로쓰기 Regular

한둥근체 돋움

세로쓰기 Bold

24pt, 없음/0

한둥근체 제목

20pt, 없음/-30

Regular

한글

72pt, 없음/0

한둥근체 제목

세로쓰기 Regular

24pt, 없음/0

한둥근체 바탕 Regular 24pt, 없음/0

바 바 20pt
R B

덧글은 통신의 예절을 지키면서 표현의 자유를 추구하는 방향으로 씁니다.

가나다라마바사아자차카타파하 괄꽁넋뒷떨립밟빛빵술쏙얹쥔짰척콥틈편흝

ABCDEFGHIJKLMNOPQRSTUVWXYZ abcdefghijklmnopqrstuvwxyz

1 2 3 4 5 6 7 8 9 0 ①⑩⑮ ⑴⑽⒂ Ⅰ Ⅱ Ⅲ Ⅳ Ⅴ Ⅹ ⅰ ⅱ ⅲ ⅳ ⅴ ⅹ

~ ! @ # $ % ^ & * _ / \ | * ( ) [ ] { } < > 〈 〉 《 》 「 」 『 』 【 】 〔 〕 − + × ÷ =

. , ? : ; ' " ' ' " " · ‥ … ® ™ ¶ § ㎎ ㎏ ㎜ ㎝ ㎞ ㎐ ㏄ ○□△☆ ●■▲★

大韓民國 東西南北 高等學校 無料書體 落花流水 莫逆之友 大器晩成 螢雪之功

13/30pt, 없음/0

글꼴 가이드 20/40pt, 없음/0

글꼴 가이드 30/50pt, 없음/-10

글꼴 가이드 40/60pt, 없음/-25

글꼴 가이드 60pt, 없음/-50

바탕

100pt, 없음/0

한글 글꼴 가이드 7/13pt, 없음/10

한글 글꼴 가이드 8/15pt, 없음/5

한글 글꼴 가이드 9/16pt, 없음/0

한글 글꼴 가이드 10/18pt, 없음/-10

한글 글꼴 가이드 11/20pt, 없음/-25

한글 글꼴 가이드 12/22pt, 없음/-50

한눈에 보이는 무료 글꼴 가이드 *11/20pt, 없음/0, 한둥근체 돋움 B*

비용을 지불하지 않고도 사용할 수 있는 글꼴을 '무료 글꼴'이라고 부릅니다. 사실은 무료 글꼴이 아니라 《공개 글꼴》이라고 해야 맞습니다. 『공개 글꼴』은 권리자가 설정한 "사용 범위"를 잘 살펴서 사용해야 합니다. 모든 것이 허용되는 진정한 무료 글꼴도 있고, 인쇄용으로는 무료로 사용 *10/18pt, 없음/0, 한둥근체 바탕 R*

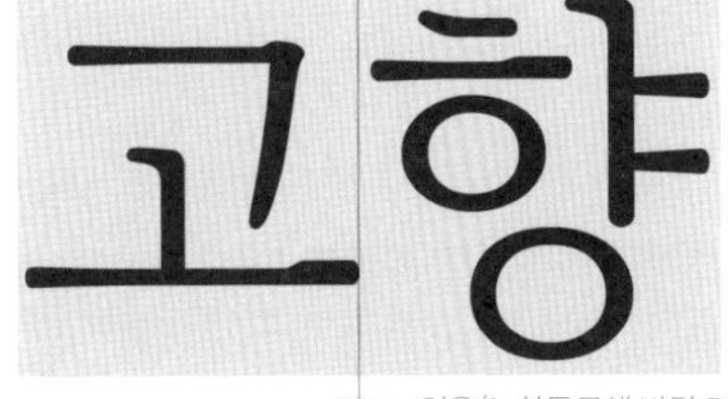

75pt, 없음/0, 한둥근체 바탕 R

한눈에 보이는 무료 글꼴 가이드 *11/20pt, 없음/-10, 나눔고딕 B*

비용을 지불하지 않고도 사용할 수 있는 글꼴을 '무료 글꼴'이라고 부릅니다. 사실은 무료 글꼴이 아니라 《공개 글꼴》이라고 해야 맞습니다. 『공개 글꼴』은 권리자가 설정한 "사용 범위"를 잘 살펴서 사용해야 합니다. 모든 것이 허용되는 진정한 무료 글꼴도 있고, 인쇄용으로는 무료로 사용 *10/18pt, 없음/-10, 한둥근체 바탕 R*

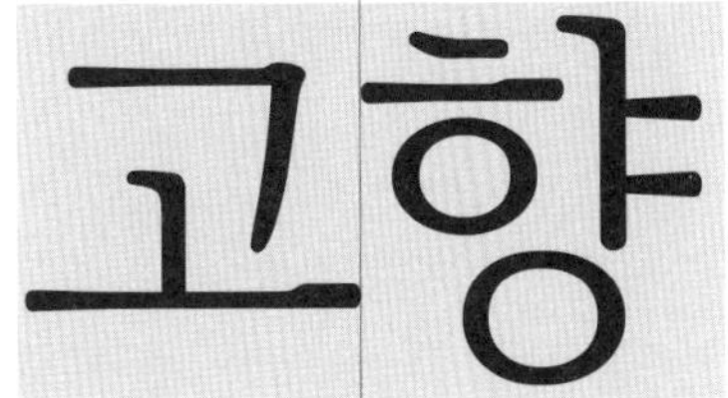

75pt, 없음/-30, 한둥근체 바탕 R

한눈에 보이는 무료 글꼴 가이드 *11/20pt, 없음/-25, 나눔고딕 EB*

비용을 지불하지 않고도 사용할 수 있는 글꼴을 '무료 글꼴'이라고 부릅니다. 사실은 무료 글꼴이 아니라 《공개 글꼴》이라고 해야 맞습니다. 『공개 글꼴』은 권리자가 설정한 "사용 범위"를 잘 살펴서 사용해야 합니다. 모든 것이 허용되는 진정한 무료 글꼴도 있고, 인쇄용으로는 무료로 사용할 수 *10/18pt, 없음/-25, 한둥근체 바탕 R*

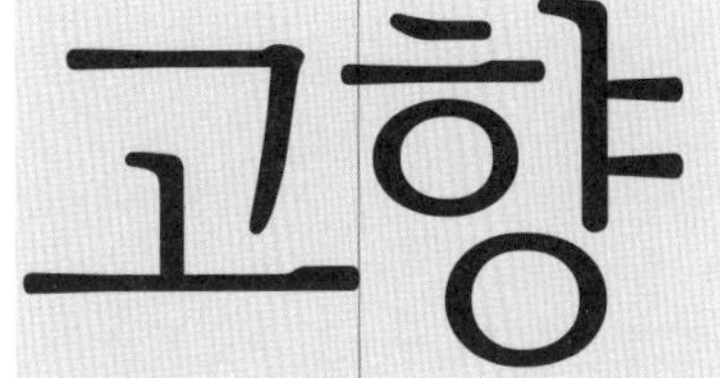

75pt, 시각적/0, 한둥근체 바탕 R

한눈에 보이는 무료 글꼴 가이드 *11/20pt, 없음/-50, 본고딕 H*

비용을 지불하지 않고도 사용할 수 있는 글꼴을 '무료 글꼴'이라고 부릅니다. 사실은 무료 글꼴이 아니라 《공개 글꼴》이라고 해야 맞습니다. 『공개 글꼴』은 권리자가 설정한 "사용 범위"를 잘 살펴서 사용해야 합니다. 모든 것이 허용되는 진정한 무료 글꼴도 있고, 인쇄용으로는 무료로 사용할 수 있지만 *10/18pt, 없음/-50, 한둥근체 바탕 R*

75pt, 시각적/-30, 한둥근체 바탕 R

한둥근체 돋움 Regular 24pt, 없음/0

돋 돋 20pt
R B

덧글은 통신의 예절을 지키면서 표현의 자유를 추구하는 방향으로 씁니다.

가나다라마바사아자차카타파하 괄꽁넋뒷떨립밟빛빵술쏙얹쥔짰척콥틈편흙

ABCDEFGHIJKLMNOPQRSTUVWXYZ abcdefghijklmnopqrstuvwxyz

1 2 3 4 5 6 7 8 9 0 ①⑩⑮ ⑴⑽⒂ Ⅰ Ⅱ Ⅲ Ⅳ Ⅴ Ⅹ ⅰ ⅱ ⅲ ⅳ ⅴ ⅹ

~ ! @ # $ % ^ & * _ / \ | * ( ) [ ] { } < > 〈 〉 《 》 「 」 『 』 【 】 〔 〕 − + × ÷ =

. , ? : ; ' " ‘ ’ “ ” · ‥ … ® ™ ¶ § ㎎ ㎏ ㎜ ㎝ ㎞ ㎐ ㏄ ○□△☆ ●■▲★

大韓民國 東西南北 高等學校 無料書體 落花流水 莫逆之友 大器晩成 螢雪之功

13/30pt, 없음/0

글꼴 가이드 20/40pt, 없음/0

글꼴 가이드 30/50pt, 없음/-10

글꼴 가이드 40/60pt, 없음/-25

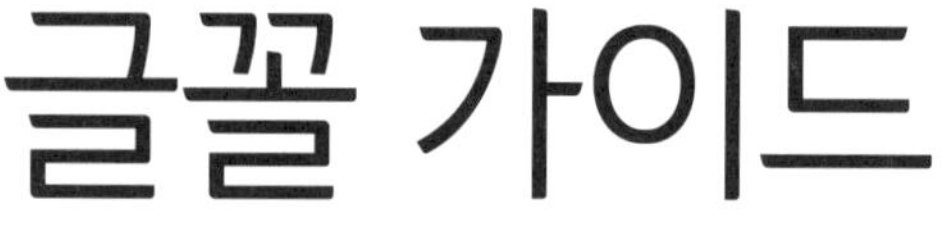

글꼴 가이드 60pt, 없음/-50

돋움

100pt, 없음/0

한글 글꼴 가이드 7/13pt, 없음/10

한글 글꼴 가이드 8/15pt, 없음/5

한글 글꼴 가이드 9/16pt, 없음/0

한글 글꼴 가이드 10/18pt, 없음/-10

한글 글꼴 가이드 11/20pt, 없음/-25

한글 글꼴 가이드 12/22pt, 없음/-50

한눈에 보이는 무료 글꼴 가이드 *11/20pt, 없음/0, 한둥근체 돋움 B*

비용을 지불하지 않고도 사용할 수 있는 글꼴을 '무료 글꼴'이라고 부릅니다. 사실은 무료 글꼴이 아니라 《공개 글꼴》이라고 해야 맞습니다. 『공개 글꼴』은 권리자가 설정한 "사용 범위"를 잘 살펴서 사용해야 합니다. 모든 것이 허용되는 진정한 무료 글꼴도 있고, 인쇄용으로는 무료로 사용할 수 *10/18pt, 없음/0, 한둥근체 돋움 R*

고향

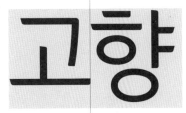

75pt, 없음/0, 한둥근체 돋움 R

한눈에 보이는 무료 글꼴 가이드 *11/20pt, 없음/-10, 나눔고딕 B*

비용을 지불하지 않고도 사용할 수 있는 글꼴을 '무료 글꼴'이라고 부릅니다. 사실은 무료 글꼴이 아니라 《공개 글꼴》이라고 해야 맞습니다. 『공개 글꼴』은 권리자가 설정한 "사용 범위"를 잘 살펴서 사용해야 합니다. 모든 것이 허용되는 진정한 무료 글꼴도 있고, 인쇄용으로는 무료로 사용할 수 있지만 *10/18pt, 없음/-10, 한둥근체 돋움 R*

고향

75pt, 없음/-50, 한둥근체 돋움 R

한눈에 보이는 무료 글꼴 가이드 *11/20pt, 없음/-25, 나눔고딕 EB*

비용을 지불하지 않고도 사용할 수 있는 글꼴을 '무료 글꼴'이라고 부릅니다. 사실은 무료 글꼴이 아니라 《공개 글꼴》이라고 해야 맞습니다. 『공개 글꼴』은 권리자가 설정한 "사용 범위"를 잘 살펴서 사용해야 합니다. 모든 것이 허용되는 진정한 무료 글꼴도 있고, 인쇄용으로는 무료로 사용할 수 있지만 영상 *10/18pt, 없음/-25, 한둥근체 돋움 R*

고향

75pt, 시각적/0, 한둥근체 돋움 R

한눈에 보이는 무료 글꼴 가이드 *11/20pt, 없음/-50, 본고딕 H*

비용을 지불하지 않고도 사용할 수 있는 글꼴을 '무료 글꼴'이라고 부릅니다. 사실은 무료 글꼴이 아니라 《공개 글꼴》이라고 해야 맞습니다. 『공개 글꼴』은 권리자가 설정한 "사용 범위"를 잘 살펴서 사용해야 합니다. 모든 것이 허용되는 진정한 무료 글꼴도 있고, 인쇄용으로는 무료로 사용할 수 있지만 영상에는 별도로 *10/18pt, 없음/-50, 한둥근체 돋움 R*

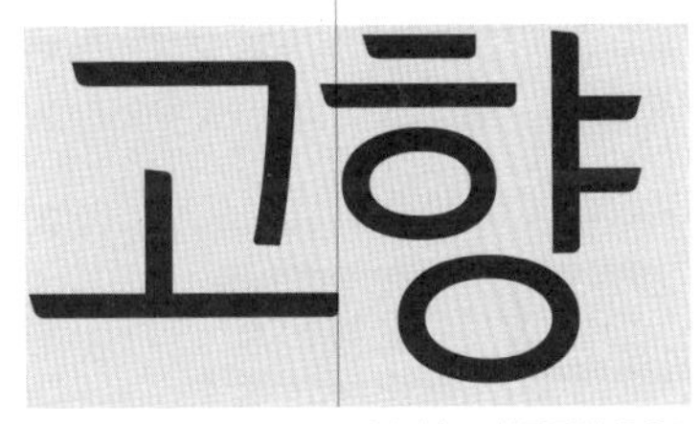

75pt, 시각적/-30, 한둥근체 돋움 R

한동근체 바탕 Bold 24pt, 없음/0

바 바 20pt
R B

덧글은 통신의 예절을 지키면서 표현의 자유를 추구하는 방향으로 씁니다.

가나다라마바사아자차카타파하 괄꽁넋뒷떨립밟빛빵술쏙얹줜짰칙콥틈편훑

ABCDEFGHIJKLMNOPQRSTUVWXYZ abcdefghijklmnopqrstuvwxyz

1 2 3 4 5 6 7 8 9 0 ①⑩⑮ ⑴⑽⒂ Ⅰ ⅡⅢⅣⅤ Ⅹ ⅰ ⅱ ⅲ ⅳ ⅴ ⅹ

~ ! @ # $ % ^ & * _ / \ | * ( ) [ ] { } < > 〈 〉《 》「 」『 』【 】〔 〕 − + × ÷ =

. , ? : ; ' " ' ' " " · ‥ … ® ™ ¶ § ㎎ ㎏ ㎜ ㎝ ㎞ ㎐ ㏄ ○□△☆ ●■▲★

大韓民國 東西南北 高等學校 無料書體 落花流水 莫逆之友 大器晩成 螢雪之功

13/30pt, 없음/0

글꼴 가이드 20/40pt, 없음/0

글꼴 가이드 30/50pt, 없음/-10

글꼴 가이드 40/60pt, 없음/-25

글꼴 가이드 60pt, 없음/-50

바탕

100pt, 없음/0

한글 글꼴 가이드 7/13pt, 없음/10

한글 글꼴 가이드 8/15pt, 없음/5

한글 글꼴 가이드 9/16pt, 없음/0

한글 글꼴 가이드 10/18pt, 없음/-10

한글 글꼴 가이드 11/20pt, 없음/-25

한글 글꼴 가이드 12/22pt, 없음/-50

한둥근체 돋움 Bold 24pt, 없음/0

돋 돋 20pt
R B

덧글은 통신의 예절을 지키면서 표현의 자유를 추구하는 방향으로 씁니다.

가나다라마바사아자차카타파하 괄꽁넋뒷떨립밟빛빵술쑥얹쥔짰척콥틈편흝

ABCDEFGHIJKLMNOPQRSTUVWXYZ abcdefghijklmnopqrstuvwxyz

1 2 3 4 5 6 7 8 9 0 ①⑩⑮ ⑴⑽⒂ Ⅰ Ⅱ Ⅲ Ⅳ Ⅴ Ⅹ ⅰ ⅱ ⅲ ⅳ ⅴ ⅹ

~ ! @ # $ % ^ & * _ / \ | * ( ) [ ] { } < > 〈 〉 《 》 「 」 『 』 【 】 〔 〕 − + × ÷ =

. , ? : ; ‘ “ ‘ ’ “ ” · ‥ … ® ™ ¶ § ㎎ ㎏ ㎜ ㎝ ㎞ ㎐ ㏄ ○□△☆ ●■▲★

大韓民國 東西南北 高等學校 無料書體 落花流水 莫逆之友 大器晩成 螢雪之功

13/30pt, 없음/0

글꼴 가이드 20/40pt, 없음/0

글꼴 가이드 30/50pt, 없음/-10

글꼴 가이드 40/60pt, 없음/-25

글꼴 가이드 60pt, 없음/-50

돋움

100pt, 없음/0

한글 글꼴 가이드 7/13pt, 없음/10

한글 글꼴 가이드 8/15pt, 없음/5

한글 글꼴 가이드 9/16pt, 없음/0

한글 글꼴 가이드 10/18pt, 없음/-10

한글 글꼴 가이드 11/20pt, 없음/-25

한글 글꼴 가이드 12/22pt, 없음/-50

18pt, 없음/0

한둥근체 세로쓰기 돋움

돋 R

돋 B

16/38pt, 없음/0, 한둥근체 세로쓰기 돋움 R

一樹梨花伴寂廖 可憐辜負月明宵
青年獨臥孤窓畔 何處玉人吹鳳簫
翡翠孤飛不作雙 鴛鴦失侶浴晴江
誰家有約敲碁子 夜卜燈花愁倚窓

12pt, 없음/0, 한둥근체 세로쓰기 제목

김시습의 금오신화 《만복사저포기》

11/17pt, 없음/0, 한둥근체 세로쓰기 돋움 R

한 떨기 배꽃이 외로움을 달래주지만
달 밝은 밤은 홀로 보내기 괴로워.
젊은 내가 홀로 호젓한 창가에 누워 있으니
어느 집 고운 님이 통소를 불어주네.
외로운 저 물총새는 홀로 날고
짝 잃은 원앙새는 맑은 물에서 몸을 씻는구나.
약속을 한 집에서 바둑을 두다가
밤에 등불로 점을 치며 창가에서 시름하네.

18pt, 없음/0

한둥근체 세로쓰기 돋움

돋 R

돋 B

16/38pt, 없음/0, 한둥근체 세로쓰기 돋움 B

一樹梨花伴寂廖 可憐辜負月明宵
青年獨臥孤窓畔 何處玉人吹鳳簫
翡翠孤飛不作雙 鴛鴦失侶浴晴江
誰家有約敲碁子 夜卜燈花愁倚窓

12pt, 없음/0, 한둥근체 세로쓰기 제목

김시습의 금오신화 《만복사저포기》

11/17pt, 없음/0, 한둥근체 세로쓰기 돋움 B

한 떨기 배꽃이 외로움을 달래주지만
달 밝은 밤은 홀로 보내기 괴로워.
젊은 내가 홀로 호젓한 창가에 누워 있으니
어느 집 고운 님이 통소를 불어주네.
외로운 저 물총새는 홀로 날고
짝 잃은 원앙새는 맑은 물에서 몸을 씻는구나.
약속을 한 집에서 바둑을 두다가
밤에 등불로 점을 치며 창가에서 시름하네.

18pt, 없음/0

한둥근체 세로쓰기 바탕

바 R

바 B

16/38pt, 없음/0, 한둥근체 세로쓰기 바탕 R

一樹梨花伴寂廖 可憐辜負月明宵
青年獨臥孤窓畔 何處玉人吹鳳簫
翡翠孤飛不作雙 鴛鴦失侶浴晴江
誰家有約敲碁子 夜卜燈花愁倚窓

12pt, 없음/0, 한둥근체 세로쓰기 제목

김시습의 금오신화 《만복사저포기》

11/17pt, 없음/0, 한둥근체 세로쓰기 바탕 R

한 떨기 배꽃이 외로움을 달래주지만
달 밝은 밤은 홀로 보내기 괴로워.
젊은 내가 홀로 호젓한 창가에 누워 있으니
어느 집 고운 님이 퉁소를 불어주네.
외로운 저 물총새는 홀로 날고
짝 잃은 원앙새는 맑은 물에서 몸을 씻는구나.
약속을 한 집에서 바둑을 두다가
밤에 등불로 점을 치며 창가에서 시름하네.

18pt, 없음/0

한둥근체 세로쓰기 바탕

바 R

바 B

16/38pt, 없음/0, 한둥근체 세로쓰기 바탕 B

一樹梨花伴寂廖 可憐辜負月明宵
青年獨臥孤窓畔 何處玉人吹鳳簫
翡翠孤飛不作雙 鴛鴦失侶浴晴江
誰家有約敲碁子 夜卜燈花愁倚窓

12pt, 없음/0, 한둥근체 세로쓰기 제목

김시습의 금오신화 《만복사저포기》

11/17pt, 없음/0, 한둥근체 세로쓰기 바탕 B

한 떨기 배꽃이 외로움을 달래주지만
달 밝은 밤은 홀로 보내기 괴로워.
젊은 내가 홀로 호젓한 창가에 누워 있으니
어느 집 고운 님이 퉁소를 불어주네.
외로운 저 물총새는 홀로 날고
짝 잃은 원앙새는 맑은 물에서 몸을 씻는구나.
약속을 한 집에서 바둑을 두다가
밤에 등불로 점을 치며 창가에서 시름하네.

17. KBIZ한마음 명조, 고딕

20/40pt, 없음/0, KBIZ한마음 고딕 B

배포: 중소기업중앙회 10/18pt, 없음/-30, KBIZ한마음 고딕 B/R

취지: 중소기업 지원

발표: 2013년

링크: www.kbiz.or.kr/user/nd98015.do 10/18pt, 메트릭/0, Adobe Garamond Pro R

분류: 바탕, 돋움

굵기: 한마음 명조 4단계(Light, Regular, Medium, Bold)
한마음 고딕 5단계(Light, Regular, Medium, Bold, Heavy)

특징: 한마음 명조는 본문용으로 사용하기에 적합한 글꼴이며, 한마음 명조는 본문보다는 제목에 더 적합. 한글 2,350, 한자 4,676자로 지원하는 문자수가 많지는 않음.

중소기업을 지원한다는 취지에 더하여 중소기업중앙회의 홍보를 위하여 개발하여 배포한 본문용 글꼴입니다. 이렇게 브랜드 제고를 위해 배포되는 글꼴은 보통 3단계 굵기로 바탕체와 돋움체, 6개의 글꼴로 구성되는데 중소기업중앙회의 한마음명조는 4단계, 한마음고딕은 5단계 굵기를 지원합니다. 10/18pt, 없음/-30, KBIZ한마음 명조 R

한마음 명조는 돌기에서 꺽인 모양을 부드럽게 처리하여 튀지 않고 무난하며, 문자의 폭이 좁고 두께가 약간 가늘어서 부드럽고 섬세한 느낌입니다. 한자를 지원하며 열고 닫는 기호 앞뒤의 공간이 벌어지지 않아 본문 글꼴로 쓰기에 적당합니다. 이에 비해 한마음 고딕은 일반적인 고딕보다 문자 폭이 좁고 자형이 특이하여 본문보다는 제목에 쓰면 개성적인 느낌을 표현할 수 있을 것입니다. 기호 문자가 많지 않은 것이 아쉽습니다.

무료 사용 범위			
인쇄: O	**영상:** O	**웹사이트:** O	**전자책:** O
BI/CI: O	**제품:** O	**모바일:** O	**서버:** △ (승인 필요함)
출처 생략: O	**재배포:** O	**수정배포:** X	**판매:** X

10pt, 없음/0, KBIZ한마음 고딕 B

9pt, 없음/0, KBIZ한마음 고딕 M/R

금지: 저작권자의 사전 서면 승인 없이는 KBIZ한마음체의 일부 혹은 전부를 임의로 수정할(두께의 추가, 소스 수정, 개작, 역 설계, 다른 디지털 포맷으로 변형 등) 수 없습니다. 8/14pt, 없음/-10, KBIZ한마음 고딕 M/R

참고: 여기에서 정리한 무료 사용 범위는 배포자의 실제 의사와 일부 다를 수 있으며, 이후 배포자의 의사가 바뀔 수도 있습니다. 따라서 상업적인 목적으로 이용하고자 할 때는 이 페이지 상단의 '링크'를 방문하여 정확한 사용 범위를 다시 한번 확인하기 바랍니다.

KBIZ한마음 명조		KBIZ한마음 고딕	20pt, 없음/-30
Light	한글	한글	Light
Regular	한글	한글	Regular
Medium	한글	한글	Medium
Bold	한글	한글	Bold
		한글	Heavy
			72/80pt, 없음/0

KBIZ한마음 명조 Light

24pt, 없음/0

고 고 고 고 20pt
L R M B

덧글은 통신의 예절을 지키면서 표현의 자유를 추구하는 방향으로 씁니다.

가나다라마바사아자차카타파하 괄꽁넋뒷떨립밟빛빵숲쏙얹줜짰척콥튿편훍

ABCDEFGHIJKLMNOPQRSTUVWXYZ abcdefghijklmnopqrstuvwxyz

1 2 3 4 5 6 7 8 9 0 ①⑩⑮ (1)(10)(15) Ⅰ Ⅱ Ⅲ Ⅳ Ⅴ Ⅹ ⅰ ⅱ ⅲ ⅳ ⅴ ⅹ

~ ! @ # $ % ^ & * _ / ₩ | * ( ) [ ] { } 〈 〉 〈 〉 《 》 「 」 『 』 【 】 〔 〕 − + × ÷ =

. , ? : ; ' " ‘ ’ “ ” · · · ··· ® ™ ¶ § ㎎ ㎏ ㎜ ㎝ ㎞ ㎐ ㏄ ○ □ △ ☆ ● ■ ▲ ★

大韓民國 東西南北 高等學校 無料書體 落花流水 莫逆之友 大器晚成 螢雪之功

13/30pt, 없음/0

글꼴 가이드 20/40pt, 없음/0

글꼴 가이드 30/50pt, 없음/-10

글꼴 가이드 40/60pt, 없음/-25

글꼴 가이드 60pt, 없음/-50

명조

100pt, 없음/0

한글 글꼴 가이드	7/13pt, 없음/10
한글 글꼴 가이드	8/15pt, 없음/5
한글 글꼴 가이드	9/16pt, 없음/0
한글 글꼴 가이드	10/18pt, 없음/-10
한글 글꼴 가이드	11/20pt, 없음/-25
한글 글꼴 가이드	12/22pt, 없음/-50

한눈에 보이는 무료 글꼴 가이드 *11/20pt, 없음/0, KBIZ한마음 명조 B*

비용을 지불하지 않고도 사용할 수 있는 글꼴을 '무료 글꼴'이라고 부릅니다. 사실은 무료 글꼴이 아니라 《공개 글꼴》이라고 해야 맞습니다. 『공개 글꼴』은 권리자가 설정한 "사용 범위"를 잘 살펴서 사용해야 합니다. 모든 것이 허용되는 진정한 무료 글꼴도 있고, 인쇄용으로는 무료로 사용할 수 *10/18pt, 없음/0, KBIZ한마음 명조 L*

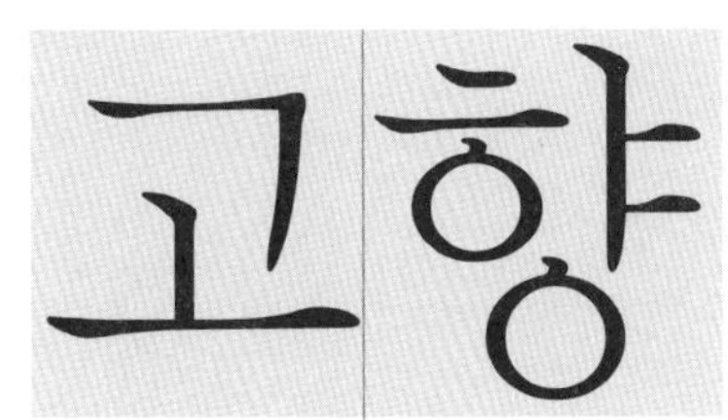

75pt, 없음/0, KBIZ한마음 명조 L

한눈에 보이는 무료 글꼴 가이드 *11/20pt, 없음/-10, KBIZ한마음 고딕 M*

비용을 지불하지 않고도 사용할 수 있는 글꼴을 '무료 글꼴'이라고 부릅니다. 사실은 무료 글꼴이 아니라 《공개 글꼴》이라고 해야 맞습니다. 『공개 글꼴』은 권리자가 설정한 "사용 범위"를 잘 살펴서 사용해야 합니다. 모든 것이 허용되는 진정한 무료 글꼴도 있고, 인쇄용으로는 무료로 사용할 수 있지만 *10/18pt, 없음/-10, KBIZ한마음 명조 L*

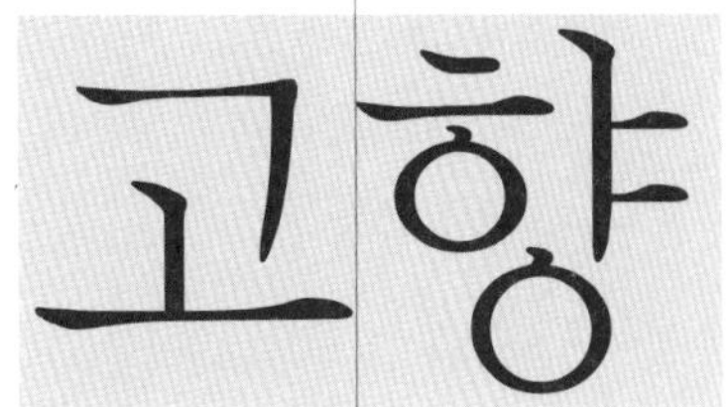

75pt, 없음/-30, KBIZ한마음 명조 L

한눈에 보이는 무료 글꼴 가이드 *11/20pt, 없음/-25, KBIZ한마음 고딕 B*

비용을 지불하지 않고도 사용할 수 있는 글꼴을 '무료 글꼴'이라고 부릅니다. 사실은 무료 글꼴이 아니라 《공개 글꼴》이라고 해야 맞습니다. 『공개 글꼴』은 권리자가 설정한 "사용 범위"를 잘 살펴서 사용해야 합니다. 모든 것이 허용되는 진정한 무료 글꼴도 있고, 인쇄용으로는 무료로 사용할 수 있지만 *10/18pt, 없음/-25, KBIZ한마음 명조 L*

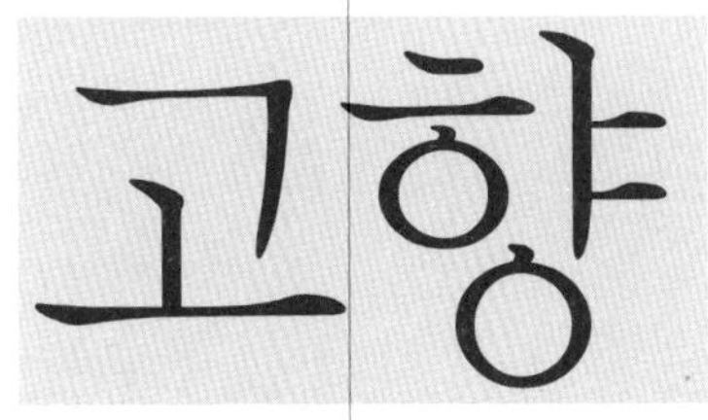

75pt, 시각적/0, KBIZ한마음 명조 L

한눈에 보이는 무료 글꼴 가이드 *11/20pt, 없음/-50, KBIZ한마음 고딕 H*

비용을 지불하지 않고도 사용할 수 있는 글꼴을 '무료 글꼴'이라고 부릅니다. 사실은 무료 글꼴이 아니라 《공개 글꼴》이라고 해야 맞습니다. 『공개 글꼴』은 권리자가 설정한 "사용 범위"를 잘 살펴서 사용해야 합니다. 모든 것이 허용되는 진정한 무료 글꼴도 있고, 인쇄용으로는 무료로 사용할 수 있지만 영상에는 별도로 *10/18pt, 없음/-50, KBIZ한마음 명조 L*

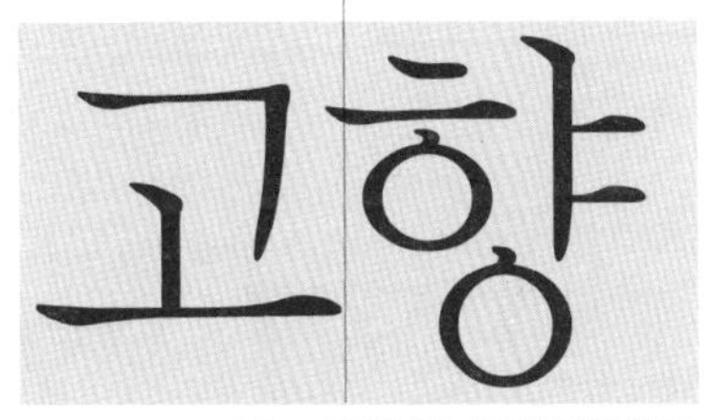

75pt, 시각적/-30, KBIZ한마음 명조 L

KBIZ한마음 명조 Regular 24pt, 없음/0

고 고 고 고 20pt
L R M B

덧글은 통신의 예절을 지키면서 표현의 자유를 추구하는 방향으로 씁니다.

가나다라마바사아자차카타파하 괄꽁넋뒷떨립밟빛빵술쏙얹쥔짰칙콥틈편흙

ABCDEFGHIJKLMNOPQRSTUVWXYZ abcdefghijklmnopqrstuvwxyz

1 2 3 4 5 6 7 8 9 0 ①⑩⑮ ⑴⑽⒂ Ⅰ Ⅱ Ⅲ Ⅳ Ⅴ Ⅹ ⅰ ⅱ ⅲ ⅳ ⅴ ⅹ

~ ! @ # $ % ^ & * _ / ₩ | * ( ) [ ] { } 〈 〉 〈 〉 《 》「 」『 』【 】〔 〕 − + × ÷ =

. , ? : ; ' " ‘ ’ “ ” · · · … Ⓡ ™ ¶ § ㎎ ㎏ ㎜ ㎝ ㎞ ㎐ ㏄ ○ □ △ ☆ ● ■ ▲ ★

大韓民國 東西南北 高等學校 無料書體 落花流水 莫逆之友 大器晩成 螢雪之功

13/30pt, 없음/0

명조

100pt, 없음/0

글꼴 가이드 20/40pt, 없음/0

글꼴 가이드 30/50pt, 없음/-10

글꼴 가이드 40/60pt, 없음/-25

글꼴 가이드 60pt, 없음/-50

한글 글꼴 가이드 7/13pt, 없음/10

한글 글꼴 가이드 8/15pt, 없음/5

한글 글꼴 가이드 9/16pt, 없음/0

한글 글꼴 가이드 10/18pt, 없음/-10

한글 글꼴 가이드 11/20pt, 없음/-25

한글 글꼴 가이드 12/22pt, 없음/-50

한눈에 보이는 무료 글꼴 가이드 *11/20pt, 없음/0, KBIZ한마음 명조 B*

비용을 지불하지 않고도 사용할 수 있는 글꼴을 '무료 글꼴'이라고 부릅니다. 사실은 무료 글꼴이 아니라 《공개 글꼴》이라고 해야 맞습니다. 『공개 글꼴』은 권리자가 설정한 "사용 범위"를 잘 살펴서 사용해야 합니다. 모든 것이 허용되는 진정한 무료 글꼴도 있고, 인쇄용으로는 무료로 사용할 수 *10/18pt, 없음/0, KBIZ한마음 명조 R*

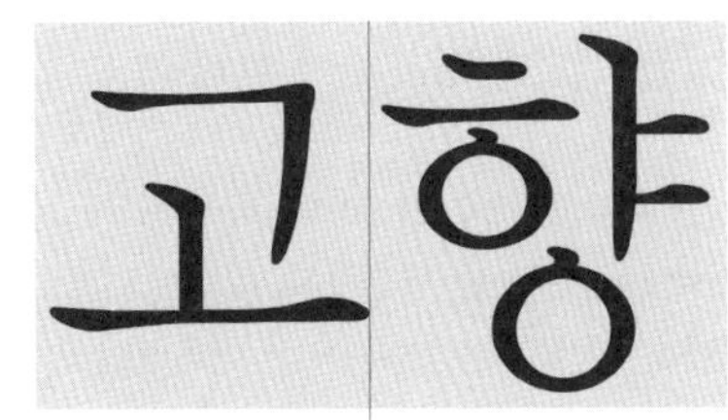

75pt, 없음/0, KBIZ한마음 명조 R

한눈에 보이는 무료 글꼴 가이드 *11/20pt, 없음/-10, KBIZ한마음 고딕 M*

비용을 지불하지 않고도 사용할 수 있는 글꼴을 '무료 글꼴'이라고 부릅니다. 사실은 무료 글꼴이 아니라 《공개 글꼴》이라고 해야 맞습니다. 『공개 글꼴』은 권리자가 설정한 "사용 범위"를 잘 살펴서 사용해야 합니다. 모든 것이 허용되는 진정한 무료 글꼴도 있고, 인쇄용으로는 무료로 사용할 수 있지만 *10/18pt, 없음/-10, KBIZ한마음 명조 R*

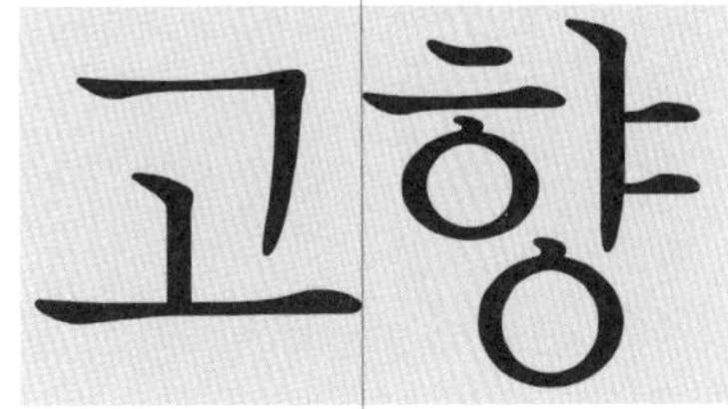

75pt, 없음/-30, KBIZ한마음 명조 R

한눈에 보이는 무료 글꼴 가이드 *11/20pt, 없음/-25, KBIZ한마음 고딕 B*

비용을 지불하지 않고도 사용할 수 있는 글꼴을 '무료 글꼴'이라고 부릅니다. 사실은 무료 글꼴이 아니라 《공개 글꼴》이라고 해야 맞습니다. 『공개 글꼴』은 권리자가 설정한 "사용 범위"를 잘 살펴서 사용해야 합니다. 모든 것이 허용되는 진정한 무료 글꼴도 있고, 인쇄용으로는 무료로 사용할 수 있지만 *10/18pt, 없음/-25, KBIZ한마음 명조 R*

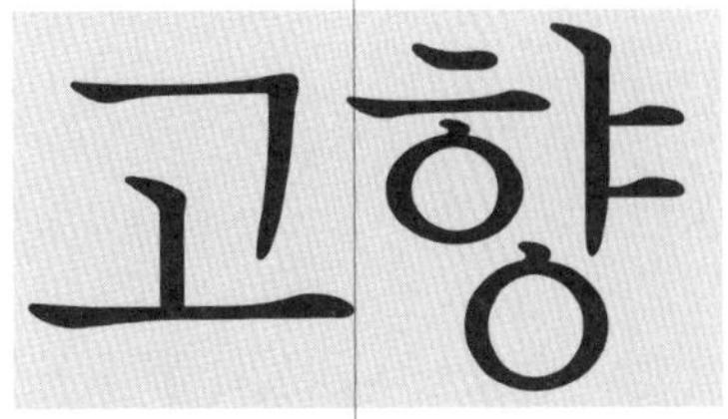

75pt, 시각적/0, KBIZ한마음 명조 R

한눈에 보이는 무료 글꼴 가이드 *11/20pt, 없음/-50, KBIZ한마음 고딕 H*

비용을 지불하지 않고도 사용할 수 있는 글꼴을 '무료 글꼴'이라고 부릅니다. 사실은 무료 글꼴이 아니라 《공개 글꼴》이라고 해야 맞습니다. 『공개 글꼴』은 권리자가 설정한 "사용 범위"를 잘 살펴서 사용해야 합니다. 모든 것이 허용되는 진정한 무료 글꼴도 있고, 인쇄용으로는 무료로 사용할 수 있지만 영상에는 별도로 *10/18pt, 없음/-50, KBIZ한마음 명조 R*

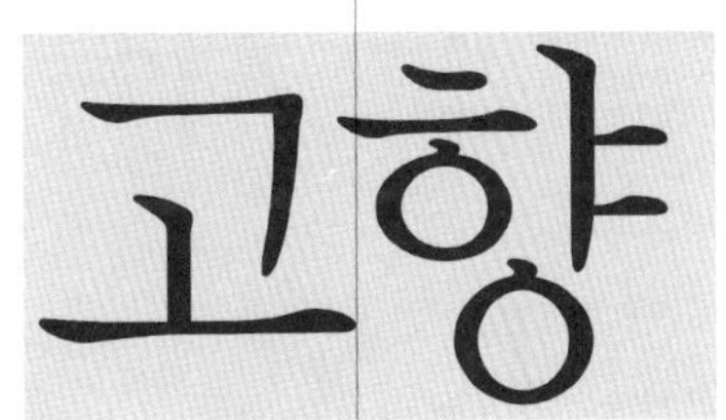

75pt, 시각적/-30, KBIZ한마음 명조 R

KBIZ한마음 명조 Medium 24pt, 없음/0

고 고 고 고 20pt
L R M B

덧글은 통신의 예절을 지키면서 표현의 자유를 추구하는 방향으로 씁니다.

가나다라마바사아자차카타파하 괄꽁넋뒷떨립밟빛빵술쏙얹쥔짧척콥튼편흙

ABCDEFGHIJKLMNOPQRSTUVWXYZ abcdefghijklmnopqrstuvwxyz

1 2 3 4 5 6 7 8 9 0 ①⑩⑮ ⑴⑽⒂ Ⅰ Ⅱ Ⅲ Ⅳ Ⅴ Ⅹ ⅰ ⅱ ⅲ ⅳ ⅴ ⅹ

~ ! @ # $ % ^ & * _ / ₩ | * ( ) [ ] { } 〈 〉〈 〉《 》「 」『 』【 】〔 〕- + × ÷ =

. , ? : ; ' " ' ' " " · ·· ··· ® ™ ¶ § ㎎ ㎏ ㎜ ㎝ ㎞ ㎐ ㏄ ○ □ △ ☆ ● ■ ▲ ★

大韓民國 東西南北 高等學校 無料書體 落花流水 莫逆之友 大器晩成 螢雪之功

13/30pt, 없음/0

글꼴 가이드 20/40pt, 없음/0

글꼴 가이드 30/50pt, 없음/-10

글꼴 가이드 40/60pt, 없음/-25

글꼴 가이드 60pt, 없음/-50

명조

100pt, 없음/0

한글 글꼴 가이드 7/13pt, 없음/10

한글 글꼴 가이드 8/15pt, 없음/5

한글 글꼴 가이드 9/16pt, 없음/0

한글 글꼴 가이드 10/18pt, 없음/-10

한글 글꼴 가이드 11/20pt, 없음/-25

한글 글꼴 가이드 12/22pt, 없음/-50

KBIZ한마음 명조 Bold 24pt, 없음/0

고 고 고 고 20pt
L R M B

덧글은 통신의 예절을 지키면서 표현의 자유를 추구하는 방향으로 씁니다.

가나다라마바사아자차카타파하 괄꽁넋뒷떨립밟빛빵술쏙얹쥔짰척콥틈편흙

ABCDEFGHIJKLMNOPQRSTUVWXYZ abcdefghijklmnopqrstuvwxyz

1 2 3 4 5 6 7 8 9 0 ①⑩⑮ ⑴⑽⒂ Ⅰ Ⅱ Ⅲ Ⅳ Ⅴ Ⅹ ⅰ ⅱ ⅲ ⅳ ⅴ ⅹ

~ ! @ # $ % ^ & * _ / ₩ | * ( ) [ ] { } 〈 〉 ‹ › 《 》 「 」 『 』 【 】 〔 〕 − + × ÷ =

. , ? : ; ' " ' ' " " · ‥ … ® ™ ¶ § ㎎ ㎏ ㎜ ㎝ ㎞ ㎐ ㏄ ○ □ △ ☆ ● ■ ▲ ★

大韓民國 東西南北 高等學校 無料書體 落花流水 莫逆之友 大器晚成 螢雪之功

13/30pt, 없음/0

글꼴 가이드 20/40pt, 없음/0

글꼴 가이드 30/50pt, 없음/-10

글꼴 가이드 40/60pt, 없음/-25

글꼴 가이드 60pt, 없음/-50

명조

100pt, 없음/0

한글 글꼴 가이드 7/13pt, 없음/10

한글 글꼴 가이드 8/15pt, 없음/5

한글 글꼴 가이드 9/16pt, 없음/0

한글 글꼴 가이드 10/18pt, 없음/-10

한글 글꼴 가이드 11/20pt, 없음/-25

한글 글꼴 가이드 12/22pt, 없음/-50

KBIZ한마음 고딕 Light

24pt, 없음/0

고 고 고 고 고 20pt
L R M B H

덧글은 통신의 예절을 지키면서 표현의 자유를 추구하는 방향으로 씁니다.

가나다라마바사아자차카타파하 괄꽁넋뒷떨립밟빛빵술쏙얹쥔짧척콥틈편흙

ABCDEFGHIJKLMNOPQRSTUVWXYZ abcdefghijklmnopqrstuvwxyz

1 2 3 4 5 6 7 8 9 0 ①⑩⑮ ⑴⑽⒂ Ⅰ Ⅱ Ⅲ Ⅳ Ⅴ Ⅹ ⅰ ⅱ ⅲ ⅳ ⅴ ⅹ

~ ! @ # $ % ^ & * _ / ₩ | * ( ) [ ] { } 〈 〉 〈 〉 《 》 「 」 『 』 【 】 〔 〕 - + × ÷ =

. , ? : ; ' " ‘ ’ “ ” · ‥ … ® ™ ¶ § ㎎ ㎏ ㎜ ㎝ ㎞ ㎐ ㏄ ○ □ △ ☆ ● ■ ▲ ★

大韓民國 東西南北 高等學校 無料書體 落花流水 莫逆之友 大器晩成 螢雪之功

13/30pt, 없음/0

글꼴 가이드 20/40pt, 없음/0

글꼴 가이드 30/50pt, 없음/-10

글꼴 가이드 40/60pt, 없음/-25

글꼴 가이드 60pt, 없음/-50

고딕 100pt, 없음/0

한글 글꼴 가이드	7/13pt, 없음/10
한글 글꼴 가이드	8/15pt, 없음/5
한글 글꼴 가이드	9/16pt, 없음/0
한글 글꼴 가이드	10/18pt, 없음/-10
한글 글꼴 가이드	11/20pt, 없음/-25
한글 글꼴 가이드	12/22pt, 없음/-50

한눈에 보이는 무료 글꼴 가이드 *11/20pt, 없음/0, KBIZ한마음 고딕 M*

비용을 지불하지 않고도 사용할 수 있는 글꼴을 '무료 글꼴'이라고 부릅니다. 사실은 무료 글꼴이 아니라 《공개 글꼴》이라고 해야 맞습니다. 『공개 글꼴』은 권리자가 설정한 "사용 범위"를 잘 살펴서 사용해야 합니다. 모든 것이 허용되는 진정한 무료 글꼴도 있고, 인쇄용으로는 무료로 사용할 수 있지만 영상에는 *10/18pt, 없음/0, KBIZ한마음 고딕 L*

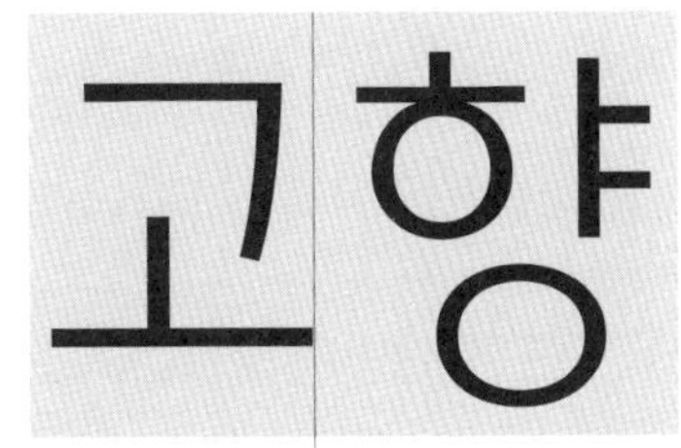

75pt, 없음/0, KBIZ한마음 고딕 L

한눈에 보이는 무료 글꼴 가이드 *11/20pt, 없음/-10, KBIZ한마음 고딕 B*

비용을 지불하지 않고도 사용할 수 있는 글꼴을 '무료 글꼴'이라고 부릅니다. 사실은 무료 글꼴이 아니라 《공개 글꼴》이라고 해야 맞습니다. 『공개 글꼴』은 권리자가 설정한 "사용 범위"를 잘 살펴서 사용해야 합니다. 모든 것이 허용되는 진정한 무료 글꼴도 있고, 인쇄용으로는 무료로 사용할 수 있지만 영상에는 별도로 *10/18pt, 없음/-10, KBIZ한마음 고딕 L*

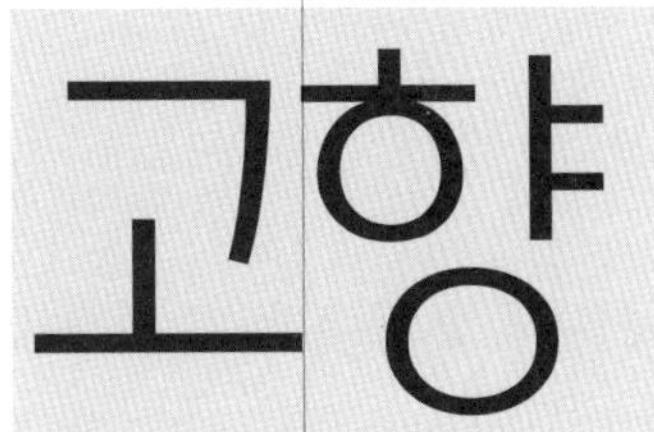

75pt, 없음/-120, KBIZ한마음 고딕 L

한눈에 보이는 무료 글꼴 가이드 *11/20pt, 없음/-25, KBIZ한마음 고딕 H*

비용을 지불하지 않고도 사용할 수 있는 글꼴을 '무료 글꼴'이라고 부릅니다. 사실은 무료 글꼴이 아니라 《공개 글꼴》이라고 해야 맞습니다. 『공개 글꼴』은 권리자가 설정한 "사용 범위"를 잘 살펴서 사용해야 합니다. 모든 것이 허용되는 진정한 무료 글꼴도 있고, 인쇄용으로는 무료로 사용할 수 있지만 영상에는 별도로 허락을 *10/18pt, 없음/-25, KBIZ한마음 고딕 L*

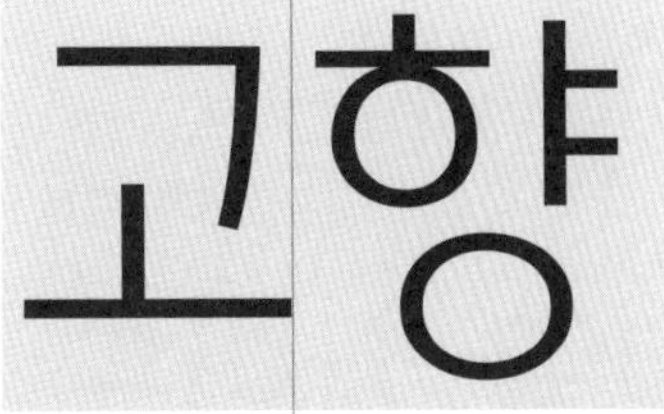

75pt, 시각적/0, KBIZ한마음 고딕 L

한눈에 보이는 무료 글꼴 가이드 *11/20pt, 없음/-50, 나눔바른고딕 B*

비용을 지불하지 않고도 사용할 수 있는 글꼴을 '무료 글꼴'이라고 부릅니다. 사실은 무료 글꼴이 아니라 《공개 글꼴》이라고 해야 맞습니다. 『공개 글꼴』은 권리자가 설정한 "사용 범위"를 잘 살펴서 사용해야 합니다. 모든 것이 허용되는 진정한 무료 글꼴도 있고, 인쇄용으로는 무료로 사용할 수 있지만 영상에는 별도로 허락을 얻어야 하는 *10/18pt, 없음/-50, KBIZ한마음 고딕 L*

75pt, 시각적/-30, KBIZ한마음 고딕 L

KBIZ한마음 고딕 Regular

24pt, 없음/0

고 고 고 고 고 20pt
L R M B H

덧글은 통신의 예절을 지키면서 표현의 자유를 추구하는 방향으로 씁니다.

가나다라마바사아자차카타파하 괄꽁넋뒷떨립밟빛빵술쏙얹쥔짰첰콥틈편흙

ABCDEFGHIJKLMNOPQRSTUVWXYZ abcdefghijklmnopqrstuvwxyz

1 2 3 4 5 6 7 8 9 0 ①⑩⑮ ⑴⑽⒂ Ⅰ Ⅱ Ⅲ Ⅳ Ⅴ Ⅹ ⅰ ⅱ ⅲ ⅳ ⅴ ⅹ

~ ! @ # $ % ^ & * _ / ₩ | * ( ) [ ] { } 〈 〉 〈 〉 《 》 「 」 『 』 【 】 〔 〕 - + × ÷ =

. , ? : ; ' " ‘ ’ “ ” · ‥ … ® ™ ¶ § ㎎ ㎏ ㎜ ㎝ ㎞ ㎐ ㏄ ○ □ △ ☆ ● ■ ▲ ★

大韓民國 東西南北 高等學校 無料書體 落花流水 莫逆之友 大器晩成 螢雪之功

13/30pt, 없음/0

글꼴 가이드 20/40pt, 없음/0

글꼴 가이드 30/50pt, 없음/-10

글꼴 가이드 40/60pt, 없음/-25

글꼴 가이드 60pt, 없음/-50

고딕 100pt, 없음/0

한글 글꼴 가이드 7/13pt, 없음/10

한글 글꼴 가이드 8/15pt, 없음/5

한글 글꼴 가이드 9/16pt, 없음/0

한글 글꼴 가이드 10/18pt, 없음/-10

한글 글꼴 가이드 11/20pt, 없음/-25

한글 글꼴 가이드 12/22pt, 없음/-50

한눈에 보이는 무료 글꼴 가이드 *11/20pt, 없음/0, KBIZ한마음 고딕 M*

비용을 지불하지 않고도 사용할 수 있는 글꼴을 '무료 글꼴'이라고 부릅니다. 사실은 무료 글꼴이 아니라 《공개 글꼴》이라고 해야 맞습니다. 『공개 글꼴』은 권리자가 설정한 "사용 범위"를 잘 살펴서 사용해야 합니다. 모든 것이 허용되는 진정한 무료 글꼴도 있고, 인쇄용으로는 무료로 사용할 수 있지만 영상에는 *10/18pt, 없음/0, KBIZ한마음 고딕 R*

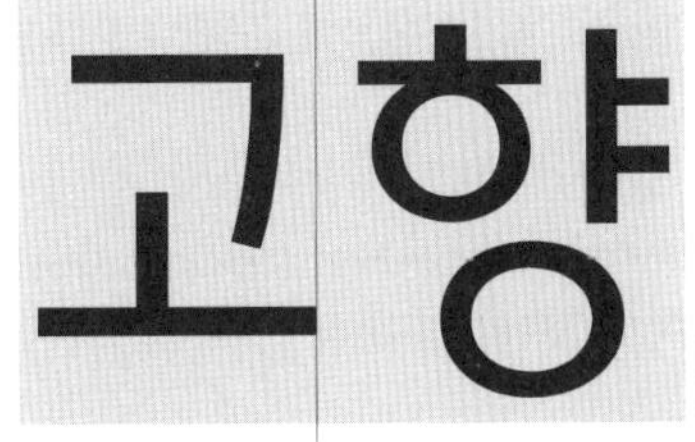

75pt, 없음/0, KBIZ한마음 고딕 R

한눈에 보이는 무료 글꼴 가이드 *11/20pt, 없음/-10, KBIZ한마음 고딕 B*

비용을 지불하지 않고도 사용할 수 있는 글꼴을 '무료 글꼴'이라고 부릅니다. 사실은 무료 글꼴이 아니라 《공개 글꼴》이라고 해야 맞습니다. 『공개 글꼴』은 권리자가 설정한 "사용 범위"를 잘 살펴서 사용해야 합니다. 모든 것이 허용되는 진정한 무료 글꼴도 있고, 인쇄용으로는 무료로 사용할 수 있지만 영상에는 *10/18pt, 없음/-10, KBIZ한마음 고딕 R*

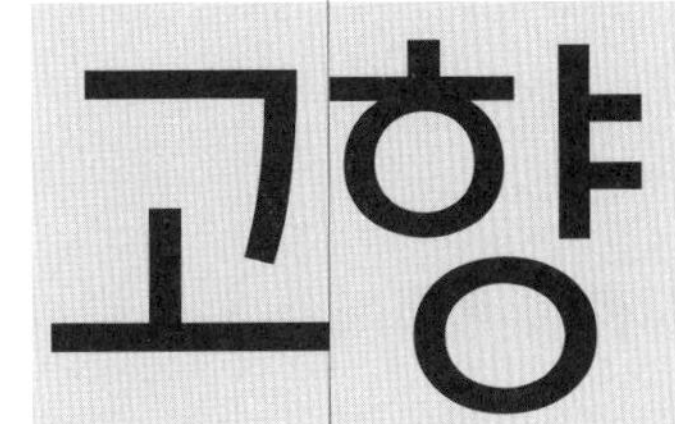

75pt, 없음/-105, KBIZ한마음 고딕 R

한눈에 보이는 무료 글꼴 가이드 *11/20pt, 없음/-25, KBIZ한마음 고딕 H*

비용을 지불하지 않고도 사용할 수 있는 글꼴을 '무료 글꼴'이라고 부릅니다. 사실은 무료 글꼴이 아니라 《공개 글꼴》이라고 해야 맞습니다. 『공개 글꼴』은 권리자가 설정한 "사용 범위"를 잘 살펴서 사용해야 합니다. 모든 것이 허용되는 진정한 무료 글꼴도 있고, 인쇄용으로는 무료로 사용할 수 있지만 영상에는 별도로 *10/18pt, 없음/-25, KBIZ한마음 고딕 R*

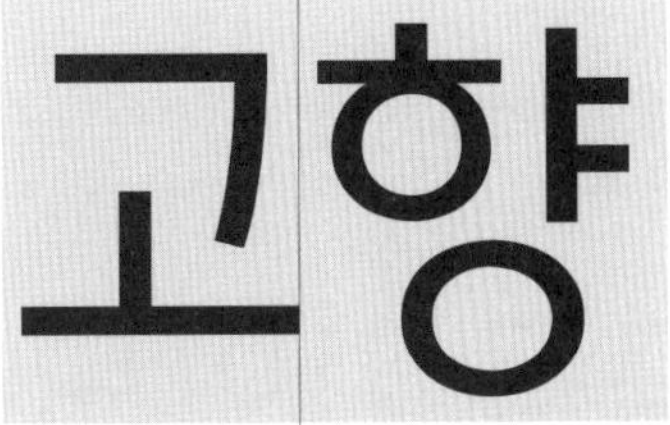

75pt, 시각적/0, KBIZ한마음 고딕 R

한눈에 보이는 무료 글꼴 가이드 *11/20pt, 없음/-50, 나눔바른고딕 B*

비용을 지불하지 않고도 사용할 수 있는 글꼴을 '무료 글꼴'이라고 부릅니다. 사실은 무료 글꼴이 아니라 《공개 글꼴》이라고 해야 맞습니다. 『공개 글꼴』은 권리자가 설정한 "사용 범위"를 잘 살펴서 사용해야 합니다. 모든 것이 허용되는 진정한 무료 글꼴도 있고, 인쇄용으로는 무료로 사용할 수 있지만 영상에는 별도로 허락을 *10/18pt, 없음/-50, KBIZ한마음 고딕 R*

고향

75pt, 시각적/-30, KBIZ한마음 고딕 R

KBIZ한마음 고딕 Medium

24pt, 없음/0

고 고 고 고 고 20pt

L R M B H

덧글은 통신의 예절을 지키면서 표현의 자유를 추구하는 방향으로 씁니다.

가나다라마바사아자차카타파하 괄꽁넋뒷떨립밟빛빵술쏙얹쥔짰척콥틈편흙

ABCDEFGHIJKLMNOPQRSTUVWXYZ abcdefghijklmnopqrstuvwxyz

1 2 3 4 5 6 7 8 9 0 ①⑩⑮ ⑴⑽⒂ Ⅰ Ⅱ Ⅲ Ⅳ Ⅴ Ⅹ ⅰ ⅱ ⅲ ⅳ ⅴ ⅹ

~ ! @ # $ % ^ & * _ / ₩ | * ( ) [ ] { } 〈 〉 ‹ › 《 》 「 」 『 』 【 】 〔 〕 - + × ÷ =

. , ? : ; ‘ “ ’’ “” · ·· ··· ® ™ ¶ § ㎎ ㎏ ㎜ ㎝ ㎞ ㎐ ㏄ ○ □ △ ☆ ● ■ ▲ ★

大韓民國 東西南北 高等學校 無料書體 落花流水 莫逆之友 大器晚成 螢雪之功

13/30pt, 없음/0

글꼴 가이드 20/40pt, 없음/0

글꼴 가이드 30/50pt, 없음/-10

글꼴 가이드 40/60pt, 없음/-25

글꼴 가이드 60pt, 없음/-50

고딕 100pt, 없음/0

한글 글꼴 가이드 7/13pt, 없음/10

한글 글꼴 가이드 8/15pt, 없음/5

한글 글꼴 가이드 9/16pt, 없음/0

한글 글꼴 가이드 10/18pt, 없음/-10

한글 글꼴 가이드 11/20pt, 없음/-25

한글 글꼴 가이드 12/22pt, 없음/-50

KBIZ한마음 고딕 Bold

24pt, 없음/0

고 고 고 고 고 20pt
L R M B H

덧글은 통신의 예절을 지키면서 표현의 자유를 추구하는 방향으로 씁니다.

가나다라마바사아자차카타파하 괄꽁낚뒷떨립밟빛빵술쏙얹쥔짰척콥틈편흙

ABCDEFGHIJKLMNOPQRSTUVWXYZ abcdefghijklmnopqrstuvwxyz

1 2 3 4 5 6 7 8 9 0 ①⑩⑮ ⑴⑽⒂ Ⅰ Ⅱ Ⅲ Ⅳ Ⅴ Ⅹ ⅰ ⅱ ⅲ ⅳ ⅴ ⅹ

~ ! @ # $ % ^ & * _ / ₩ | * ( ) [ ] { } < > 〈 〉 《 》 「 」 『 』 【 】 〔 〕 - + × ÷ =

. , ? : ; ' " ' ' " " · · · ··· ® ™ ¶ § ㎎ ㎏ ㎜ ㎝ ㎞ ㎐ ㏄ ○ □ △ ☆ ● ■ ▲ ★

大韓民國 東西南北 高等學校 無料書體 落花流水 莫逆之友 大器晩成 螢雪之功

13/30pt, 없음/0

글꼴 가이드 20/40pt, 없음/0

글꼴 가이드 30/50pt, 없음/-10

글꼴 가이드 40/60pt, 없음/-25

글꼴 가이드 60pt, 없음/-50

고딕

100pt, 없음/0

한글 글꼴 가이드 7/13pt, 없음/10

한글 글꼴 가이드 8/15pt, 없음/5

한글 글꼴 가이드 9/16pt, 없음/0

한글 글꼴 가이드 10/18pt, 없음/-10

한글 글꼴 가이드 11/20pt, 없음/-25

한글 글꼴 가이드 12/22pt, 없음/-50

KBIZ한마음고딕 Heavy

24pt, 없음/0

고 고 고 고 고 20pt
L R M B H

덧글은 통신의 예절을 지키면서 표현의 자유를 추구하는 방향으로 씁니다.

가나다라마바사아자차카타파하 괄꽁넋뒷떨립밟빛빵술쏙얹쥔짰척쿕틈편흙

ABCDEFGHIJKLMNOPQRSTUVWXYZ abcdefghijklmnopqrstuvwx

1 2 3 4 5 6 7 8 9 0 ①⑩⑮ ⑴⑽⒂ Ⅰ Ⅱ Ⅲ Ⅳ Ⅴ Ⅹ ⅰ ⅱ ⅲ ⅳ ⅴ ⅹ

~ ! @ # $ % ^ & * _ / ₩ | * ( ) [ ] { } < > 〈 〉 《 》 「 」 『 』 【 】 〔 〕 − + × ÷ =

. , ? : ; ' " ' ' " " · ·· ··· ® ™ ¶ § ㎎ ㎏ ㎜ ㎝ ㎞ ㎐ ㏄ ○ □ △ ☆ ● ■ ▲ ★

大韓民國 東西南北 高等學校 無料書體 落花流水 莫逆之友 大器晩成 螢雪之功

13/30pt, 없음/0

글꼴 가이드 20/40pt, 없음/0

글꼴 가이드 30/50pt, 없음/-10

글꼴 가이드 40/60pt, 없음/-25

글꼴 가이드 60pt, 없음/-50

100pt, 없음/0

한글 글꼴 가이드 7/13pt, 없음/10
한글 글꼴 가이드 8/15pt, 없음/5
한글 글꼴 가이드 9/16pt, 없음/0
한글 글꼴 가이드 10/18pt, 없음/-10
한글 글꼴 가이드 11/20pt, 없음/-25
한글 글꼴 가이드 12/22pt, 없음/-50

Light 서로 어울리는 글꼴을 골라서
사용하는 것이 중요합니다.

28/40pt, 없음/0
문단이후공백 3mm

Regular 서로 어울리는 글꼴을 골라서
사용하는 것이 중요합니다.

28/40pt, 없음/-5
문단이후공백 3mm

Medium 서로 어울리는 글꼴을 골라서
사용하는 것이 중요합니다.

28/40pt, 없음/-10
문단이후공백 3mm

Bold 서로 어울리는 글꼴을 골라서
사용하는 것이 중요합니다.

28/40pt, 없음/-25
문단이후공백 3mm

Heavy 서로 어울리는 글꼴을 골라서
사용하는 것이 중요합니다.

28/40pt, 없음/-50
문단이후공백 3mm

18. 한수원 한돋움체, 한울림체

20/40pt, 없음/0, 한돋움 B

배포: 한국수력원자력 10/18pt, 없음/-30, 한돋움 B/R

취지: 기업 홍보

발표: 2016년

링크: www.khnp.co.kr/content/799/main.do?mnCd=FN030605 10/18pt, 메트릭/0, Adobe Garamond Pro R

분류: 돋움

굵기: 한돋움체 2단계(Regular, Bold), 한울림체 1단계

특징: 한수원 한돋움체는 두터운 제목용 글꼴이며 한글 2,479, 로마자 94, 기호 986자를 지원. 반면에 한수원 한울림체는 본문용 글꼴이라서 현대 한글 11,172자를 모두 지원.

한수원은 '한국수력원자력'의 줄임말입니다. 안전한 에너지를 모티브로 하여 견고하고 안정감 있는 글꼴을 만들었다고 합니다. 초성과 중성, 중성과 종성을 이어서(가능한 경우) 연결한 것이 특징입니다. 모음은 직선으로 구성하되 자음에는 유선형의 개성 있는 곡선을 적용하였습니다. 10/18pt, 없음/-30, 한울림 R

한울림체는 젊은 느낌이 나는 돋움 글꼴입니다. 본문용으로 사용하는데 적당합니다. 그림이나 표의 캡션으로 사용해도 매력적일 것 같습니다. 이에 비해 한돋움체는 과장된 액션을 취하는 듯 강한 느낌입니다. 오른쪽 페이지에서 보듯이 레귤러와 볼드의 굵기 차이가 충분하지 않은 것 같습니다.

무료 사용 범위			
인쇄: O	**영상:** O	**웹사이트:** O	**전자책:** O
BI/CI: O	**제품:** O	**모바일:** O	**서버:** O
출처 생략: O	**재배포:** O	**수정배포:** O	**판매:** X

10pt, 없음/0, 한돋움 B

9pt, 없음/0, 한돋움 R/한울림 R

라이선스: 공공저작물 자유이용허락 표시 기준 제1유형 출처표시가 적용되었습니다. 변형 등 2차적 저작물 작성이 가능하므로 판매를 제외한 모든 것이 가능하다고 봅니다. 8/14pt, 없음/-10, 한돋움 R/한울림 R

참고: 여기에서 정리한 무료 사용 범위는 배포자의 실제 의사와 일부 다를 수 있으며, 이후 배포자의 의사가 바뀔 수도 있습니다. 따라서 상업적인 목적으로 이용하고자 할 때는 이 페이지 상단의 '링크'를 방문하여 정확한 사용 범위를 다시 한번 확인하기 바랍니다.

한수원 한돋움체	한수원 한울림체

20pt, 없음/-30

Regular 한글 한글 Regular

Bold 한글

72/86pt, 없음/0

서로 어울리는 글꼴을 골라서
현명하게 사용해야 합니다!

서로 어울리는 글꼴을 골라서
현명하게 사용해야 합니다!

서로 어울리는 글꼴을 골라서
현명하게 사용해야 합니다!

29/44pt, 없음/0
단락이후간격 3mm

한수원 한돋움 Regular 24pt, 없음/0

돋 돋 20pt
R B

덧글은 통신의 예절을 지키면서 표현의 자유를 추구하는 방향으로 씁니다.

가나다라마바사아자차카타파하 괄꽁넋뒷떨립밟빛빵술쏙없쥔짰척쿱틈편흝

ABCDEFGHIJKLMNOPQRSTUVWXYZ abcdefghijklmnopqrstu

1 2 3 4 5 6 7 8 9 0 ①⑩⑮ ⑴⑽⒂ Ⅰ Ⅱ Ⅲ Ⅳ Ⅴ Ⅹ ⅰ ⅱ ⅲ ⅳ ⅴ ⅹ

~ ! @ # $ % ^ & * _ / ₩ | * ( ) [ ] { } < > 〈 〉《 》「 」『 』【 】〔 〕- + × ÷ =

. , ? : ; ' " ‘ ’ “ ” · ‥ … © ™ ¶ § ㎎ ㎏ ㎜ ㎝ ㎞ ㎐ ㏄ ○□△☆ ●■▲★

13/30pt, 없음/0

서로 어울리는 글꼴을 사용합니다. 26pt, 없음/-30

글꼴 가이드 20/40pt, 없음/0

글꼴 가이드 30/50pt, 없음/-10

글꼴 가이드 40/60pt, 없음/-25

글꼴 가이드 60pt, 없음/-50

돋움 100pt, 없음/0

한글 글꼴 가이드 7/13pt, 없음/10

한글 글꼴 가이드 8/15pt, 없음/5

한글 글꼴 가이드 9/16pt, 없음/0

한글 글꼴 가이드 10/18pt, 없음/-10

한글 글꼴 가이드 11/20pt, 없음/-25

한글 글꼴 가이드 12/22pt, 없음/-50

한수원 한돋움 Bold 24pt, 없음/0

20pt

R B

덧글은 통신의 예절을 지키면서 표현의 자유를 추구하는 방향으로 씁니다.

가나다라마바사아자차카타파하 괄꽁넋뒷떨립밟빛빵술쏙얹퀀짰척콥틈편훅

ABCDEFGHIJKLMNOPQRSTUVWXYZ abcdefghijklmnopqrstu

1 2 3 4 5 6 7 8 9 0 ①⑩⑮ ⑴⑽⒂ Ⅰ Ⅱ Ⅲ Ⅳ Ⅴ Ⅹ ⅰ ⅱ ⅲ ⅳ ⅴ ⅹ

~ ! @ # $ % ^ & * _ / ₩ | * ( ) [ ] { } < > 〈 〉 《 》 「 」 『 』 【 】 〔 〕 - + × ÷ =

. , ? : ; ' " ' ' " " · ‥ … © ™ ¶ § ㎎ ㎏ ㎜ ㎝ ㎞ ㎐ ㏄ ○□△☆ ●■▲★

16/30pt, 없음/0

서로 어울리는 글꼴을 사용합니다. 26pt, 없음/-30

글꼴 가이드 20/40pt, 없음/0

글꼴 가이드 30/50pt, 없음/-10

글꼴 가이드 40/60pt, 없음/-25

글꼴 가이드 60pt, 없음/-50

돋움 100pt, 없음/0

한글 글꼴 가이드 7/13pt, 없음/10

한글 글꼴 가이드 8/15pt, 없음/5

한글 글꼴 가이드 9/16pt, 없음/0

한글 글꼴 가이드 10/18pt, 없음/-10

한글 글꼴 가이드 11/20pt, 없음/-25

한글 글꼴 가이드 12/22pt, 없음/-50

한수원 한울림체 Regular 24pt, 없음/0

덧글은 통신의 예절을 지키면서 표현의 자유를 추구하는 방향으로 씁니다.

가나다라마바사아자차카타파하 괄꽁넋뒷떨립밟빛빵술쏙얹줘짰척콥틈편흙

ABCDEFGHIJKLMNOPQRSTUVWXYZ abcdefghijklmnopqrstu

1 2 3 4 5 6 7 8 9 0 ①⑩⑮ ⑴⑽⒂ Ⅰ Ⅱ Ⅲ Ⅳ Ⅴ Ⅹ ⅰ ⅱ ⅲ ⅳ ⅴ ⅹ

~ ! @ # $ % ^ & * _ / ₩ | * ( ) [ ] { } < > 〈 〉《 》「 」『 』【 】〔 〕- + × ÷ =

. , ? : ; ' " ‘ ’ “ ” · ‥ … © ™ ¶ § ㎎ ㎏ ㎜ ㎝ ㎞ ㎐ ㏄ ○□△☆ ●■▲★

13/30pt, 없음/0

서로 어울리는 글꼴을 사용합니다. 28pt, 없음/-30

글꼴 가이드 20/40pt, 없음/0

글꼴 가이드 30/50pt, 없음/-10

글꼴 가이드 40/60pt, 없음/-25

글꼴 가이드 60pt, 없음/-50

돋움 100pt, 없음/0

한글 글꼴 가이드 7/13pt, 없음/10

한글 글꼴 가이드 8/15pt, 없음/5

한글 글꼴 가이드 9/16pt, 없음/0

한글 글꼴 가이드 10/18pt, 없음/-10

한글 글꼴 가이드 11/20pt, 없음/-25

한글 글꼴 가이드 12/22pt, 없음/-50

한눈에 보이는 무료 글꼴 가이드 *11/20pt, 없음/0, 한수원 한돋움 R*

비용을 지불하지 않고도 사용할 수 있는 글꼴을 '무료 글꼴'이라고 부릅니다. 사실은 무료 글꼴이 아니라 《공개 글꼴》이라고 해야 맞습니다. 『공개 글꼴』은 권리자가 설정한 "사용 범위"를 잘 살펴서 사용해야 합니다. 모든 것이 허용되는 진정한 무료 글꼴도 있고, 인쇄용으로는 무료로 사용 *10/18pt, 없음/0, 한수원 한울림 R*

75pt, 없음/0, 한수원 한울림 R

한눈에 보이는 무료 글꼴 가이드 *11/20pt, 없음/-10, 한수원 한돋움 B*

비용을 지불하지 않고도 사용할 수 있는 글꼴을 '무료 글꼴'이라고 부릅니다. 사실은 무료 글꼴이 아니라 《공개 글꼴》이라고 해야 맞습니다. 『공개 글꼴』은 권리자가 설정한 "사용 범위"를 잘 살펴서 사용해야 합니다. 모든 것이 허용되는 진정한 무료 글꼴도 있고, 인쇄용으로는 무료로 사용할 수 *10/18pt, 없음/-10, 한수원 한울림 R*

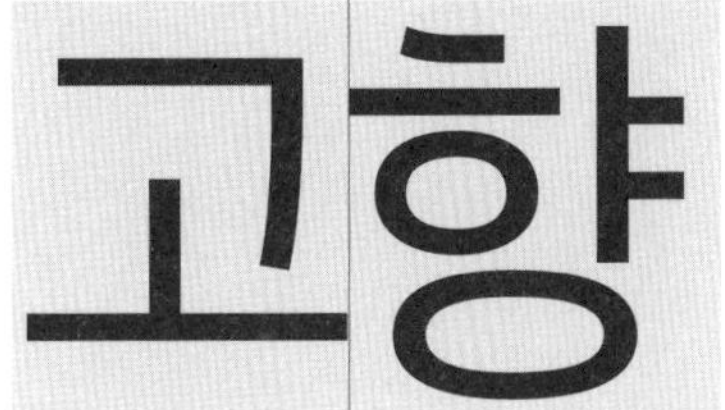

75pt, 없음/-60, 한수원 한울림 R

한눈에 보이는 무료 글꼴 가이드 *11/20pt, 없음/-25, 바른돋움Pro 3*

비용을 지불하지 않고도 사용할 수 있는 글꼴을 '무료 글꼴'이라고 부릅니다. 사실은 무료 글꼴이 아니라 《공개 글꼴》이라고 해야 맞습니다. 『공개 글꼴』은 권리자가 설정한 "사용 범위"를 잘 살펴서 사용해야 합니다. 모든 것이 허용되는 진정한 무료 글꼴도 있고, 인쇄용으로는 무료로 사용할 수 있 *10/18pt, 없음/-25, 한수원 한울림 R*

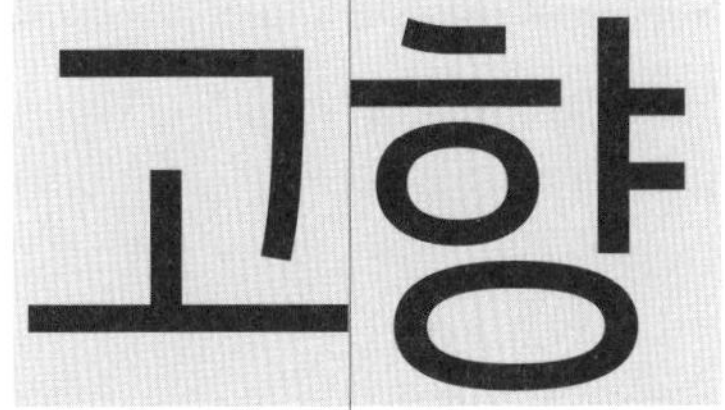

75pt, 시각적/0, 한수원 한울림 R

한눈에 보이는 무료 글꼴 가이드 *11/20pt, 없음/-50, 본고딕 B*

비용을 지불하지 않고도 사용할 수 있는 글꼴을 '무료 글꼴'이라고 부릅니다. 사실은 무료 글꼴이 아니라 《공개 글꼴》이라고 해야 맞습니다. 『공개 글꼴』은 권리자가 설정한 "사용 범위"를 잘 살펴서 사용해야 합니다. 모든 것이 허용되는 진정한 무료 글꼴도 있고, 인쇄용으로는 무료로 사용할 수 있지만 영상에 *10/18pt, 없음/-50, 한수원 한울림 R*

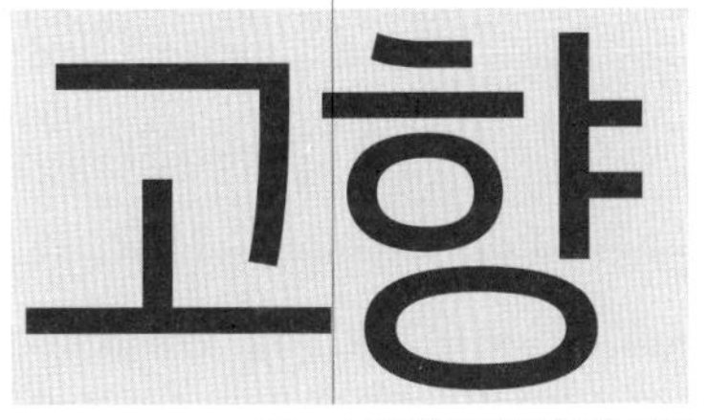

75pt, 시각적/-30, 한수원 한울림 R

19. 함초롬 바탕체, 돋움체

20/40pt, 없음/0, 한초롬 돋움 B

배포: 한글과컴퓨터 10/18pt, 없음/-30, 한초롬 돋움 B/R

취지: 《한컴오피스 2010》용 본문 글꼴

발표: 2010년

링크: www.hancom.com/cs_center/csDownload.do 10/18pt, 메트릭/0, Adobe Garamond Pro R

분류: 바탕, 돋움

굵기: 2단계(Regular, Bold)

특징: 아래아한글 워드프로세서의 기본 글꼴. 정확한 정보가 제공되지 않지만 대략 현대한글 11,162, 옛한글 5,371, 한자 28,000 이상, 특수문자 3,000 이상으로 총 65,200여개의 문자 지원.

한글과컴퓨터가 2010년에 판매한 '한컴오피스 2010'의 공식 글꼴인데 누구나 사용할 수 있도록 무료로 배포하였습니다. 무료 글꼴이 귀했던 당시 큰 인기를 끌었습니다. '함초롬'은 '가지런하고 곱다'는 뜻의 순우리말입니다. 세로로 약간 긴 모양의 자형입니다. 2010년에 발표되었지만 현재 링크에서는 오류를 수정한 2017년 1월 버전을 받을 수 있습니다. 10/18pt, 없음/-30, 한초롬 바탕 R

상당히 오래 전에 특정 워드프로세서용으로 만들어진 글꼴이라 그리 인기 있는 글꼴은 아닙니다. 하지만 아래아 한글에서 입력된 글인데 다른 글꼴을 선택하면 보이지 않는 문자가 많다면 이 글꼴을 사용해보세요. 혹은 다른 글꼴에서 지원하지 않는 특정 한글과 한자, 특수 문자를 쓰기 위해 이 글꼴을 선택할 수 있습니다. 굵기가 2단계뿐인 것이 아쉽습니다.

무료 사용 범위			
인쇄: O	**영상:** O	**웹사이트:** O	**전자책:** O
BI/CI: O	**제품:** O	**모바일:** O	**서버:** O
출처 생략: △	**재배포:** △	**수정배포:** △	**판매:** X

10pt, 없음/0, 한초롬 돋움 B

9pt, 없음/0, 한초롬 돋움 B/R

주의: 판매 그리고 상업적인 목적의 배포, 수정 외에는 모두 가능하다고 합니다. 다만, 글꼴 출처를 표기하는 것을 권장하고 있습니다. '상업적인 목적'에 대한 기준이 다를 수 있으므로 주의! 8/14pt, 없음/-10, 한초롬 돋움 B/R

참고: 여기에서 정리한 무료 사용 범위는 배포자의 실제 의사와 일부 다를 수 있으며, 이후 배포자의 의사가 바뀔 수도 있습니다. 따라서 일반적인 아닌 상업적 목적으로 이용하고자 할 때는 이 페이지 상단의 '링크'를 방문하여 정확한 사용 범위를 다시 한번 확인하기 바랍니다.

함초롬 바탕체	함초롬 돋움체	20pt, 없음/-30

Regular 한글 한글 Regular

Bold **한글** **한글** Bold

72/80pt, 없음/0

서로 어울리는 글꼴을 골라서
사용하는 것이 중요합니다.
서로 어울리는 글꼴을 골라서
사용하는 것이 중요합니다.

28/39pt, 없음/-25

서로 어울리는 글꼴을 골라서
사용하는 것이 중요합니다.
서로 어울리는 글꼴을 골라서
사용하는 것이 중요합니다.

28/39pt, 없음/-25

함초롬 바탕체 Regular

24pt, 없음/0

덧글은 통신의 예절을 지키면서 표현의 자유를 추구하는 방향으로 씁니다.

가나다라마바사아자차카타파하 괄꽁넋뒷떨립밟빛빵숲쏙얹쥔짰척콥틈편흙

ABCDEFGHIJKLMNOPQRSTUVWXYZ abcdefghijklmnopqrstuvwxyz

1234567890 ①㊿ ①⑩ ①⑩ ❶❿ ❶❿ ⑴⒇ Ⅰ Ⅱ Ⅲ Ⅳ Ⅴ Ⅹ ⅰ ⅱ ⅲ ⅳ ⅴ ⅹ

~ ! @ # $ % ^ & * _ / \ | * ( ) [ ] { } < > 〈 〉《 》「 」『 』【 】〔 〕 - + × ÷ =

. , ? : ; ' " ‘ ’ “ ” · · · ··· ©®™ ¶ § ㎎ ㎏ ㎜ ㎝ ㎞ ㎐ ㏄ ○□△☆ ●■▲★

大韓民國 東西南北 高等學校 無料書體 落花流水 莫逆之友 大器晩成 螢雪

13/30pt, 없음/0

글꼴 가이드 20/40pt, 없음/0

글꼴 가이드 30/50pt, 없음/-25

100pt, 없음/0

글꼴 가이드 40/60pt, 없음/-50

글꼴 가이드 60pt, 없음/-75

한글 글꼴 가이드 7/13pt, 없음/10

한글 글꼴 가이드 8/15pt, 없음/5

한글 글꼴 가이드 9/16pt, 없음/0

한글 글꼴 가이드 10/18pt, 없음/-10

한글 글꼴 가이드 11/20pt, 없음/-25

한글 글꼴 가이드 12/22pt, 없음/-50

한눈에 보이는 무료 글꼴 가이드 *11/20pt, 없음/0, 나눔고딕 B*

비용을 지불하지 않고도 사용할 수 있는 글꼴을 '무료 글꼴' 이라고 부릅니다. 사실은 무료 글꼴이 아니라 《공개 글꼴》 이라고 해야 맞습니다. 『공개 글꼴』은 권리자가 설정한 "사용 범위"를 잘 살펴서 사용해야 합니다. 모든 것이 허용되는 진정한 무료 글꼴도 있고, 인쇄용으로는*10/18pt, 없음/0, 함초롬 바탕체 R*

75pt, 없음/0, 함초롬 바탕체 R

한눈에 보이는 무료 글꼴 가이드 *11/20pt, 없음/-10, 나눔바른고딕 B*

비용을 지불하지 않고도 사용할 수 있는 글꼴을 '무료 글꼴' 이라고 부릅니다. 사실은 무료 글꼴이 아니라 《공개 글꼴》이라고 해야 맞습니다. 『공개 글꼴』은 권리자가 설정한 "사용 범위"를 잘 살펴서 사용해야 합니다. 모든 것이 허용되는 진정한 무료 글꼴도 있고, 인쇄용으로는 *10/18pt, 없음/-10, 함초롬 바탕체 R*

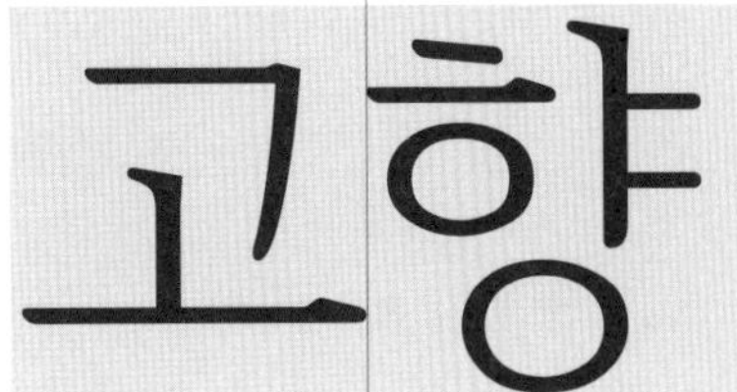

75pt, 없음/-87, 함초롬 바탕체 R

한눈에 보이는 무료 글꼴 가이드 *11/20pt, 없음/-25, 바른돋움Pro 3*

비용을 지불하지 않고도 사용할 수 있는 글꼴을 '무료 글꼴'이라고 부릅니다. 사실은 무료 글꼴이 아니라 《공개 글꼴》이라고 해야 맞습니다. 『공개 글꼴』은 권리자가 설정한 "사용 범위"를 잘 살펴서 사용해야 합니다. 모든 것이 허용되는 진정한 무료 글꼴도 있고, 인쇄용으로는 *10/18pt, 없음/-25, 함초롬 바탕체 R*

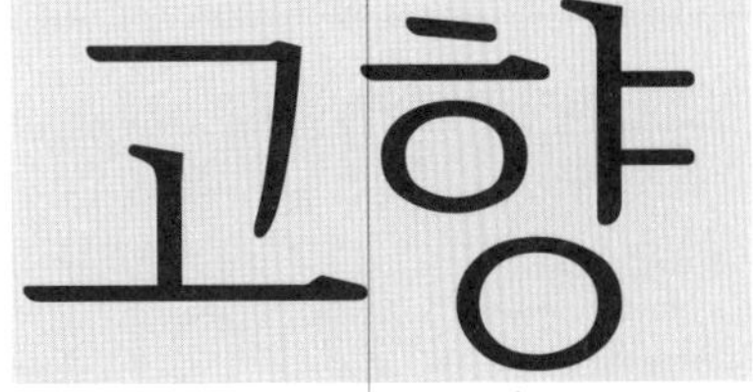

75pt, 시각적/0, 함초롬 바탕체 R

한눈에 보이는 무료 글꼴 가이드 *11/20pt, 없음/-50, 본고딕 H*

비용을 지불하지 않고도 사용할 수 있는 글꼴을 '무료 글꼴'이라고 부릅니다. 사실은 무료 글꼴이 아니라 《공개 글꼴》이라고 해야 맞습니다. 『공개 글꼴』은 권리자가 설정한 "사용 범위"를 잘 살펴서 사용해야 합니다. 모든 것이 허용되는 진정한 무료 글꼴도 있고, 인쇄용으로는 무료로 *10/18pt, 없음/-50, 함초롬 바탕체 R*

75pt, 시각적/-30, 함초롬 바탕체 R

함초롬 돋움체 Regular 24pt, 없음/0

돋 돋 20pt
R B

덧글은 통신의 예절을 지키면서 표현의 자유를 추구하는 방향으로 씁니다.

가나다라마바사아자차카타파하 괄꿍넋뒷떨립밟빛빵술쏙얹줬짰척콥틈편흙

ABCDEFGHIJKLMNOPQRSTUVWXYZ abcdefghijklmnopqrstuvwxyz

1234567890 ①㊿ ①⑩ ①⑩ ❶❿ ❶❿ ⑴⒇ Ⅰ Ⅱ Ⅲ Ⅳ Ⅴ Ⅹ ⅰ ⅱ ⅲ ⅳ ⅴ ⅹ

~ ! @ # $ % ^ & * _ / \ | * ( ) [ ] { } < > 〈 〉《 》「 」『 』【 】〔 〕 - + × ÷ =

. , ? : ; ' " ' ' " " · ·· ··· ©® ™ ¶ § ㎎ ㎏ ㎜ ㎝ ㎞ ㎐ ㏄ ○□△☆ ●■▲★

❛ ❜ ❝ ❞ ✝ ✞ ✟ ✙ ✝ ✠ ✶ ✷ ✸ ✹ ✺ ✪ ❄ ❅ ❆ ➳ ➵ ➸ ➻ ➼ ➽ ♲ ♺ ⠿ ⠿ ⚀ ⚂ ☯ ☃

大韓民國 東西南北 高等學校 無料書體 落花流水 莫逆之友 大器晩成 螢雪

13/30pt, 없음/0

글꼴 가이드 20/40pt, 없음/0

글꼴 가이드 30/50pt, 없음/-25

100pt, 없음/0

글꼴 가이드 40/60pt, 없음/-50

글꼴 가이드 60pt, 없음/-75

한글 글꼴 가이드 7/13pt, 없음/10

한글 글꼴 가이드 8/15pt, 없음/5

한글 글꼴 가이드 9/16pt, 없음/0

한글 글꼴 가이드 10/18pt, 없음/-10

한글 글꼴 가이드 11/20pt, 없음/-25

한글 글꼴 가이드 12/22pt, 없음/-50

한눈에 보이는 무료 글꼴 가이드 *11/20pt, 없음/0, 나눔고딕 B*

비용을 지불하지 않고도 사용할 수 있는 글꼴을 '무료 글꼴' 이라고 부릅니다. 사실은 무료 글꼴이 아니라 《공개 글꼴》 이라고 해야 맞습니다. 『공개 글꼴』은 권리자가 설정한 "사용 범위"를 잘 살펴서 사용해야 합니다. 모든 것이 허용되는 진정한 무료 글꼴도 있고, 인쇄용으로는 *10/18pt, 없음/0, 함초롬 돋움체 R*

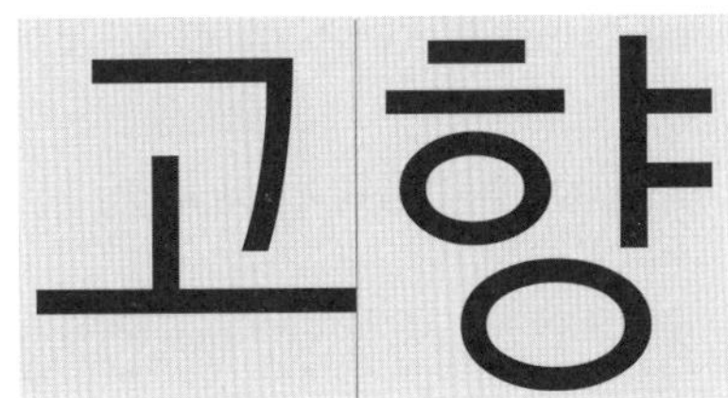

75pt, 없음/0, 함초롬 돋움체 R

한눈에 보이는 무료 글꼴 가이드 *11/20pt, 없음/-10, 나눔바른고딕 B*

비용을 지불하지 않고도 사용할 수 있는 글꼴을 '무료 글꼴' 이라고 부릅니다. 사실은 무료 글꼴이 아니라 《공개 글꼴》이라고 해야 맞습니다. 『공개 글꼴』은 권리자가 설정한 "사용 범위"를 잘 살펴서 사용해야 합니다. 모든 것이 허용되는 진정한 무료 글꼴도 있고, 인쇄용으로는 *10/18pt, 없음/-10, 함초롬 돋움체 R*

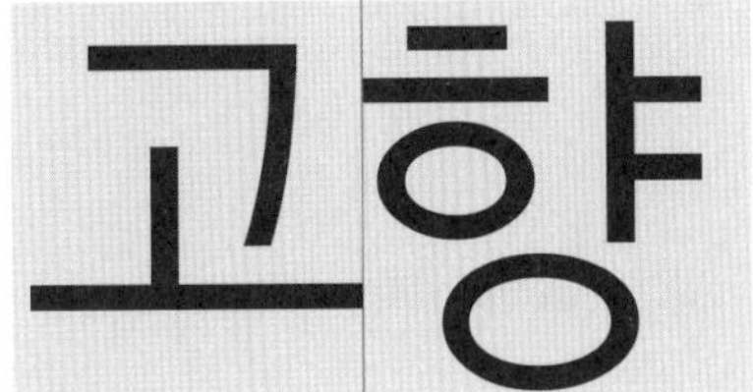

75pt, 없음/-80, 함초롬 돋움체 R

한눈에 보이는 무료 글꼴 가이드 *11/20pt, 없음/-25, 바른돋움Pro 3*

비용을 지불하지 않고도 사용할 수 있는 글꼴을 '무료 글꼴'이라고 부릅니다. 사실은 무료 글꼴이 아니라 《공개 글꼴》이라고 해야 맞습니다. 『공개 글꼴』은 권리자가 설정한 "사용 범위"를 잘 살펴서 사용해야 합니다. 모든 것이 허용되는 진정한 무료 글꼴도 있고, 인쇄용으로는 *10/18pt, 없음/-25, 함초롬 돋움체 R*

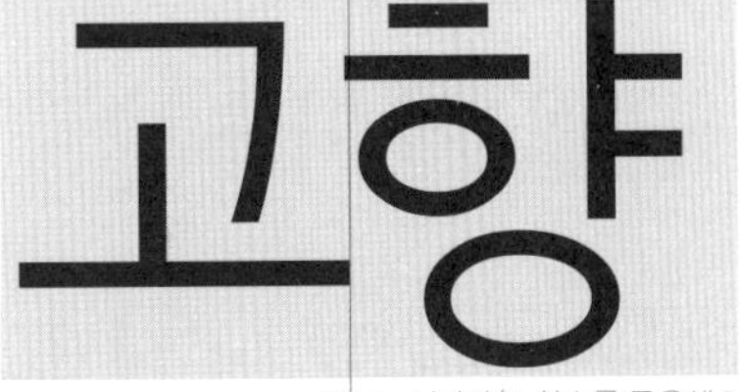

75pt, 시각적/0, 함초롬 돋움체 R

한눈에 보이는 무료 글꼴 가이드 *11/20pt, 없음/-50, 본고딕 H*

비용을 지불하지 않고도 사용할 수 있는 글꼴을 '무료 글꼴'이라고 부릅니다. 사실은 무료 글꼴이 아니라 《공개 글꼴》이라고 해야 맞습니다. 『공개 글꼴』은 권리자가 설정한 "사용 범위"를 잘 살펴서 사용해야 합니다. 모든 것이 허용되는 진정한 무료 글꼴도 있고, 인쇄용으로는 무료로 *10/18pt, 없음/-50, 함초롬 돋움체 R*

75pt, 시각적/-30, 함초롬 돋움체 R

함초롬체 바탕 Bold 24pt, 없음/0

바 바 20pt
R B

덧글은 통신의 예절을 지키면서 표현의 자유를 추구하는 방향으로 씁니다.

가나다라마바사아자차카타파하 괄꽁넋뒷떨립밟빛빵술쏙얹쥔짰척콥틈편흙

ABCDEFGHIJKLMNOPQRSTUVWXYZ abcdefghijklmnopqrstuvwxyz

1234567890 ①㊿ ①⑩ ①⑩ ❶❿ ❶❿ ⑴⒇ Ⅰ Ⅱ Ⅲ Ⅳ Ⅴ Ⅹ ⅰ ⅱ ⅲ ⅳ ⅴ ⅹ

~ ! @ # $ % ^ & * _ / \ | * ( ) [ ] { } < > 〈 〉 《 》 「 」 『 』 【 】 〔 〕 - + × ÷ =

. , ? : ; ' " ' ' " " · ·· ··· © ®™ ¶ § ㎎ ㎏ ㎜ ㎝ ㎞ ㎐ ㏄ ○□△☆ ●■▲★

❛ ❜ ❝ ❞ ✝ ✞ ✟ ✙ ✝ ✛ ✶ ✷ ✸ ✹ ✺ ✪ ❄ ❅ ❆ ➳ ➵ ➸ ➻ ➼ ➽ ♲ ♺ ⚃ ⚅ ⚀ ⚂ ☯ ☃

大韓民國 東西南北 高等學校 無料書體 落花流水 莫逆之友 大器晩成 螢雪

13/30pt, 없음/0

글꼴 가이드 20/40pt, 없음/0

100pt, 없음/0

글꼴 가이드 30/50pt, 없음/-25

글꼴 가이드 40/60pt, 없음/-50

글꼴 가이드 60pt, 없음/-75

한글 글꼴 가이드 7/13pt, 없음/10

한글 글꼴 가이드 8/15pt, 없음/5

한글 글꼴 가이드 9/16pt, 없음/0

한글 글꼴 가이드 10/18pt, 없음/-10

한글 글꼴 가이드 11/20pt, 없음/-25

한글 글꼴 가이드 12/22pt, 없음/-50

함초롬체 돋움 Bold 24pt, 없음/0

돋 돋 20pt
M B

덧글은 통신의 예절을 지키면서 표현의 자유를 추구하는 방향으로 씁니다.

가나다라마바사아자차카타파하 괄꽁넋뒷떨립밟빛빵술쏙얹쥔짰척콥틈편흙

ABCDEFGHIJKLMNOPQRSTUVWXYZ abcdefghijklmnopqrstuvwxyz

1234567890 ①㊿ ①⑩ ①⑩ ❶❿ ➊➓ ⑴⒇ Ⅰ Ⅱ Ⅲ Ⅳ Ⅴ Ⅹ ⅰ ⅱ ⅲ ⅳ ⅴ ⅹ

~ ! @ # $ % ^ & * _ / \ | * ( ) [ ] { } < > 〈 〉 《 》 「 」 『 』 【 】 〔 〕 - + × ÷ =

. , ? : ; ' " ' ' " " · ·· ··· © ® ™ ¶ § ㎎ ㎏ ㎜ ㎝ ㎞ ㎐ ㏄ ○□△☆ ●■▲★

❛ ❜ ❝ ❞ † ✞ ✟ ✙ ✝ ✛ ✶ ✷ ✸ ✹ ✺ ✪ ❄ ❅ ❆ ➳ ➵ ➸ ➻ ➼ ➽ ♲ ♻ ⠿ ⠿ ⚀ ⚂ ☯ ☃

大韓民國 東西南北 高等學校 無料書體 落花流水 莫逆之友 大器晩成 螢雪

13/30pt, 없음/0

글꼴 가이드 20/40pt, 없음/0

글꼴 가이드 30/50pt, 없음/-25

100pt, 없음/0

40/60pt, 없음/-50

글꼴 가이드 60pt, 없음/-75

한글 글꼴 가이드	7/13pt, 없음/10
한글 글꼴 가이드	8/15pt, 없음/5
한글 글꼴 가이드	9/16pt, 없음/0
한글 글꼴 가이드	10/18pt, 없음/-10
한글 글꼴 가이드	11/20pt, 없음/-25
한글 글꼴 가이드	12/22pt, 없음/-50

20. 검은고딕

20/40pt, 없음/0, Black Han Sans

배포: ZESSTYPE 10/18pt, 없음/-30, Gothic A1 M/R

취지: 오픈 폰트 공유

발표: 2017년

링크: zesstype.com; github.com/zesstype/Black-Han-Sans 10/18pt, 메트릭/0, Adobe Garamond Pro R

분류: 돋움

굵기: 1단계(Black)

특징: 두꺼운 획으로 강한 느낌을 전달하는 제목용 글꼴. 개성은 강하지만 한자는 물론 영어도 지원되지 않음. KS한글 2,350자와 약간의 추가 한글, 숫자, 최소한의 기호 문자만 지원.

ZESSTYPE은 홈페이지에서 알 수 있듯이 독립 활자 디자이너이며 텀블벅을 통해 글꼴을 판매하기도 했습니다. 검은고딕(Black Han Sans)은 매우 두꺼운 제목용 글꼴입니다. 브랜드 글꼴에 비하면 지원하는 문자수가 부족하고 거칠지만 잘 다듬어지지 않은 거친 매력이 있습니다. 10/18pt, 없음/-30, Gothic A1 R

아래의 예에서 보듯이 검은고딕은 다른 글꼴에 비해 매우 두껍고, 자형이 작기 때문에 다른 글꼴의 문자 크기와 맞추려면 더 크게 사용해야 합니다.

검은고딕	본고딕	고딕A1	검은고딕
36pt, 없음/-30, Black Han Sans	36pt, 없음/-30, 본고딕 H	36pt, 없음/-30, Gothic A1 BL	40pt, 없음/-30, Black Han Sans

무료 사용 범위 13pt, 없음/0, Black Han Sans

인쇄: O	**영상:** O	**웹사이트:** O	**전자책:** O
BI/CI: O	**제품:** O	**모바일:** O	**서버:** O
출처 생략: O	**재배포:** O	**수정배포:** O	**판매:** X

9pt, 없음/0, Gothic A1 M/R

라이선스: 동일 조건으로 배포하는 것을 요구하는 오픈 소스 라이선스(SIL Open Font License 1.1)가 적용되었습니다. 판매를 제외한 모든 것이 가능합니다. 8/14pt, 없음/-10, Gothic A1 M/L

참고: 구글 폰트 사이트에 있는 Black Han Sans 글꼴은 버전 1.0이므로 홈페이지를 통해 연결되는 깃헙 사이트에 있는 버전 1.2를 내려받기 바랍니다. 1.2에서는 숫자만 검은고딕에 어울리게 수정한 것 같습니다.

검은고딕 36pt, 없음/0

덧글은 통신의 예절을 지키면서 표현의 자유를 추구하는 방향으로 씁니다. 가나다라마바사아자차카타파하 괄꽁넋 뒷펄립밟빛빵술쏙얹쥔짜척콥틈편훍

1 2 3 4 5 6 7 8 9 0 ~ ! @ # $ % ^ & * _ / \ | *

( ) [ ] { } 〈 〉 - + = . , ? : ; " ' ' = ₩

20/30pt, 없음/0

서로 어울리는 글꼴을 골라서 사용합니다.

28pt, 없음/-25, Black Han Sans

글꼴 가이드 20/40pt, 없음/0

글꼴 가이드 30/50pt, 없음/-10

글꼴 가이드 40/60pt, 없음/-25

글꼴 가이드

60pt, 없음/-50

100pt, 없음/0

한글 글꼴 가이드 7/13pt, 없음/10

한글 글꼴 가이드 8/15pt, 없음/5

한글 글꼴 가이드 9/16pt, 없음/0

한글 글꼴 가이드 10/18pt, 없음/-10

한글 글꼴 가이드 11/20pt, 없음/-25

한글 글꼴 가이드 12/22pt, 없음/-50

21. 고도체, 고도마음체

20/40pt, 없음/0, 고도 B

배포: NHN고도 10/18pt, 없음/-30, 고도 B/M

취지: 고도몰 홍보 & 지원

발표: 고도체(2012), 고도마음체(2017)

링크: design.godo.co.kr/custom/free-font.php 10/18pt, 메트릭/0, Adobe Garamond Pro SB

분류: 돋움, 필기

굵기: 고도체 2단계(Medium, Bold)

고도마음체 1단계(Regular)

특징: 온라인용 글꼴로 제작되었지만 답답하지 않고 트렌디한 느낌의 신선한 돋움체라 인쇄용으로도 좋음. 완성형 한글 2,350+자를 지원하며 한자는 지원하지 않지만 기호 문자는 다양하게 제공.

고도체와 고도마음체는 쇼핑몰에서 사용하기에 적합하게 개발하여 무료로 배포한 글꼴입니다. NHN고도는 자사 쇼핑몰 이용자를 지원하기 위해 로고디자인, 배너디자인과 같은 디자인 템블릿을 공개해 왔는데 여기에 사용하기 위해 독자적인 브랜드 글꼴이 필요했던 것 같습니다. 파일 용량을 줄이기 위해 한자는 지원되지 않으나 산돌커뮤니케이션의 다양한 기호 문자들이 지원됩니다(고도마음체 제외). 10/18pt, 없음/-30, 고도 M

고도체는 제목용으로 적당한 돋움 글꼴인데, Medium과 Bold의 차이가 미세합니다. 이에 비해 고도마음체는 고도체와는 전혀 다른 필기체입니다. 손으로 부드럽게 쓴 느낌이 물씬한 필기체입니다. 고도마음체는 다른 글꼴에 비해 문자 크기가 현격하게 작으며, 필기체 특성상 다양한 기호 문자들이 제공되지 않습니다.

무료 사용 범위			
인쇄: O	**영상:** O	**웹사이트:** O	**전자책:** O
BI/CI: O	**제품:** O	**모바일:** O	**서버:** O
출처 생략: O	**재배포:** O	**수정배포:** O	**판매:** X

10pt, 없음/0, 고도 B

9pt, 없음/0, 고도 B/M

라이선스: 오픈 폰트 라이선스가 명시되어 있지 않지만 사실상 거의 같습니다. 브랜드 글꼴이라기 보다는 디자인 템플릿에 사용되는 글꼴이라서 그런지 수정하여 배포하는 것도 가능합니다. 8/14pt, 없음/-10, 고도 B/M

참고: 여기에서 정리한 무료 사용 범위는 배포자의 실제 의사와 일부 다를 수 있으며, 이후 배포자의 의사가 바뀔 수도 있습니다. 따라서 일반적인 아닌 상업적 목적으로 이용하고자 할 때는 이 페이지 상단의 '링크'를 방문하여 정확한 사용 범위를 다시 한번 확인하기 바랍니다.

고도체

20pt, 없음/-30

Medium

Bold

한글

72pt, 없음/0, 고도 M

72pt, 없음/0, 고도 B

고도마음체

20pt, 없음/-30

Regular

한글

72pt, 없음/0, godoMaum R

글꼴 가이드

30/40pt, 없음/0

글꼴 가이드

40/50pt, 없음/-10

글꼴 가이드

50/60pt, 없음/-25

글꼴 가이드

90pt, 없음/-50

고도마음체

100pt, 없음/0

한글 글꼴 가이드 9/15pt, 없음/10

한글 글꼴 가이드 10/17pt, 없음/5

한글 글꼴 가이드 11/18pt, 없음/0

한글 글꼴 가이드 12/20pt, 없음/-10

한글 글꼴 가이드 13/22pt, 없음/-25

한글 글꼴 가이드 14/24pt, 없음/-50

고도체 Medium 24pt, 없음/0

20pt

덧글은 통신의 예절을 지키면서 표현의 자유를 추구하는 방향으로 씁니다.

가나다라마바사아자차카타파하 괄꽁넋뒷떨립밟빛빵술쏙없쥔짰척콥틈편흙

ABCDEFGHIJKLMNOPQRSTUVWXYZ abcdefghijklmnopqrstuvwxyz

1234567890 ①㉚ ❶⓴ ➊⑳ ❶㉚ ⑴㈜ Ⅰ Ⅱ Ⅲ Ⅳ Ⅴ Ⅹ ⅰ ⅱ ⅲ ⅳ ⅴ ⅹ

~ ! @ # $ % ^ & * _ / ₩ | * ( ) [ ] { } < > 〈 〉 《 》 「 」 『 』 【 】 〔 〕 - + × ÷ =

. , ? : ; ' " ' ' " " · · .. ... ™ ¶ § ㎎ ㎏ ㎜ ㎝ ㎞ ㎐ ㏄ ○ □ △ ☆ ● ■ ▲ ★

①⑨ 1 9 1 20 1 20 1 20 1 20 1 20 ← ← ← ← ← ← ← ㊞ ❖ ✣ ❀ ✿ ⚜

13/30pt, 없음/0

글꼴 가이드 20/40pt, 없음/0

글꼴 가이드 30/50pt, 없음/-10

100pt, 없음/0

글꼴 가이드 40/60pt, 없음/-25

글꼴 가이드 60pt, 없음/-50

한글 글꼴 가이드 7/13pt, 없음/10

한글 글꼴 가이드 8/15pt, 없음/5

한글 글꼴 가이드 9/16pt, 없음/0

한글 글꼴 가이드 10/18pt, 없음/-10

한글 글꼴 가이드 11/20pt, 없음/-25

한글 글꼴 가이드 12/22pt, 없음/-50

고도체 Bold 24pt, 없음/0

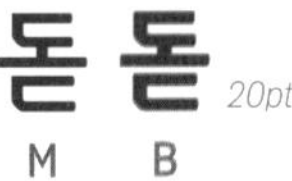

덧글은 통신의 예절을 지키면서 표현의 자유를 추구하는 방향으로 씁니다.

가나다라마바사아자차카타파하 괄꽁넋뒷떨립밟빛빵술쏙얹쥔짰척콥틈편흙

ABCDEFGHIJKLMNOPQRSTUVWXYZ abcdefghijklmnopqrstuvwxyz

1234567890 ①㉚ ❶⓴ ❶⓴ ❶㉚ ⑴㉚ Ⅰ Ⅱ Ⅲ Ⅳ Ⅴ Ⅹ ⅰ ⅱ ⅲ ⅳ ⅴ ⅹ

~ ! @ # $ % ^ & * _ / ₩ | * ( ) [ ] { } < > 〈 〉 《 》 「 」 『 』 【 】 〔 〕 - + × ÷ =

. , ? : ; ' " ' ' " " · · .. ... ™ ¶ § ㎎ ㎏ ㎜ ㎝ ㎞ ㎐ ㏄ ○ □ △ ☆ ● ■ ▲ ★

①⑨ 1 9 1 20 1 20 1 20 1 20 1 20 ← ← ← ← ← ← ← ㊞ ❖ ✣ ❀ ❁ ⚜

13/30pt, 없음/0

글꼴 가이드 20/40pt, 없음/0

글꼴 가이드 30/50pt, 없음/-10

글꼴 가이드 40/60pt, 없음/-25

글꼴 가이드 60pt, 없음/-50

100pt, 없음/0

한글 글꼴 가이드 7/13pt, 없음/10

한글 글꼴 가이드 8/15pt, 없음/5

한글 글꼴 가이드 9/16pt, 없음/0

한글 글꼴 가이드 10/18pt, 없음/-10

한글 글꼴 가이드 11/20pt, 없음/-25

한글 글꼴 가이드 12/22pt, 없음/-50

22. Gothic A1

20/40pt, 없음/0, Gothic A1 BL

배포: 한양정보통신

10/18pt, 없음/-30, Gothic A1 B/R

취지: HYGothic A1 글꼴 홍보

발표: 2014년

링크: fonts.google.com/specimen/Gothic+A1

10/18pt, 메트릭/0, Adobe Garamond Pro R

분류: 돋움

굵기: 9단계(Thin, ExtraLight, Light, Regular, Medium, Semibold, Bold, ExtraBold, Black)

특징: 섬세하게 설계하여 균형 잡힌 고품질 돋움 글꼴. 9단계의 굵기를 사용할 수 있어 다양한 상황에 대응할 수 있음. 한글 11,172, 로마자 94, KS기호 986, 확장기호 1,280자 지원. 한자는 지원하지 않음.

Gothic A1은 한양정보통신이 판매하는 HYGothic A1 글꼴의 일부를 분리하여 무료로 배포하는 글꼴입니다. HYGothic A1은 무려 99단계 굵기를 구현하는 매우 정교한 글꼴이며, 문자 사이의 공간을 최적화하여 글꼴의 공간 균일성을 유지하는 유료 글꼴입니다(www.hanyang.co.kr/hygothic 참고). 그리고 이 특성은 Gothic A1에도 그대로 적용되어 있습니다.

10/18pt, 없음/-50, Gothic A1 R

Gothic A1은 99개 중 9단계 굵기를 지원하며, 각종 기호들도 정밀하게 굵기의 차이를 구현했습니다. 따라서 글꼴의 굵기를 바꾸면 특수 문자의 굵기도 그에 맞게 변화하여 이질감이 없습니다. 무료 글꼴은 로마자와 한글 문자는 굵기 차이를 구현하지만 기호 문자는 단일한 굵기로 구현해서 아쉬운 경우가 많은데 Gothic A1을 사용하면 그런 문제가 발생하지 않습니다.

무료 사용 범위			
인쇄: O	**영상:** O	**웹사이트:** O	**전자책:** O
BI/CI: O	**제품:** O	**모바일:** O	**서버:** O
출처 생략: O	**재배포:** O	**수정배포:** O	**판매:** X

10pt, 없음/0, Gothic A1 EB

9pt, 없음/0, Gothic A1 B/R

라이선스: 오픈 소스 라이선스(SIL Open Font License 1.1)가 적용되었으므로 폰트 자체 판매를 제외한 모든 것이 가능합니다.

8/14pt, 없음/-10, Gothic A1 B/L

참고: Gothic A1 글꼴 파일은 검색해보면 폰트바다(www.fontbada.co.kr)에서 내려받을 수 있다고도 하는데 가입하지 않아도 되는 구글 폰트 사이트에서 내려받는 것이 더 편리합니다.

Thin
Gothic A1은 9단계 굵기를 지원!
①❶❶✓▶▷☎☞→ ±◌♡❋《◐》

ExtraLight
Gothic A1은 9단계 굵기를 지원!
①❶❶✓▶▷☎☞→ ±◌♡❋《◐》

Light
Gothic A1은 9단계 굵기를 지원!
①❶❶✓▶▷☎☞→ ±◌♡❋《◐》

Regular
Gothic A1은 9단계 굵기를 지원!
①❶❶✓▶▷☎☞→ ±◌♡❋《◐》

Medium
Gothic A1은 9단계 굵기를 지원!
①❶❶✓▶▷☎☞→ ±◌♡❋《◐》

SemiBold
Gothic A1은 9단계 굵기를 지원!
①❶❶✓▶▷☎☞→ ±◌♡❋《◐》

Bold
Gothic A1은 9단계 굵기를 지원!
①❶❶✓▶▷☎☞→ ±◌♡❋《◐》

ExtraBold
Gothic A1은 9단계 굵기를 지원!
①❶❶✓▶▷☎☞→ ±◌♡❋《◐》

Black
Gothic A1은 9단계 굵기를 지원!
①❶❶✓▶▷☎☞→ ±◌♡❋《◐》

22/28pt, 없음/0
문단이후간격 3mm

Gothic A1 Thin

24pt, 없음/0

고 고 고 고 고 고 고 고 고 20pt

TH EL L R M SB B EB BL

덧글은 통신의 예절을 지키면서 표현의 자유를 추구하는 방향으로 씁니다.

가나다라마바사아자차카타파하 괄꽁넋뒷떨립밟빛빵술쏙얹쥔쫘척콥틈편훑

ABCDEFGHIJKLMNOPQRSTUVWXYZ abcdefghijklmnopqrstuvwxyz

1234567890 ①㉚ ➊⓴ ➊➓ ⑴⒇ Ⅰ Ⅱ Ⅲ Ⅳ Ⅴ Ⅹ ⅰ ⅱ ⅲ ⅳ ⅴ ⅹ

~ ! @ # $ % ^ & * _ / \ | ⁎ ( ) [ ] { } < > 〈 〉 《 》 「 」 『 』 【 】 〔 〕 - + × ÷ =

. , ? : ; ′ ″ ‘ ’ “ ” · ·· ··· © ® ™ ¶ § mg kg mm cm km Hz cc ○□△☆ ●■▲★

13/30pt, 없음/0

서로 어울리는 글꼴을 사용합니다.

26pt, 없음/-30

글꼴 가이드 20/40pt, 없음/0

글꼴 가이드 30/50pt, 없음/-25

고딕

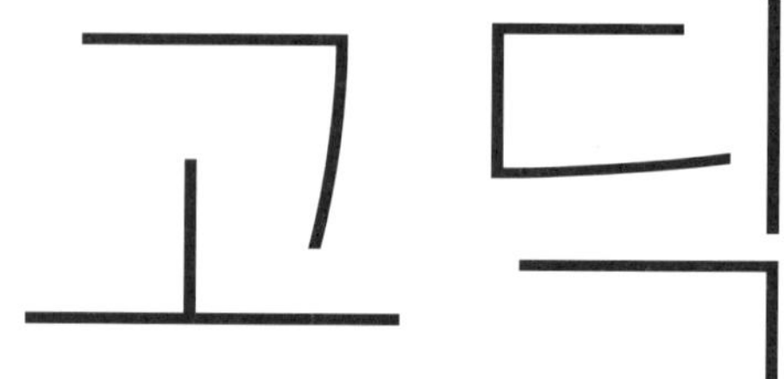

100pt, 없음/0

글꼴 가이드 40/60pt, 없음/-50

글꼴 가이드

60pt, 없음/-75

한글 글꼴 가이드 7/13pt, 없음/10

한글 글꼴 가이드 8/15pt, 없음/5

한글 글꼴 가이드 9/16pt, 없음/0

한글 글꼴 가이드 10/18pt, 없음/-10

한글 글꼴 가이드 11/20pt, 없음/-25

한글 글꼴 가이드 12/22pt, 없음/-50

Gothic A1 Black

고 고 고 고 고 고 고 고 고 20pt

TH EL L R M SB B EB BL

24pt, 없음/0

덧글은 통신의 예절을 지키면서 표현의 자유를 추구하는 방향으로 씁니

가나다라마바사아자차카타파하 괄꽁넋뒷떨립밟빛빵술쏙없쥔짰척큽틈

ABCDEFGHIJKLMNOPQRSTUVWXYZ abcdefghijklmnopqrstuvwxy

1234567890 ①㉚ ❶⓴ ➊➓ ⑴⒇ Ⅰ Ⅱ Ⅲ Ⅳ Ⅴ Ⅹ ⅰ ⅱ ⅲ ⅳ ⅴ ⅹ

~ ! @ # $ % ^ & * _ / \ | * ( ) [ ] { } < > 〈 〉 《 》 「 」 『 』 【 】 〔 〕 - + × ÷ =

. , ? : ; ′ ″ ‘ ’ “ ” · ‥ … © ® ™ ¶ § mg kg mm cm km Hz cc ○□△☆●

■▲★

13/30pt, 없음/0

서로 어울리는 글꼴을 사용합니다. 26pt, 없음/-30

글꼴 가이드 20/40pt, 없음/0

글꼴 가이드 30/50pt, 없음/-25

고딕

100pt, 없음/0

글꼴 가이드 40/60pt, 없음/-50

글꼴 가이드

60pt, 없음/-100

한글 글꼴 가이드 7/13pt, 없음/10

한글 글꼴 가이드 8/15pt, 없음/5

한글 글꼴 가이드 9/16pt, 없음/0

한글 글꼴 가이드 10/18pt, 없음/-10

한글 글꼴 가이드 11/20pt, 없음/-25

한글 글꼴 가이드 12/22pt, 없음/-50

Gothic A1 ExtraLight 고 고 고 고 고 고 고 고 고

20pt

TH EL L R M SB B EB BL

24pt, 없음/0

덧글은 통신의 예절을 지키면서 표현의 자유를 추구하는 방향으로 씁니다.

가나다라마바사아자차카타파하 괄꽁넋뒷떨립밟빛빵술쏙얹쥔짰척곱틈편흙

ABCDEFGHIJKLMNOPQRSTUVWXYZ abcdefghijklmnopqrstuvwxyz

1234567890 ①⑩⑳㉚ ❶❿⓴ ➊➓ ⑴⑽⒇ Ⅰ Ⅱ Ⅲ Ⅳ Ⅴ Ⅹ ⅰ ⅱ ⅲ ⅳ ⅴ ⅹ

~ ! @ # $ % ^ & * _ / \ | * ( ) [ ] { } < > 〈 〉《 》「 」『 』【 】〔 〕- + × ÷ =

. , ? : ; ' " ' ' " " · · · · · · © ® ™ ¶ § mg kg mm cm km Hz cc ○□△☆●■▲★

13/30pt, 없음/0

서로 어울리는 글꼴을 사용합니다.

26pt, 없음/-30

글꼴 가이드 20/40pt, 없음/0

글꼴 가이드 30/50pt, 없음/-25

글꼴 가이드 40/60pt, 없음/-50

글꼴 가이드

60pt, 없음/-75

고딕

100pt, 없음/0

한글 글꼴 가이드 7/13pt, 없음/10

한글 글꼴 가이드 8/15pt, 없음/5

한글 글꼴 가이드 9/16pt, 없음/0

한글 글꼴 가이드 10/18pt, 없음/-10

한글 글꼴 가이드 11/20pt, 없음/-25

한글 글꼴 가이드 12/22pt, 없음/-50

한눈에 보이는 무료 글꼴 가이드 *11/20pt, 없음/-25, Gothic A1 M*

비용을 지불하지 않고도 사용할 수 있는 글꼴을 '무료 글꼴'이라고 부릅니다. 사실은 무료 글꼴이 아니라 《공개 글꼴》이라고 해야 맞습니다. 『공개 글꼴』은 권리자가 설정한 "사용 범위"를 잘 살펴서 사용해야 합니다. 모든 것이 허용되는 진정한 무료 글꼴도 있고, 인쇄용으로는 무료로 *10/18pt, 없음/0, Gothic A1 EL*

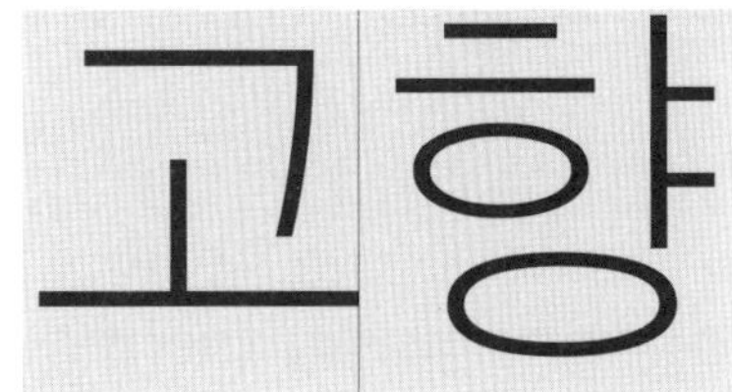

75pt, 없음/0, Gothic A1 EL

한눈에 보이는 무료 글꼴 가이드 *11/20pt, 없음/-50, Gothic A1 SB*

비용을 지불하지 않고도 사용할 수 있는 글꼴을 '무료 글꼴'이라고 부릅니다. 사실은 무료 글꼴이 아니라 《공개 글꼴》이라고 해야 맞습니다. 『공개 글꼴』은 권리자가 설정한 "사용 범위"를 잘 살펴서 사용해야 합니다. 모든 것이 허용되는 진정한 무료 글꼴도 있고, 인쇄용으로는 무료로 사용할 *10/18pt, 없음/-10, Gothic A1 EL*

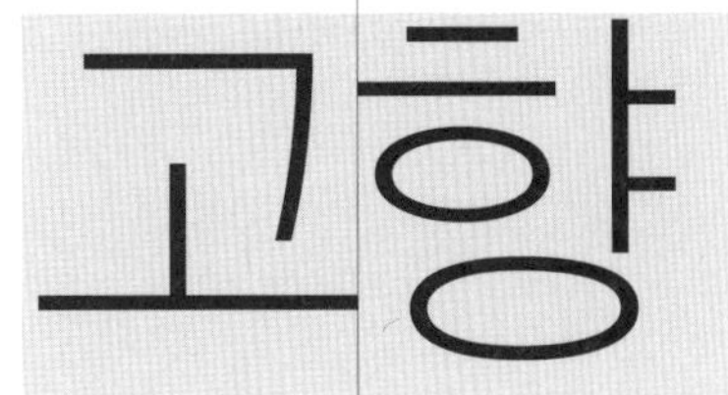

75pt, 없음/-100, Gothic A1 EL

한눈에 보이는 무료 글꼴 가이드 *11/20pt, 없음/-50, Gothic A1 B*

비용을 지불하지 않고도 사용할 수 있는 글꼴을 '무료 글꼴'이라고 부릅니다. 사실은 무료 글꼴이 아니라 《공개 글꼴》이라고 해야 맞습니다. 『공개 글꼴』은 권리자가 설정한 "사용 범위"를 잘 살펴서 사용해야 합니다. 모든 것이 허용되는 진정한 무료 글꼴도 있고, 인쇄용으로는 무료로 사용할 수 *10/18pt, 없음/-25, Gothic A1 EL*

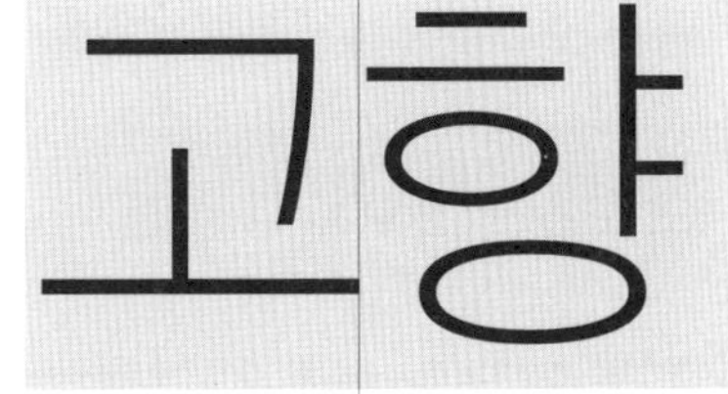

75pt, 시각적/0, Gothic A1 EL

한눈에 보이는 무료 글꼴 가이드 *11/20pt, 없음/-50, Gothic A1 EB*

비용을 지불하지 않고도 사용할 수 있는 글꼴을 '무료 글꼴'이라고 부릅니다. 사실은 무료 글꼴이 아니라 《공개 글꼴》이라고 해야 맞습니다. 『공개 글꼴』은 권리자가 설정한 "사용 범위"를 잘 살펴서 사용해야 합니다. 모든 것이 허용되는 진정한 무료 글꼴도 있고, 인쇄용으로는 무료로 사용할 수 있지만 *10/18pt, 없음/-50, Gothic A1 EL*

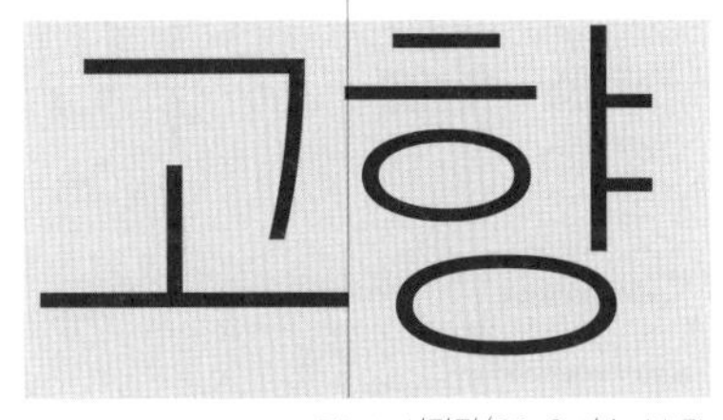

75pt, 시각적/-30, Gothic A1 EL

Gothic A1 Light

고 고 고 고 고 고 고 고 고 20pt

TH EL L R M SB B EB BL

24pt, 없음/0

덧글은 통신의 예절을 지키면서 표현의 자유를 추구하는 방향으로 씁니다.

가나다라마바사아자차카타파하 괄꽁넋뒷떨립밟빛빵술쏙얹쥔짰척콥틈편흙

ABCDEFGHIJKLMNOPQRSTUVWXYZ abcdefghijklmnopqrstuvwxyz

1234567890 ①㉚ ❶⓴ ❶❿ ⑴⒇ Ⅰ Ⅱ Ⅲ Ⅳ Ⅴ Ⅹ ⅰ ⅱ ⅲ ⅳ ⅴ ⅹ

~ ! @ # $ % ^ & * _ / \ | * ( ) [ ] { } < > 〈 〉《 》「 」『 』【 】〔 〕– + × ÷ =

. , ? : ; ' " ' ' " " · · · · · · ©® ™ ¶ § mg kg mm cm km Hz cc ○□△☆●■▲★

13/30pt, 없음/0

서로 어울리는 글꼴을 사용합니다.

26pt, 없음/-30

글꼴 가이드 20/40pt, 없음/0

글꼴 가이드 30/50pt, 없음/-25

글꼴 가이드 40/60pt, 없음/-50

글꼴 가이드 60pt, 없음/-75

고딕

100pt, 없음/0

한글 글꼴 가이드 7/13pt, 없음/10

한글 글꼴 가이드 8/15pt, 없음/5

한글 글꼴 가이드 9/16pt, 없음/0

한글 글꼴 가이드 10/18pt, 없음/-10

한글 글꼴 가이드 11/20pt, 없음/-25

한글 글꼴 가이드 12/22pt, 없음/-50

한눈에 보이는 무료 글꼴 가이드 *11/20pt, 없음/-25, Gothic A1 M*

비용을 지불하지 않고도 사용할 수 있는 글꼴을 '무료 글꼴'이라고 부릅니다. 사실은 무료 글꼴이 아니라 《공개 글꼴》이라고 해야 맞습니다. 『공개 글꼴』은 권리자가 설정한 "사용 범위"를 잘 살펴서 사용해야 합니다. 모든 것이 허용되는 진정한 무료 글꼴도 있고, 인쇄용으로는 무료 *10/18pt, 없음/0, Gothic A1 L*

75pt, 없음/0, Gothic A1 L

한눈에 보이는 무료 글꼴 가이드 *11/20pt, 없음/-50, Gothic A1 SB*

비용을 지불하지 않고도 사용할 수 있는 글꼴을 '무료 글꼴'이라고 부릅니다. 사실은 무료 글꼴이 아니라 《공개 글꼴》이라고 해야 맞습니다. 『공개 글꼴』은 권리자가 설정한 "사용 범위"를 잘 살펴서 사용해야 합니다. 모든 것이 허용되는 진정한 무료 글꼴도 있고, 인쇄용으로는 무료로 사용할 *10/18pt, 없음/-10, Gothic A1 L*

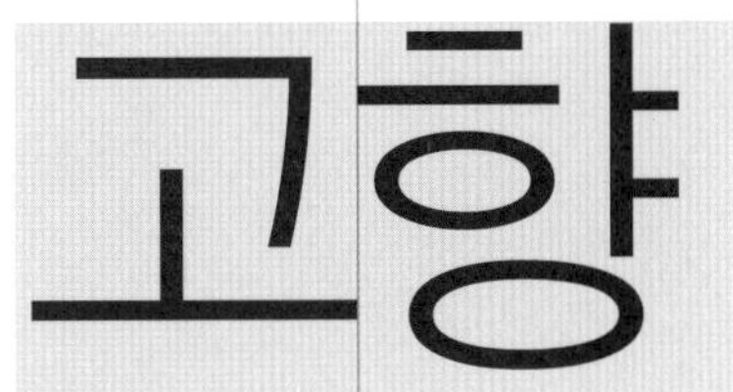

75pt, 없음/-95, Gothic A1 L

한눈에 보이는 무료 글꼴 가이드 *11/20pt, 없음/-25, Gothic A1 B*

비용을 지불하지 않고도 사용할 수 있는 글꼴을 '무료 글꼴'이라고 부릅니다. 사실은 무료 글꼴이 아니라 《공개 글꼴》이라고 해야 맞습니다. 『공개 글꼴』은 권리자가 설정한 "사용 범위"를 잘 살펴서 사용해야 합니다. 모든 것이 허용되는 진정한 무료 글꼴도 있고, 인쇄용으로는 무료로 사용할 수 *10/18pt, 없음/-25, Gothic A1 L*

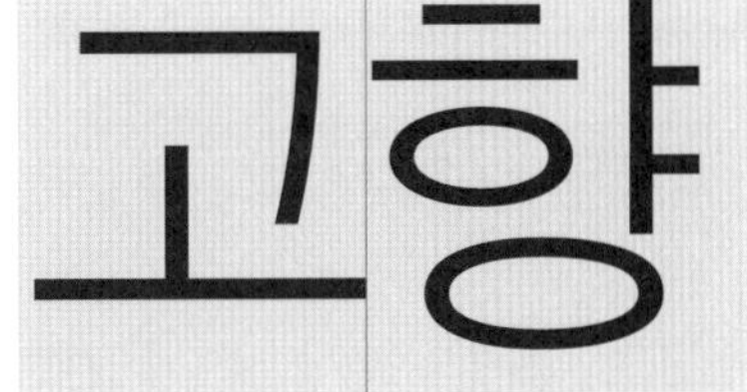

75pt, 시각적/0, Gothic A1 L

한눈에 보이는 무료 글꼴 가이드 *11/20pt, 없음/-50, Gothic A1 EB*

비용을 지불하지 않고도 사용할 수 있는 글꼴을 '무료 글꼴'이라고 부릅니다. 사실은 무료 글꼴이 아니라 《공개 글꼴》이라고 해야 맞습니다. 『공개 글꼴』은 권리자가 설정한 "사용 범위"를 잘 살펴서 사용해야 합니다. 모든 것이 허용되는 진정한 무료 글꼴도 있고, 인쇄용으로는 무료로 사용할 수 있지만 *10/18pt, 없음/-50, Gothic A1 L*

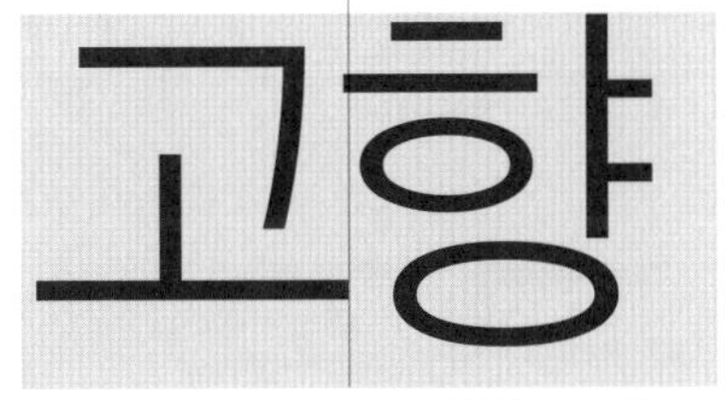

75pt, 시각적/-30, Gothic A1 L

Gothic A1 Regular

고 고 고 고 고 고 고 고 고 20pt
TH EL L R M SB B EB BL

24pt, 없음/0

덧글은 통신의 예절을 지키면서 표현의 자유를 추구하는 방향으로 씁니다.

가나다라마바사아자차카타파하 괄꽁넋뒷떨립밟빛빵숲쏙얹쥔짰척콥틈편흝

ABCDEFGHIJKLMNOPQRSTUVWXYZ abcdefghijklmnopqrstuvwxyz

1234567890 ①㉚ ❶⓴ ❶❿ ⑴⒇ Ⅰ Ⅱ Ⅲ Ⅳ Ⅴ Ⅹ ⅰ ⅱ ⅲ ⅳ ⅴ ⅹ

~ ! @ # $ % ^ & * _ / \ | * ( ) [ ] { } < > 〈 〉《 》「 」『 』【 】〔 〕- + × ÷ =

. , ? : ; ' " ' ' " " · ·· ··· ©® ™ ¶ § mg kg mm cm km Hz cc○□△☆●■▲★

13/30pt, 없음/0

서로 어울리는 글꼴을 사용합니다. 26pt, 없음/-30

글꼴 가이드 20/40pt, 없음/0

글꼴 가이드 30/50pt, 없음/-25

글꼴 가이드 40/60pt, 없음/-50

글꼴 가이드 60pt, 없음/-75

고딕 100pt, 없음/0

한글 글꼴 가이드 7/13pt, 없음/10

한글 글꼴 가이드 8/15pt, 없음/5

한글 글꼴 가이드 9/16pt, 없음/0

한글 글꼴 가이드 10/18pt, 없음/-10

한글 글꼴 가이드 11/20pt, 없음/-25

한글 글꼴 가이드 12/22pt, 없음/-50

한눈에 보이는 무료 글꼴 가이드 *11/20pt, 없음/-25, Gothic A1 SB*

비용을 지불하지 않고도 사용할 수 있는 글꼴을 '무료 글꼴' 이라고 부릅니다. 사실은 무료 글꼴이 아니라 《공개 글꼴》이라고 해야 맞습니다. 『공개 글꼴』은 권리자가 설정한 "사용 범위"를 잘 살펴서 사용해야 합니다. 모든 것이 허용되는 진정한 무료 글꼴도 있고, 인쇄용으로는 무료 *10/18pt, 없음/0, Gothic A1 R*

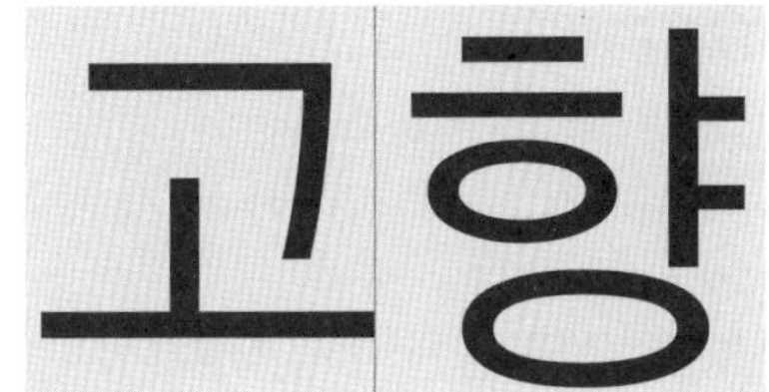

75pt, 없음/0, Gothic A1 R

한눈에 보이는 무료 글꼴 가이드 *11/20pt, 없음/-50, Gothic A1 B*

비용을 지불하지 않고도 사용할 수 있는 글꼴을 '무료 글꼴'이라고 부릅니다. 사실은 무료 글꼴이 아니라 《공개 글꼴》이라고 해야 맞습니다. 『공개 글꼴』은 권리자가 설정한 "사용 범위"를 잘 살펴서 사용해야 합니다. 모든 것이 허용되는 진정한 무료 글꼴도 있고, 인쇄용으로는 무료로 사용할 *10/18pt, 없음/-10, Gothic A1 R*

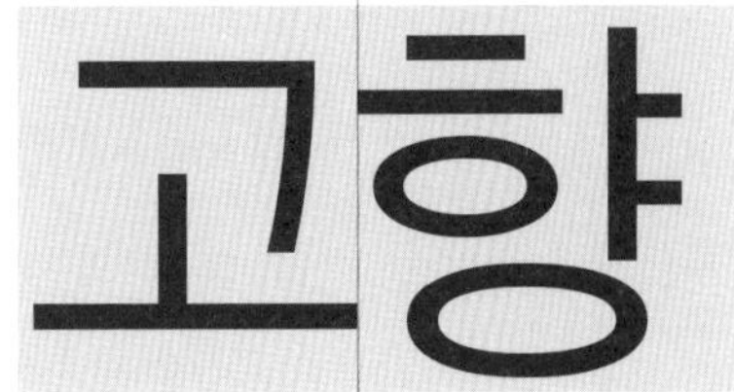

75pt, 없음/-95, Gothic A1 R

한눈에 보이는 무료 글꼴 가이드 *11/20pt, 없음/-25, Gothic A1 EB*

비용을 지불하지 않고도 사용할 수 있는 글꼴을 '무료 글꼴'이라고 부릅니다. 사실은 무료 글꼴이 아니라 《공개 글꼴》이라고 해야 맞습니다. 『공개 글꼴』은 권리자가 설정한 "사용 범위"를 잘 살펴서 사용해야 합니다. 모든 것이 허용되는 진정한 무료 글꼴도 있고, 인쇄용으로는 무료로 사용할 *10/18pt, 없음/-25, Gothic A1 R*

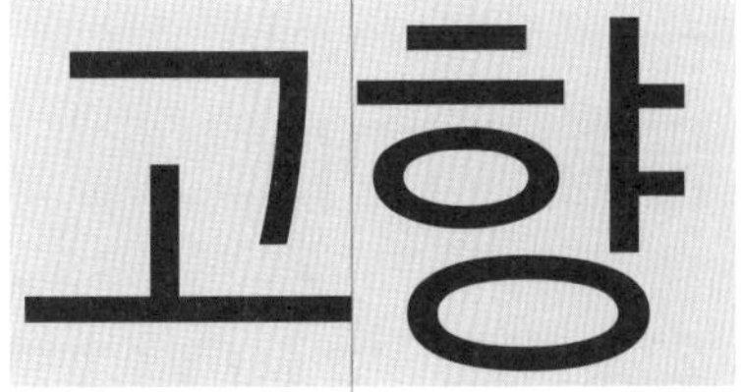

75pt, 시각적/0, Gothic A1 R

한눈에 보이는 무료 글꼴 가이드 *11/20pt, 없음/-50, Gothic A1 BL*

비용을 지불하지 않고도 사용할 수 있는 글꼴을 '무료 글꼴'이라고 부릅니다. 사실은 무료 글꼴이 아니라 《공개 글꼴》이라고 해야 맞습니다. 『공개 글꼴』은 권리자가 설정한 "사용 범위"를 잘 살펴서 사용해야 합니다. 모든 것이 허용되는 진정한 무료 글꼴도 있고, 인쇄용으로는 무료로 사용할 수 *10/18pt, 없음/-50, Gothic A1 R*

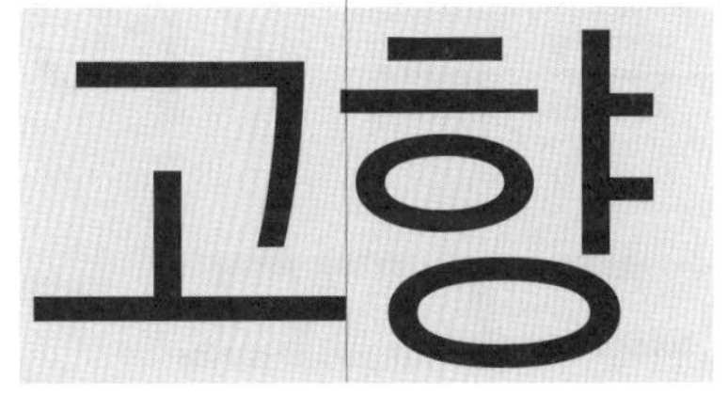

75pt, 시각적/-30, Gothic A1 R

Gothic A1 Medium

고 고 고 고 고 고 고 고 고 20pt

TH EL L R M SB B EB BL

24pt, 없음/0

덧글은 통신의 예절을 지키면서 표현의 자유를 추구하는 방향으로 씁니다.

가나다라마바사아자차카타파하 괄꽁넋뒷떨립밟빛빵술쏙얹쥔짰척큽틈편흙

ABCDEFGHIJKLMNOPQRSTUVWXYZ abcdefghijklmnopqrstuvwxyz

1234567890 ①㉚ ❶⓴ ➊➓ ⑴⒇ Ⅰ Ⅱ Ⅲ Ⅳ Ⅴ Ⅹ ⅰ ⅱ ⅲ ⅳ ⅴ ⅹ

~ ! @ # $ % ^ & * _ / \ | * ( ) [ ] { } < > 〈 〉《 》「 」『 』【 】〔 〕- + × ÷ =

. , ? : ; ' " ' ' " " · ·· ···©®™¶ § mg kg mm cm km Hz cc○□△☆●■▲★

13/30pt, 없음/0

서로 어울리는 글꼴을 사용합니다. 26pt, 없음/-30

글꼴 가이드 20/40pt, 없음/0

글꼴 가이드 30/50pt, 없음/-25

글꼴 가이드 40/60pt, 없음/-50

글꼴 가이드 60pt, 없음/-75

고딕 100pt, 없음/0

한글 글꼴 가이드 7/13pt, 없음/10

한글 글꼴 가이드 8/15pt, 없음/5

한글 글꼴 가이드 9/16pt, 없음/0

한글 글꼴 가이드 10/18pt, 없음/-10

한글 글꼴 가이드 11/20pt, 없음/-25

한글 글꼴 가이드 12/22pt, 없음/-50

Gothic A1 SemiBold

고	고	고	고	고	고	고	고	고	20pt
TH	EL	L	R	M	SB	B	EB	BL	

24pt, 없음/0

덧글은 통신의 예절을 지키면서 표현의 자유를 추구하는 방향으로 씁니다.

가나다라마바사아자차카타파하 괄꽁넋뒷떨립밟빛빵술쑥얹쥔짰척콥틈편

ABCDEFGHIJKLMNOPQRSTUVWXYZ abcdefghijklmnopqrstuvwxyz

1234567890 ①㉚ ❶⓴ ❶❿ ⑴⒇ Ⅰ Ⅱ Ⅲ Ⅳ Ⅴ Ⅹ ⅰ ⅱ ⅲ ⅳ ⅴ ⅹ

~ ! @ # $ % ^ & * _ / \ | * ( ) [ ] { } < > 〈 〉《 》「 」『 』【 】〔 〕- + × ÷ =

. , ? : ; ' " ' ' " " · ·· ··· ©®™¶§ mg kg mm cm km Hz cc○□△☆●■▲★

13/30pt, 없음/0

서로 어울리는 글꼴을 사용합니다. 26pt, 없음/-30

글꼴 가이드 20/40pt, 없음/0

글꼴 가이드 30/50pt, 없음/-25

고딕

100pt, 없음/0

글꼴 가이드 40/60pt, 없음/-50

글꼴 가이드

60pt, 없음/-75

한글 글꼴 가이드 7/13pt, 없음/10

한글 글꼴 가이드 8/15pt, 없음/5

한글 글꼴 가이드 9/16pt, 없음/0

한글 글꼴 가이드 10/18pt, 없음/-10

한글 글꼴 가이드 11/20pt, 없음/-25

한글 글꼴 가이드 12/22pt, 없음/-50

Gothic A1 Bold

고 고 고 고 고 고 고 고 고 20pt
TH EL L R M SB B EB BL

24pt, 없음/0

덧글은 통신의 예절을 지키면서 표현의 자유를 추구하는 방향으로 씁니다.

가나다라마바사아자차카타파하 괄꽁넋뒷떨립밟빛빵술쏙얹쥔짰척콥틈편

ABCDEFGHIJKLMNOPQRSTUVWXYZ abcdefghijklmnopqrstuvwxyz

1234567890 ①㉚ ❶⓴ ➊➓ ⑴⒇ Ⅰ Ⅱ Ⅲ Ⅳ Ⅴ Ⅹ ⅰ ⅱ ⅲ ⅳ ⅴ ⅹ

~ ! @ # $ % ^ & * _ / \ | ⁎ ( ) [ ] { } < > 〈 〉《 》「 」『 』【 】〔 〕- + × ÷ =

. , ? : ; ' " ' ' " " · ·· ··· ©®™¶ § mg kg mm cm km Hz cc ○□△☆●■▲

★

13/30pt, 없음/0

서로 어울리는 글꼴을 사용합니다. 26pt, 없음/-30

글꼴 가이드 20/40pt, 없음/0

글꼴 가이드 30/50pt, 없음/-25

글꼴 가이드 40/60pt, 없음/-50

글꼴 가이드 60pt, 없음/-75

고딕

100pt, 없음/0

한글 글꼴 가이드 7/13pt, 없음/10

한글 글꼴 가이드 8/15pt, 없음/5

한글 글꼴 가이드 9/16pt, 없음/0

한글 글꼴 가이드 10/18pt, 없음/-10

한글 글꼴 가이드 11/20pt, 없음/-25

한글 글꼴 가이드 12/22pt, 없음/-50

Gothic A1 ExtraBold 고 고 고 고 고 고 고 고 고 20pt

TH EL L R M SB B EB BL

24pt, 없음/0

덧글은 통신의 예절을 지키면서 표현의 자유를 추구하는 방향으로 씁니다.

가나다라마바사아자차카타파하 괄꽁넋뒷떨립밟빛빵술쏙없쥔짰척콥틈편

ABCDEFGHIJKLMNOPQRSTUVWXYZ abcdefghijklmnopqrstuvwxyz

1234567890 ①㉚ ❶⓴ ➊➓ ⑴⒇ Ⅰ Ⅱ Ⅲ Ⅳ Ⅴ Ⅹ ⅰ ⅱ ⅲ ⅳ ⅴ ⅹ

~ ! @ # $ % ^ & * _ / \ | * ( ) [ ] { } < > 〈 〉《 》「 」『 』【 】〔 〕- + × ÷ =

. , ? : ; ‘ “ ‘ ’ “ ” · ·· ···©®™¶ § mg kg mm cm km Hz cc ○□△☆●■

▲★

13/30pt, 없음/0

서로 어울리는 글꼴을 사용합니다. 26pt, 없음/-30

글꼴 가이드 20/40pt, 없음/0

글꼴 가이드 30/50pt, 없음/-25

고딕

100pt, 없음/0

글꼴 가이드 40/60pt, 없음/-50

글꼴 가이드

60pt, 없음/-75

한글 글꼴 가이드 7/13pt, 없음/10

한글 글꼴 가이드 8/15pt, 없음/5

한글 글꼴 가이드 9/16pt, 없음/0

한글 글꼴 가이드 10/18pt, 없음/-10

한글 글꼴 가이드 11/20pt, 없음/-25

한글 글꼴 가이드 12/22pt, 없음/-50

23. 국대떡볶이체

20/40pt, 없음/0, 국대떡볶이체 B

배포: (주)국대에프앤비, 산돌커뮤니케이션

10/18pt, 없음/-30, 국대떡볶이체 B/L

취지: 브랜드 아이덴티티 & 홍보

발표: 2015년

링크: kukde.co.kr/?page_id=627

10/18pt, 메트릭/0, Adobe Garamond Pro SB

분류: 디자인

굵기: 2단계(Light, Bold)

특징: 매운 떡볶이를 연상시키는 매우 개성 있는 글꼴. KS완성형 한글 2,350자를 지원하며, 한자는 지원하지 않음. 하지만 기호 문자는 다양하게 제공. 긴 글의 본문에 사용하기는 어렵고 주목을 끌어야 하는 제목용으로 좋음.

(주)국대에프앤비가 산돌커뮤니케이션와 공동 제작한 브랜드 글꼴입니다. 정방형에 꾸불거리는 굵은 획은 독특한 분위기를 조성합니다. 제목용 글꼴이며, 2단계 굵기를 지원합니다. 독특한 모양의 자형은 밀가루 떡볶이 특유의 말랑말랑한 이미지를 모티브로 만들었다고 하며, 이는 딱딱하기만 한 다른 블랙 글꼴들과 차별화된 모습을 제공합니다.

10/18pt, 없음/-30, 국대떡볶이체 L

한자를 지원하지 않고 한글 문자도 기본만 지원하지만, 산돌커뮤니케이션 글꼴의 특징이라고 할 수 있는 다양한 기호 문자들을 지원합니다. 물론 국대떡볶이체에 어울리게 만들어진 기호 문자는 많지 않습니다.

떡볶이	몬소리	검은고딕	본고딕
36pt, 없음/-30, 국대떡볶이체 B	36pt, 없음/-30, 국대떡볶이체 B	36pt, 없음/-30, 검은고딕	36pt, 없음/-30, 본고딕 H

무료 사용 범위

10pt, 없음/0, 국대떡볶이체 B

인쇄: O	**영상:** O	**웹사이트:** O	**전자책:** O
BI/CI: X	**제품:** O	**모바일:** O	**서버:** O
출처 생략: O	**재배포:** O	**수정배포:** X	**판매:** X

9pt, 없음/0, 국대떡볶이체 B/L

라이선스: 마음대로 쓰라고 하지만 완전한 오픈 폰트 라이선스는 아닙니다. 브랜드 글꼴의 특성상 다른 기업이나 브랜드의 BI/CI에 사용될 수 없고 수정하여 배포하는 것도 안됩니다.

8/14pt, 없음/-10, 국대떡볶이체 B/L

참고: 여기에서 정리한 무료 사용 범위는 배포자의 실제 의사와 일부 다를 수 있으며, 이후 배포자의 의사가 바뀔 수도 있습니다. 따라서 상업적인 목적으로 이용하고자 할 때는 이 페이지 상단의 '링크'를 방문하여 정확한 사용 범위를 다시 한번 확인하기 바랍니다.

국대떡볶이체 Bold 24pt, 없음/0

국 국 20pt
L B

덧글은 통신의 예절을 지키면서 표현의 자유를 추구하는 방향으로 씁니다.

가나다라마바사아자차카타파하 괄꽁넋뒷떨립밟빛빵술쓱없쥔짰척콥틈편흙

ABCDEFGHIJKLMNOPQRSTUVWXYZ abcdefghijklmnopqrstuv

1234567890 ①⑮⑯㉚ ❶㉚ ❶⑳ ❶⑳ ⑴⒂⒃⒇ Ⅰ Ⅱ Ⅲ Ⅳ Ⅴ Ⅹ ⅰ ⅱ ⅲ ⅳ ⅴ ⅹ

~ ! @ # $ % ^ & * _ / ₩ | * ( ) 〔 〕 { } < > 〈 〉 《 》 「 」 『 』 【 】 ( ) − + × ÷ =

. , ? : ; ‘ “ ‘’ “” · ·· ··· © ™ ¶ § ㎎ ㎏ ㎜ ㎝ ㎞ ㎐ ㏄ ○□△☆ ●■▲★

①⑨ 1 9 1 20 1 20 1 20 1 20 1 20 ←←←←←←←← ㊞❖✣❀✿⚜

13/30pt, 없음/0

국대

100pt, 없음/0

글꼴 가이드 20/40pt, 없음/0

글꼴 가이드 30/50pt, 없음/-25

글꼴 가이드 40/60pt, 없음/-50

글꼴 가이드 60pt, 없음/-75

한글 글꼴 가이드 7/13pt, 없음/10

한글 글꼴 가이드 8/15pt, 없음/5

한글 글꼴 가이드 9/16pt, 없음/0

한글 글꼴 가이드 10/18pt, 없음/-10

한글 글꼴 가이드 11/20pt, 없음/-25

한글 글꼴 가이드 12/22pt, 없음/-50

국대떡볶이체 Light 24pt, 없음/0

국 국 20pt
L B

덧글은 통신의 예절을 지키면서 표현의 자유를 추구하는 방향으로 씁니다.

가나다라마바사아자차카타파하 괄꽁넋뒷떨립밟빛빵술쏙엾죈짰척콥틈편흙

ABCDEFGHIJKLMNOPQRSTUVWXYZ abcdefghijklmnopqrstuvwxyz

1234567890 ①⑮⑯㉚ ❶㉚ ❶⑳ ❶⑳ ⑴⒂⒃(30) Ⅰ Ⅱ Ⅲ Ⅳ Ⅴ Ⅹ ⅰ ⅱ ⅲ ⅳ ⅴ ⅹ

~ ! @ # $ % ^ & * _ / ₩ | * ( ) 〔 〕 { } < > 〈 〉 《 》 「 」 『 』 【 】 ( ) − + × ÷ =

. , ? : ; ' " ' ' " " · ‥ … © ™ ¶ § ㎎ ㎏ ㎜ ㎝ ㎞ ㎐ ㏄ ○□△☆ ●■▲★

①⑨ [1][9] [1][20] [1][20] [1][20] [1][20] [1][20] ← ← ← ← ← ← ← ㊞ ❖ ✣ ❀ ✿ ⚜

13/30pt, 없음/0

글꼴 가이드 20/40pt, 없음/0

글꼴 가이드 30/50pt, 없음/-25

글꼴 가이드 40/60pt, 없음/-50

글꼴 가이드 60pt, 없음/-75

국대

100pt, 없음/0

한글 글꼴 가이드	7/13pt, 없음/10
한글 글꼴 가이드	8/15pt, 없음/5
한글 글꼴 가이드	9/16pt, 없음/0
한글 글꼴 가이드	10/18pt, 없음/-10
한글 글꼴 가이드	11/20pt, 없음/-25
한글 글꼴 가이드	12/22pt, 없음/-50

한눈에 보이는 무료 글꼴 가이드 11/20pt, 없음/0, 국대떡볶이 B

비용을 지불하지 않고도 사용할 수 있는 글꼴을 '무료 글꼴'이라고 부릅니다. 사실은 무료 글꼴이 아니라 《공개 글꼴》이라고 해야 맞습니다. 『공개 글꼴』은 권리자가 설정한 "사용 범위"를 잘 살펴서 사용해야 합니다. 모든 것이 허용되는 진정한 무료 글꼴도 있고, 인쇄용으로는 무료로 사용할 수 10/18pt, 없음/-10, 국대떡볶이 L

75pt, 없음/0, 국대떡볶이 L

한눈에 보이는 무료 글꼴 가이드 11/20pt, 없음/-10, 아리따 돋움 B

비용을 지불하지 않고도 사용할 수 있는 글꼴을 '무료 글꼴'이라고 부릅니다. 사실은 무료 글꼴이 아니라 《공개 글꼴》이라고 해야 맞습니다. 『공개 글꼴』은 권리자가 설정한 "사용 범위"를 잘 살펴서 사용해야 합니다. 모든 것이 허용되는 진정한 무료 글꼴도 있고, 인쇄용으로는 무료로 사용할 수 있지 10/18pt, 없음/-25, 국대떡볶이 L

75pt, 없음/-30, 국대떡볶이 L

한눈에 보이는 무료 글꼴 가이드 10.5/20pt, 없음/-25, 에스코어드림 B

비용을 지불하지 않고도 사용할 수 있는 글꼴을 '무료 글꼴'이라고 부릅니다. 사실은 무료 글꼴이 아니라 《공개 글꼴》이라고 해야 맞습니다. 『공개 글꼴』은 권리자가 설정한 "사용 범위"를 잘 살펴서 사용해야 합니다. 모든 것이 허용되는 진정한 무료 글꼴도 있고, 인쇄용으로는 무료로 사용할 수 있지만 영상에 10/18pt, 없음/-50, 국대떡볶이 L

75pt, 시각적/0, 국대떡볶이 L

한눈에 보이는 무료 글꼴 가이드 10.5/20pt, 없음/-50, 본고딕 B

비용을 지불하지 않고도 사용할 수 있는 글꼴을 '무료 글꼴'이라고 부릅니다. 사실은 무료 글꼴이 아니라 《공개 글꼴》이라고 해야 맞습니다. 『공개 글꼴』은 권리자가 설정한 "사용 범위"를 잘 살펴서 사용해야 합니다. 모든 것이 허용되는 진정한 무료 글꼴도 있고, 인쇄용으로는 무료로 사용할 수 있지만 영상에는 별도로 허 10/18pt, 없음/-75, 국대떡볶이 L

75pt, 시각적/-30, 국대떡볶이 L

24. 동그라미 재단체

20/40pt, 없음/0, 동그라미재단 B

배포: 동그라미재단

10/18pt, 없음/-30, 동그라미재단 B/M

취지: 재단 홍보, 창립 5주년 기념

발표: 2017년

링크: www.thecircle.or.kr/동그라미재단-서체

10/18pt, 메트릭/0, Adobe Garamond Pro SB

분류: 돋움

굵기: 3단계(Light, Medium, Bold)

특징: 둥근 요소를 많이 사용하고 탈네모틀을 한 개성 있는 돋움 글꼴. 문자의 위쪽에 맞춰 정렬하여 시각 중심이 위로 향함. 받침이 없으면 아래쪽 공간은 비는 스타일. 한글 2,350자, 영문 94자, 특수문자 986자 지원.

비영리재단인 동그라미재단(옛 안철수재단)이 창립 5주년을 맞아 배포한 전용 서체입니다. 공유한다는 의미로 곡선 모양의 획이 많이 사용되어 흥미로운 요소가 많지만, 그로 인해 긴 글의 본문에 사용하는 것은 권하고 싶지 않습니다.

10/18pt, 없음/-30, 동그라미재단 L

동그라미 재단체는 제목처럼 주목도를 끌어들이는 용도에 적합합니다. 그런데 자음의 모양이 너무 다양하게 달라 혼돈스러운 느낌을 주는 것 아닌가 하는 생각도 듭니다. 그런 특성 때문에 어린이용 콘텐츠에 사용하기에는 더 좋을 것 같습니다.

무료 사용 범위			
인쇄: O	**영상:** O	**웹사이트:** O	**전자책:** O
BI/CI: O	**제품:** O	**모바일:** O	**서버:** O
출처 생략: O	**재배포:** O	**수정배포:** O	**판매:** X

12pt, 없음/0, 동그라미재단 B

9pt, 없음/0, 동그라미재단 M/L

라이선스: 비영리재단인 만큼 명시되어 있진 않지만 오픈 폰트 라이선스가 적용된 것 같습니다. 글꼴을 판매하는 행위를 제외한 모든 것이 가능하다고 합니다.

8/14pt, 없음/-10, 동그라미재단 M/L

참고: 여기에서 정리한 무료 사용 범위는 배포자의 실제 의사와 일부 다를 수 있으며, 이후 배포자의 의사가 바뀔 수도 있습니다. 따라서 상업적인 목적으로 이용하고자 할 때는 이 페이지 상단의 '링크'를 방문하여 정확한 사용 범위를 다시 한번 확인하기 바랍니다.

동그라미재단체 Light

24pt, 없음/0

돋 돋 돋 20pt
L M B

덧글은 통신의 예절을 지키면서 표현의 자유를 추구하는 방향으로 씁니다.

가나다라마바사아자차카타파하 괄꽁넋뒷떨립밟빛빵술쏙얹쥔짰척쿱틈편흙

ABCDEFGHIJKLMNOPQRSTUVWXYZ abcdefghijklmnopqrstuvwxyz

1234567890 ①⑩⑮ ⑴⑽⒂ Ⅰ Ⅱ Ⅲ Ⅳ Ⅴ Ⅹ ⅰ ⅱ ⅲ ⅳ ⅴ ⅹ

~ ! @ # $ % ^ & * _ / \ | * ( ) 〔 〕 { } 〈 〉 〈 〉 《 》 「 」 『 』 【 】 〔 〕 - + × ÷ =

. , ? : ; ' " ' ' " " · ·· ··· ™ ¶ § mg kg mm cm km Hz cc ○□△☆ ●■▲★

15/30pt, 없음/0

서로 어울리는 글꼴을 사용합니다.

28pt, 없음/-30

글꼴 가이드 20/40pt, 없음/0

글꼴 가이드 30/50pt, 없음/-25

글꼴 가이드 40/60pt, 없음/-50

글꼴 가이드 60pt, 없음/-75

한글

100pt, 없음/0

한글 글꼴 가이드	7/13pt, 없음/10
한글 글꼴 가이드	8/15pt, 없음/5
한글 글꼴 가이드	9/16pt, 없음/0
한글 글꼴 가이드	10/18pt, 없음/-10
한글 글꼴 가이드	11/20pt, 없음/-25
한글 글꼴 가이드	12/22pt, 없음/-50

동그라미재단체 Medium

24pt, 없음/0

돋 돋 돋 20pt
L M B

덧글은 통신의 예절을 지키면서 표현의 자유를 추구하는 방향으로 씁니다.

가나다라마바사아자차카타파하 괄꽁넋뒷떨립밟빛빵숲쏙없쥔짰척콥틈펜흙

ABCDEFGHIJKLMNOPQRSTUVWXYZ abcdefghijklmnopqrstuvwxyz

1234567890 ①⑩⑮ ⑴⑽⒂ Ⅰ Ⅱ Ⅲ Ⅳ Ⅴ Ⅹ ⅰ ⅱ ⅲ ⅳ ⅴ ⅹ

~ ! @ # $ % ^ & * _ / \ | * ( ) 〔 〕 { } 〈 〉 ⟨ ⟩ 《 》 「 」 『 』 【 】 ( ) – + × ÷ =

. , ? : ; ' " ' ' " " · ·· ··· ™ ¶ § ㎎ ㎏ ㎜ ㎝ ㎞ ㎐ ㏄ ○□△☆ ●■▲★

13/30pt, 없음/0

서로 어울리는 글꼴을 사용합니다.

26pt, 없음/-30

글꼴 가이드 20/40pt, 없음/0

글꼴 가이드 30/50pt, 없음/-25

글꼴 가이드 40/60pt, 없음/-50

글꼴 가이드 60pt, 없음/-75

돋움

100pt, 없음/0

한글 글꼴 가이드 7/13pt, 없음/10

한글 글꼴 가이드 8/15pt, 없음/5

한글 글꼴 가이드 9/16pt, 없음/0

한글 글꼴 가이드 10/18pt, 없음/-10

한글 글꼴 가이드 11/20pt, 없음/-25

한글 글꼴 가이드 12/22pt, 없음/-50

동그라미재단체 Bold

24pt, 없음/0

돋 돋 돋 20pt
L M B

덧글은 통신의 예절을 지키면서 표현의 자유를 추구하는 방향으로 씁니다.

가나다라마바사아자차카타파하 괄꽁넋됫떨립밟빛빵술쏙얹쥔짰척콥틈편홅

ABCDEFGHIJKLMNOPQRSTUVWXYZ abcdefghijklmnopqrstuvwxyz

1234567890 ①⑩⑮ ⑴⑽⒂ Ⅰ Ⅱ Ⅲ Ⅳ Ⅴ Ⅹ ⅰ ⅱ ⅲ ⅳ ⅴ ⅹ

~ ! @ # $ % ^ & * _ / \ | * ( ) 〔 〕 { } 〈 〉 ‹ › 《 》 「 」 『 』 【 】 〔 〕 – + × ÷ =

. , ? : ; ' " ' ' " " · ·· ··· ™ ¶ § ㎎ ㎏ ㎜ ㎝ ㎞ ㎐ ㏄ ○□△☆ ●■▲★

13/30pt, 없음/0

서로 어울리는 글꼴을 사용합니다.

26pt, 없음/-30

글꼴 가이드 20/40pt, 없음/0

글꼴 가이드 30/50pt, 없음/-25

글꼴 가이드 40/60pt, 없음/-50

글꼴 가이드 60pt, 없음/-75

돋움

100pt, 없음/0

한글 글꼴 가이드 7/13pt, 없음/10

한글 글꼴 가이드 8/15pt, 없음/5

한글 글꼴 가이드 9/16pt, 없음/0

한글 글꼴 가이드 10/18pt, 없음/-10

한글 글꼴 가이드 11/20pt, 없음/-25

한글 글꼴 가이드 12/22pt, 없음/-50

25. 디자인하우스체

20/40pt, 없음/0, 디자인하우스 B

배포: (주)디자인하우스

10/18pt, 없음/-30, 디자인하우스 B/L

취지: 창립 40주년 기념

발표: 2017년

링크: *www.designhouse.co.kr/service/dhfont*

10/18pt, 메트릭/0, Adobe Garamond Pro I

분류: 돋움

굵기: 2단계(Light, Bold)

특징: 가늘고 도시적인 차가운 느낌의 특이한 돋움 글꼴. 글꼴을 쉽게 만들 수 있게 한글 조합의 원리를 적용함. KS완성형 한글 2,350자를 지원하며, 한자는 지원하지 않음.

디자인하우스체의 가장 큰 특징은 매우 과격한 탈네모틀 글꼴이라는 점과 두께가 얇다는 것입니다. 일반적인 본문 글꼴로는 쓸 수 없겠지만 이 특징을 잘 살릴 수 있는 곳에 쓴다면 신선한 주목을 받을 수 있을 것입니다. 이 글꼴은 설계, 체계의 느낌을 전달하고자 직선을 최대한 많이 사용했기에 기하학적인 분위기를 만들 때 좋을 듯합니다.

10/18pt, 없음/-30, 디자인하우스 L

이 글에서도 볼 수 있듯이 마치 안상수체를 보는 듯합니다. 자음과 모음의 조합에 따라 경쾌한 시각적 리듬이 발생합니다. 심플한 부리 세리프를 두어 깨끗한 느낌을 전달합니다. 획이 심플하기 때문에 디지털 환경에서 가독성이 높을 것 같습니다.

무료 사용 범위

12pt, 없음/0, 디자인하우스 B

인쇄: ○	**영상:** ○	**웹사이트:** ○	**전자책:** ○
BI/CI: ○	**제품:** ○	**모바일:** ○	**서버:** ○
출처 생략: ○	**재배포:** ○	**수정배포:** X	**판매:** X

9pt, 없음/0, 디자인하우스 B/L

라이선스: 링크의 저작권 설명에 오픈 폰트 라이선스라는 언급이 있으며 영상, 인쇄, 웹 등 다양한 매체에 자유롭게 사용이 가능하며 특별한 허가 절차 없이 사용할 수 있습니다. 단, 서체를 허가 없이 수정, 변형하거나 유료로 양도 및 판매하는 등의 상업적인 행위는 금지하고 있습니다.

8/14pt, 없음/-10, 디자인하우스 B/L

참고: 여기에서 정리한 무료 사용 범위는 배포자의 실제 의사와 일부 다를 수 있으며, 이후 배포자의 의사가 바뀔 수도 있습니다. 따라서 상업적인 목적으로 이용하고자 할 때는 이 페이지 상단의 '링크'를 방문하여 정확한 사용 범위를 다시 한번 확인하기 바랍니다.

디자인하우스체

20pt, 없음/-30

Light 디자인 디자인 bold

72pt, 없음/0

덧글은 통신의 예절을 지키면서 표현의 자유를 추구하는 방향으로 씁니다.

가나다라마바사아자차카타파하 괄꽁넋뒷떨립밟빛빵술쏙없쥔짰척콥틈편흙

ABCDEFGHIJKLMNOPQRSTUVWXYZ abcdefghijklmnopqrstuvwxyz

1234567890 ① ⑩ ⑮ (1)(10)(15) Ⅰ Ⅱ Ⅲ Ⅳ Ⅴ Ⅹ ⅰ ⅱ ⅲ ⅳ ⅴ ⅹ

~ ! @ # $ % ^ & * _ / ₩ | * ( ) [ ] { } < > 〈 〉 《 》 「 」 『 』 【 】 〔 〕 - + × ÷ =

. , ? : ; ' " ' ' " " · ‥ … © ™ ¶ § ㎎ ㎏ ㎜ ㎝ ㎞ ㎐ ㏄ ○ □ △ ☆ ● ■ ▲ ★

13/30pt, 없음/0, 디자인하우스 L

디자인하우스 B

글꼴 가이드 20/40pt, 없음/0

글꼴 가이드 30/50pt, 없음/-25

글꼴 가이드 40/60pt, 없음/-50

글꼴 가이드 60pt, 없음/-75

한글

100pt, 없음/0

한글 글꼴 가이드	7/13pt, 없음/10
한글 글꼴 가이드	8/15pt, 없음/5
한글 글꼴 가이드	9/16pt, 없음/0
한글 글꼴 가이드	10/18pt, 없음/-10
한글 글꼴 가이드	11/20pt, 없음/-25
한글 글꼴 가이드	12/22pt, 없음/-50

26. 만화진흥원체

20/40pt, 없음/0, 만화진흥원체 R

배포: 한국만화영상진흥원 10/18pt, 없음/-30, 만화진흥원체 R

취지: 만화 창작자에게 쓸만한 무료 글꼴 제공

발표: 2016년

링크: www.komacon.kr/b_sys/index.asp?b_mode=view&b_code=4&b_sq=19741 10/18pt, 메트릭/0, Adobe Garamond Pro R

분류: 돋움

굵기: 1단계(Medium)

특징: 다양한 만화 매체에서 두루 사용할 수 있도록 제작된 개성 있는 글꼴. 한자는 지원하지 않지만 한글 11,172, 로마자 94, 기호 986자를 쓸 수 있음. 중간 굵기 글꼴 하나만 있는 것이 아쉬움.

만화진흥원체가 윤디자인에 의뢰하여 개발한 특별한 만화용 하이브리드 글꼴입니다. 만화나 웹툰에 나오는 말풍선의 짧은 글에 사용했을 때 잘 어울리고 위화감이 없도록 만들어졌습니다. 10/18pt, 없음/-30, 만화진흥원체 R

대사와 지문을 무난하게 전달할 수 있도록 고딕체의 특성을, 손으로 쓴 것 같은 친근한 느낌을 내기 위해 디자인체의 특성을 혼합한 것 같습니다. 가로 획의 끝맺음 부분을 약간 굴려서 부드러운 둥근 고딕체같은 느낌을 줍니다. 하지만 본문 글꼴로 사용하기에는 조금 강한 느낌이라 긴 글에는 어울리지 않습니다.

무료 사용 범위			
인쇄: O	영상: O	웹사이트: O	전자책: O
BI/CI: O	제품: O	모바일: O	서버: O
출처 생략: O	재배포: O	수정배포: O	판매: X

10pt, 없음/0, 만화진흥원체 R

9pt, 없음/0, 만화진흥원체 R

라이센스: 사용기간과 사용범위에 제한이 없다고 적혀 있어서 오픈 폰트 라이선스 정책이 적용되었다고 볼 수 있습니다. 유료 판매를 제외한 모든 것이 가능합니다. 8/14pt, 없음/-10, 만화진흥원체 R

참고: 글꼴을 단독으로 판매하지는 않더라도 판매하는 상품이나 유료 서비스에 글꼴을 포함시키면 상업적인 용도로 해석될 수도 있습니다.

만화진흥원체 Regular 24pt, 없음/0

덧글은 통신의 예절을 지키면서 표현의 자유를 추구하는 방향으로 씁니다.

가나다라마바사아자차카타파하 괄꽁넋뒷떨립밟빛빵술쏙얹쥔짰칙콥틈편흙

ABCDEFGHIJKLMNOPQRSTUVWXYZ abcdefghijklmnopqrstuvwxyz

1 2 3 4 5 6 7 8 9 0 ①⑩⑮ ⑴⑽⒂ Ⅰ Ⅱ Ⅲ Ⅳ Ⅴ Ⅹ ⅰ ⅱ ⅲ ⅳ ⅴ ⅹ

~ ! @ # $ % ^ & * _ / \ | * ( ) [ ] { } < > 〈 〉 《 》 「 」 『 』 【 】 〔 〕 - + × ÷ =

. , ? : ; ' " ' ' " " · .. ... © ® ™ ¶ § ㎎ ㎏ ㎜ ㎝ ㎞ ㎐ ㏄ ○□△☆ ●■▲★ 💩

13/30pt, 없음/0

서로 어울리는 글꼴을 사용합니다. 26pt, 없음/-30

글꼴 가이드 20/40pt, 없음/0

글꼴 가이드 30/50pt, 없음/-10

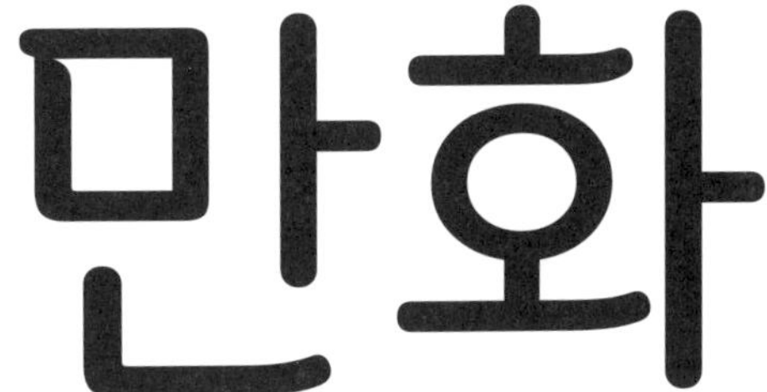

글꼴 가이드 40/60pt, 없음/-25

글꼴 가이드 60pt, 없음/-50

만화 100pt, 없음/0

한글 글꼴 가이드 7/13pt, 없음/10

한글 글꼴 가이드 8/15pt, 없음/5

한글 글꼴 가이드 9/16pt, 없음/0

한글 글꼴 가이드 10/18pt, 없음/-10

한글 글꼴 가이드 11/20pt, 없음/-25

한글 글꼴 가이드 12/22pt, 없음/-50

27. 말싸미815

20/40pt, 없음/0, 말싸미815 Bold

배포: 말싸미(준폰트) 10/18pt, 없음/-30, 말싸미815 Bold

취지: 사이트 홍보

발표: 2017년

링크: joonfont.com/shop/815 10/18pt, 메트릭/0, Verdana Bold

분류: 돋움

굵기: 1단계

특징: 독특한 스타일의 두꺼운 돋움 글꼴. KS완성형 한글 2,350자를 지원하며, 한자는 지원하지 않음. 10개의 딩벳 글꼴 포함하여 다양한 기호 문자 제공.

이 글꼴은 재배포가 금지되어 있기 때문에 준폰트 사이트를 방문하여 가입하고 다운로드받아야 합니다. 사이트 홍보가 이 무료 글꼴을 배포한 목적이기 때문입니다. 사용 조건도 다른 무료 글꼴에 비해 까다로운 편입니다. 글꼴 파일을 어딘가에 삽입하여 배포하는 것은 허용되지 않으므로 피해야 합니다. 10/18pt, 없음/-30, 본명조 R

그럼에도 매력적인 글꼴입니다. 획의 두께가 심하게 변화하여 표현되는 대비가 자극적입니다. 너무 튀는 모습이라 아무 곳에나 쓸 수는 없겠지만 하여튼 수집하여 보유하고 싶은 마음이 듭니다. 책 표지나 포스터의 제목으로 변형하여 쓰면 좋을 것 같습니다.

무료 사용 범위			
인쇄: O	영상: O	웹사이트: O	전자책: X
BI/CI: O	제품: O	모바일: X	서버: X
출처 생략: X	재배포: X	수정배포: X	판매: X

10pt, 없음/0, 말싸미815 Bold

9pt, 없음/0, 말싸미815 Bold

주의: 사용 조건이 까다로운 편입니다. 임베딩과 재배포를 허용하지 않으며 PDF/PPT 파일에 포함하여 배포하는 것도 허용되지 않습니다. 로고에 사용은 가능하나 글꼴을 변형하면 안됩니다. 상업적으로 사용할 때는 출처를 표시해야 합니다. 8/14pt, 없음/-10, 본명조 B/R

참고: 여기에서 정리한 무료 사용 범위는 배포자의 실제 의사와 일부 다를 수 있으며, 이후 배포자의 의사가 바뀔 수도 있습니다. 따라서 상업적인 목적으로 이용하고자 할 때는 이 페이지 상단의 '링크'를 방문하여 정확한 사용 범위를 다시 한번 확인하기 바랍니다.

말싸미815 Bold

24pt, 없음/0

덧글은 통신의 예절을 지키면서 표현의 자유를 추구하는 방향으로 씁니다.

가나다라마바사아자차카타파하 괄꽁넋뒷떨립밟빛빵술쏙얹쥔짠척콥틈편

ABCDEFGHIJKLMNOPQRSTUVWXYZ abcdefghijklmnopqrstuv

1 2 3 4 5 6 7 8 9 0 ~ ! @ # $ % ^ & * _ / ₩ ( ) { } < > - + = . , ? : ; ‘ ’ “ ”

13/30pt, 없음/0

서로 어울리는 글꼴을 잘 골라서
지혜롭게 사용하는 것이 중요합니다.

28/40pt, 없음/0

글꼴 가이드 20/40pt, 없음/0

글꼴 가이드 30/50pt, 없음/-25

글꼴 가이드 40/60pt, 없음/-50

글꼴 가이드 60pt, 없음/-75

한글 100pt, 없음/0

한글 글꼴 가이드 7/13pt, 없음/10

한글 글꼴 가이드 8/15pt, 없음/5

한글 글꼴 가이드 9/16pt, 없음/0

한글 글꼴 가이드 10/18pt, 없음/-10

한글 글꼴 가이드 11/20pt, 없음/-25

한글 글꼴 가이드 12/22pt, 없음/-50

28. Sandoll 미생체

26/40pt, 없음/0, Sandoll 미생 R

배포: 카카오, 산돌커뮤니케이션 13/18pt, 없음/0, Sandoll 미생 R

취지: 창작인의 작품 활동 지원

발표: 2016년

링크: *webtoon.daum.net/event/misaengfont* 10/18pt, 메트릭/0, Adobe Garamond Pro Ita

분류: 필기

굵기: 1단계

특징: 윤태호 작가의 손글씨를 글꼴로 만든 것. 필기체지만 가독성이 좋은 편. KS완성형 한글 2,350자를 지원하며, 한자는 지원하지 않음.

카카오, 윤태호 작가, 산돌커뮤니케이션이 프리랜서와 아마추어 작가, 디자이너 등 영세 창작인들의 작품 활동을 위해 개발하여 무료로 배포한 글꼴이 미생체입니다. 여성스럽고 균형 잡힌 손글씨로 여러 분야에 활용할 수 있을 것입니다. 카드뉴스나 동영상에 사용하면 효과가 좋을 것 같습니다. 13/18pt, 없음/-25, Sandoll 미생 R

남들한테 보이는 건 상관 없어

화려하지 않는 일이라도

우린 '필요한' 일을 하는 게 중요하다고

– 미생 대사 중에서 –

무료 사용 범위			
인쇄: O	영상: O	웹사이트: O	전자책: O
BI/CI: O	제품: O	모바일: O	서버: O
출처 생략: O	재배포: ?	수정배포: ?	판매: X
라이선스: 위 링크에는 무료 사용 범위에 대한 언급이 전혀 없고 저작권 걱정 없이 자유롭게 쓸 수 있다고만 되어 있습니다.			

14pt, 없음/0, Sandoll 미생 R

12pt, 없음/0, Sandoll 미생 R

12/14pt, 없음/0, Sandoll 미생 R

Sandoll 미생 Regular

30pt, 없음/0

덧글은 통신의 예절을 지키면서 표현의 자유를 추구하는 방향으로 씁니다.

가나다라마바사아자차카타파하 괄꽁넋뒷떨립밟빛빵술쏙얹쥔짰척콥틈편흙

ABCDEFGHIJKLMNOPQRSTUVWXYZ abcdefghijklmnopqrstuvwxy

1234567890 ~!@#$%^&*_/₩|* () [] {} <> − + = . , ? : ; ‘ ’ “ ”

20/30pt, 없음/0

서로 어울리는 글꼴을 잘 골라서
지혜롭게 사용하는 것이 중요합니다.

36/40pt, 없음/0

글꼴 가이드 20/40pt, 없음/0

글꼴 가이드 30/50pt, 없음/-10

글꼴 가이드 40/60pt, 없음/-25

글꼴 가이드 60pt, 없음/-50

150pt, 없음/0

한글 글꼴 가이드 7/13pt, 없음/10

한글 글꼴 가이드 8/15pt, 없음/5

한글 글꼴 가이드 9/16pt, 없음/0

한글 글꼴 가이드 10/18pt, 없음/-10

한글 글꼴 가이드 11/20pt, 없음/-25

한글 글꼴 가이드 12/22pt, 없음/-50

29. 배달의 민족 글꼴들

20/40pt, 없음/0, 한나체 Pro

배포: 우아한형제들

10/18pt, 없음/0, 연성

취지: 브랜드 아이덴티티 & 홍보

발표: 한나체(2012), 한나는 열한살체(2012), 주아체(2014), 도현체(2015), 연성체(2016), 기랑해랑체(2017), 한나체 Air(2018), 한나체 Pro(2018)

링크: www.woowahan.com/#/fonts

10/18pt, 메트릭/0, Adobe Garamond Pro SB

분류: 디자인

굵기: 1단계

특징: 배달의 민족 브랜드를 홍보하기 위해 만든 독특한 모양의 글꼴들. 한글은 2,350 정도만 지원하며 글꼴에 따라 약간의 특수 기호나 음식 그림을 지원.

처음 나온 한나체는 아크릴 판 위에 시트지를 붙여 만들던 60, 70년대 간판의 글꼴을 모티브로 만든 서체입니다. 이를 수정하여 완성도 있게 만든 글꼴이 '한나는열한살체'입니다. 그런데 이것을 본문용으로 사용하기 어렵다는 의견이 있어 본문에 사용할 수 있도록 만든 글꼴이 '한나체 Air'입니다. 획이 가늘어서 작은 크기로 써도 뭉개지지 않습니다.

10/18pt, 없음/-30, 한나체 Air

한나체 Pro는 한나는열한살체와 모양은 똑같은데 다른 점은 맛있는 음식 이미지가 특수 기호로 제공되는 재미 있는 글꼴입니다. 예를 들어, '피ㅈ'를 입력하면 'ㅈ'을 입력하는 순간 피자 그림 🍕 으로 바뀝니다. '피자'를 입력하면 피자 그림은 잠시 나타났다가 사라집니다. 이런 식으로 140개가 넘는 음식과 관련된 그림들이 준비되어 있습니다. 만약 작은 음식 그림이 필요하다면 이 글꼴을 이용해볼 수도 있습니다.

주아체와 도현체는 정반대 느낌의 글꼴입니다. 주아체는 붓으로 직접 그린 듯한 느낌의 둥글둥글한 글꼴이며, 도현체는 자를 대고 자른 듯한 느낌의 딱닥한 글꼴인데 자음과 모음이 연결되어 있습니다. 연성체는 어수룩하지만 또박또박 한 글자씩 정성스럽게 써 내려간 붓글씨 느낌이며, 기랑해랑체는 기괴스럽게 느껴질 정도로 특이한 자형의 글꼴입니다.

무료 사용 범위			
인쇄: O	영상: O	웹사이트: O	전자책: O
BI/CI: O	제품: O	모바일: O	서버: O
출처 생략: O	재배포: O	수정배포: O	판매: X

10pt, 없음/0, 도현

9pt, 없음/0, 주아

라이선스: 동일 조건으로 배포하는 것을 요구하는 오픈 폰트 라이선스(SIL Open Font License 1.1)가 적용되었습니다. 판매를 제외한 모든 것이 가능합니다.

8/14pt, 없음/-10, 한나체 Air

한나는 열한살체	한나체 Air	20pt, 없음/-30
한글	한글	65pt, 없음/0

한나체 Pro	주아체	20pt, 없음/-30
한글	한글	65pt, 없음/0

도현체	연성체	20pt, 없음/-30
한글	한글	65pt, 없음/0

기랑해랑체	20pt, 없음/-30
한글	65pt, 없음/0

한나는 열한살체 *24pt, 없음/0*

덧글은 통신의 예절을 지키면서 표현의 자유를 추구하는 방향으로 씁니다.

가나다라마바사아자차카타파하 괄꽁넋뒷떨립밟빛빵술쏙얹줜짰척콥틈편흙

ABCDEFGHIJKLMNOPQRSTUVWXYZ abcdefghijklmnopqrstuvw

1234567890 ~!@#$%^&*_//|* ( ) [ ] { } < > - + = . , ? : ; ‘ “ ‘ ’ “ ”

15/30pt, 없음/0

서로 어울리는 글꼴을 잘 골라서
지혜롭게 사용하는 것이 중요합니다. *28/40pt, 없음/-25*

글꼴 가이드 *20/40pt, 없음/0*

글꼴 가이드 *30/50pt, 없음/-10*

글꼴 가이드 *40/60pt, 없음/-25*

글꼴 가이드 *60pt, 없음/-50*

100pt, 없음/0

한글 글꼴 가이드 *7/13pt, 없음/10*

한글 글꼴 가이드 *8/15pt, 없음/5*

한글 글꼴 가이드 *9/16pt, 없음/0*

한글 글꼴 가이드 *10/18pt, 없음/-10*

한글 글꼴 가이드 *11/20pt, 없음/-25*

한글 글꼴 가이드 *12/22pt, 없음/-50*

한나체 Air *24pt, 없음/0*

덧글은 통신의 예절을 지키면서 표현의 자유를 추구하는 방향으로 씁니다.

가나다라마바사아자차카타파하 괄꽁낚뒷떨립밟빛빵술쏙얹쥔짰척콥틈편흙

ABCDEFGHIJKLMNOPQRSTUVWXYZ abcdefghijklmnopqrstuvwx

1234567890 ~!@#$%^&*_//|* ( ) [ ] { } < > - + = . , ? : ; ‘ “ ‘ ’ “ ”

15/30pt, 없음/0

서로 어울리는 글꼴을 잘 골라서
지혜롭게 사용하는 것이 중요합니다. *28/40pt, 없음/0*

글꼴 가이드 *20/40pt, 없음/0*

글꼴 가이드 *30/50pt, 없음/-10*

글꼴 가이드 *40/60pt, 없음/-25*

글꼴 가이드

60pt, 없음/-50

100pt, 없음/0

한글 글꼴 가이드 *7/13pt, 없음/10*

한글 글꼴 가이드 *8/15pt, 없음/5*

한글 글꼴 가이드 *9/16pt, 없음/0*

한글 글꼴 가이드 *10/18pt, 없음/-10*

한글 글꼴 가이드 *11/20pt, 없음/-25*

한글 글꼴 가이드 *12/22pt, 없음/-50*

한나체 Pro 24pt, 없음/0

덧글은 통신의 예절을 지키면서 표현의 자유를 추구하는 방향으로 씁니다.

가나다라마바사아자차카타파하 괄꽁넋뒷떨립밟빛빵술쏙없죈짰척콥틈편흙

ABCDEFGHIJKLMNOPQRSTUVWXYZ abcdefghijklmnopqrstuvw

1234567890 ~!@#$%^&*_//I* ( ) [ ] { } < > - + = . , ? : ; ' " ' ' " "

15/30pt, 없음/0

서로 어울리는 글꼴을 잘 골라서
지혜롭게 사용하는 것이 중요합니다. 28/40pt, 없음/-25

글꼴 가이드 20/40pt, 없음/0

글꼴 가이드 30/50pt, 없음/-10

글꼴 가이드 40/60pt, 없음/-25

글꼴 가이드

60pt, 없음/-50

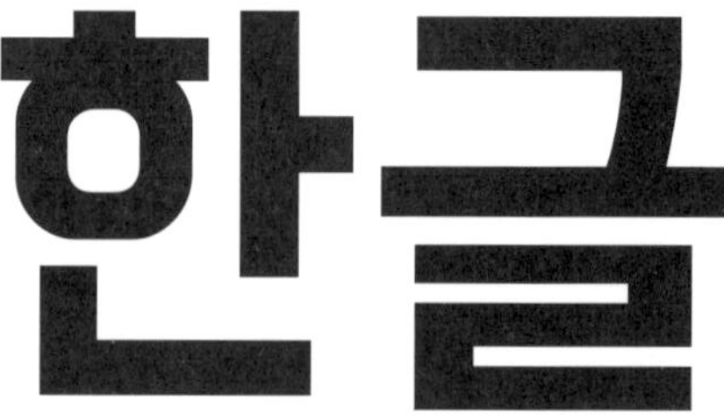

100pt, 없음/0

한글 글꼴 가이드 7/13pt, 없음/10

한글 글꼴 가이드 8/15pt, 없음/5

한글 글꼴 가이드 9/16pt, 없음/0

한글 글꼴 가이드 10/18pt, 없음/-10

한글 글꼴 가이드 11/20pt, 없음/-25

한글 글꼴 가이드 12/22pt, 없음/-50

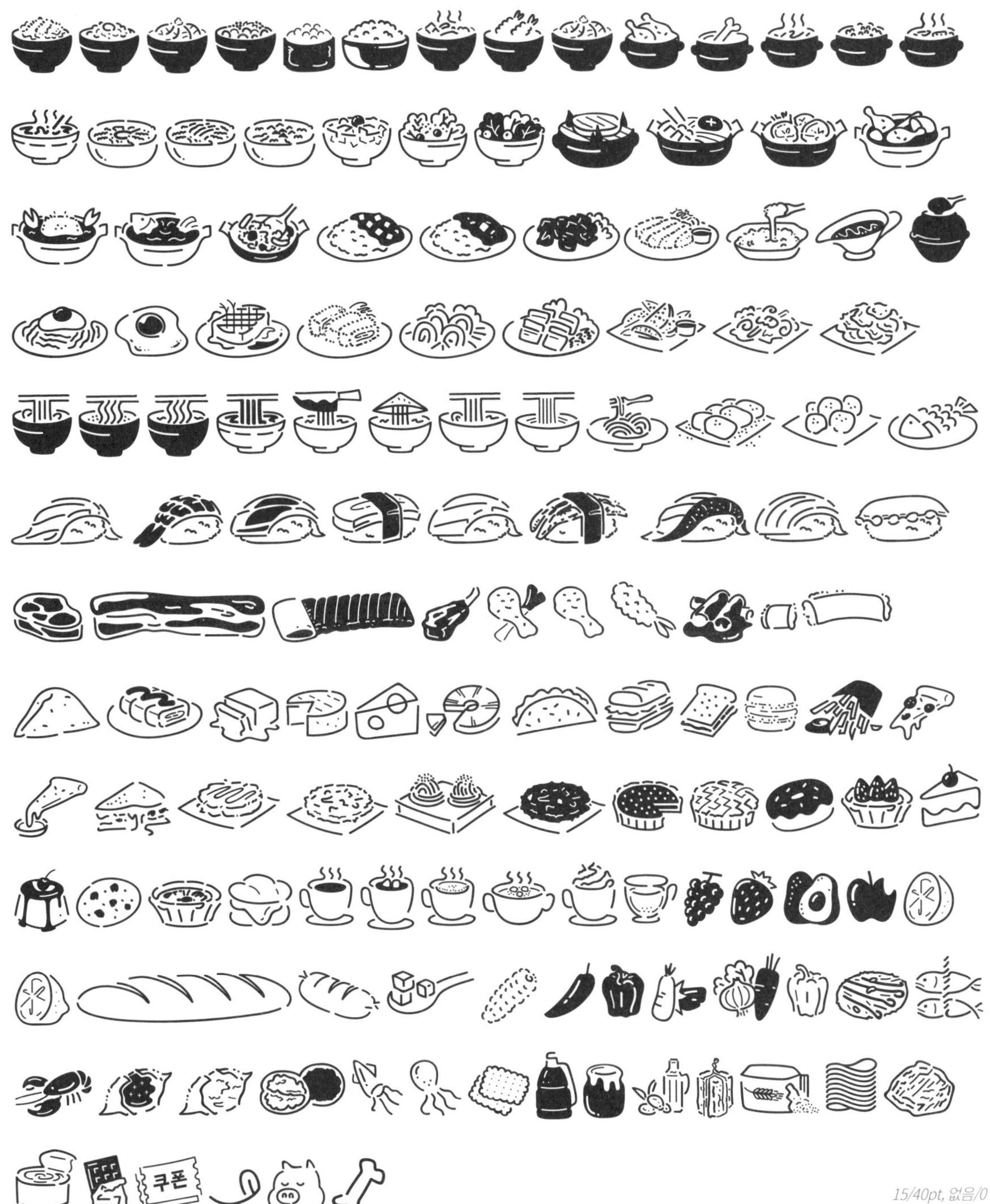

15/40pt, 없음/0

도현체
24pt, 없음/0

덧글은 통신의 예절을 지키면서 표현의 자유를 추구하는 방향으로
가나다라마바사아자차카타파하 괄꽁넋뒷떨립밟빛빵술쏙얹쥔짰척
ABCDEFGHIJKLMNOPQRSTUVWXYZ abcdefghijklmnopqr
1234567890 ①⑮ ⑴⒂ Ⅰ Ⅱ Ⅲ Ⅳ Ⅴ Ⅹ ⅰ ⅱ ⅲ ⅳ ⅴ ⅹ
~ ! @ # $ % ^ & * _ / ₩ | * () [] {} 〈〉 <> 《》 「」 『』 【】 〔〕 − + ×
. , ? : ; ' " ' ' " " · ·· ··· © ™ ¶§㎎ ㎏ ㎜㎝㎞ ㎐ ㏄ ○□△☆ ●■▲★

15/30pt, 없음/0

서로 어울리는 글꼴을 사용합니다.

28pt, 없음/-25

글꼴 가이드 20/40pt, 없음/0

글꼴 가이드 30/50pt, 없음/-25

글꼴 가이드 40/60pt, 없음/-50

글꼴 가이드

60pt, 없음/-75

한글

100pt, 없음/0

한글 글꼴 가이드 7/13pt, 없음/10
한글 글꼴 가이드 8/15pt, 없음/5
한글 글꼴 가이드 9/16pt, 없음/0
한글 글꼴 가이드 10/18pt, 없음/-10
한글 글꼴 가이드 11/20pt, 없음/-25
한글 글꼴 가이드 12/22pt, 없음/-50

주아체 24pt, 없음/0

덧글은 통신의 예절을 지키면서 표현의 자유를 추구하는 방향으로 씁니다.

가나다라마바사아자차카타파하 괄꽁넋뒷떨립밟빛빵술쑥얹쥔짰척콥틈편흙

ABCDEFGHIJKLMNOPQRSTUVWXYZ abcdefghijklmnopqrstuvwxy

1234567890 ~!@#$%^&*_/₩|* ( ) [ ] { } 〈 〉 - + = . , ? : ; ' ' " "

15/30pt, 없음/0

서로 어울리는 글꼴을 잘 골라서
지혜롭게 사용하는 것이 중요합니다. 28/40pt, 없음/0

100pt, 없음/0

글꼴 가이드 20/40pt, 없음/0

글꼴 가이드 30/50pt, 없음/-10

글꼴 가이드 40/60pt, 없음/-25

글꼴 가이드

60pt, 없음/-50

한글 글꼴 가이드 7/13pt, 없음/10

한글 글꼴 가이드 8/15pt, 없음/5

한글 글꼴 가이드 9/16pt, 없음/0

한글 글꼴 가이드 10/18pt, 없음/-10

한글 글꼴 가이드 11/20pt, 없음/-25

한글 글꼴 가이드 12/22pt, 없음/-50

기랑해랑체 24pt, 없음/0

덧글은 통신의 예절을 지키면서 표현의 자유를 추구하는 방향으로 씁니다.

가나다라마바사아자차카타파하 괄꽁넋뒻떨립밟빛빵숄쏙얹즨짰첰콥틈편흙

ABCDEFGHIJKLMNOPQRSTUVWXYZ abcdefghijklmnopqrstuvwxyz

1234567890 ①⑮ ⑴⒂ ⅠⅡⅢⅣⅤⅩ ⅰⅱⅲⅳⅴⅹ

~ ! @ # $ % ^ & * _ / ₩ | * ( ) [ ] { } < > 〈 〉 《 》 「 」 『 』 【 】 〔 〕 - + × ÷ =

. , ? : ; ' " ' ' " " · ‥ … © ™ ¶ § ㎎ ㎏ ㎜ ㎝ ㎞ ㎐ ㏄ ○□△☆ ●■▲★

16/30pt, 없음/0

서로 어울리는 글꼴을 잘 골라서
지혜롭게 사용하는 것이 중요합니다.

26/36pt, 없음/0

글꼴 가이드 20/40pt, 없음/0

글꼴 가이드 30/50pt, 없음/-10

글꼴 가이드 40/60pt, 없음/-25

글꼴 가이드

60pt, 없음/-50

100pt, 없음/0

한글 글꼴 가이드 7/13pt, 없음/10

한글 글꼴 가이드 8/15pt, 없음/5

한글 글꼴 가이드 9/16pt, 없음/0

한글 글꼴 가이드 10/18pt, 없음/-10

한글 글꼴 가이드 11/20pt, 없음/-25

한글 글꼴 가이드 12/22pt, 없음/-50

연성체
24pt, 없음/0

덧글은 통신의 예절을 지키면서 표현의 자유를 추구하는 방향으로 씁니다.

가나다라마바사아자차카타파하 괄꽁넋뒷떨립밟빛빵술쏙얹쥔짦척

ABCDEFGHIJKLMNOPQRSTUVWXYZ abcdefghijklmnopqrstuvwxyz

1234567890 ①⑮ ⑴⒂ Ⅰ Ⅱ Ⅲ Ⅳ Ⅴ Ⅹ ⅰ ⅱ ⅲ ⅳ ⅴ ⅹ

~ ! @ # $ % ^ & * _ / ₩ | * () [] {} 〈〉 〈〉 《》 「」『』【】〔〕 - + ×

. , ? : ; ' " ' ' " " · ·· ··· © ™ ¶ § mg kg mm cm km Hz cc ○□△☆ ●■▲★

15/30pt, 없음/0

서로 어울리는 글꼴을 잘 골라서
지혜롭게 사용하는 것이 중요합니다.

26/36pt, 없음/0,

글꼴 가이드 20/40pt, 없음/0

글꼴 가이드 30/50pt, 없음/-10

글꼴 가이드 40/60pt, 없음/-25

글꼴 가이드

60pt, 없음/-50

한글

100pt, 없음/0

한글 글꼴 가이드 7/13pt, 없음/10

한글 글꼴 가이드 8/15pt, 없음/5

한글 글꼴 가이드 9/16pt, 없음/0

한글 글꼴 가이드 10/18pt, 없음/-10

한글 글꼴 가이드 11/20pt, 없음/-25

한글 글꼴 가이드 12/22pt, 없음/-50

유럽의
작은 마을들

유럽에는 아름다운 작은 마을들이 많다 이 작은
보석과 같은 마을을 만나려면 급한 마음을 버리고 여유를 가져야 한다.
수많이 많은 마을들 중에서 어느 아이를 소개해볼까 생각하는
것만으로도 기쁜 마음이 들고 미소가 지어진다
유럽에는 아름다운 작은 마을들이 많다 이 작은 보석과 같은
마을을 만나려면 급한 마음을 버리고 여유를 가져야 한다 수많이 많은
마을들 중에서 어느 아이를 소개해볼까 생각하는 것만으로도
기쁜 마음이 들고 미소가 지어진다.다

유럽의
작은 마을들

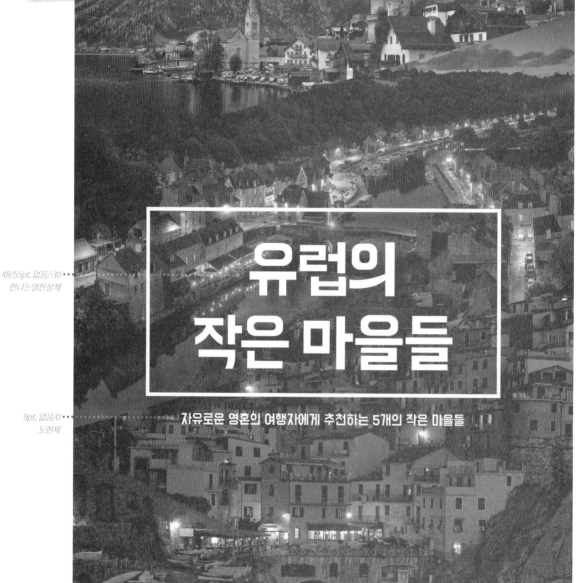

48/55pt, 없음/-30
한나는열한살체

자유로운 영혼의 여행자에게 추천하는 5개의 작은 마을들

9pt, 없음/0
도현체

10pt, 없음/-50, 도현체

68pt, 없음/-50, 주아체

내 마음 속 소울푸드
한나 버거
SPECIAL PROMOTION
SPECIAL PROMOTION
Since 1980
주문전화
08084
와우~
3,500원
한나 버거 + 오늘의 음료
한나의 열한살 생일축하 이벤트!
불맛이 살아 있는 한나 버거에
오늘의 음료를 더하면 천국이 바로 여기~
www.hannaburger.com
종로구 동숭로13길 17

7pt, 없음/200
연성체

20pt, 없음/0
연성체

한나는열한살체
19/24pt 없음/0

21pt, 없음/-50
도현체

13/16pt, 없음/0, 한나체 Pro

13pt, 없음/0, 기랑해랑체

12/17pt, 없음/0, 한나체 Air

11pt, 없음/0, 기랑해랑체

30. 배스킨라빈스체

20/40pt, 없음/0, 배스킨라빈스체 B

배포: 비알코리아(주)

10/18pt, 없음/-30, 배스킨라빈스체 B/R

취지: 브랜드 아이덴티티

발표: 2018년

링크: www.baskinrobbins.co.kr/event/view.php?flag=&seq=3722

10/18pt, 메트릭/0, Adobe Garamond Pro B

blog.naver.com/heumm2009/221399198247

분류: 돋움

굵기: 2단계(Regular, Bold)

특징: 상큼발랄한 젊은 느낌이 나는 돋움 글꼴. 탈네모틀형 굵은 돋움 글꼴이며 시선을 끄는 효과가 높아서 제목에 많아 사용됨. 한자를 지원하지 않으며 한글 문자도 완성형 한글 2,350+자만 표시함.

배스킨라빈스체는 브랜드용 글꼴로 오래 전에 만들어졌는데 이를 무료 글꼴로 배포한 것은 2018년 한글날입니다. 젊고 발랄한, 톡톡 튀는 느낌의 글꼴이며 사각형 영역에 갇히지 않는 탈네모틀 글꼴입니다. 문자의 높이에 변화가 많이 생기는 스타일이라서 자연스럽게 리듬감이 느껴지고 주목도가 매우 높습니다.

10/18pt, 없음/-30, 배스킨라빈스체 R

배스킨라빈스체를 제목에 사용하면 무겁지 않고 경쾌한 분위기를 만들 수 있습니다. 캐주얼한 느낌을 전달하고 싶을 때도 좋을 것 같습니다. 또한 탈네모틀 글꼴이면서도 가독성이 나쁘지 않은 편이라 짧은 설명글에도 활용할 수 있습니다. 기호 문자가 부족한 점이 아쉽습니다.

무료 사용 범위			
인쇄: O	**영상:** O	**웹사이트:** O	**전자책:** O
BI/CI: X	**제품:** O	**모바일:** O	**서버:** O
출처 생략: O	**재배포:** O	**수정배포:** X	**판매:** X

10pt, 없음/0, 배스킨라빈스체 B

9pt, 없음/0, 배스킨라빈스체 B/R

라이선스: 저작권 설명에는 없지만 상품의 브랜드 글꼴이기 때문에 BI/CI에는 사용하지 않는 것이 좋습니다. 수정배포와 판매는 당연히 금지되어 있습니다.

8/14pt, 없음/-10, 배스킨라빈스체 B/R

참고: 여기에서 정리한 무료 사용 범위는 배포자의 실제 의사와 일부 다를 수 있으며, 이후 배포자의 의사가 바뀔 수도 있습니다. 따라서 일반적인 아닌 상업적 목적으로 이용하고자 할 때는 이 페이지 상단의 '링크'를 방문하여 정확한 사용 범위를 다시 한번 확인하기 바랍니다.

배스킨라빈스체

20pt, 없음/-30

Regular

한글

Bold

한글

72pt, 없음/0

Regular

서로 어울리는 〈글꼴〉을 골라서
사용하는 것이 중요합니다.

Bold

서로 어울리는 〈글꼴〉을 골라서
사용하는 것이 중요합니다.

28/39pt, 없음/-25

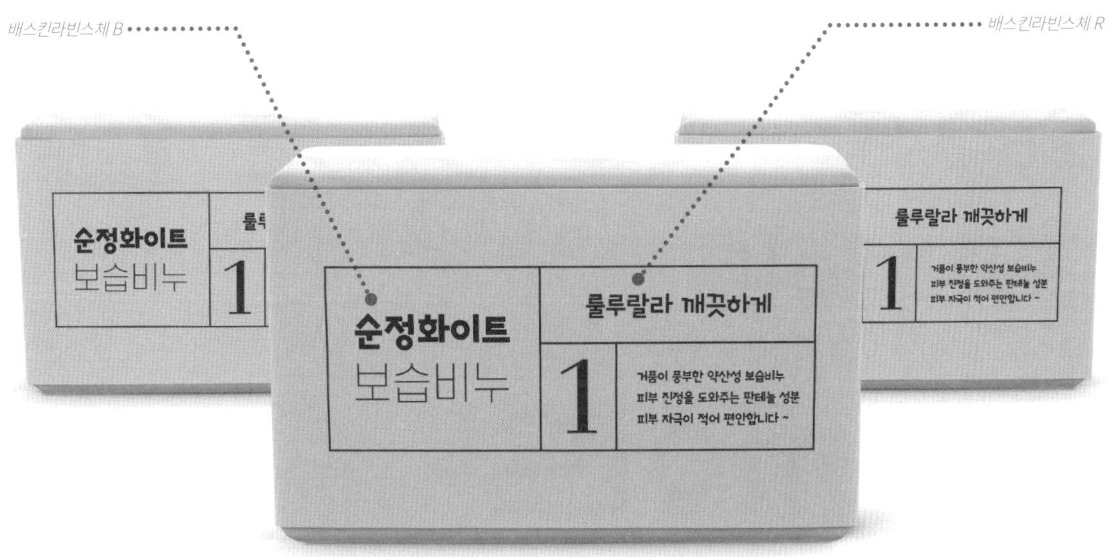

배스킨라빈스체 Regular
24pt, 없음/0

돋 돋 20pt
R B

덧글은 통신의 예절을 지키면서 표현의 자유를 추구하는 방향으로 씁니다.

가나다라마바사아자차카타파하 괄꽁넋뒷떨립밟빛빵술쏙얹쥔짰척콥틈편흙

ABCDEFGHIJKLMNOPQRSTUVWXYZ abcdefghijklmnopqrstuvwxyz

1234567890 ①⑮ ⑴⒂ Ⅰ Ⅱ Ⅲ Ⅳ Ⅴ Ⅹ ⅰ ⅱ ⅲ ⅳ ⅴ ⅹ

~ ! @ # $ % ^ & * _ / ₩ | * ( ) [ ] { } 〈 〉 < > 《 》 「 」 『 』 【 】 〔 〕 - + × ÷ =

. , ? : ; ' " '' "" · ·· ··· ® ™ ¶ § ㎎ ㎏ ㎜ ㎝ ㎞ ㎐ ㏄ ○ □ △ ☆ ● ■ ▲ ★

13/30pt, 없음/0

서로 어울리는 글꼴을 사용합니다.

26pt, 없음/-30

글꼴 가이드 20/40pt, 없음/0

글꼴 가이드 30/50pt, 없음/-10

글꼴 가이드 40/60pt, 없음/-25

글꼴 가이드 60pt, 없음/-50

돋움

100pt, 없음/0

한글 글꼴 가이드	7/13pt, 없음/10
한글 글꼴 가이드	8/15pt, 없음/5
한글 글꼴 가이드	9/16pt, 없음/0
한글 글꼴 가이드	10/18pt, 없음/-10
한글 글꼴 가이드	11/20pt, 없음/-25
한글 글꼴 가이드	12/22pt, 없음/-50

배스킨라빈스체 Bold 24pt, 없음/0

돋 돋 20pt
R B

덧글은 통신의 예절을 지키면서 표현의 자유를 추구하는 방향으로 씁니다.

가나다라마바사아자차카타파하 괄꽁넋뒷떨립밟빛빵술쏙얹줜짰칙콥틈편흝

ABCDEFGHIJKLMNOPQRSTUVWXYZ abcdefghijklmnopqrstuvwxyz

1234567890 ①⑮ ⑴⒂ Ⅰ Ⅱ Ⅲ Ⅳ Ⅴ Ⅹ ⅰ ⅱ ⅲ ⅳ ⅴ ⅹ

~ ! @ # $ % ^ & * _ / ₩ | * ( ) [ ] { } 〈 〉 < > 《 》 「 」 『 』 【 】 〔 〕 − + × ÷ =

. , ? : ; ' " ' ' " " · ·· ··· ® ™ ¶ § ㎎ ㎏ ㎜ ㎝ ㎞ ㎐ ㏄ ○ □ △ ☆ ● ■ ▲ ★

13/30pt, 없음/0

서로 어울리는 글꼴을 사용합니다. 26pt, 없음/-30

글꼴 가이드 20/40pt, 없음/0

글꼴 가이드 30/50pt, 없음/-10

글꼴 가이드 40/60pt, 없음/-25

글꼴 가이드 60pt, 없음/-50

돋움 100pt, 없음/0

한글 글꼴 가이드 7/13pt, 없음/10

한글 글꼴 가이드 8/15pt, 없음/5

한글 글꼴 가이드 9/16pt, 없음/0

한글 글꼴 가이드 10/18pt, 없음/-10

한글 글꼴 가이드 11/20pt, 없음/-25

한글 글꼴 가이드 12/22pt, 없음/-50

31. ON 뿌리깊은 프로젝트

20/40pt, 없음/0, ON I 고딕 R

배포: (주)디자인210

10/18pt, 없음/-30, ON I 고딕 R

취지: 3년 동안 시대별로 의미 있는 글씨를 연구하여 글꼴로 만들어 배포

발표: 2018~2021년

링크: www.oning.co.kr/bburi; www.oning.co.kr/license

10/18pt, 메트릭/0, Adobe Garamond Pro R

분류: 판각

굵기: 3단계(Light, Regular, Bold)

특징: 언해본 고서를 재현한 고풍스런 판각체. 한글 2,350, 영문 94, 기호 982자를 지원하며 한자는 없음. 기존의 판각체와는 다른 개성 있고 의미 있는 독특한 자형으로 고전적인 분위기 연출 가능.

디자인210은 "시대 정신을 반영한 한글을 디자인하다"는 취지의 뿌리깊은 프로젝트를 진행하고 있습니다. 훈민정음 반포 이후 훈민정음으로 펴낸 간행물들의 아름다운 글씨를 글꼴로 만들어 무료로 배포하는 것입니다. 2018년 한글날부터 시작하여 2021년까지 10개의 프로젝트가 진행됩니다. 2018년 10월에는 최초의 한글산문 보물 523호 석보상절, 2019년 1월에는 15세기 글자와 말을 그대로 보존한 문헌 월인석보, 2019년 4월에는 판본고체를 필사에 용이한 새로운 서체를 발전시킨 목우자수심결, 2019년 7월에는 송나라의 향약을 한글로 풀이한 여씨향약언해를 공개하였습니다.

10/18pt, 없음/-30, ON I 고딕 R

이들을 사용하는 경우는 많지 않겠으나 의미 있는 유용한 글꼴이라는 의미에서 소개합니다. 아래의 무료 사용 범위는 사용권 계약서를 보고 작성하였는데, 위에 있는 라이선스 링크에 있는 내용과는 약간 다릅니다. 임베딩이 번들을 원한다면 확인이 필요합니다. 이 페이지에서 사용한 아이고딕(ON I 고딕) 글꼴도 (주)디자인210이 공개한 무료 글꼴입니다. www.oning.co.kr/igothic

무료 사용 범위			
인쇄: O	영상: O	웹사이트: ?	전자책: ?
BI/CI: O	제품: O	모바일: ?	서버: X
출처 생략: O	재배포: ?	수정배포: X	판매: X
라이센스: 사용범위 제한 없음, 사용기한 기한 없음, 사용대상 누구나, 사용자수 제한 없음			

10pt, 없음/0, ON I 고딕 R

9pt, 없음/0, ON I 고딕 R

8/14pt, 없음/-10, ON I 고딕 R

참고: 사이트에는 모든 것이 가능하다고 기술하고 있으나 글꼴과 함께 제공되는 사용권 계약서를 보면 좀 다릅니다. 따라서 여기에서 정리한 무료 사용 범위는 배포자의 실제 의사와 일부 다를 수 있으므로 상업적, 특히 판매용 프로젝트를 진행할 때는 확인이 필요합니다.

ON 석보상절 ON 월인석보 20pt, 없음/-30

Light Light

한글 한글

Regular Regular

한글 한글

Bold Bold

한글 한글

65/80pt, 없음/0

ON 목우자수심결 ON 여씨향약언해 20pt, 없음/-30

Light Light

한글 한글

Regular Regular

한글 한글

Bold Bold

한글 한글

65/80pt, 없음/0

ON 석보상절 Light *20pt, 없음/0*

석 석 석 *20pt*
L R B

덧글은 통신의 예절을 지키면서 표현의 자유를 추구하는 방향으로 씁니다.

가나다라마바사아자차카타파하 괄꽁낚됫떨립밟빛빵숱쏙얹쥔짧척콥틈편

ABCDEFGHIJKLMNOPQRSTUVWXYZ abcdefghijklmnopqrstuvwxy

1234567890 ~!@#$%^&*_/₩|* ( ) [ ] { } < > - + × ÷ = . , ? : ; ‘ “ ‘ ’ “ ”

13/30pt, 없음/0, ON 석보상절 L

ON 석보상절 Regular *20pt, 없음/0*

석 석 석 *20pt*
L R B

덧글은 통신의 예절을 지키면서 표현의 자유를 추구하는 방향으로 씁니다.

가나다라마바사아자차카타파하 괄꽁낚됫떨립밟빛빵숱쏙얹쥔짧척콥틈편

ABCDEFGHIJKLMNOPQRSTUVWXYZ abcdefghijklmnopqrstuvwx

1234567890 ~!@#$%^&*_/₩|* ( ) [ ] { } < > - + × ÷ = . , ? : ; ‘ “ ‘ ’ “ ”

13/30pt, 없음/0, ON 석보상절 R

ON 석보상절 Bold *20pt, 없음/0*

석 석 석 *20pt*
L R B

덧글은 통신의 예절을 지키면서 표현의 자유를 추구하는 방향으로 씁니다.

가나다라마바사아자차카타파하 괄꽁낚됫떨립밟빛빵숱쏙얹쥔짧척콥틈편

ABCDEFGHIJKLMNOPQRSTUVWXYZ abcdefghijklmnopqrstuvw

1234567890 ~!@#$%^&*_/₩|* ( ) [ ] { } < > - + × ÷ = . , ? : ; ‘ “ ‘ ’ “ ”

13/30pt, 없음/0, ON 석보상절 B

글꼴 가이드 18/30pt, 없음/0

글꼴 가이드 26/40pt, 없음/-10

글꼴 가이드 34/50pt, 없음/-25

글꼴 가이드

50pt, 없음/-50, ON 석보상절 L

한글

80pt, 없음/0

한글 글꼴 가이드 7/13pt, 없음/10

한글 글꼴 가이드 8/15pt, 없음/5

한글 글꼴 가이드 9/16pt, 없음/0

한글 글꼴 가이드 10/18pt, 없음/-10

한글 글꼴 가이드 11/20pt, 없음/-25

글꼴 가이드 18/30pt, 없음/0

글꼴 가이드 26/40pt, 없음/-10

글꼴 가이드 34/50pt, 없음/-25

글꼴 가이드

50pt, 없음/-50, ON 석보상절 R

한글

80pt, 없음/0

한글 글꼴 가이드 7/13pt, 없음/10

한글 글꼴 가이드 8/15pt, 없음/5

한글 글꼴 가이드 9/16pt, 없음/0

한글 글꼴 가이드 10/18pt, 없음/-10

한글 글꼴 가이드 11/20pt, 없음/-25

글꼴 가이드 18/30pt, 없음/0

글꼴 가이드 26/40pt, 없음/-10

글꼴 가이드 34/50pt, 없음/-25

글꼴 가이드

50pt, 없음/-50, ON 석보상절 B

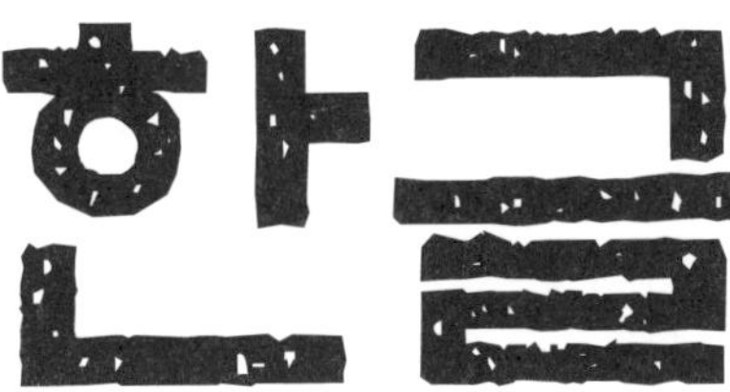

80pt, 없음/0

한글 글꼴 가이드 7/13pt, 없음/10

한글 글꼴 가이드 8/15pt, 없음/5

한글 글꼴 가이드 9/16pt, 없음/0

한글 글꼴 가이드 10/18pt, 없음/-10

한글 글꼴 가이드 11/20pt, 없음/-25

ON 월인석보 Light 20pt, 없음/0

월 월 월 20pt
L R B

덧글은 통신의 예절을 지키면서 표현의 자유를 추구하는 방향으로 씁니다.

가나다라마바사아자차카타파하 괄꽁넋뒷떨립밟빛빵술쏙얹쥔짰척콥틈편홅

ABCDEFGHIJKLMNOPQRSTUVWXYZ abcdefghijklmnopqrstuvwxyz

1234567890 ~!@#$%^&*_/₩|* ( ) [ ] { } < > − + x ÷ = . , ? : ; ' " ' ' " "

14/30pt, 없음/0, ON 월인석보 L

ON 월인석보 Regular 20pt, 없음/0

월 월 월 20pt
L R B

덧글은 통신의 예절을 지키면서 표현의 자유를 추구하는 방향으로 씁니다.

가나다라마바사아자차카타파하 괄꽁넋뒷떨립밟빛빵술쏙얹쥔짰척콥틈편홅

ABCDEFGHIJKLMNOPQRSTUVWXYZ abcdefghijklmnopqrstuvwxyz

1234567890 ~!@#$%^&*_/₩|* ( ) [ ] { } < > − + x ÷ = . , ? : ; ' " ' ' " "

14/30pt, 없음/0, ON 월인석보 R

ON 월인석보 Bold 20pt, 없음/0

월 월 월 20pt
L R B

덧글은 통신의 예절을 지키면서 표현의 자유를 추구하는 방향으로 씁니다.

가나다라마바사아자차카타파하 괄꽁넋뒷떨립밟빛빵술쏙얹쥔짰척콥틈편홅

ABCDEFGHIJKLMNOPQRSTUVWXYZ abcdefghijklmnopqrstuvwxyz

1234567890 ~!@#$%^&*_/₩|* ( ) [ ] { } < > − + x ÷ = . , ? : ; ' " ' ' " "

14/30pt, 없음/0, ON 월인석보 B

글꼴 가이드 18/30pt, 없음/0

글꼴 가이드 26/40pt, 없음/-10

글꼴 가이드 34/50pt, 없음/-25

글꼴 가이드 50pt, 없음/-50, ON 월인석보 L

한글 80pt, 없음/0

한글 글꼴 가이드 7/13pt, 없음/10

한글 글꼴 가이드 8/15pt, 없음/5

한글 글꼴 가이드 9/16pt, 없음/0

한글 글꼴 가이드 10/18pt, 없음/-10

한글 글꼴 가이드 11/20pt, 없음/-25

글꼴 가이드 18/30pt, 없음/0

글꼴 가이드 26/40pt, 없음/-10

글꼴 가이드 34/50pt, 없음/-25

글꼴 가이드 50pt, 없음/-50, ON 월인석보 R

한글 80pt, 없음/0

한글 글꼴 가이드 7/13pt, 없음/10

한글 글꼴 가이드 8/15pt, 없음/5

한글 글꼴 가이드 9/16pt, 없음/0

한글 글꼴 가이드 10/18pt, 없음/-10

한글 글꼴 가이드 11/20pt, 없음/-25

글꼴 가이드 18/30pt, 없음/0

글꼴 가이드 26/40pt, 없음/-10

글꼴 가이드 34/50pt, 없음/-25

글꼴 가이드 50pt, 없음/-50, ON 월인석보 B

80pt, 없음/0

한글 글꼴 가이드 7/13pt, 없음/10

한글 글꼴 가이드 8/15pt, 없음/5

한글 글꼴 가이드 9/16pt, 없음/0

한글 글꼴 가이드 10/18pt, 없음/-10

한글 글꼴 가이드 11/20pt, 없음/-25

ON 목우자수심결 Light *20pt, 없음/0*

목 목 목 *20pt*
L R B

덧글은 통신의 예절을 지키면서 표현의 자유를 추구하는 방향으로 씁니다.

가나다라마바사아자차카타파하 괄꽁넋됫떨립밟빛빵술쓱없쥔짰칙콥틈편흙

ABCDEFGHIJKLMNOPQRSTUVWXYZ abcdefghijklmnopqrstuvwxyz

1234567890 ~!@#$%^&*_/₩|* ( ) [ ] { } 〈 〉 - + × ÷ = . , ? : ; ' " ‘ ’ “ ”

14/30pt, 없음/0, ON 목우자수심결 L

ON 목우자수심결 Regular *20pt, 없음/0*

목 목 목 *20pt*
L R B

덧글은 통신의 예절을 지키면서 표현의 자유를 추구하는 방향으로 씁니다.

가나다라마바사아자차카타파하 괄꽁넋됫떨립밟빛빵술쓱없쥔짰칙콥틈편흙

ABCDEFGHIJKLMNOPQRSTUVWXYZ abcdefghijklmnopqrstuvwxyz

1234567890 ~!@#$%^&*_/₩|* ( ) [ ] { } 〈 〉 - + × ÷ = . , ? : ; ' " ‘ ’ “ ”

14/30pt, 없음/0, ON 목우자수심결 R

ON 목우자수심결 Bold *20pt, 없음/0*

목 목 목 *20pt*
L R B

덧글은 통신의 예절을 지키면서 표현의 자유를 추구하는 방향으로 씁니다.

가나다라마바사아자차카타파하 괄꽁넋됫떨립밟빛빵술쓱없쥔짰칙콥틈편흙

ABCDEFGHIJKLMNOPQRSTUVWXYZ abcdefghijklmnopqrstuvwxyz

1234567890 ~!@#$%^&*_/₩|* ( ) [ ] { } 〈 〉 - + × ÷ = . , ? : ; ' " ‘ ’ “ ”

14/30pt, 없음/0, ON 목우자수심결 B

글꼴 가이드 *18/30pt, 없음/0*

글꼴 가이드 *26/40pt, 없음/-10*

글꼴 가이드 *34/50pt, 없음/-25*

글꼴 가이드 *50pt, 없음/-50, ON 목우자수심결 L*

한글

80pt, 없음/0

한글 글꼴 가이드	*7/13pt, 없음/10*
한글 글꼴 가이드	*8/15pt, 없음/5*
한글 글꼴 가이드	*9/16pt, 없음/0*
한글 글꼴 가이드	*10/18pt, 없음/-10*
한글 글꼴 가이드	*11/20pt, 없음/-25*

글꼴 가이드 *18/30pt, 없음/0*

글꼴 가이드 *26/40pt, 없음/-10*

글꼴 가이드 *34/50pt, 없음/-25*

글꼴 가이드 *50pt, 없음/-50, ON 목우자수심결 R*

한글

80pt, 없음/0

한글 글꼴 가이드	*7/13pt, 없음/10*
한글 글꼴 가이드	*8/15pt, 없음/5*
한글 글꼴 가이드	*9/16pt, 없음/0*
한글 글꼴 가이드	*10/18pt, 없음/-10*
한글 글꼴 가이드	*11/20pt, 없음/-25*

글꼴 가이드 *18/30pt, 없음/0*

글꼴 가이드 *26/40pt, 없음/-10*

글꼴 가이드 *34/50pt, 없음/-25*

글꼴 가이드 *50pt, 없음/-50, ON 목우자수심결 B*

한글

80pt, 없음/0

한글 글꼴 가이드	*7/13pt, 없음/10*
한글 글꼴 가이드	*8/15pt, 없음/5*
한글 글꼴 가이드	*9/16pt, 없음/0*
한글 글꼴 가이드	*10/18pt, 없음/-10*
한글 글꼴 가이드	*11/20pt, 없음/-25*

ON 여씨향약언해 Light 20pt, 없음/0

여 여 여 20pt
L R B

덧글은 통신의 예절을 지키면서 표현의 자유를 추구하는 방향으로 씁니다.

가나다라마바사아자차카타파하 괄꽁넋뒷떨립밟빛빵술쓱얹쥔짰척콥틈편훍

ABCDEFGHIJKLMNOPQRSTUVWXYZ abcdefghijklmnopqrstuvwxyz

1234567890 ~!@#$%^&*_/₩|* ( ) [ ] { } < > − + × ÷ = . , ? : ; ' " ‘ ’ “ ”

14/30pt, 없음/0, ON 여씨향약언해 L

ON 여씨향약언해 Regular 20pt, 없음/0

여 여 여 20pt
L R B

덧글은 통신의 예절을 지키면서 표현의 자유를 추구하는 방향으로 씁니다.

가나다라마바사아자차카타파하 괄꽁넋뒷떨립밟빛빵술쓱얹쥔짰척콥틈편훍

ABCDEFGHIJKLMNOPQRSTUVWXYZ abcdefghijklmnopqrstuvwxyz

1234567890 ~!@#$%^&*_/₩|* ( ) [ ] { } < > − + × ÷ = . , ? : ; ' " ‘ ’ “ ”

14/30pt, 없음/0, ON 여씨향약언해 R

ON 여씨향약언해 Bold 20pt, 없음/0

여 여 여 20pt
L R B

덧글은 통신의 예절을 지키면서 표현의 자유를 추구하는 방향으로 씁니다.

가나다라마바사아자차카타파하 괄꽁넋뒷떨립밟빛빵술쓱얹쥔짰척콥틈편훍

ABCDEFGHIJKLMNOPQRSTUVWXYZ abcdefghijklmnopqrstuvwxyz

1234567890 ~!@#$%^&*_/₩|* ( ) [ ] { } < > − + × ÷ = . , ? : ; ' " ‘ ’ “ ”

14/30pt, 없음/0, ON 여씨향약언해 B

글꼴 가이드 18/30pt, 없음/0

글꼴 가이드 26/40pt, 없음/-10

글꼴 가이드 34/50pt, 없음/-25

글꼴 가이드

50pt, 없음/-50, ON 여씨향약언해 L

한글

80pt, 없음/0

한글 글꼴 가이드 7/13pt, 없음/10

한글 글꼴 가이드 8/15pt, 없음/5

한글 글꼴 가이드 9/16pt, 없음/0

한글 글꼴 가이드 10/18pt, 없음/-10

한글 글꼴 가이드 11/20pt, 없음/-25

글꼴 가이드 18/30pt, 없음/0

글꼴 가이드 26/40pt, 없음/-10

글꼴 가이드 34/50pt, 없음/-25

글꼴 가이드

50pt, 없음/-50, ON 여씨향약언해 R

한글

80pt, 없음/0

한글 글꼴 가이드 7/13pt, 없음/10

한글 글꼴 가이드 8/15pt, 없음/5

한글 글꼴 가이드 9/16pt, 없음/0

한글 글꼴 가이드 10/18pt, 없음/-10

한글 글꼴 가이드 11/20pt, 없음/-25

글꼴 가이드 18/30pt, 없음/0

글꼴 가이드 26/40pt, 없음/-10

글꼴 가이드 34/50pt, 없음/-25

글꼴 가이드

50pt, 없음/-50, ON 여씨향약언해 B

한글

80pt, 없음/0

한글 글꼴 가이드 7/13pt, 없음/10

한글 글꼴 가이드 8/15pt, 없음/5

한글 글꼴 가이드 9/16pt, 없음/0

한글 글꼴 가이드 10/18pt, 없음/-10

한글 글꼴 가이드 11/20pt, 없음/-25

32. 순바탕체

20/40pt, 없음/0, 순바탕 굵은체

배포: 한국출판문화산업진흥원

10/18pt, 없음/-75, 순바탕 굵은체/가는체

취지: 전자출판 콘텐츠 생산강화와 전자책 시장 활성화

발표: 2018년 6월

링크: font.kpipa.or.kr

10/18pt, 메트릭/0, Adobe Garamond Pro R

분류: 바탕

굵기: 3단계(가는체, 중간체, 굵은체)

특징: 책의 본문 글꼴로 적합. 붓글씨 같은 전통적 분위기에 넓은 내부 공간으로 특별한 느낌을 전달하는 바탕 글꼴입니다. 현대한글 11,172, 옛한글 5,299, 영문자 94, KS심볼 1,369(일본어 포함) 지원.

출판사의 전자출판 콘텐츠 생산강화와 전자책 시장 활성화를 목적으로 한국출판문화산업진흥원이 개발하여 2018년에 배포한 글꼴입니다. 3단계 두께의 바탕체 글꼴로 구성되어 있습니다. 전자책용으로 만들었지만 책이나 긴 문서의 본문 글꼴로도 적당합니다.

10/18pt, 없음/-75, 순바탕 가는체

순바탕체의 모양은 명조체에 궁서체를 결합한 듯 붓글씨로 쓴 느낌이 납니다. 해상도가 부족한 디지털 환경에서 눈이 편안하도록 글꼴을 설계했다고 합니다. 시각 중심선을 중상단으로 설정하여 안정적 구조를 유지해 눈의 피로도를 줄였으며, 글자폭은 균일하고 일정한 고정 너비를 채택해 단정한 글줄선을 유지하도록 했고, 여백을 살리기 위해 초성 공간을 크게 표현했습니다. 따라서 인쇄용으로 사용할 때는 글꼴 크기는 약간 줄이고, 자간은 과감하게 줄여서 사용해보기 바랍니다.

무료 사용 범위			
인쇄: O	**영상:** O	**웹사이트:** O	**전자책:** O
BI/CI: O	**제품:** O	**모바일:** O	**서버:** O
출처 생략: O	**재배포:** O	**수정배포:** X	**판매:** X

10pt, 없음/0, 순바탕 굵은체

9pt, 없음/-50, 순바탕 굵은체/가는체

금지: 모든 것이 가능하지만 글꼴의 수정 및 변형(디지털포맷 변경)을 포함한 개작·개명, 별도 허락 없이 임의로 제3자에게 판매·재배포하는 모든 상업적인 행위가 허용되지 않습니다.

8/14pt, 없음/-75, 순바탕 굵은체/가는체

참고: 여기에서 정리한 무료 사용 범위는 배포자의 실제 의사와 일부 다를 수 있으며, 이후 배포자의 의사가 바뀔 수도 있습니다. 따라서 상업적인 목적으로 이용하고자 할 때는 이 페이지 상단의 '링크'를 방문하여 정확한 사용 범위를 다시 한번 확인하기 바랍니다.

순바탕체

20pt, 없음/-30

가는체

글꼴 가이드

중간체

한글 가이드

굵은체

한글 가이드

72/80pt, 없음/0

가는체

서로 어울리는 〈글꼴〉을 골라서 사용하는 것이 중요합니다.

28/39pt, 없음/-25

중간체

서로 어울리는 〈글꼴〉을 골라서 사용하는 것이 중요합니다.

28/39pt, 없음/-50

굵은체

서로 어울리는 〈글꼴〉을 골라서 사용하는 것이 중요합니다.

28/39pt, 없음/-75

순바탕 가는체 24pt, 없음/0

바바바 20pt
L M B

덧글은 통신의 예절을 지키면서 표현의 자유를 추구하는 방향으로 씁니

가나다라마바사아자차카타파하 괄꽁넋뒷떨립밟빛빵술쏙얹쥔짰척쿕튿편

ABCDEFGHIJKLMNOPQRSTUVWXYZ abcdefghijklmnopqrstuvwxyz

1 2 3 4 5 6 7 8 9 0 ①⑩⑮ ⑴⑽⒂ Ⅰ Ⅱ Ⅲ Ⅳ Ⅴ Ⅹ ⅰ ⅱ ⅲ ⅳ ⅴ ⅹ

~ ! @ # $ % ^ & * _ / ₩ | * () [] {} <> 〈〉《》「」『』【】〔〕 − + × ÷ =

. , ? : ; ' " ‘’ “” · ‥ … ©® ™ ¶ § ㎎ ㎏ ㎜ ㎝ ㎞ ㎐ ㏄ ○□△☆●■▲★

13/30pt, 없음/0

서로 어울리는 글꼴을 사용합니다. 26pt, 없음/-70

글꼴 가이드 20/40pt, 없음/0

글꼴 가이드 30/50pt, 없음/-25

글꼴 가이드 40/60pt, 없음/-50

글꼴 가이드 60pt, 없음/-100

바탕 100pt, 없음/0

한글 글꼴 가이드 7/13pt, 없음/10

한글 글꼴 가이드 8/15pt, 없음/5

한글 글꼴 가이드 9/16pt, 없음/0

한글 글꼴 가이드 10/18pt, 없음/-25

한글 글꼴 가이드 11/20pt, 없음/-50

한글 글꼴 가이드 12/22pt, 없음/-100

한눈에 보이는 무료 글꼴 가이드 *11/20pt, 없음/-50, 순바탕 중간체*

비용을 지불하지 않고도 사용할 수 있는 글꼴을 '무료 글꼴'이라고 부릅니다. 사실은 무료 글꼴이 아니라《공개 글꼴》이라고 해야 맞습니다. 『공개 글꼴』은 권리자가 설정한 "사용 범위"를 잘 살펴서 사용해야 합니다. 모든 것이 허용되는 진정한 무료 글꼴도 있고, 인쇄용으로는 *10/18pt, 없음/-50, 순바탕 가는체*

한눈에 보이는 무료 글꼴 가이드 *11/20pt, 없음/-75, 순바탕 굵은체*

비용을 지불하지 않고도 사용할 수 있는 글꼴을 '무료 글꼴'이라고 부릅니다. 사실은 무료 글꼴이 아니라《공개 글꼴》이라고 해야 맞습니다. 『공개 글꼴』은 권리자가 설정한 "사용 범위"를 잘 살펴서 사용해야 합니다. 모든 것이 허용되는 진정한 무료 글꼴도 있고, 인쇄용으로는 무료로 사용 *10/18pt, 없음/-75, 순바탕 가는체*

한눈에 보이는 무료 글꼴 가이드 *11/20pt, 없음/-25, KoPubWorld돋움 M*

비용을 지불하지 않고도 사용할 수 있는 글꼴을 '무료 글꼴'이라고 부릅니다. 사실은 무료 글꼴이 아니라《공개 글꼴》이라고 해야 맞습니다. 『공개 글꼴』은 권리자가 설정한 "사용 범위"를 잘 살펴서 사용해야 합니다. 모든 것이 허용되는 진정한 무료 글꼴도 있고, 인쇄용으로는 무료로 사용할 *10/18pt, 없음/-100, 순바탕 가는체*

한눈에 보이는 무료 글꼴 가이드 *11/20pt, 없음/-50, KoPubWorl돋움 B*

비용을 지불하지 않고도 사용할 수 있는 글꼴을 '무료 글꼴'이라고 부릅니다. 사실은 무료 글꼴이 아니라《공개 글꼴》이라고 해야 맞습니다. 『공개 글꼴』은 권리자가 설정한 "사용 범위"를 잘 살펴서 사용해야 합니다. 모든 것이 허용되는 진정한 무료 글꼴도 있고, 인쇄용으로는 무료로 사용할 수 있지만 *10/18pt, 없음/-125, 순바탕 가는체*

고향

75pt, 없음/0, 순바탕 가는체

고향

75pt, 없음/-140, 순바탕 가는체

고향

75pt, 시각적/0, 순바탕 가는체

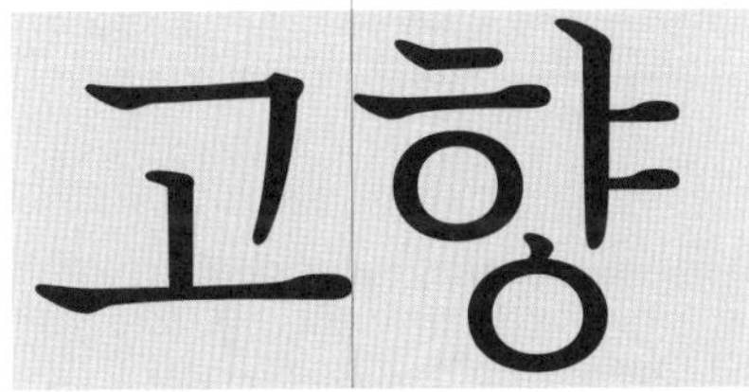

75pt, 시각적/-30, 순바탕 가는체

순바탕 중간체 24pt, 없음/0

바 바 바 20pt
L M B

덧글은 통신의 예절을 지키면서 표현의 자유를 추구하는 방향으로 씁니

가나다라마바사아자차카타파하 괄꽁넋뒷떨립밟빛빵술쏙얹쥔짰척콥틈편

ABCDEFGHIJKLMNOPQRSTUVWXYZ abcdefghijklmnopqrstuvwxyz

1 2 3 4 5 6 7 8 9 0 ①⑩⑮ ⑴⑽⒂ Ⅰ Ⅱ Ⅲ Ⅳ Ⅴ Ⅹ ⅰ ⅱ ⅲ ⅳ ⅴ ⅹ

~ ! @ # $ % ^ & * _ / ₩ | * () [] {} <> 〈〉 《》 「」 『』 【】 〔〕 − + × ÷ =

. , ? : ; ‘ “ ‘’ “” · .. ...© ® ™ ¶ § ㎎ ㎏ ㎜ ㎝ ㎞ ㎐ ㏄ ○ □ △ ☆ ● ■ ▲ ★

13/30pt, 없음/0

서로 어울리는 글꼴을 사용합니다. 26pt, 없음/-70

글꼴 가이드 20/40pt, 없음/0

글꼴 가이드 30/50pt, 없음/-25

글꼴 가이드 40/60pt, 없음/-50

글꼴 가이드 60pt, 없음/-100

바탕

100pt, 없음/0

한글 글꼴 가이드 7/13pt, 없음/10

한글 글꼴 가이드 8/15pt, 없음/5

한글 글꼴 가이드 9/16pt, 없음/0

한글 글꼴 가이드 10/18pt, 없음/-25

한글 글꼴 가이드 11/20pt, 없음/-50

한글 글꼴 가이드 12/22pt, 없음/-100

순바탕 굵은체 24pt, 없음/0

바 바 바 20pt
L M B

덧글은 통신의 예절을 지키면서 표현의 자유를 추구하는 방향으로 씁니
가나다라마바사아자차카타파하 괄꽁넋뒷떨립밟빛빵술쏙얹쥔짰척콥틈편
ABCDEFGHIJKLMNOPQRSTUVWXYZ abcdefghijklmnopqrstuvwx
1 2 3 4 5 6 7 8 9 0 ①⑩⑮ ⑴⑽⒂ Ⅰ Ⅱ Ⅲ Ⅳ Ⅴ Ⅹ ⅰ ⅱ ⅲ ⅳ ⅴ ⅹ
~ ! @ # $ % ^ & * _ / ₩ | * () [] {} <> 〈〉《》「」『』【】〔〕 − + × ÷ =
. , ? : ; ‘ “ ‘’ “” · .. ... © ® ™ ¶ § ㎎ ㎏ ㎜ ㎝ ㎞ ㎐ ㏄ ○ □ △ ☆ ● ■ ▲ ★

13/30pt, 없음/0

서로 어울리는 글꼴을 사용합니다. 26pt, 없음/-70

글꼴 가이드 20/40pt, 없음/0

100pt, 없음/0

글꼴 가이드 30/50pt, 없음/-25

글꼴 가이드 40/60pt, 없음/-50

글꼴 가이드 60pt, 없음/-100

한글 글꼴 가이드 7/13pt, 없음/10
한글 글꼴 가이드 8/15pt, 없음/5
한글 글꼴 가이드 9/16pt, 없음/0
한글 글꼴 가이드 10/18pt, 없음/-25
한글 글꼴 가이드 11/20pt, 없음/-50
한글 글꼴 가이드 12/22pt, 없음/-100

33. 스웨거체

24/40pt, 없음/0, 스웨거 R

배포: ㈜아트앤디자인인터내셔널, ㈜산돌커뮤니케이션

12/18pt, 없음/0, 스웨거 R

취지: 브랜드 아이덴티티 & 홍보

발표: 2016년

링크: www.swagger.kr/font.html, www.swagger.kr/font_license.html

12/18pt, 메트릭/0, Adobe Garamond Pro B

분류: 디자인

굵기: 1단계

특징: 대체 불가능한 개성 만점의 강한 글꼴. 한자는 지원하지 않으며 한글 2,350, 로마자 95, 기호 2,268, 세로쓰기 197, 딩벳 33자 지원. 강한 포인트를 줄 수 있는 제목 글꼴로 적합.

스웨거체는 남성생활건강 브랜드인 스웨거와 산돌이 함께 만든 컬래버레이션 프로젝트 글꼴이며, 중소기업 브랜드 글꼴의 대표적인 성공사례입니다. 2016, 2017 2년 연속 디자인 어워드를 수상했고, 회사 웹사이트에서도 글꼴의 특성을 자세히 설명하며 활용사례도 적극적으로 홍보하고 있습니다. 워낙 개성이 강하고 이와 유사한 글꼴이 없기 때문에 다양한 분야에서 많이 사용되고 있는 것 같습니다.

12/18pt, 없음/0, 스웨거 R

스웨거체는 다른 글꼴과 비교했을 때 동일한 크기에서 자형이 작다는 점을 이해하고 사용해야 합니다. 좁은 공간에 굵은 획을 밀집시켜 매우 진한 농도를 구현한 글꼴이므로 남발하지 않고 절제하여 사용하면 좋을 것입니다. 대비 효과를 활용한다면 '스웨거체에스코어드림' 이런 식으로 강렬한 표현을 할 수 있습니다.

스웨거체가 적용된 문자들을 자세히 살펴보면 자형이 간단한 문자는 폭이 좁고, 복잡한 문자는 상대적으로 폭이 넓습니다. 그래서 한글의 폭이 좁았다가 넓어졌다가 하는 변화가 역동적인 느낌을 전달하고, 독특한 스타일의 기호 문자들과 딩벳 문자들이 눈을 즐겁게 해줍니다. 딩벳 문자들은 화장품에 관련된 그림들, 브랜드와 관련된 문구, 로고, 젊은 남자의 모습 등을 담고 있습니다.

무료 사용 범위			
인쇄: O	영상: O	웹사이트: O	전자책: O
BI/CI: O	제품: O	모바일: O	서버: O
출처 생략: O	재배포: O	수정배포: X	판매: X

13pt, 없음/0, 스웨거 R

11pt, 없음/0, 스웨거 R

주의: 로고 형태와 그래픽 형태를 띄는 글리프 문자는 스웨거의 상표권이 적용되므로 글리프 문자는 비상업적인 용도로만 사용할 수 있습니다.

8/14pt, 없음/-10, 나눔스퀘어라운드 B/R

참고: 여기에서 정리한 무료 사용 범위는 배포자의 실제 의사와 일부 다를 수 있으며, 이후 배포자의 의사가 바뀔 수도 있습니다. 따라서 상업적인 목적으로 이용하고자 할 때는 이 페이지 상단의 두 번째 링크를 방문하여 정확한 사용 범위를 다시 한번 확인하기 바랍니다.

스웨거체 Regular 24pt, 없음/0

덧글은 통신의 예절을 지키면서 표현의 자유를 추구하는 방향으로 씁니다.

가나다라마바사아자차카타파하 괄꽁낚뒷떨립밟빛빵술쏙없쥠짰척콥틈편흙

ABCDEFGHIJKLMNOPQRSTUVWXYZ abcdefghijklmnopqrstuvwxyz

1 2 3 4 5 6 7 8 9 0 ① ⑩ ⑮ ⑴⑽⒂ ⅠⅡⅢⅣⅤⅩⅰⅱⅲⅳⅴⅹ

~ ! @ # $ % ^ & * _ / ₩ | * ( ) [ ] { } < > 〈 〉 《 》 「 」 『 』 【 】 〔 〕 – + × ÷ =

. , ? : ; ' " ' ' " " · ·· ··· © ™ ¶ § mg kg mm cm km Hz cc ○ □ △ ☆ ● ■ ▲ ★

스웨거체의 33개 딩벳 문자들은 저작권 문제로 표시할 수 없음을 이해해주시기 바랍니다.

16/30pt, 없음/0

한글

100pt, 없음/0

글꼴 가이드 20/30pt, 없음/0

글꼴 가이드 30/40pt, 없음/-10

글꼴 가이드 40/50pt, 없음/-25

글꼴 가이드 90pt, 없음/-50

한글 글꼴 가이드 9/13pt, 없음/10

한글 글꼴 가이드 10/15pt, 없음/5

한글 글꼴 가이드 11/16pt, 없음/0

한글 글꼴 가이드 12/18pt, 없음/-10

한글 글꼴 가이드 13/20pt, 없음/-25

한글 글꼴 가이드 14/22pt, 없음/-50

34. 스포카 한 산스

20/40pt, 없음/0, SpoqaHanSans B

배포: 스포카

10/18pt, 없음/0, SpoqaHanSans B/R

취지: 다국어 UI에 사용하기에 적합한 커스텀 글꼴 개발하여 공유

발표: 2015년(1.0), 2018년(2.1.2)

링크: spoqa.github.io/spoqa-han-sans/ko-KR

10/18pt, 메트릭/0, Adobe Garamond Pro R

분류: 돋움

굵기: 4단계(Thin, Light, Regular, Bold)

특징: 웹과 앱에 사용하기 위해 문자수를 줄여서 가볍게 만든 오픈 소스 한글. 웹사이트나 모바일에서 사용하기에 적당함. 한글은 2,574자만 지원.

스포카 한 산스 글꼴은 한 기업의 필요에 의해 만들어진, 인쇄보다는 디지털 환경에서 사용하기에 적합한 글꼴입니다. 구글이 배포하는 노토 산스 글꼴을 가져와 수정하여 만들었습니다. 웹과 앱에서 사용해야 하므로 글꼴의 용량을 줄이기 위해 한글 문자의 수를 11,172자에서 2,574자(한글 완성형 코드의 2,350+추가문자 224자)로 줄이고, 한자를 없애고, 다른 기호 문자들도 최소한으로 줄였습니다.

10/18pt, 없음/-30, SpoqaHanSans L

이렇게 스포카 한 산스는 인쇄용으로 사용하기에 불리한 점이 있지만 본고딕(노토 산스)을 검토하여 어색한 점들을 일부 수정하였기 때문에 스포카 한 산스를 사용하는 것이 더 나을 경우도 있습니다. 한자를 사용하지 않으며, 지원되는 한글과 기호 문자수가 적어도 괜찮고, 글꼴의 굵기가 4단계로도 충분하다면 말입니다.

수정한 내용은 본고딕에서 전각 문자였던 일부 문자들을(낫토나 괄호처럼 열고 닫는 기호 문자들) 반각으로 고친 것입니다. 자세한 내용은 상단 링크의 문서에서 '스포카 한 산스 2.0에 관한 몇가지 단편적 사실들'을 참고하기 바랍니다.

무료 사용 범위

10pt, 없음/0, SpoqaHanSans B

인쇄: O	**영상:** O	**웹사이트:** O	**전자책:** O
BI/CI: O	**제품:** O	**모바일:** O	**서버:** O
출처 생략: O	**재배포:** O	**수정배포:** O	**판매:** X

9pt, 없음/0, SpoqaHanSans R/L

라이선스: 동일 조건으로 배포하는 것을 요구하는 오픈 소스 라이선스(SIL Open Font License 1.1)가 적용되었습니다. 판매를 제외한 모든 것이 가능합니다.

8/14pt, 없음/-10, SpoqaHanSans R/L

참고: 글꼴을 처음부터 새로 만들지 않고(시간과 비용 절약) 어도비와 구글이 공동 개발하고 구글이 배포하는 Noto Sans 글꼴을 가져와 수정하여 배포하는 글꼴입니다.

SpoqaHanSans

20pt, 없음/-30

Thin 한글 한글 Light

Regular 한글 한글 Bold

72/80pt, 없음/0

Thin

서로 어울리는 〈글꼴〉을 골라서 사용하는 것이 중요합니다.

Light

서로 어울리는 〈글꼴〉을 골라서 사용하는 것이 중요합니다.

Regular

서로 어울리는 〈글꼴〉을 골라서 사용하는 것이 중요합니다.

Bold

서로 어울리는 〈글꼴〉을 골라서 사용하는 것이 중요합니다.

28/39pt, 없음/-25
단락이후 간격 2mm

SpoqaHanSans Thin *24pt, 없음/0*

돋 돋 돋 돋 *20pt*
TH L R B

덧글은 통신의 예절을 지키면서 표현의 자유를 추구하는 방향으로 씁니다.

가나다라마바사아자차카타파하 괄꽁넋뒷떨립밟빛빵술쏙얹쥔짠척콥튼편흙

ABCDEFGHIJKLMNOPQRSTUVWXYZ abcdefghijklmnopqrstuvwxyz

1234567890 ①⑩⑮ ⑴⑽⒂ Ⅰ Ⅱ Ⅲ Ⅳ Ⅴ Ⅹ ⅰ ⅱ ⅲ ⅳ ⅴ ⅹ

~ ! @ # $ % ^ & * _ / \ | * ( ) [ ] { } < > 〈 〉 《 》 「 」 『 』 【 】 〔 〕 - + × ÷ =

. , ? : ; ' " ' ' " " · ‥ … ™ ¶ § ○□△☆●■▲★

13/30pt, 없음/0

서로 어울리는 글꼴을 사용합니다. *26pt, 없음/-30*

글꼴 가이드 *20/40pt, 없음/0*

글꼴 가이드 *30/50pt, 없음/-25*

글꼴 가이드 *40/60pt, 없음/-50*

글꼴 가이드 *60pt, 없음/-75*

돋움 *100pt, 없음/0*

한글 글꼴 가이드 *7/13pt, 없음/10*

한글 글꼴 가이드 *8/15pt, 없음/5*

한글 글꼴 가이드 *9/16pt, 없음/0*

한글 글꼴 가이드 *10/18pt, 없음/-10*

한글 글꼴 가이드 *11/20pt, 없음/-25*

한글 글꼴 가이드 *12/22pt, 없음/-50*

한눈에 보이는 무료 글꼴 가이드 *11/20pt, 없음/0, SpoqaHanSans R*

비용을 지불하지 않고도 사용할 수 있는 글꼴을 '무료 글꼴'이라고 부릅니다. 사실은 무료 글꼴이 아니라 《공개 글꼴》이라고 해야 맞습니다. 『공개 글꼴』은 권리자가 설정한 "사용 범위"를 잘 살펴서 사용해야 합니다. 모든 것이 허용되는 진정한 무료 글꼴도 있고, 인쇄용으로는 무료로 사용할 *10/18pt, 없음/0, SpoqaHanSans TH*

한눈에 보이는 무료 글꼴 가이드 *11/20pt, 없음/-10, SpoqaHanSans B*

비용을 지불하지 않고도 사용할 수 있는 글꼴을 '무료 글꼴'이라고 부릅니다. 사실은 무료 글꼴이 아니라 《공개 글꼴》이라고 해야 맞습니다. 『공개 글꼴』은 권리자가 설정한 "사용 범위"를 잘 살펴서 사용해야 합니다. 모든 것이 허용되는 진정한 무료 글꼴도 있고, 인쇄용으로는 무료로 사용할 *10/18pt, 없음/-10, SpoqaHanSans TH*

한눈에 보이는 무료 글꼴 가이드 *11/20pt, 없음/-25, Gothic A1 EB*

비용을 지불하지 않고도 사용할 수 있는 글꼴을 '무료 글꼴'이라고 부릅니다. 사실은 무료 글꼴이 아니라 《공개 글꼴》이라고 해야 맞습니다. 『공개 글꼴』은 권리자가 설정한 "사용 범위"를 잘 살펴서 사용해야 합니다. 모든 것이 허용되는 진정한 무료 글꼴도 있고, 인쇄용으로는 무료로 사용할 수 있지만 *10/18pt, 없음/-25, SpoqaHanSans TH*

한눈에 보이는 무료 글꼴 가이드 *11/20pt, 없음/-50, Gothic A1 BL*

비용을 지불하지 않고도 사용할 수 있는 글꼴을 '무료 글꼴'이라고 부릅니다. 사실은 무료 글꼴이 아니라 《공개 글꼴》이라고 해야 맞습니다. 『공개 글꼴』은 권리자가 설정한 "사용 범위"를 잘 살펴서 사용해야 합니다. 모든 것이 허용되는 진정한 무료 글꼴도 있고, 인쇄용으로는 무료로 사용할 수 있지만 영상에는 *10/18pt, 없음/-50, SpoqaHanSans TH*

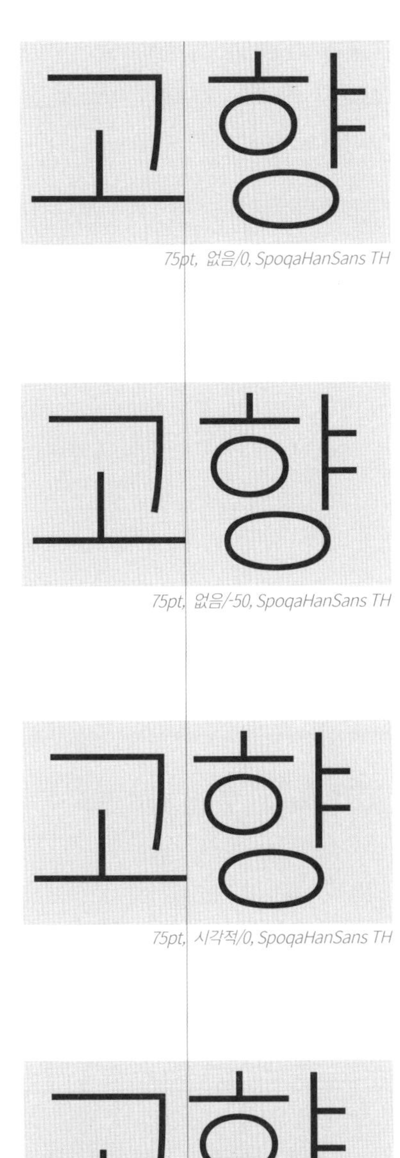

SpoqaHanSans Light *24pt, 없음/0*

돋 돋 돋 돋 *20pt*
TH L R B

덧글은 통신의 예절을 지키면서 표현의 자유를 추구하는 방향으로 씁니다.

가나다라마바사아자차카타파하 괄꽁넋뒷떨립밟빛빵술쏙얹쥔짰척콥틈편훍

ABCDEFGHIJKLMNOPQRSTUVWXYZ abcdefghijklmnopqrstuvwxyz

1234567890 ①⑩⑮ ⑴⑽⒂ Ⅰ Ⅱ Ⅲ Ⅳ Ⅴ Ⅹ ⅰ ⅱ ⅲ ⅳ ⅴ ⅹ

~ ! @ # $ % ^ & * _ / \ | * ( ) [ ] { } < > 〈 〉 《 》 「 」 『 』 【 】 〔 〕 - + × ÷ =

. , ? : ; ' " ' ' " " · ‥ … ™ ¶ § ○□△☆ ●■▲★

13/30pt, 없음/0

서로 어울리는 글꼴을 사용합니다. *26pt, 없음/-30*

글꼴 가이드 *20/40pt, 없음/0*

글꼴 가이드 *30/50pt, 없음/-25*

글꼴 가이드 *40/60pt, 없음/-50*

글꼴 가이드 *60pt, 없음/-75*

돋움 *100pt, 없음/0*

한글 글꼴 가이드	7/13pt, 없음/10
한글 글꼴 가이드	8/15pt, 없음/5
한글 글꼴 가이드	9/16pt, 없음/0
한글 글꼴 가이드	10/18pt, 없음/-10
한글 글꼴 가이드	11/20pt, 없음/-25
한글 글꼴 가이드	12/22pt, 없음/-50

한눈에 보이는 무료 글꼴 가이드 *11/20pt, 없음/0, SpoqaHanSans R*

비용을 지불하지 않고도 사용할 수 있는 글꼴을 '무료 글꼴'이라고 부릅니다. 사실은 무료 글꼴이 아니라 《공개 글꼴》이라고 해야 맞습니다. 『공개 글꼴』은 권리자가 설정한 "사용 범위"를 잘 살펴서 사용해야 합니다. 모든 것이 허용되는 진정한 무료 글꼴도 있고, 인쇄용으로는 무료로 사용할 *10/18pt, 없음/0, SpoqaHanSans L*

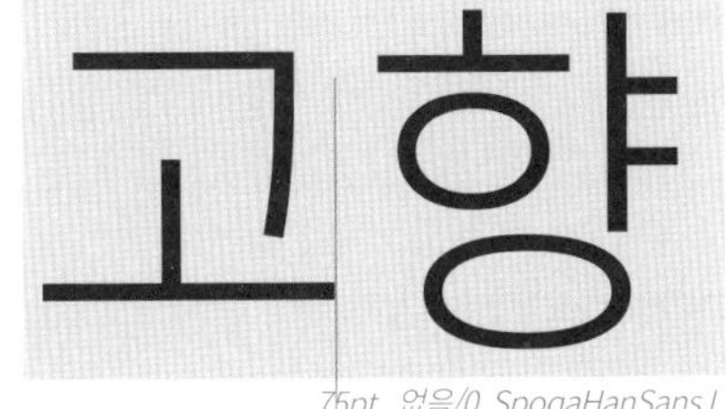

75pt, 없음/0, SpoqaHanSans L

한눈에 보이는 무료 글꼴 가이드 *11/20pt, 없음/-10, SpoqaHanSans B*

비용을 지불하지 않고도 사용할 수 있는 글꼴을 '무료 글꼴'이라고 부릅니다. 사실은 무료 글꼴이 아니라 《공개 글꼴》이라고 해야 맞습니다. 『공개 글꼴』은 권리자가 설정한 "사용 범위"를 잘 살펴서 사용해야 합니다. 모든 것이 허용되는 진정한 무료 글꼴도 있고, 인쇄용으로는 무료로 사용할 *10/18pt, 없음/-10, SpoqaHanSans L*

75pt, 없음/-50, SpoqaHanSans L

한눈에 보이는 무료 글꼴 가이드 *11/20pt, 없음/-25, Gothic A1 EB*

비용을 지불하지 않고도 사용할 수 있는 글꼴을 '무료 글꼴'이라고 부릅니다. 사실은 무료 글꼴이 아니라 《공개 글꼴》이라고 해야 맞습니다. 『공개 글꼴』은 권리자가 설정한 "사용 범위"를 잘 살펴서 사용해야 합니다. 모든 것이 허용되는 진정한 무료 글꼴도 있고, 인쇄용으로는 무료로 사용할 수 있지만 *10/18pt, 없음/-25, SpoqaHanSans L*

75pt, 시각적/0, SpoqaHanSans L

한눈에 보이는 무료 글꼴 가이드 *11/20pt, 없음/-50, Gothic A1 BL*

비용을 지불하지 않고도 사용할 수 있는 글꼴을 '무료 글꼴'이라고 부릅니다. 사실은 무료 글꼴이 아니라 《공개 글꼴》이라고 해야 맞습니다. 『공개 글꼴』은 권리자가 설정한 "사용 범위"를 잘 살펴서 사용해야 합니다. 모든 것이 허용되는 진정한 무료 글꼴도 있고, 인쇄용으로는 무료로 사용할 수 있지만 영상에는 *10/18pt, 없음/-50, SpoqaHanSans L*

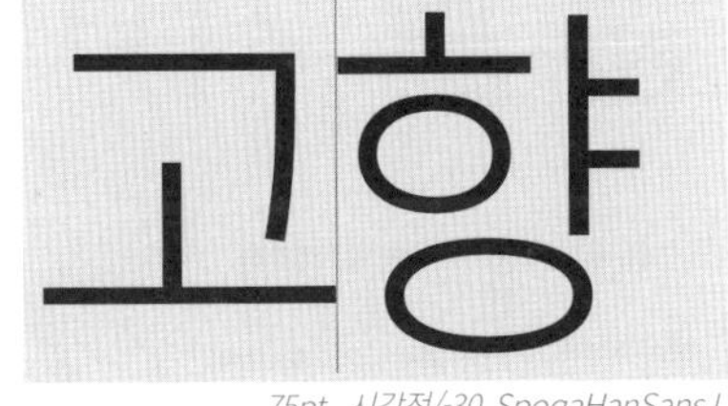

75pt, 시각적/-30, SpoqaHanSans L

SpoqaHanSans Regular 24pt, 없음/0

돋 돋 돋 돋 20pt
TH L R B

덧글은 통신의 예절을 지키면서 표현의 자유를 추구하는 방향으로 씁니다.

가나다라마바사아자차카타파하 괄꽁넋뒷떨립밟빛빵술쏙얹쥔짰척콥틈편흙

ABCDEFGHIJKLMNOPQRSTUVWXYZ abcdefghijklmnopqrstuvwxyz

1234567890 ①⑩⑮ ⑴⑽⒂ Ⅰ Ⅱ Ⅲ Ⅳ Ⅴ Ⅹ ⅰ ⅱ ⅲ ⅳ ⅴ ⅹ

~ ! @ # $ % ^ & * _ / \ | * ( ) [ ] { } < > 〈 〉 《 》 「 」 『 』 【 】 〔 〕 - + × ÷ =

. , ? : ; ' " ' ' " " · ‥ … ™ ¶ § ○□△☆ ●■▲★ ☃

13/30pt, 없음/0

서로 어울리는 글꼴을 사용합니다. 26pt, 없음/-30

글꼴 가이드 20/40pt, 없음/0

글꼴 가이드 30/50pt, 없음/-25

글꼴 가이드 40/60pt, 없음/-50

글꼴 가이드 60pt, 없음/-75

100pt, 없음/0

한글 글꼴 가이드	7/13pt, 없음/10
한글 글꼴 가이드	8/15pt, 없음/5
한글 글꼴 가이드	9/16pt, 없음/0
한글 글꼴 가이드	10/18pt, 없음/-10
한글 글꼴 가이드	11/20pt, 없음/-25
한글 글꼴 가이드	12/22pt, 없음/-50

SpoqaHanSans Bold 24pt, 없음/0

돋 돋 돋 돋 20pt
TH L R B

덧글은 통신의 예절을 지키면서 표현의 자유를 추구하는 방향으로 씁니다.

가나다라마바사아자차카타파하 괄꽁넋뒷떨립밟빛빵숱쏙얹쥔짰척콥틈편흙

ABCDEFGHIJKLMNOPQRSTUVWXYZ abcdefghijklmnopqrstuvwxyz

1234567890 ①⑩⑮ ⑴⑽⒂ Ⅰ Ⅱ Ⅲ Ⅳ Ⅴ Ⅹ ⅰ ⅱ ⅲ ⅳ ⅴ ⅹ

~ ! @ # $ % ^ & * _ / \ | * ( ) [ ] { } < > 〈 〉 《 》 「 」 『 』 【 】 〔 〕 - + × ÷ =

. , ? : ; ' " ' ' " " · ‥ … ™ ¶ § ○□△☆ ●■▲★ ☃ 13/30pt, 없음/0

서로 어울리는 글꼴을 사용합니다. 26pt, 없음/-30

글꼴 가이드 20/40pt, 없음/0

글꼴 가이드 30/50pt, 없음/-25

돋움

100pt, 없음/0

글꼴 가이드 40/60pt, 없음/-50

글꼴 가이드

60pt, 없음/-75

한글 글꼴 가이드 7/13pt, 없음/10

한글 글꼴 가이드 8/15pt, 없음/5

한글 글꼴 가이드 9/16pt, 없음/0

한글 글꼴 가이드 10/18pt, 없음/-10

한글 글꼴 가이드 11/20pt, 없음/-25

한글 글꼴 가이드 12/22pt, 없음/-50

35. 애터미체

20/40pt, 없음/0, 애터미 B

배포: 애터미(주)

취지: 브랜드 아이덴티티 & 홍보

발표: 확인되지 않음

링크: www.atomy.kr/v2/Home/About/FontsInfo

분류: 돋움

굵기: 3단계(Light, Medium, Bold)

특징: 균형 있게 만든 깔끔한 돋움 글꼴. 현대한글 11,172, 로마자 94, 기호 986, 한자 4888자를 지원. 단계별 굵기의 차이가 적절하고 자간도 딱 맞음.

10/18pt, 없음/-30, 애터미 B/M

10/18pt, 메트릭/0, Adobe Garamond Pro St

이미지 마케팅이 중요한 회사가 제대로 만든 아름다운 고딕 글꼴입니다. 포말한 문서에 사용하면 좋을 것 같습니다. 글꼴의 모티브는 백조의 날개 형태라고 합니다. 오른쪽 페이지의 초성 'ㄱ'들이 그렇게 보이기도 합니다.

10/18pt, 없음/-30, 애터미 L

획의 끝은 조금씩 굴림을 두어 너무 딱딱한 분위기가 되지 않도록 배려하였고, 꺽임 돌기를 꼬집은 듯 처리한 것, 완만한 빗침 곡선, 시각적으로 획의 굵기가 가로와 세로 비율이 일정하게 설계한 점 등이 좋아 보입니다.

BI/CI로 사용하는 것을 제외하고는 모든 분야에서 사용할 수 있고, 균형이 잘 잡혀 있으며 한자도 지원되므로 활용도가 높은 돋움 글꼴입니다.

무료 사용 범위			
인쇄: O	영상: O	웹사이트: O	전자책: O
BI/CI: X	제품: O	모바일: O	서버: O
출처 생략: O	재배포: O	수정배포: O	판매: X

10pt, 없음/0, 애터미 B

9pt, 없음/0, 애터미 M/L

라이선스: 위 링크에는 영상매체, 인쇄매체, 웹 등 다양한 매체에 자유롭게 사용이 가능하며, 특별한 허가 절차 없이 사용할 수 있다고 기술되어 있습니다.

8/14pt, 없음/-10, 애터미 M/L

주의: 애터미는 네트워크 마케팅 회사입니다. 기업의 로고 및 반사회적 제작물이나 부정적 이미지로 사용할 수 없다고 합니다. BI/CI로는 사용하지 않는 것이 좋겠습니다.

애터미체

20pt, 없음/-30

Light

글꼴 가이드

Medium

글꼴 가이드

Bold

글꼴 가이드

65/80pt, 없음/0

서로 어울리는 글꼴을 골라서
현명하게 사용해야 합니다!

서로 어울리는 글꼴을 골라서
현명하게 사용해야 합니다!

서로 어울리는 글꼴을 골라서
현명하게 사용해야 합니다!

30/44pt, 없음/0
문단 이후 공백 3mm

애터미 Light *24pt, 없음/0*

돋 돋 돋 *20pt*
L M B

덧글은 통신의 예절을 지키면서 표현의 자유를 추구하는 방향으로 씁니다.

가나다라마바사아자차카타파하 괄꽁넋뒷떨립밟빛빵술쏙얹쥔짰척콥틈편흛

ABCDEFGHIJKLMNOPQRSTUVWXYZ abcdefghijklmnopqrstuvwxyz

1 2 3 4 5 6 7 8 9 0 ①⑩⑮ ⑴⑽⒂ Ⅰ Ⅱ Ⅲ Ⅳ Ⅴ Ⅹ ⅰ ⅱ ⅲ ⅳ ⅴ ⅹ

~ ! @ # $ % ^ & * _ / ₩ | * ( ) [ ] { } < > 〈 〉 《 》 「 」 『 』 【 】 〔 〕 − + × ÷ =

. , ? : ; ' " ‘ ’ “ ” · .. ... ® ™ ¶ § ㎎ ㎏ ㎜ ㎝ ㎞ ㎐ ㏄ ○□△☆ ●■▲★

大韓民國 東西南北 高等學校 無料書體 落花流水 莫逆之友 大器晩成 螢雪之功

13/30pt, 없음/0

글꼴 가이드 *20/40pt, 없음/0*

글꼴 가이드 *30/50pt, 없음/-10*

글꼴 가이드 *40/60pt, 없음/-25*

글꼴 가이드 *60pt, 없음/-50*

돋움 *100pt, 없음/0*

한글 글꼴 가이드 *7/13pt, 없음/10*

한글 글꼴 가이드 *8/15pt, 없음/5*

한글 글꼴 가이드 *9/16pt, 없음/0*

한글 글꼴 가이드 *10/18pt, 없음/-10*

한글 글꼴 가이드 *11/20pt, 없음/-25*

한글 글꼴 가이드 *12/22pt, 없음/-50*

한눈에 보이는 무료 글꼴 가이드

11/20pt, 없음/0, 애터미 M

비용을 지불하지 않고도 사용할 수 있는 글꼴을 '무료 글꼴'이라고 부릅니다. 사실은 무료 글꼴이 아니라 《공개 글꼴》이라고 해야 맞습니다. 『공개 글꼴』은 권리자가 설정한 "사용 범위"를 잘 살펴서 사용해야 합니다. 모든 것이 허용되는 진정한 무료 글꼴도 있고, 인쇄용으로는 무료로 사용할 수 있지만 *10/18pt, 없음/0, 애터미 L*

75pt, 없음/0, 애터미 L

한눈에 보이는 무료 글꼴 가이드

11/20pt, 없음/-10, 애터미 B

비용을 지불하지 않고도 사용할 수 있는 글꼴을 '무료 글꼴'이라고 부릅니다. 사실은 무료 글꼴이 아니라 《공개 글꼴》이라고 해야 맞습니다. 『공개 글꼴』은 권리자가 설정한 "사용 범위"를 잘 살펴서 사용해야 합니다. 모든 것이 허용되는 진정한 무료 글꼴도 있고, 인쇄용으로는 무료로 사용할 수 있지만 영 *10/18pt, 없음/-10, 애터미 L*

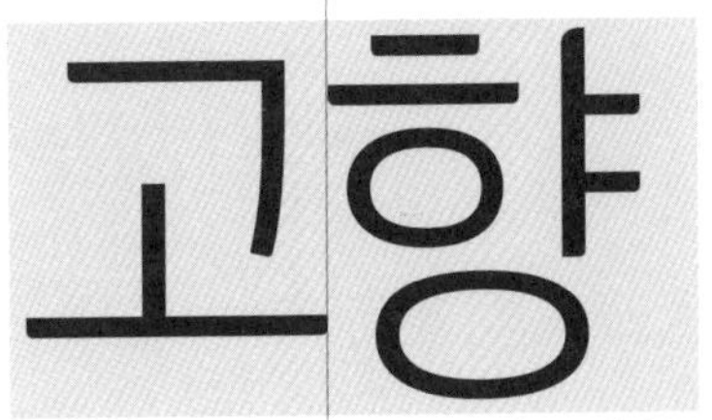

75pt, 없음/-100, 애터미 L

한눈에 보이는 무료 글꼴 가이드

11/20pt, 없음/-25, 나눔바른고딕 B

비용을 지불하지 않고도 사용할 수 있는 글꼴을 '무료 글꼴'이라고 부릅니다. 사실은 무료 글꼴이 아니라 《공개 글꼴》이라고 해야 맞습니다. 『공개 글꼴』은 권리자가 설정한 "사용 범위"를 잘 살펴서 사용해야 합니다. 모든 것이 허용되는 진정한 무료 글꼴도 있고, 인쇄용으로는 무료로 사용할 수 있지만 영상에는 *10/18pt, 없음/-25, 애터미 L*

75pt, 시각적/0, 애터미 L

한눈에 보이는 무료 글꼴 가이드

11/20pt, 없음/-50, 본고딕 H

비용을 지불하지 않고도 사용할 수 있는 글꼴을 '무료 글꼴'이라고 부릅니다. 사실은 무료 글꼴이 아니라 《공개 글꼴》이라고 해야 맞습니다. 『공개 글꼴』은 권리자가 설정한 "사용 범위"를 잘 살펴서 사용해야 합니다. 모든 것이 허용되는 진정한 무료 글꼴도 있고, 인쇄용으로는 무료로 사용할 수 있지만 영상에는 별도로 허락 *10/18pt, 없음/-50, 애터미 L*

75pt, 시각적/-30, 애터미 L

에터미 Medium 24pt, 없음/0

돋 돋 돋 20pt
L M B

덧글은 통신의 예절을 지키면서 표현의 자유를 추구하는 방향으로 씁니다.

가나다라마바사아자차카타파하 괄꽁넋뒷떨립밟빛빵술쏙얹쥔짰척콥틈편흙

ABCDEFGHIJKLMNOPQRSTUVWXYZ abcdefghijklmnopqrstuvwxyz

1 2 3 4 5 6 7 8 9 0 ①⑩⑮ ⑴⑽⒂ Ⅰ Ⅱ ⅢⅣⅤ Ⅹ ⅰ ⅱ ⅲ ⅳ ⅴ ⅹ

~ ! @ # $ % ^ & * _ / ₩ | * ( ) [ ] { } < > 〈 〉 《 》 「 」 『 』 【 】 〔 〕 − + × ÷ =

. , ? : ; ' " ‘ ’ “ ” · ‥ … ® ™ ¶ § ㎎ ㎏ ㎜ ㎝ ㎞ ㎐ ㏄ ○□△☆ ●■▲★

大韓民國 東西南北 高等學校 無料書體 落花流水 莫逆之友 大器晩成 螢雪之功

13/30pt, 없음/0

100pt, 없음/0

글꼴 가이드 20/40pt, 없음/0

글꼴 가이드 30/50pt, 없음/-10

글꼴 가이드 40/60pt, 없음/-25

글꼴 가이드 60pt, 없음/-50

한글 글꼴 가이드 7/13pt, 없음/10

한글 글꼴 가이드 8/15pt, 없음/5

한글 글꼴 가이드 9/16pt, 없음/0

한글 글꼴 가이드 10/18pt, 없음/-10

한글 글꼴 가이드 11/20pt, 없음/-25

한글 글꼴 가이드 12/22pt, 없음/-50

에터미 Bold

24pt, 없음/0

덧글은 통신의 예절을 지키면서 표현의 자유를 추구하는 방향으로 씁니다.

가나다라마바사아자차카타파하 괄꽁넋뒷떨립밟빛빵술쏙얹쥔짧척콥틈편흙

ABCDEFGHIJKLMNOPQRSTUVWXYZ abcdefghijklmnopqrstuvwxyz

1 2 3 4 5 6 7 8 9 0 ①⑩⑮ ⑴⑽⒂ Ⅰ Ⅱ ⅢⅣⅤ Ⅹ ⅰ ⅱ ⅲ ⅳ ⅴ ⅹ

~ ! @ # $ % ^ & * _ / ₩ | * ( ) [ ] { } 〈 〉 < > 《 》 「 」 『 』 【 】 〔 〕 - + × ÷ =

. , ? : ; ' " ‘ ’ “ ” · .. ... ® ™ ¶ § ㎎ ㎏ ㎜ ㎝ ㎞ ㎐ ㏄ ○□△☆ ●■▲★

大韓民國 東西南北 高等學校 無料書體 落花流水 莫逆之友 大器晩成 螢雪之功

13/30pt, 없음/0

돋움

100pt, 없음/0

글꼴 가이드 20/40pt, 없음/0

글꼴 가이드 30/50pt, 없음/-10

글꼴 가이드 40/60pt, 없음/-25

글꼴 가이드 60pt, 없음/-50

한글 글꼴 가이드 7/13pt, 없음/10

한글 글꼴 가이드 8/15pt, 없음/5

한글 글꼴 가이드 9/16pt, 없음/0

한글 글꼴 가이드 10/18pt, 없음/-10

한글 글꼴 가이드 11/20pt, 없음/-25

한글 글꼴 가이드 12/22pt, 없음/-50

36. 에스코어 드림

20/40pt, 없음/0, 에스코어드림 H

배포: 에스코어 10/18pt, 없음/-30, 에스코어드림 B/R

취지: 기업 브랜드 홍보, 문화 가치 공유와 나눔

발표: 확실하지 않음

링크: www.s-core.co.kr/who-we-are/font 10/18pt, 메트릭/0, Adobe Garamond Pro R

분류: 돋움

굵기: 9단계(Thin, ExtraLight, Light, Regular, Medium, Bold, ExtraBold, Heavy, Black)

특징: 공간을 꽉 채우는 개성적인 돋움(고딕) 글꼴. 섬세하게 9단계의 굵기를 사용할 수 있어 유용합니다. 한글 2,350, 로마자 94, KS기호 986, 확장기호 1,280자 지원. 한자는 지원하지 않음.

에스코어 드림은 개성 있는 돋움 글꼴입니다. 자형을 보면 세로로 약간 더 긴 직사각형이 꽉 차도록 디자인한 것이 특징입니다. 에스코어 드림 글꼴을 본문에 사용하면 본문 영역을 균일하게 밀도 높은 공간으로 표현할 수 있습니다. 공간을 너무 꽉 채움으로 인해 생기는 딱딱함은 가로획이 세로획과 만나는 지점을 살짝 위로 올려서 해소하고 있습니다. 10/18pt, 없음/-50, 에스코어드림 L

오른쪽 페이지에서 보듯이 에스코어 드림은 9단계나 되는 굵기를 지원합니다. 하지만 기호 문자들은 글꼴의 굵기에 맞게 변화하는 것도 있지만 그렇지 않은 것들도 보입니다. 특정한 기호만 굵기가 다르게 되면 아주 곤란하므로 미리 확인한 뒤에 사용하기 바랍니다.

무료 사용 범위			
인쇄: O	**영상:** O	**웹사이트:** O	**전자책:** O
BI/CI: O	**제품:** O	**모바일:** O	**서버:** O
출처 생략: O	**재배포:** O	**수정배포:** X	**판매:** X

10pt, 없음/0, 에스코어드림 EB

9pt, 없음/0, 에스코어드림 B/R

라이선스: 어떠한 이유로도 수정하여 배포하거나 판매할 수 없습니다. 저작권 안내 문서를 포함하면 에스코어 드림 글꼴을 다른 소프트웨어에 번들여 배포하거나 판매할 수 있습니다. 8/14pt, 없음/-10, 에스코어드림 B/L

참고: 여기에서 정리한 무료 사용 범위는 배포자의 실제 의사와 일부 다를 수 있으며, 이후 배포자의 의사가 바뀔 수도 있습니다. 따라서 상업적인 목적으로 이용하고자 할 때는 이 페이지 상단의 '링크'를 방문하여 정확한 사용 범위를 다시 한번 확인하기 바랍니다.

Thin
에스코어 드림은 9단계 굵기를 지원!
①▶▷☎☞→±◌♡❀《☆》1cm

ExtraLight
에스코어 드림은 9단계 굵기를 지원!
①▶▷☎☞→±◌♡❀《☆》1cm

Light
에스코어 드림은 9단계 굵기를 지원!
①▶▷☎☞→±◌♡❀《☆》1cm

Regular
에스코어 드림은 9단계 굵기를 지원!
①▶▷☎☞→±◌♡❀《☆》1cm

Medium
에스코어 드림은 9단계 굵기를 지원!
①▶▷☎☞→±◌♡❀《☆》1cm

Bold
에스코어 드림은 9단계 굵기를 지원!
①▶▷☎☞→±◌♡❀《☆》1cm

ExtraBold
에스코어 드림은 9단계 굵기를 지원!
①▶▷☎☞→±◌♡❀《☆》1cm

Heavy
에스코어 드림은 9단계 굵기를 지원!
①▶▷☎☞→±◌♡❀《☆》1cm

Black
에스코어 드림은 9단계 굵기를 지원!
①▶▷☎☞→±◌♡❀《☆》1cm

22/28pt, 없음/0
문단이후공백 3mm

에스코어드림 Thin

20pt, 없음/0

고 고 고 고 고 고 고 고 고 20pt

TH EL L R M B EB H BL

덧글은 통신의 예절을 지키면서 표현의 자유를 추구하는 방향으로 씁니다.

가나다라마바사아자차카타파하 괄꽁넋뒷떨립밟빛빵술쏙없췬짰척콥틈편흙

ABCDEFGHIJKLMNOPQRSTUVWXYZ abcdefghijklmnopqrstuvwxyz

1234567890 ①㉚ ➊⓴ ➊㉖ ⑴㉚ Ⅰ Ⅱ Ⅲ Ⅳ Ⅴ Ⅹ ⅰ ⅱ ⅲ ⅳ ⅴ ⅹ

~ ! @ # $ % ^ & * _ / ₩ | * () [] {} <> 〈〉 《》 「」 『』 【】 〔〕 - + × ÷ =

. , ? : ; ' " ' ' " " · ·· ··· © ® ™ ¶ § mg kg mm cm km Hz cc ○□△☆●■▲★

①⑨ [1][9] [1][20] [1][20] [1][20] [1][20] [1][20] ←←←←←←←← ㊞ ❖ ✣ ❀ ✿ ⚜

13/30pt, 없음/0

글꼴 가이드 20/40pt, 없음/0

글꼴 가이드 30/50pt, 없음/-25

글꼴 가이드 40/60pt, 없음/-50

글꼴 가이드 60pt, 없음/-75

고딕

100pt, 없음/0

한글 글꼴 가이드	7/13pt, 없음/10
한글 글꼴 가이드	8/15pt, 없음/5
한글 글꼴 가이드	9/16pt, 없음/0
한글 글꼴 가이드	10/18pt, 없음/-10
한글 글꼴 가이드	11/20pt, 없음/-25
한글 글꼴 가이드	12/22pt, 없음/-50

에스코어드림 Black

고 고 고 고 고 고 고 고 고 20pt

TH EL L R M B EB H BL

20pt, 없음/0

덧글은 통신의 예절을 지키면서 표현의 자유를 추구하는 방향으로 씁니다.

가나다라마바사아자차카타파하 괄꽁넋뒷떨립밟빛빵술쏙없쥔짠척콥틈편흙

ABCDEFGHIJKLMNOPQRSTUVWXYZ abcdefghijklmnopqrstuvwx

1234567890 ①㉚ ❶⑳ ❶㉖ ⑴⒇ Ⅰ Ⅱ Ⅲ Ⅳ Ⅴ Ⅹ ⅰ ⅱ ⅲ ⅳ ⅴ ⅹ

~ ! @ # $ % ^ & * _ / ₩ | * () [] {} <> 〈〉 《》 「」 『』 【】 〔〕 - + × ÷ =

. , ? : ; ' " ' ' " " . .. ... © ® ™ ¶ § ㎎ ㎏ ㎜ ㎝ ㎞ ㎐ ㏄ ○□△☆●■▲★

①⑨ [1][9] [1][20] [1][20] [1][20] [1][20] [1][20] ←←←←←←←← ㊞ ❖ ✣ ❀ ❀ ⚜

13/30pt, 없음/0

글꼴 가이드 20/40pt, 없음/0

글꼴 가이드 30/50pt, 없음/-25

글꼴 가이드 40/60pt, 없음/-50

글꼴 가이드 60pt, 없음/-100

고딕

100pt, 없음/0

한글 글꼴 가이드 7/13pt, 없음/10

한글 글꼴 가이드 8/15pt, 없음/5

한글 글꼴 가이드 9/16pt, 없음/0

한글 글꼴 가이드 10/18pt, 없음/-10

한글 글꼴 가이드 11/20pt, 없음/-25

한글 글꼴 가이드 12/22pt, 없음/-50

에스코어드림 ExtraLight 고 고 고 고 고 고 고 고 고

20pt

TH EL L R M B EB H BL

20pt, 없음/0

덧글은 통신의 예절을 지키면서 표현의 자유를 추구하는 방향으로 씁니다.

가나다라마바사아자차카타파하 괄꽁넋뒷떨립밟빛빵술쏙얹쥔짰척콥틈편훍

ABCDEFGHIJKLMNOPQRSTUVWXYZ abcdefghijklmnopqrstuvwxyz

1234567890 ①㉚ ❶⓴ ❶㉖ ⑴⒇ Ⅰ Ⅱ Ⅲ Ⅳ Ⅴ Ⅹ ⅰ ⅱ ⅲ ⅳ ⅴ ⅹ

~ ! @ # $ % ^ & * _ / ₩ | * ( ) [ ] { } < > 〈 〉 《 》 「 」 『 』 【 】 〔 〕 - + × ÷ =

. , ? : ; ' " ' ' " " · · · ··· © ® ™ ¶ § mg kg mm cm km Hz cc ○□△☆ ●■▲★

①⑨ [1][9] [1][20] [1][20] [1][20] [1][20] [1][20] [1][20] ← ← ← ← ← ← ← ← ㊞ ❖ ✣ ❀ ✿ ⚜

13/30pt, 없음/0

글꼴 가이드 20/40pt, 없음/0

글꼴 가이드 30/50pt, 없음/-25

글꼴 가이드 40/60pt, 없음/-50

글꼴 가이드 60pt, 없음/-75

고딕

100pt, 없음/0

한글 글꼴 가이드 7/13pt, 없음/10

한글 글꼴 가이드 8/15pt, 없음/5

한글 글꼴 가이드 9/16pt, 없음/0

한글 글꼴 가이드 10/18pt, 없음/-10

한글 글꼴 가이드 11/20pt, 없음/-25

한글 글꼴 가이드 12/22pt, 없음/-50

한눈에 보이는 무료 글꼴 가이드 11/20pt, 없음/0, 에스코어드림 R

비용을 지불하지 않고도 사용할 수 있는 글꼴을 '무료 글꼴' 이라고 부릅니다. 사실은 무료 글꼴이 아니라 《공개 글꼴》이라고 해야 맞습니다. 『공개 글꼴』은 권리자가 설정한 "사용 범위"를 잘 살펴서 사용해야 합니다. 모든 것이 허용되는 진정한 무료 글꼴도 있고, 인쇄용으로는 10/18pt, 없음/0, 에스코어드림 EL

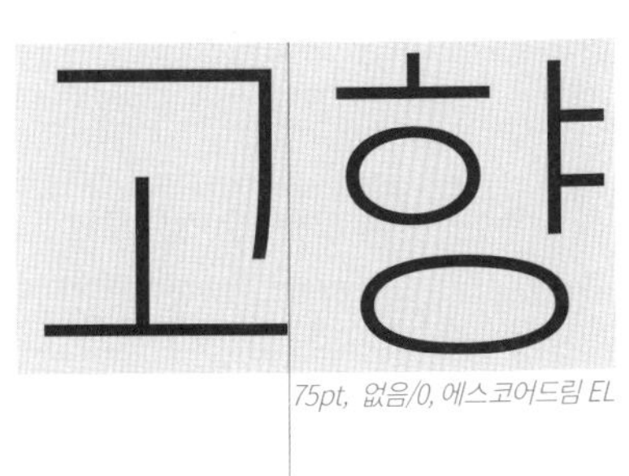
75pt, 없음/0, 에스코어드림 EL

한눈에 보이는 무료 글꼴 가이드 11/20pt, 없음/-10, 에스코어드림 M

비용을 지불하지 않고도 사용할 수 있는 글꼴을 '무료 글꼴' 이라고 부릅니다. 사실은 무료 글꼴이 아니라 《공개 글꼴》이라고 해야 맞습니다. 『공개 글꼴』은 권리자가 설정한 "사용 범위"를 잘 살펴서 사용해야 합니다. 모든 것이 허용되는 진정한 무료 글꼴도 있고, 인쇄용으로는 10/18pt, 없음/-10, 에스코어드림 EL

75pt, 없음/-50, 에스코어드림 EL

한눈에 보이는 무료 글꼴 가이드 11/20pt, 없음/-25, 에스코어드림 B

비용을 지불하지 않고도 사용할 수 있는 글꼴을 '무료 글꼴'이라고 부릅니다. 사실은 무료 글꼴이 아니라 《공개 글꼴》이라고 해야 맞습니다. 『공개 글꼴』은 권리자가 설정한 "사용 범위"를 잘 살펴서 사용해야 합니다. 모든 것이 허용되는 진정한 무료 글꼴도 있고, 인쇄용으로는 무료로 10/18pt, 없음/-25, 에스코어드림 EL

75pt, 시각적/0, 에스코어드림 EL

한눈에 보이는 무료 글꼴 가이드 11/20pt, 없음/-50, 에스코어드림 EB

비용을 지불하지 않고도 사용할 수 있는 글꼴을 '무료 글꼴'이라고 부릅니다. 사실은 무료 글꼴이 아니라 《공개 글꼴》이라고 해야 맞습니다. 『공개 글꼴』은 권리자가 설정한 "사용 범위"를 잘 살펴서 사용해야 합니다. 모든 것이 허용되는 진정한 무료 글꼴도 있고, 인쇄용으로는 무료로 사용할 수 10/18pt, 없음/-50, 에스코어드림 EL

75pt, 시각적/-30, 에스코어드림 EL

에스코어드림 Light

20pt, 없음/0

고 고 고 고 고 고 고 고 고 20pt
TH EL L R M B EB H BL

덧글은 통신의 예절을 지키면서 표현의 자유를 추구하는 방향으로 씁니다.

가나다라마바사아자차카타파하 괄꽁넋뒷떨립밟빛빵술쏙얹쥔짰척콥틈편흙

ABCDEFGHIJKLMNOPQRSTUVWXYZ abcdefghijklmnopqrstuvwxyz

1234567890 ①㉚ ❶⓴ ❶㉖ ⑴㉚ Ⅰ Ⅱ Ⅲ Ⅳ Ⅴ Ⅹ ⅰ ⅱ ⅲ ⅳ ⅴ ⅹ

~ ! @ # $ % ^ & * _ / ₩ | * ( ) [ ] { } < > 〈 〉 《 》 「 」 『 』 【 】 〔 〕 - + × ÷ =

. , ? : ; ' " ' ' " " · · · … © ® ™ ¶ § mg kg mm cm km Hz cc ○□△☆ ●■▲★

①⑨ 1 9 1 20 1 20 1 20 1 20 1 20 ← ← ← ← ← ← ← ← [印] ❖ ✣ ❀ ✿ ⚜

13/30pt, 없음/0

고딕

100pt, 없음/0

글꼴 가이드 20/40pt, 없음/0

글꼴 가이드 30/50pt, 없음/-25

글꼴 가이드 40/60pt, 없음/-50

글꼴 가이드 60pt, 없음/-75

한글 글꼴 가이드 7/13pt, 없음/10

한글 글꼴 가이드 8/15pt, 없음/5

한글 글꼴 가이드 9/16pt, 없음/0

한글 글꼴 가이드 10/18pt, 없음/-10

한글 글꼴 가이드 11/20pt, 없음/-25

한글 글꼴 가이드 12/22pt, 없음/-50

한눈에 보이는 무료 글꼴 가이드 *11/20pt, 없음/0, 에스코어드림 M*

비용을 지불하지 않고도 사용할 수 있는 글꼴을 '무료 글꼴' 이라고 부릅니다. 사실은 무료 글꼴이 아니라 《공개 글꼴》이라고 해야 맞습니다. 『공개 글꼴』은 권리자가 설정한 "사용 범위"를 잘 살펴서 사용해야 합니다. 모든 것이 허용되는 진정한 무료 글꼴도 있고, 인쇄용으로는 *10/18pt, 없음/0, 에스코어드림 L*

75pt, 없음/0, 에스코어드림 L

한눈에 보이는 무료 글꼴 가이드 *11/20pt, 없음/-10, 에스코어드림 B*

비용을 지불하지 않고도 사용할 수 있는 글꼴을 '무료 글꼴' 이라고 부릅니다. 사실은 무료 글꼴이 아니라 《공개 글꼴》이라고 해야 맞습니다. 『공개 글꼴』은 권리자가 설정한 "사용 범위"를 잘 살펴서 사용해야 합니다. 모든 것이 허용되는 진정한 무료 글꼴도 있고, 인쇄용으로는 *10/18pt, 없음/-10, 에스코어드림 L*

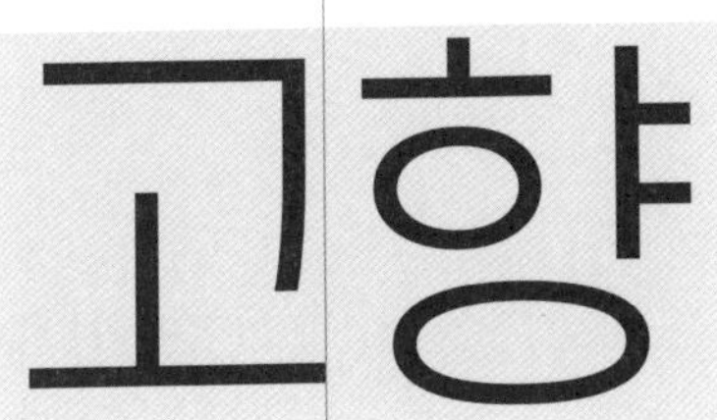

75pt, 없음/-50, 에스코어드림 L

한눈에 보이는 무료 글꼴 가이드 *11/20pt, 없음/-25, 에스코어드림 EB*

비용을 지불하지 않고도 사용할 수 있는 글꼴을 '무료 글꼴'이라고 부릅니다. 사실은 무료 글꼴이 아니라 《공개 글꼴》이라고 해야 맞습니다. 『공개 글꼴』은 권리자가 설정한 "사용 범위"를 잘 살펴서 사용해야 합니다. 모든 것이 허용되는 진정한 무료 글꼴도 있고, 인쇄용으로는 무료로 *10/18pt, 없음/-25, 에스코어드림 L*

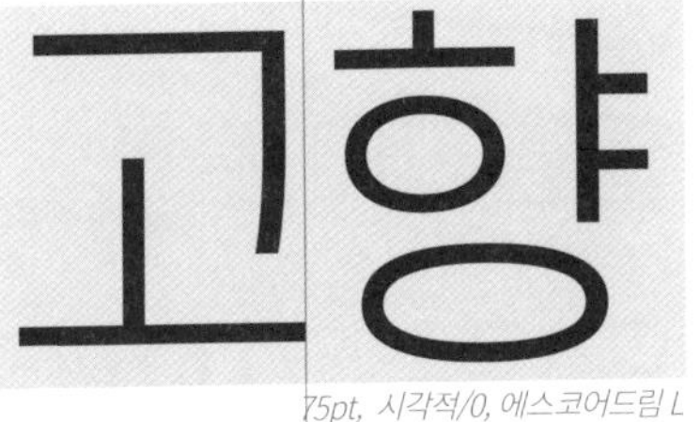

75pt, 시각적/0, 에스코어드림 L

한눈에 보이는 무료 글꼴 가이드 *11/20pt, 없음/-50, 에스코어드림 H*

비용을 지불하지 않고도 사용할 수 있는 글꼴을 '무료 글꼴'이라고 부릅니다. 사실은 무료 글꼴이 아니라 《공개 글꼴》이라고 해야 맞습니다. 『공개 글꼴』은 권리자가 설정한 "사용 범위"를 잘 살펴서 사용해야 합니다. 모든 것이 허용되는 진정한 무료 글꼴도 있고, 인쇄용으로는 무료로 사용할 수 *10/18pt, 없음/-50, 에스코어드림 L*

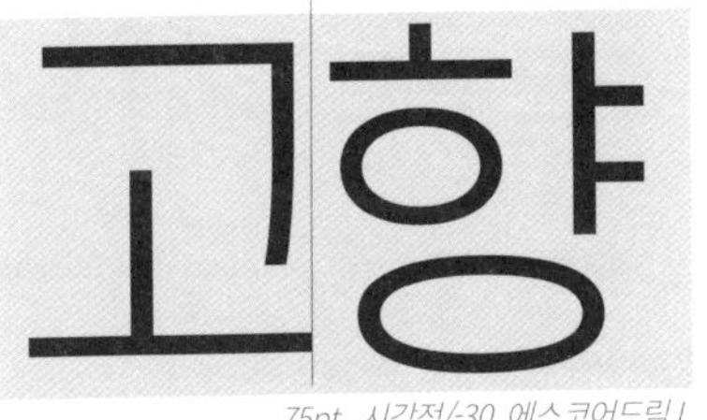

75pt, 시각적/-30, 에스코어드림 L

에스코어드림 Regular

20pt, 없음/0

고	고	고	고	고	고	고	고	고
TH	EL	L	R	M	B	EB	H	BL

20pt

덧글은 통신의 예절을 지키면서 표현의 자유를 추구하는 방향으로 씁니다.

가나다라마바사아자차카타파하 괄꽁넋뒷떨립밟빛빵술쏙얹쥔짰척콥틈편흙

ABCDEFGHIJKLMNOPQRSTUVWXYZ abcdefghijklmnopqrstuvwxyz

1234567890 ①㉚ ❶⑳ ❶㉖ ⑴⒇ Ⅰ Ⅱ Ⅲ Ⅳ Ⅴ Ⅹ ⅰ ⅱ ⅲ ⅳ ⅴ ⅹ

~ ! @ # $ % ^ & * _ / ₩ | * ( ) [ ] { } < > 〈 〉 《 》 「 」 『 』 【 】 〔 〕 - + × ÷ =

. , ? : ; ' " ' ' " " · ·· ··· © ® ™ ¶ § mg kg mm cm km Hz cc ○□△☆ ●■▲★

①⑨ 1 9 1 20 1 20 1 20 1 20 1 20 ←←←←←←←← ㊞ ❖ ✣ ❀ ✿ ⚜

13/30pt, 없음/0

글꼴 가이드 20/40pt, 없음/0

글꼴 가이드 30/50pt, 없음/-25

글꼴 가이드 40/60pt, 없음/-50

글꼴 가이드 60pt, 없음/-75

고딕 100pt, 없음/0

한글 글꼴 가이드 7/13pt, 없음/10

한글 글꼴 가이드 8/15pt, 없음/5

한글 글꼴 가이드 9/16pt, 없음/0

한글 글꼴 가이드 10/18pt, 없음/-10

한글 글꼴 가이드 11/20pt, 없음/-25

한글 글꼴 가이드 12/22pt, 없음/-50

한눈에 보이는 무료 글꼴 가이드 *11/20pt, 없음/0, 에스코어드림 M*

비용을 지불하지 않고도 사용할 수 있는 글꼴을 '무료 글꼴' 이라고 부릅니다. 사실은 무료 글꼴이 아니라 《공개 글꼴》이라고 해야 맞습니다. 『공개 글꼴』은 권리자가 설정한 "사용 범위"를 잘 살펴서 사용해야 합니다. 모든 것이 허용되는 진정한 무료 글꼴도 있고, 인쇄용으로는 *10/18pt, 없음/0, 에스코어드림 R*

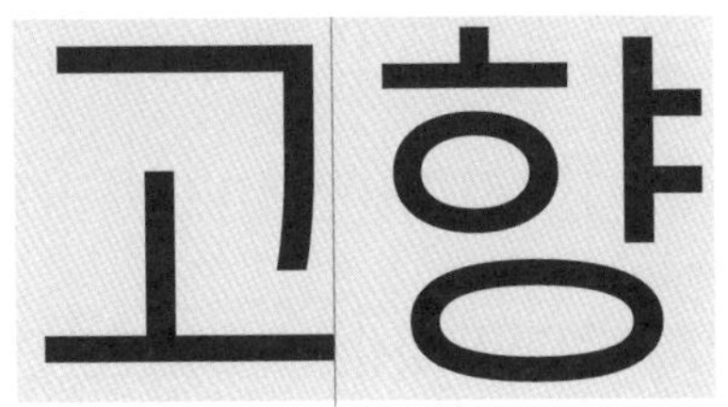

75pt, 없음/0, 에스코어드림 R

한눈에 보이는 무료 글꼴 가이드 *11/20pt, 없음/-10, 에스코어드림 B*

비용을 지불하지 않고도 사용할 수 있는 글꼴을 '무료 글꼴' 이라고 부릅니다. 사실은 무료 글꼴이 아니라 《공개 글꼴》이라고 해야 맞습니다. 『공개 글꼴』은 권리자가 설정한 "사용 범위"를 잘 살펴서 사용해야 합니다. 모든 것이 허용되는 진정한 무료 글꼴도 있고, 인쇄용으로는 *10/18pt, 없음/-10, 에스코어드림 R*

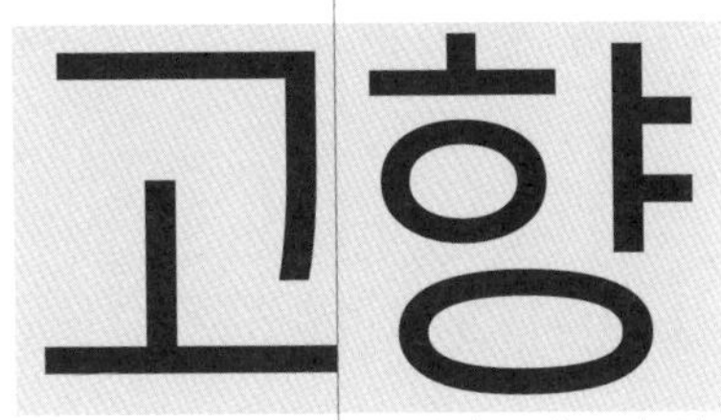

75pt, 없음/-50, 에스코어드림 R

한눈에 보이는 무료 글꼴 가이드 *11/20pt, 없음/-25, 에스코어드림 EB*

비용을 지불하지 않고도 사용할 수 있는 글꼴을 '무료 글꼴'이라고 부릅니다. 사실은 무료 글꼴이 아니라 《공개 글꼴》이라고 해야 맞습니다. 『공개 글꼴』은 권리자가 설정한 "사용 범위"를 잘 살펴서 사용해야 합니다. 모든 것이 허용되는 진정한 무료 글꼴도 있고, 인쇄용으로는 무료로 *10/18pt, 없음/-25, 에스코어드림 R*

75pt, 시각적/0, 에스코어드림 R

한눈에 보이는 무료 글꼴 가이드 *11/20pt, 없음/-50, 에스코어드림 H*

비용을 지불하지 않고도 사용할 수 있는 글꼴을 '무료 글꼴'이라고 부릅니다. 사실은 무료 글꼴이 아니라 《공개 글꼴》이라고 해야 맞습니다. 『공개 글꼴』은 권리자가 설정한 "사용 범위"를 잘 살펴서 사용해야 합니다. 모든 것이 허용되는 진정한 무료 글꼴도 있고, 인쇄용으로는 무료로 사용할 수 *10/18pt, 없음/-50, 에스코어드림 R*

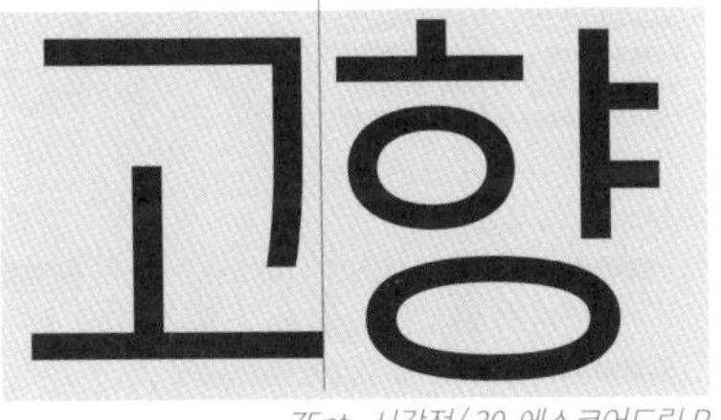

75pt, 시각적/-30, 에스코어드림 R

에스코어드림 Medium

고 고 고 고 고 고 고 고 고 20pt
TH EL L R M B EB H BL

20pt, 없음/0

덧글은 통신의 예절을 지키면서 표현의 자유를 추구하는 방향으로 씁니다.

가나다라마바사아자차카타파하 괄꽁넋뒷떨립밟빛빵술쏙얹쥔짰척콥틈편훍

ABCDEFGHIJKLMNOPQRSTUVWXYZ abcdefghijklmnopqrstuvwxyz

1234567890 ①㉚ ➊⓴ ➊㉖ ⑴㈃ Ⅰ Ⅱ Ⅲ Ⅳ Ⅴ Ⅹ ⅰ ⅱ ⅲ ⅳ ⅴ ⅹ

~ ! @ # $ % ^ & * _ / ₩ | * ( ) [ ] { } < > 〈 〉 《 》 「 」 『 』 【 】 〔 〕 -+×÷=

. , ? : ; ' " ' ' " " · ‥ … © ® ™ ¶ § ㎎ ㎏ ㎜ ㎝ ㎞ ㎐ ㏄ ○□△☆ ●■▲★

①⑨ 1 9 1 20 1 20 1 20 1 20 1 20 ←←←←←←←← ㊞ ❖ ✣ ❀ ✿ ⚜

13/30pt, 없음/0

글꼴 가이드 20/40pt, 없음/0

글꼴 가이드 30/50pt, 없음/-25

글꼴 가이드 40/60pt, 없음/-50

글꼴 가이드 60pt, 없음/-75

고딕 100pt, 없음/0

한글 글꼴 가이드 7/13pt, 없음/10
한글 글꼴 가이드 8/15pt, 없음/5
한글 글꼴 가이드 9/16pt, 없음/0
한글 글꼴 가이드 10/18pt, 없음/-10
한글 글꼴 가이드 11/20pt, 없음/-25
한글 글꼴 가이드 12/22pt, 없음/-50

에스코어드림 Bold

고 고 고 고 고 고 고 고 고 20pt

TH EL L R M B EB H BL

20pt, 없음/0

덧글은 통신의 예절을 지키면서 표현의 자유를 추구하는 방향으로 씁니다.

가나다라마바사아자차카타파하 괄꽁넋뒷떨립밟빛빵술쏙얹쥔짰척콥틈편흙

ABCDEFGHIJKLMNOPQRSTUVWXYZ abcdefghijklmnopqrstuvwxyz

1234567890 ①㉚ ❶⓴ ❶㉖ ⑴(30) Ⅰ Ⅱ Ⅲ Ⅳ Ⅴ Ⅹ ⅰ ⅱ ⅲ ⅳ ⅴ ⅹ

~ ! @ # $ % ^ & * _ / ₩ | * ( ) [ ] { } < > 〈 〉 《 》 「 」 『 』 【 】 〔 〕 -+×÷=

. , ? : ; ' " ' ' " " · ·· ··· © ® ™ ¶ § ㎎ ㎏ ㎜ ㎝ ㎞ ㎐ ㏄ ○□△☆ ●■▲★

①⑨ [1][9] [1][20] [1][20] [1][20] [1][20] [1][20] ←←←←←←←← ㊞ ❖ ✣ ❀ ✿ ⚜

13/30pt, 없음/0

글꼴 가이드 20/40pt, 없음/0

글꼴 가이드 30/50pt, 없음/-25

글꼴 가이드 40/60pt, 없음/-50

글꼴 가이드 60pt, 없음/-75

고딕 100pt, 없음/0

한글 글꼴 가이드 7/13pt, 없음/10

한글 글꼴 가이드 8/15pt, 없음/5

한글 글꼴 가이드 9/16pt, 없음/0

한글 글꼴 가이드 10/18pt, 없음/-10

한글 글꼴 가이드 11/20pt, 없음/-25

한글 글꼴 가이드 12/22pt, 없음/-50

에스코어드림 ExtraBold

고 고 고 고 고 고 고 고 고 20pt

TH EL L R M B EB H BL

20pt, 없음/0

덧글은 통신의 예절을 지키면서 표현의 자유를 추구하는 방향으로 씁니다.

가나다라마바사아자차카타파하 괄꽁넋뒷떨립밟빛빵술쏙얹쥔짰척콥틈편흙

ABCDEFGHIJKLMNOPQRSTUVWXYZ abcdefghijklmnopqrstuvwxyz

1234567890 ①㉚ ❶⓴ ❶㉖ ⑴⒇ Ⅰ Ⅱ Ⅲ Ⅳ Ⅴ Ⅹ ⅰ ⅱ ⅲ ⅳ ⅴ ⅹ

~ ! @ # $ % ^ & * _ / ₩ | * ( ) [ ] { } < > 〈 〉 《 》 「 」 『 』 【 】 〔 〕 -+×÷=

. , ? : ; ' " ' ' " " · ·· ··· © ® ™ ¶ § ㎎ ㎏ ㎜ ㎝ ㎞ ㎐ ㏄ ○□△☆ ●■▲★

①⑨ [1][9] [1][20] [1][20] [1][20] [1][20] [1][20] ← ← ← ← ← ← ← [印] ❖ ✣ ❀ ✿ ⚜

13/30pt, 없음/0

글꼴 가이드 20/40pt, 없음/0

글꼴 가이드 30/50pt, 없음/-25

글꼴 가이드 40/60pt, 없음/-50

글꼴 가이드 60pt, 없음/-75

고딕 100pt, 없음/0

한글 글꼴 가이드 7/13pt, 없음/10

한글 글꼴 가이드 8/15pt, 없음/5

한글 글꼴 가이드 9/16pt, 없음/0

한글 글꼴 가이드 10/18pt, 없음/-10

한글 글꼴 가이드 11/20pt, 없음/-25

한글 글꼴 가이드 12/22pt, 없음/-50

에스코어드림 Heavy

고 고 고 고 고 고 고 고 고 20pt
TH EL L R M B EB H BL

20pt, 없음/0

덧글은 통신의 예절을 지키면서 표현의 자유를 추구하는 방향으로 씁니다.

가나다라마바사아자차카타파하 괄꽁넋뒷떨립밟빛빵술쏙얹쥔짰첰콥틈편훑

ABCDEFGHIJKLMNOPQRSTUVWXYZ abcdefghijklmnopqrstuvwxy

1234567890 ①㉚ ❶⑳ ❶㉖ ⑴㉚ Ⅰ Ⅱ Ⅲ Ⅳ Ⅴ Ⅹ ⅰ ⅱ ⅲ ⅳ ⅴ ⅹ

~ ! @ # $ % ^ & * _ / ₩ | * ( ) [ ] { } < > 〈 〉 《 》 「 」 『 』 【 】 〔 〕 -+×÷=

. , ? : ; ' " ' ' " " · ·· ··· © ® ™ ¶ § ㎎ ㎏ ㎜ ㎝ ㎞ ㎐ ㏄ ○□△☆ ●■▲★

①⑨ 1 9 1 20 1 20 1 20 1 20 1 20 1 20 ←←←←←←←← ㊞ ❖ ✣ ❀ ❁ ⚜

13/30pt, 없음/0

글꼴 가이드 20/40pt, 없음/0

글꼴 가이드 30/50pt, 없음/-25

글꼴 가이드 40/60pt, 없음/-50

글꼴 가이드 60pt, 없음/-75

고딕 100pt, 없음/0

한글 글꼴 가이드 7/13pt, 없음/10
한글 글꼴 가이드 8/15pt, 없음/5
한글 글꼴 가이드 9/16pt, 없음/0
한글 글꼴 가이드 10/18pt, 없음/-10
한글 글꼴 가이드 11/20pt, 없음/-25
한글 글꼴 가이드 12/22pt, 없음/-50

37. 여기어때 잘난체

20/40pt, 없음/0, 여기어때 잘난체

배포: ㈜위드이노베이션
취지: 브랜드 아이덴티티 & 홍보
발표: 2018년
링크: www.goodchoice.kr/font
분류: 돋움
굵기: 1단계
특징: 개성 있는 두꺼운 돋움 글꼴. KS완성형 한글 2,350자를 지원하며, 한자는 지원하지 않음. 10개의 딩벳 글꼴 포함하여 다양한 기호 문자 제공.

10/18pt, 없음/-30, 여기어때 잘난체
10/18pt, 메트릭/0, Verdana B

여기어때 브랜드의 BI 특성을 모티브로 하여 만든 브랜드 글꼴입니다. 두꺼운 세로 획의 시작 부분은 둥글게 하고, 맺음 부분은 직각으로 끊어 두툼하면서도 부드러운 느낌을 전달합니다. 한자를 지원하지 않고 한글 문자도 기본만 지원하지만, 다양한 기호 문자들을 지원합니다. 하지만 상당수 기호 문자들은 굵기가 두껍지 않습니다.

10/18pt, 없음/-30, 나눔바른고딕 R

잘난체는 획을 풍선처럼 부풀려서 두껍게 했기 때문에 다른 글꼴에 비해 훨씬 더 크게 보입니다. 하지만 아래쪽을 제외하고는 사방이 둥글어서 장난스럽고 여유가 느껴집니다. 엄격하고 진지한 느낌을 원하는 것이 아니라면 여기어때 글꼴이 어울릴 수 있습니다.

잘난체	몬소리	검은고딕	본고딕
36pt, 없음/-30, 여기어때 잘난체	36pt, 없음/-30, Tmon몬소리	36pt, 없음/-30, 검은고딕	36pt, 없음/-30, 본고딕 H

무료 사용 범위

10pt, 없음/0, 여기어때 잘난체

인쇄: O	**영상:** O	**웹사이트:** O	**전자책:** O
BI/CI: O	**제품:** △	**모바일:** O	**서버:** O
출처 생략: O	**재배포:** O	**수정배포:** X	**판매:** X

9pt, 없음/0, 여기어때 잘난체/나눔바른고딕 R

주의: 여기어때 잘난체를 제품에 사용할 때는 수정하지 않은 원래의 글꼴을 그대로 사용해야 하며, 여기어때 잘난체의 라이선스 혹은 출처 표기를 반드시 해야 합니다. 다른 소프트웨어에 임베딩 또는 번들하여 판매하거나 재배포하려면 저작권 안내와 라이선스 전문을 포함해야 합니다.

8/14pt, 없음/-10, 여기어때 잘난체/나눔바른고딕 R

참고: 여기에서 정리한 무료 사용 범위는 배포자의 실제 의사와 일부 다를 수 있으며, 이후 배포자의 의사가 바뀔 수도 있습니다. 따라서 상업적인 목적으로 이용하고자 할 때는 이 페이지 상단의 '링크'를 방문하여 정확한 사용 범위를 다시 한번 확인하기 바랍니다.

여기어때 잘난체 24pt, 없음/0

덧글은 통신의 예절을 지키면서 표현의 자유를 추구하는 방향으로 씁니다.

가나다라마바사아자차카타파하 괄꽁넋뒷떨립밟빛빵술쏙엾쥔짰척콥틈편

ABCDEFGHIJKLMNOPQRSTUVWXYZ abcdefghijklmnopqrstuv

1234567890 ①⑮⑯㉚ ❶㉚ ❶⑳ ❶⑳ (1)(15)(16)(30) Ⅰ Ⅱ Ⅲ Ⅳ Ⅴ Ⅹ ⅰ ⅱ ⅲ ⅳ ⅴ

~ ! @ # $ % ^ & * _ / ₩ | * ( ) [ ] { } < > 〈 〉 《 》 「 」 『 』 【 】 〔 〕 - + × ÷ =

. , ? : ; ' " ' ' " " · … … © ™ ¶ § mg kg mm cm km Hz cc ○□△☆ ●■▲★

①⑨ 1 9 1 20 1 20 1 20 1 20 1 20 ←←←←←←←◘◘ ㊞❖✣❀✿⚜

13/30pt, 없음/0

글꼴 가이드 20/40pt, 없음/0

글꼴 가이드 30/50pt, 없음/-25

글꼴 가이드 40/60pt, 없음/-50

글꼴 가이드 60pt, 없음/-75

고딕 100pt, 없음/0

한글 글꼴 가이드 7/13pt, 없음/10

한글 글꼴 가이드 8/15pt, 없음/5

한글 글꼴 가이드 9/16pt, 없음/0

한글 글꼴 가이드 10/18pt, 없음/-10

한글 글꼴 가이드 11/20pt, 없음/-25

한글 글꼴 가이드 12/22pt, 없음/-50

38. 영남일보체

26/40pt, 없음/0, 영남일보체 R

배포: 영남일보 *10/18pt, 없음/0, 애터미 M/L*

취지: 브랜드 아이덴티티 & 홍보

발표: 2018년

링크: www.yeongnam.com/ad/yn_f/영남일보체.zip *10/18pt, 메트릭/0, Adobe Garamond Pro R*

분류: 필기

굵기: 1단계

특징: 개성 있는 필기체 글꼴. KS완성형 한글 2,350자를 지원하며, 한자는 지원하지 않음. 멋지게 흘려쓴 필기체이지만 가독성은 낮음.

영남일보체처럼 붓으로 멋지게 흘려쓴 필기체 글꼴은 흔하지 않으므로 내려받아 사용할 준비를 해두는 것이 좋습니다. 예를 들어, 약간만 수고하면 아래와 같은 캘리그래피 효과를 얻을 수 있습니다. *13/18pt, 없음/-25, 애터미 L*

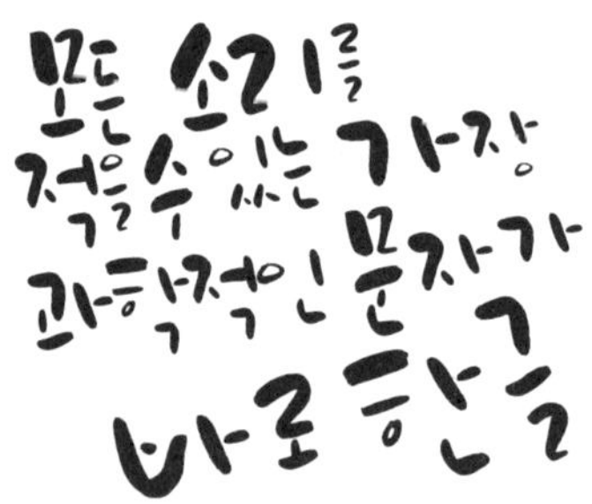

무료 사용 범위			
인쇄: O	**영상:** O	**웹사이트:** O	**전자책:** O
BI/CI: O	**제품:** O	**모바일:** O	**서버:** O
출처 생략: O	**재배포:** O	**수정배포:** X	**판매:** X

14pt, 없음/0, 영남일보체 R

9pt, 없음/0, 애터미 M/L

라이선스: 영남일보와 다온폰트 모두 저작권과 무료 사용 범위를 알려주는 내용을 자세히 게시하지 않고 있습니다. 그래서 위의 사용 범위 내용은 추정입니다. 글꼴 파일을 임베딩하거나 번들하지 않는다면 문제는 없을 것입니다. *8/14pt, 없음/0, 애터미 M/L*

참고: 여기에서 정리한 무료 사용 범위는 배포자의 실제 의사와 일부 다를 수 있으며, 이후 배포자의 의사가 바뀔 수도 있습니다. 따라서 상업적인 목적으로 이용하고자 할 때는 이 페이지 상단의 '링크'를 방문하여 정확한 사용 범위를 다시 한번 확인하기 바랍니다.

영남일보체 Regular

30pt, 없음/0

덧글은 통신의 예절을 지키면서 표현의 자유를 추구하는 방향으로 씁니다.

가나다라마바사아자차카타파하 곽꼼냙둿떻깁뱕빛빵숲쑥엌쥔짰첰콥틂폍흙

ABCDEFGHIJKLMNOPQRSTUVWXYZ abcdefghijklmnopqrstuvwxy

1234567890 ~!@#$%^&*_/₩|*()[]{}〈〉-+=.,?:;''""

14/24pt, 없음/0

서로 어울리는 글꼴을 잘 골라서

지혜롭게 사용하는 것이 중요합니다.

26/42pt, 없음/0

글꼴 가이드

20/40pt, 없음/0

글꼴 가이드

30/50pt, 없음/-25

글꼴 가이드

40/60pt, 없음/-50

글꼴 가이드

60pt, 없음/-75

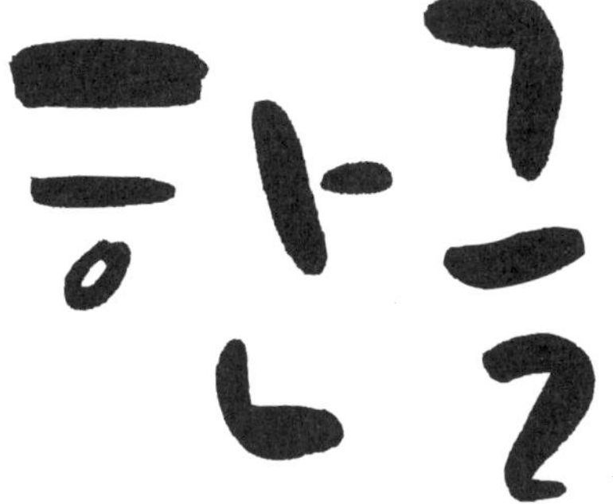

100pt, 없음/0

한글 글꼴 가이드 7/13pt, 없음/10

한글 글꼴 가이드 8/15pt, 없음/5

한글 글꼴 가이드 9/16pt, 없음/0

한글 글꼴 가이드 10/18pt, 없음/-10

한글 글꼴 가이드 11/20pt, 없음/-25

한글 글꼴 가이드 12/22pt, 없음/-50

39. 윈디라벤더체

26/40pt, 없음/0, Windy Lavender

배포: Lim Min Jung(BORA)

10/18pt, 없음/0, 고양덕양 B/고양일산 R

취지: 글꼴 공유

발표: 2018년

링크: blog.naver.com/purpleflamingo/221255112022

10/18pt, 메트릭/0, Adobe Garamond Pro R

분류: 필기

굵기: 1단계

특징: 타입 디자이너가 아닌 일반인이 만든 필기체 글꼴. 부족한 점이 있으나 개성이 넘치는 매력적인 글꼴. KS완성형 한글 2,350자를 지원.

블로그의 글을 읽어보면 윈디라벤더체를 만들게 된 계기와 과정이 간단하게 적혀 있습니다. 자작 글꼴에 윈디라벤더라는 이름을 붙이게 된 이야기도, 글꼴을 공개한 이후에 상품 제작에 윈디라벤더체를 사용한 제주도인이 상품을 보내온 사연도 있습니다. 윈디라벤더체를 이 책에서 소개하고 있는 이유는 아름답기 때문입니다.

10/18pt, 없음/0, 고양일산 L

윈디라벤더체는 긴 글에 적용하면 가독성이 많이 낮아집니다. 따라서 본문보다는 짧은 단어나 문장에 적합합니다.

라벤더
Lavener

라벤더
Lavender

무료 사용 범위

16pt, 없음/0, Windy Lavender

인쇄: O	**영상:** O	**웹사이트:** O	**전자책:** O
BI/CI: O	**제품:** O	**모바일:** O	**서버:** O
출처 생략: O	**재배포:** O	**수정배포:** X	**판매:** X

9pt, 없음/0, 고양덕양 B/고양일산 R

라이선스: 윈디라벤더체 제작자는 글꼴의 유료 판매, 그리고 글꼴에서 문자를 추출하여 다른 글꼴을 제작하는 것을 금지하고 있습니다. 글꼴 파일 그대로의 배포는 허락했으므로 임베딩과 번들을 허락한 것으로 볼 수 있습니다.

8/14pt, 없음/0, 고양덕양 B/고양일산 L

참고: 여기에서 정리한 무료 사용 범위는 배포자의 실제 의사와 일부 다를 수 있으며, 이후 배포자의 의사가 바뀔 수도 있습니다. 따라서 상업적인 목적으로 이용하고자 할 때는 이 페이지 상단의 '링크'를 방문하여 정확한 사용 범위를 다시 한번 확인하기 바랍니다.

Windy Lavender Basic

24pt, 없음/0

덧글은 통신의 예절을 지키면서 표현의 자유를 추구하는 방향으로 씁니다.

가나다라마바사아자차카타파하 괄꽁넋뒷떨렵밟빛빵술쏙얹줜짰첩곱틈편흙

ABCDEFGHIJKLMNOPQRSTUVWXYZ abcdefghijklmnopqrstuvwxyz

1234567890 ~!@#$%^&*_/₩|* () [] {} <> - + = . , ? : ; ' ' " "

15/30pt, 없음/0

서로 어울리는 글꼴을 잘 골라서
지혜롭게 사용하는 것이 중요합니다.

28/40pt, 없음/0

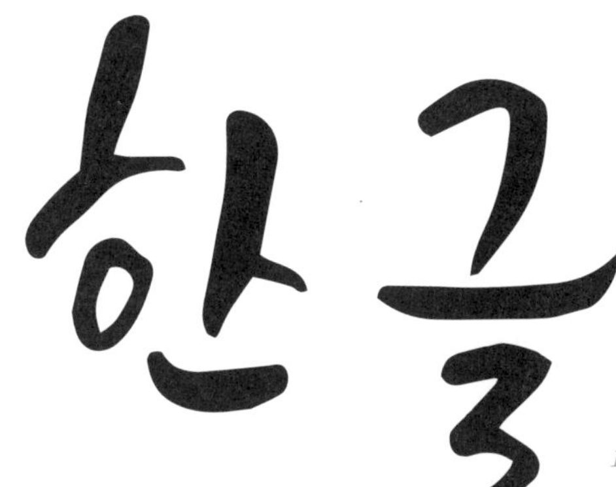

150pt, 없음/0

글꼴 가이드 20/40pt, 없음/0

글꼴 가이드 30/50pt, 없음/-25

글꼴 가이드 40/60pt, 없음/-50

글꼴 가이드 60pt, 없음/-75

한글 글꼴 가이드	7/13pt, 없음/10
한글 글꼴 가이드	8/15pt, 없음/5
한글 글꼴 가이드	9/16pt, 없음/0
한글 글꼴 가이드	10/18pt, 없음/-10
한글 글꼴 가이드	11/20pt, 없음/-25
한글 글꼴 가이드	12/22pt, 없음/-50

40. 유토이미지의 무료 글꼴들

20/40pt, 없음/0, 비비트리고딕 B

배포: 비비트리 주식회사

취지: 유토이미지 사이트 홍보

링크: www.utoimage.com/?m=event > 누구나 무료폰트 증정!

특징: 유토이미지 사이트에 가입해야 하고, 사용조건이 까다로운 편이지만 다양한 19종의 무료 글꼴을 얻을 수 있음. 출판 용도로 사용할 때는 출처를 밝혀야 함.

10/18pt, 없음/-30, 비비트리고딕 B/R

10/18pt, 메트릭/0, Adobe Garamond Pro R

유료 회원제 이미지 사이트인 유토이미지의 회원으로 가입하면 얻을 수 있는 무료 글꼴 19종입니다. 내려받은 글꼴 파일의 이름과 프로그램 내부에서 보이는 글꼴 이름이 다르니 당황하지 말기 바랍니다. 일부 글꼴의 이름 앞에 '777'이 붙은 것은 글꼴을 쉽게 선택할 수 있도록 하기 위한 것 같습니다.

10/18pt, 없음/-30, 비비트리고딕 L

유토이미지(오픈애즈), 유토이미지고딕(비비트리고딕), 유토이미지나무(비비트리나무체), 유토이미지손글씨(비비트리손글씨체), 123RF, 꼬마나비, 꽃보다곰팅, 뉴욕커, 리틀베어, 미니콩다방, 별나리달님, 봄이조아, 봉숭아틴트, 빨간우체통, 쇼콜라라떼, 제주감귤, 챠오츄르, 플라워, 하르방

비비트리고딕 글꼴은 현재 페이지에 사용하였고, 비비트리손글씨체는 활용도가 적다고 생각하여 생략하였으며, 나머지 단품 글꼴들을 한 페이지씩 할당하여 소개하였습니다. 다른 무료 글꼴에 비하여 무료로 사용할 수 있는 범위가 좁습니다. 글꼴 파일을 임베딩하거나 넣는 것들은 안된다고 생각하면 되며, 출판물에는 출처 표시를 해야 합니다.

무료 사용 범위			
인쇄: O	영상: O	웹사이트: X	전자책: X
BI/CI: O	제품: O	모바일: X	서버: X
출처 생략: X	재배포: X	수정배포: X	판매: X

10pt, 없음/0, 비비트리고딕 B

9pt, 없음/0, 비비트리고딕 R/L

주의: 보도 및 출판 용도로 사용할 경우에는 반드시 저작권자를 표기하여야 합니다. 표기 방법은 다음과 같습니다. "폰트 저작권자 유토이미지 (UTOIMAGE.COM)"

8/14pt, 없음/-10, 비비트리고딕 R/L

참고: 여기에서 정리한 무료 사용 범위는 배포자의 실제 의사와 일부 다를 수 있으며, 이후 배포자의 의사가 바뀔 수도 있습니다. 따라서 상업적인 목적으로 글꼴 파일을 임베딩하거나 번들하고자 할 때는 저작권자인 비비트리 주식회사로부터 별도의 사전 서면 허가를 받아야만 합니다.

오픈애즈 *24pt, 없음/0*

덧글은 통신의 예절을 지키면서 표현의 자유를 추구하는 방향으로 씁니다.

가나다라마바사아자차카타파하 괄공넋뒻떨립밟빛빵술쓱얹쥔쨌척콥틈편흙

ABCDEFGHIJKLMNOPQRSTUVWXYZ abcdefghijklmnopqrstuvwxyz

1 2 3 4 5 6 7 8 9 0 ①⑩⑮ ⑴⑽⒂ Ⅰ Ⅱ Ⅲ Ⅳ Ⅴ Ⅹ ⅰ ⅱ ⅲ ⅳ ⅴ ⅹ

~ ! @ # $ % ^ & * _ / ₩ | * () [] {} <> 〈〉 《》 「」 『』 【】 〔〕 −+× ÷ =

. , ? : ; ' " ' ' " " · .. … ® ™ ¶ § ㎎ ㎏ ㎜ ㎝ ㎞ ㎐ ㏄ ○ □ △ ☆ ● ■ ▲ ★

13/30pt, 없음/0

서로 어울리는 글꼴을 사용합니다. *26pt, 없음/-30*

글꼴 가이드 *20/40pt, 없음/0*

글꼴 가이드 *30/50pt, 없음/-10*

글꼴 가이드 *40/60pt, 없음/-25*

글꼴 가이드 *60pt, 없음/-50*

한글 *100pt, 없음/0*

한글 글꼴 가이드 *7/13pt, 없음/10*

한글 글꼴 가이드 *8/15pt, 없음/5*

한글 글꼴 가이드 *9/16pt, 없음/0*

한글 글꼴 가이드 *10/18pt, 없음/-10*

한글 글꼴 가이드 *11/20pt, 없음/-25*

한글 글꼴 가이드 *12/22pt, 없음/-50*

123RF *24pt, 없음/0*

덧글은 통신의 예절을 지키면서 표현의 자유를 추구하는 방향으로 씁니다.

가나다라마바사아자차카타파하 괄꽁넋뒷떨립밟빛빵술쏙얹짊짰척콥틈편흙

ABCDEFGHIJKLMNOPQRSTUVWXYZ abcdefghijklmnopqrstuvwxyz

1 2 3 4 5 6 7 8 9 0 ①⑩⑮ ⑴⑽⒂ Ⅰ Ⅱ Ⅲ Ⅳ Ⅴ Ⅹ ⅰ ⅱ ⅲ ⅳ ⅴ ⅹ

~ ! @ # $ % ^ & * _ / ₩ | * ( ) [ ] { } < > 〈 〉 《 》 「 」 『 』 【 】 〔 〕 − + =

. , ? : ; ' " ‘ ’ “ ” · · · … ™ ¶ § mg kg mm cm km Hz cc ○ □ △ ☆ ● ■ ▲ ★

15/30pt, 없음/0, 123RF

서로 어울리는 글꼴을 사용합니다. *26pt, 없음/-30*

글꼴 가이드 *20/40pt, 없음/0*

글꼴 가이드 *30/50pt, 없음/-10*

글꼴 가이드 *40/60pt, 없음/-25*

글꼴 가이드 *60pt, 없음/-50*

100pt, 없음/0

한글 글꼴 가이드 *7/13pt, 없음/10*

한글 글꼴 가이드 *8/15pt, 없음/5*

한글 글꼴 가이드 *9/16pt, 없음/0*

한글 글꼴 가이드 *10/18pt, 없음/-10*

한글 글꼴 가이드 *11/20pt, 없음/-25*

한글 글꼴 가이드 *12/22pt, 없음/-50*

꼬마나비 30pt, 없음/0

덧글은 통신의 예절을 지키면서 표현의 자유를 추구하는 방향으로 씁니다.

가나다라마바사아자차카타파하 괄꽁넋뒷떨립밟빛빵술쏙얹쥔짰척콥틈편흙

ABCDEFGHIJKLMNOPQRSTUVWXYZ abcdefghijklmnopqrstuvwxyz

1 2 3 4 5 6 7 8 9 0 ①⑩⑮ ⑴⑽⒂ Ⅰ Ⅱ Ⅲ Ⅳ Ⅴ Ⅹ ⅰ ⅱ ⅲ ⅳ ⅴ ⅹ

~ ! @ # $ % ^ & * _ / \ | * ( ) [ ] { } < > 〈 〉 《 》 「 」 『 』 【 】 〔 〕 - + × ÷ =

. , ? : ; ' " ' ' " " · .. ... ® ™ ¶ § ㎎ ㎏ ㎜ ㎝ ㎞ ㎐ ㏄ ○ □ △ ☆ ● ■ ▲ ☆

16/30pt, 없음/0, 777꼬마나비

서로 어울리는 글꼴을 사용합니다. 30pt, 없음/-30

글꼴 가이드 20/40pt, 없음/0

글꼴 가이드 30/50pt, 없음/-10

글꼴 가이드 40/60pt, 없음/-25

글꼴 가이드 60pt, 없음/-50

100pt, 없음/0

한글 글꼴 가이드 7/13pt, 없음/10

한글 글꼴 가이드 8/15pt, 없음/5

한글 글꼴 가이드 9/16pt, 없음/0

한글 글꼴 가이드 10/18pt, 없음/-10

한글 글꼴 가이드 11/20pt, 없음/-25

한글 글꼴 가이드 12/22pt, 없음/-50

꽃보다곰팅 30pt, 없음/0

덧글은 통신의 예절을 지키면서 표현의 자유를 추구하는 방향으로 씁니다.

가나다라마바사아자차카타파하 괄꽁넋뒷떨립밟빛빵숲쏙얹쥔짰척콥틈편흙

ABCDEFGHIJKLMNOPQRSTUVWXYZ abcdefghijklmnopqrstuvwxyz

1 2 3 4 5 6 7 8 9 0 ①⑩⑮ ⑴⑽⒂ Ⅰ Ⅱ Ⅲ Ⅳ Ⅴ Ⅹ ⅰ ⅱ ⅲ ⅳ ⅴ ⅹ

~ ! @ # $ % ^ & * _ / \ | * ( ) [ ] { } < > 〈 〉 《 》 「 」 『 』 【 】 〔 〕 - + × ÷ =

. , ? : ; ' " ' ' " " · .. ... ® ™ ¶ § ㎎ ㎏ ㎜ ㎝ ㎞ ㎐ ㏄ ○ □ △ ☆ ● ■ ▲ ★

16/30pt, 없음/0, 777꽃보다곰팅

서로 어울리는 글꼴을 사용합니다.

26pt, 없음/-30

글꼴 가이드 20/40pt, 없음/0

글꼴 가이드 30/50pt, 없음/-10

글꼴 가이드 40/60pt, 없음/-25

글꼴 가이드

60pt, 없음/-50

한글

100pt, 없음/0

한글 글꼴 가이드	7/13pt, 없음/10
한글 글꼴 가이드	8/15pt, 없음/5
한글 글꼴 가이드	9/16pt, 없음/0
한글 글꼴 가이드	10/18pt, 없음/-10
한글 글꼴 가이드	11/20pt, 없음/-25
한글 글꼴 가이드	12/22pt, 없음/-50

뉴욕커

30pt, 없음/0

덧글은 통신의 예절을 지키면서 표현의 자유를 추구하는 방향으로 씁니다.

가나다라마바사아자차카타파하 괄꽁넋뒷떨립밟빛빵숯쏙읎쥔짰척콥틈편흙

ABCDEFGHIJKLMNOPQRSTUVWXYZ abcdefghijklmnopqrstuvwxyz

1 2 3 4 5 6 7 8 9 0 ①⑩⑮ ⑴⑽⒂ Ⅰ Ⅱ Ⅲ Ⅳ Ⅴ Ⅹ ⅰ ⅱ ⅲ ⅳ ⅴ ⅹ

~ ! @ # $ % ^ & * _ / \ | * ( ) [ ] { } < > 〈 〉 《 》 「 」 『 』 【 】 〔 〕 − + × ÷ =

. , ? : ; ' " ' ' " " · .. ... ® ™ ¶ § ㎎ ㎏ ㎜ ㎝ ㎞ ㎐ ㏄ ○ □ △ ✡ ● ■ ▲ ☆

16/30pt, 없음/0, 777뉴욕커

서로 어울리는 글꼴을 사용합니다.

26pt, 없음/-30

글꼴 가이드 20/40pt, 없음/0

글꼴 가이드 30/50pt, 없음/-10

글꼴 가이드 40/60pt, 없음/-25

글꼴 가이드

60pt, 없음/-50

한글

100pt, 없음/0

한글 글꼴 가이드	7/13pt, 없음/10
한글 글꼴 가이드	8/15pt, 없음/5
한글 글꼴 가이드	9/16pt, 없음/0
한글 글꼴 가이드	10/18pt, 없음/-10
한글 글꼴 가이드	11/20pt, 없음/-25
한글 글꼴 가이드	12/22pt, 없음/-50

리틀베어

30pt, 없음/0

덧글은 통신의 예절을 지키면서 표현의 자유를 추구하는 방향으로 씁니다.

가나다라마바사아자차카타파하 괄꽁넋뒷떨립밟빛빵술쏙얹쥔짰척콥틈편흙

ABCDEFGHIJKLMNOPQRSTUVWXYZ abcdefghijklmnopqrstuvwxyz

1 2 3 4 5 6 7 8 9 0 ①⑩⑮ (1)(10)(15) Ⅰ Ⅱ Ⅲ Ⅳ Ⅴ Ⅹ ⅰ ⅱ ⅲ ⅳ ⅴ ⅹ

~ ! @ # $ % ^ & * _ / \ | * ( ) [ ] { } ‹ › 〈 〉 《 》 「 」 『 』 【 】 〔 〕 - + × ÷ =

. , ? : ; ' " ' ' " " · .. ... ® ™ ¶ § mg kg mm cm km Hz cc ○□△☆ ●■▲★

14/30pt, 없음/0, 777리틀베어

서로 어울리는 글꼴을 사용합니다.

26pt, 없음/-30

글꼴 가이드 20/40pt, 없음/0

글꼴 가이드 30/50pt, 없음/-10

글꼴 가이드 40/60pt, 없음/-25

글꼴 가이드 60pt, 없음/-50

한글 100pt, 없음/0

한글 글꼴 가이드 7/13pt, 없음/10

한글 글꼴 가이드 8/15pt, 없음/5

한글 글꼴 가이드 9/16pt, 없음/0

한글 글꼴 가이드 10/18pt, 없음/-10

한글 글꼴 가이드 11/20pt, 없음/-25

한글 글꼴 가이드 12/22pt, 없음/-50

미니콩다방 30pt, 없음/0

덧글은 통신의 예절을 지키면서 표현의 자유를 추구하는 방향으로 씁니다.

가나다라마바사아자차카타파하 괄꽁넋뒷떨립밟빛빵술쑥얹쥔짧척콥틈편흙

ABCDEFGHIJKLMNOPQRSTUVWXYZ abcdefghijklmnopqrstuvwxyz

1 2 3 4 5 6 7 8 9 0 ①⑩⑮ (1)(10)(15) Ⅰ Ⅱ Ⅲ Ⅳ Ⅴ Ⅹ ⅰ ⅱ ⅲ ⅳ ⅴ ⅹ

~ ! @ # $ % ^ & * _ / \ | * ( ) [ ] { } 〈 〉 〈 〉 《 》 「 」 『 』 【 】 [ ] - + × ÷ =

. , ? : ; ' " ' ' " " · .. ... ® ™ ¶ § mg kg mm cm km Hz cc ○ □ △ ☆ ● ■ ▲ ☆

14/30pt, 없음/0, 777미니콩다방

서로 어울리는 글꼴을 사용합니다. 26pt, 없음/-30

글꼴 가이드 20/40pt, 없음/0

글꼴 가이드 30/50pt, 없음/-10

글꼴 가이드 40/60pt, 없음/-25

글꼴 가이드 60pt, 없음/-50

한글 100pt, 없음/0

한글 글꼴 가이드 7/13pt, 없음/10

한글 글꼴 가이드 8/15pt, 없음/5

한글 글꼴 가이드 9/16pt, 없음/0

한글 글꼴 가이드 10/18pt, 없음/-10

한글 글꼴 가이드 11/20pt, 없음/-25

한글 글꼴 가이드 12/22pt, 없음/-50

별나라달님

30pt, 없음/0

덧글은 통신의 예절을 지키면서 표현의 자유를 추구하는 방향으로 씁니다.

가나다라마바사아자차카타파하 괄꽁넋뒷떨립밟빛빵숲쏙얹쥔짧척콥틈편흙

ABCDEFGHIJKLMNOPQRSTUVWXYZ abcdefghijklmnopqrstuvwxyz

1 2 3 4 5 6 7 8 9 0 ①⑩⑮ ⑴⑽⒂ Ⅰ Ⅱ Ⅲ Ⅳ Ⅴ Ⅹ ⅰ ⅱ ⅲ ⅳ ⅴ ⅹ

~ ! @ # $ % ^ & * _ / \ | ※ ( ) [ ] { } 〈 〉 < > 《 》 「 」 『 』 【 】 〔 〕 − + × ÷ =

. , ? : ; ' " ' ' " " · .. ... ® ™ ¶ § ㎎ ㎏ ㎜ ㎝ ㎞ ㎐ ㏄ ○ □ △ ☆ ● ■ ▲ ☆

16/30pt, 없음/0, 777별나라달님

서로 어울리는 글꼴을 사용합니다.

26pt, 없음/-30

글꼴 가이드 20/40pt, 없음/0

글꼴 가이드 30/50pt, 없음/-10

글꼴 가이드 40/60pt, 없음/-25

글꼴 가이드 60pt, 없음/-50

한글 100pt, 없음/0

한글 글꼴 가이드	7/13pt, 없음/10
한글 글꼴 가이드	8/15pt, 없음/5
한글 글꼴 가이드	9/16pt, 없음/0
한글 글꼴 가이드	10/18pt, 없음/-10
한글 글꼴 가이드	11/20pt, 없음/-25
한글 글꼴 가이드	12/22pt, 없음/-50

봄이조아 30pt, 없음/0

덧글은 통신의 예절을 지키면서 표현의 자유를 추구하는 방향으로 씁니다.

가나다라마바사아자차카타파하 괄꽁넋뒷떨립밟빛빵술쏙얹쥔짰척콥틈편

ABCDEFGHIJKLMNOPQRSTUVWXYZ abcdefghijklmnopqrstuvwxyz

1234567890 ①⑩⑮ ⑴⑽⒂ Ⅰ Ⅱ Ⅲ Ⅳ Ⅴ Ⅹ ⅰ ⅱ ⅲ ⅳ ⅴ ⅹ

~!@#$%^&*_/\|*()[]{}<>〈〉《》「」『』【】〔〕-+×÷=

.,?:;'"'"'"·‥… ® ™ ¶ § mg kg mm cm km Hz cc ○□△☆ ●■▲★

20/30pt, 없음/0, 777봄이조아

서로 어울리는 글꼴을 사용합니다. 26pt, 없음/-30

글꼴 가이드 20/40pt, 없음/0

글꼴 가이드 30/50pt, 없음/-10

글꼴 가이드 40/60pt, 없음/-25

글꼴 가이드 60pt, 없음/-50

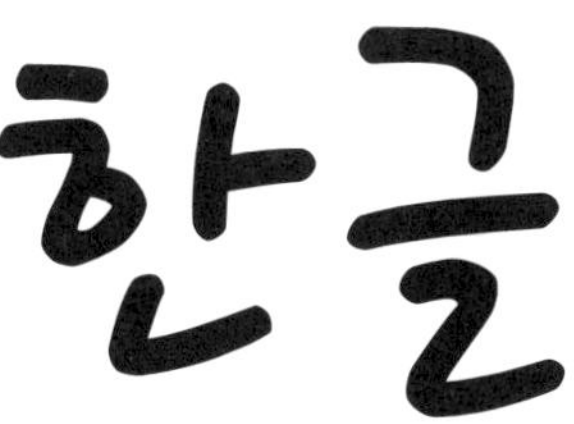

한글 100pt, 없음/0

한글 글꼴 가이드 7/13pt, 없음/10

한글 글꼴 가이드 8/15pt, 없음/5

한글 글꼴 가이드 9/16pt, 없음/0

한글 글꼴 가이드 10/18pt, 없음/-10

한글 글꼴 가이드 11/20pt, 없음/-25

한글 글꼴 가이드 12/22pt, 없음/-50

봉숭아틴트 30pt, 없음/0

덧글은 통신의 예절을 지키면서 표현의 자유를 추구하는 방향으로 씁니다.

가나다라마바사아자차카타파하 괄꽁넋뒷떨립밟빛빵술쏙없죈짰척콥틈편흙

ABCDEFGHIJKLMNOPQRSTUVWXYZ abcdefghijklmnopqrstuvwxyz

1 2 3 4 5 6 7 8 9 0 ①⑩⑮ ⑴⑽⒂ Ⅰ Ⅱ Ⅲ Ⅳ Ⅴ Ⅹ ⅰ ⅱ ⅲ ⅳ ⅴ ⅹ

~ ! @ # $ % ^ & * _ / \ | * ( ) [ ] { } 〈 〉 < > 《 》 「 」 『 』 【 】 [ ] - + × ÷ =

. , ? : ; ' " ' ' " " · .. ... ® ™ ¶ § mg kg mm cm km Hz cc ○ □ △ ☆ ● ■ ▲ ☆

15/30pt, 없음/0, 777봉숭아틴트

서로 어울리는 글꼴을 사용합니다. 26pt, 없음/-30

글꼴 가이드 20/40pt, 없음/0

글꼴 가이드 30/50pt, 없음/-10

글꼴 가이드 40/60pt, 없음/-25

글꼴 가이드 60pt, 없음/-50

한글 100pt, 없음/0

한글 글꼴 가이드	7/13pt, 없음/10
한글 글꼴 가이드	8/15pt, 없음/5
한글 글꼴 가이드	9/16pt, 없음/0
한글 글꼴 가이드	10/18pt, 없음/-10
한글 글꼴 가이드	11/20pt, 없음/-25
한글 글꼴 가이드	12/22pt, 없음/-50

빨간우체통 30pt, 없음/0

덧글은 통신의 예절을 지키면서 표현의 자유를 추구하는 방향으로 씁니다.

가나다라마바사아자차카타파하 괄꽁넋뒷떨립밟빛빵술쏙얹쥔짰척콥틈편

ABCDEFGHIJKLMNOPQRSTUVWXYZ abcdefghijklmnopqrstuvwxyz

1 2 3 4 5 6 7 8 9 0 ①⑩⑮ ⑴⑽⒂ Ⅰ Ⅱ Ⅲ Ⅳ Ⅴ Ⅹ ⅰ ⅱ ⅲ ⅳ ⅴ ⅹ

~ ! @ # $ % ^ & * _ / \ | * ( ) [ ] { } 〈 〉 < > 《 》 「 」 『 』 【 】 [ ] − + × ÷ =

. , ? : ; ' " ` ' " " · .. ... ® ™ ¶ § ㎎ ㎏ ㎜ ㎝ ㎞ ㎐ ㏄ ○ □ △ ☆ ● ■ ▲ ★

15/30pt, 없음/0, 777빨간우체통

서로 어울리는 글꼴을 사용합니다. 26pt, 없음/-30

글꼴 가이드 20/40pt, 없음/0

글꼴 가이드 30/50pt, 없음/-10

글꼴 가이드 40/60pt, 없음/-25

글꼴 가이드 60pt, 없음/-50

한글 100pt, 없음/0

한글 글꼴 가이드	7/13pt, 없음/10
한글 글꼴 가이드	8/15pt, 없음/5
한글 글꼴 가이드	9/16pt, 없음/0
한글 글꼴 가이드	10/18pt, 없음/-10
한글 글꼴 가이드	11/20pt, 없음/-25
한글 글꼴 가이드	12/22pt, 없음/-50

쇼콜라라떼 30pt, 없음/0

덧글은 통신의 예절을 지키면서 표현의 자유를 추구하는 방향으로 씁니다.

가나다라마바사아자차카타파하 괄꽁낛뒧떨립밟빛빵술쏙얹쥔짰척콥틈편흙

ABCDEFGHIJKLMNOPQRSTUVWXYZ abcdefghijklmnopqrstuvwxyz

1 2 3 4 5 6 7 8 9 0 ①⑩⑮ (1)(10)(15) Ⅰ Ⅱ Ⅲ Ⅳ Ⅴ Ⅹ ⅰ ⅱ ⅲ ⅳ ⅴ ⅹ

~ ! @ # $ % ^ & * _ / \ | * ( ) [ ] { } 〈 〉 < > 《 》 「 」 『 』 【 】 [ ] - + × ÷ =

. , ? : ; ' " ' ' " " · .. ... ® ™ ¶ § ㎎ ㎏ ㎜ ㎝ ㎞ ㎐ ㏄ ○ □ △ ☆ ● ■ ▲ ☆

15/30pt, 없음/0, 777쇼콜라라떼

서로 어울리는 글꼴을 사용합니다.

26pt, 없음/-30

글꼴 가이드 20/40pt, 없음/0

글꼴 가이드 30/50pt, 없음/-10

글꼴 가이드 40/60pt, 없음/-25

글꼴 가이드 60pt, 없음/-50

한글

100pt, 없음/0

한글 글꼴 가이드	7/13pt, 없음/10
한글 글꼴 가이드	8/15pt, 없음/5
한글 글꼴 가이드	9/16pt, 없음/0
한글 글꼴 가이드	10/18pt, 없음/-10
한글 글꼴 가이드	11/20pt, 없음/-25
한글 글꼴 가이드	12/22pt, 없음/-50

제주감귤 30pt, 없음/0

덧글은 통신의 예절을 지키면서 표현의 자유를 추구하는 방향으로 씁니다.

가나다라마바사아자차카타파하 괄꽁넋뒷떨립밟빛빵술쏙얽쥔짰척콥틈편

ABCDEFGHIJKLMNOPQRSTUVWXYZ abcdefghijklmnopqrstuvwxyz

1 2 3 4 5 6 7 8 9 0 ①⑩⑮ (1)(10)(15) Ⅰ Ⅱ Ⅲ Ⅳ Ⅴ Ⅹ ⅰ ⅱ ⅲ ⅳ ⅴ ⅹ

~ ! @ # $ % ^ & * _ / ₩ | * () [] {} <> 〈〉 《》 「」 『』 【】 〔〕 - + × ÷ =

. , ? : ; ' " ' ' " " · ·· ··· ™ ¶ § mg kg mm cm km Hz cc ○□△☆ ●■▲★

15/30pt, 없음/0, 제주감귤

서로 어울리는 글꼴을 사용합니다.

26pt, 없음/-30

글꼴 가이드 20/40pt, 없음/0

글꼴 가이드 30/50pt, 없음/-10

글꼴 가이드 40/60pt, 없음/-25

글꼴 가이드 60pt, 없음/-50

100pt, 없음/0

한글 글꼴 가이드 7/13pt, 없음/10

한글 글꼴 가이드 8/15pt, 없음/5

한글 글꼴 가이드 9/16pt, 없음/0

한글 글꼴 가이드 10/18pt, 없음/-10

한글 글꼴 가이드 11/20pt, 없음/-25

한글 글꼴 가이드 12/22pt, 없음/-50

챠오츄르

30pt, 없음/0

덧글은 통신의 예절을 지키면서 표현의 자유를 추구하는 방향으로 씁니다.

가나다라마바사아자차카타파하 괄꽁넋뒳떨립밟빛빵술쏙얹쥔짰칙콥틈편

ABCDEFGHIJKLMNOPQRSTUVWXYZ abcdefghijklmnopqrstuvwxyz

1 2 3 4 5 6 7 8 9 0 ①⑩⑮ ⑴⑽⒂ Ⅰ Ⅱ Ⅲ Ⅳ Ⅴ Ⅹ ⅰ ⅱ ⅲ ⅳ ⅴ ⅹ

~ ! @ # $ % ^ & * _ / \ | * ( ) [ ] { } 〈 〉 〈 〉 《 》 「 」 『 』 【 】 [ ] - + × ÷ =

. , ? : ; ' " ' ' " " · ‥ … ® ™ ¶ § ㎎ ㎏ ㎜ ㎝ ㎞ ㎐ ㏄ ○ □ △ ☆ ● ■ ▲ ☆

15/30pt, 없음/0, 777챠오츄르

서로 어울리는 글꼴을 사용합니다.

26pt, 없음/-30

글꼴 가이드 20/40pt, 없음/0

글꼴 가이드 30/50pt, 없음/-10

글꼴 가이드 40/60pt, 없음/-25

글꼴 가이드 60pt, 없음/-50

100pt, 없음/0

한글 글꼴 가이드 7/13pt, 없음/10

한글 글꼴 가이드 8/15pt, 없음/5

한글 글꼴 가이드 9/16pt, 없음/0

한글 글꼴 가이드 10/18pt, 없음/-10

한글 글꼴 가이드 11/20pt, 없음/-25

한글 글꼴 가이드 12/22pt, 없음/-50

플라워 30pt, 없음/0

덧글은 통신의 예절을 지키면서 표현의 자유를 추구하는 방향으로 씁니다.

가나다라마바사아자차카타파하 괄꽁넋뒷떨립밟빛빵숯쏙얹쥔짧척콥틈편흙

ABCDEFGHIJKLMNOPQRSTUVWXYZ abcdefghijklmnopqrstuvwxyz

1 2 3 4 5 6 7 8 9 0 ①⑩⑮ ⑴⑽⒂ Ⅰ Ⅱ Ⅲ Ⅳ Ⅴ Ⅹ ⅰ ⅱ ⅲ ⅳ ⅴ ⅹ

~ ! @ # $ % ^ & * _ / \ | * ( ) [ ] { } 〈 〉 < > 《 》 「 」 『 』 【 】 [ ] – + x ÷ =

. , ? : ; ' " ' ' " " · .. ... ® ™ ¶ § ㎎ ㎏ ㎜ ㎝ ㎞ ㎐ ㏄ ○ □ △ ✡ ● ■ ▲ ☆

15/30pt, 없음/0, 777플라워

서로 어울리는 글꼴을 사용합니다.

26pt, 없음/-30

글꼴 가이드 20/40pt, 없음/0

글꼴 가이드 30/50pt, 없음/-10

글꼴 가이드 40/60pt, 없음/-25

글꼴 가이드 60pt, 없음/-50

한글

100pt, 없음/0

한글 글꼴 가이드	7/13pt, 없음/10
한글 글꼴 가이드	8/15pt, 없음/5
한글 글꼴 가이드	9/16pt, 없음/0
한글 글꼴 가이드	10/18pt, 없음/-10
한글 글꼴 가이드	11/20pt, 없음/-25
한글 글꼴 가이드	12/22pt, 없음/-50

하르방

30pt, 없음/0

덧글은 통신의 예절을 지키면서 표현의 자유를 추구하는 방향으로 씁니다.

가나다라마바사아자차카타파하 괄꽁넋뒷떨립밟빛빵술쏙얹쥔짰척콥틈편

ABCDEFGHIJKLMNOPQRSTUVWXYZ abcdefghijklmnopqrs

1 2 3 4 5 6 7 8 9 0 ①⑩⑮ ⑴⑽⒂ Ⅰ Ⅱ Ⅲ Ⅳ Ⅴ Ⅹ ⅰ ⅱ ⅲ ⅳ ⅴ ⅹ

~ ! @ # $ % ^ & * _ / ₩ | * () [] {} 〈〉 <> 《》 「」 『』 【】 〔〕 −+×÷=

. , ? : ; ' " ‘ ’ “ ” . .. … ™ ¶ § ㎎ ㎏ ㎜ ㎝ ㎞ ㎐ ㏄ ○□△☆●■▲★

15/30pt, 없음/0, 777하르방

서로 어울리는 글꼴을 사용합니다.

26pt, 없음/-30

글꼴 가이드 20/40pt, 없음/0

글꼴 가이드 30/50pt, 없음/-10

글꼴 가이드 40/60pt, 없음/-25

글꼴 가이드 60pt, 없음/-50

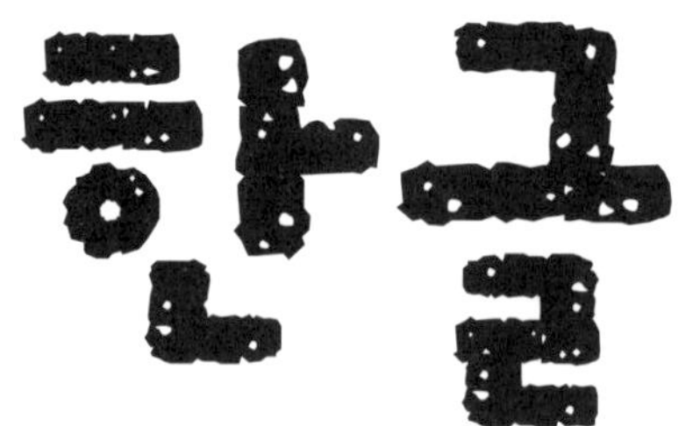

100pt, 없음/0

한글 글꼴 가이드	7/13pt, 없음/10
한글 글꼴 가이드	8/15pt, 없음/5
한글 글꼴 가이드	9/16pt, 없음/0
한글 글꼴 가이드	10/18pt, 없음/-10
한글 글꼴 가이드	11/20pt, 없음/-25
한글 글꼴 가이드	12/22pt, 없음/-50

비비트리나무 Light *30pt, 없음/0*

덧글은 통신의 예절을 지키면서 표현의 자유를 추구하는 방향으로 씁니다.

가나다라마바사아자차카타파하 괄꽁넋뒷떨립밟빛빵술쏙얹쥔짰척콥틈편흙

ABCDEFGHIJKLMNOPQRSTUVWXYZ abcdefghijklmnopqrstuvwxyz

1 2 3 4 5 6 7 8 9 0 ①⑩⑮ (1)(10)(15) Ⅰ Ⅱ Ⅲ Ⅳ Ⅴ Ⅹ ⅰ ⅱ ⅲ ⅳ ⅴ ⅹ

~ ! @ # $ % ^ & * _ / ₩ | * ( ) [ ] { } ‹ › 〈 〉 《 》 「 」 『 』 【 】 〔 〕 - + × ÷ =

. , ? : ; ' ' ' ' " " · . . . … ™ ¶ § mg kg mm cm km Hz cc ○ □ △ ☆ ● ■ ▲ ★

15/30pt, 없음/0, 비비트리나무 L

서로 어울리는 글꼴을 사용합니다. *26pt, 없음/-30*

글꼴 가이드 *20/40pt, 없음/0*

글꼴 가이드 *30/50pt, 없음/-10*

글꼴 가이드 *40/60pt, 없음/-25*

글꼴 가이드 *60pt, 없음/-50*

한글 *100pt, 없음/0*

한글 글꼴 가이드	*7/13pt, 없음/10*
한글 글꼴 가이드	*8/15pt, 없음/5*
한글 글꼴 가이드	*9/16pt, 없음/0*
한글 글꼴 가이드	*10/18pt, 없음/-10*
한글 글꼴 가이드	*11/20pt, 없음/-25*
한글 글꼴 가이드	*12/22pt, 없음/-50*

비비트리나무 Regular

30pt, 없음/0

덧글은 통신의 예절을 지키면서 표현의 자유를 추구하는 방향으로 씁니다.

가나다라마바사아자차카타파하 괄꽁넋뒷떨립밟빛빵술쏙얹쥔짰척콥틈편

ABCDEFGHIJKLMNOPQRSTUVWXYZ abcdefghijklmnopqrs

1 2 3 4 5 6 7 8 9 0 ①⑩⑮ (1)(10)(15) Ⅰ Ⅱ Ⅲ Ⅳ Ⅴ Ⅹ ⅰ ⅱ ⅲ ⅳ ⅴ ⅹ

~ ! @ # $ % ^ & * _ / ₩ | * () [] {} <> 〈〉 《》 「」 『』 【】 〔〕 − + × ÷ =

. , ? : ; ' ' ' ' " " · · · … ™ ¶ § mg kg mm cm km Hz cc ○ □ △ ☆ ● ■ ▲ ★

15/30pt, 없음/0, 비비트리나무 R

서로 어울리는 글꼴을 사용합니다.

26pt, 없음/-30

글꼴 가이드 20/40pt, 없음/0

글꼴 가이드 30/50pt, 없음/-10

글꼴 가이드 40/60pt, 없음/-25

글꼴 가이드 60pt, 없음/-50

한글 100pt, 없음/0

한글 글꼴 가이드 7/13pt, 없음/10

한글 글꼴 가이드 8/15pt, 없음/5

한글 글꼴 가이드 9/16pt, 없음/0

한글 글꼴 가이드 10/18pt, 없음/-10

한글 글꼴 가이드 11/20pt, 없음/-25

한글 글꼴 가이드 12/22pt, 없음/-50

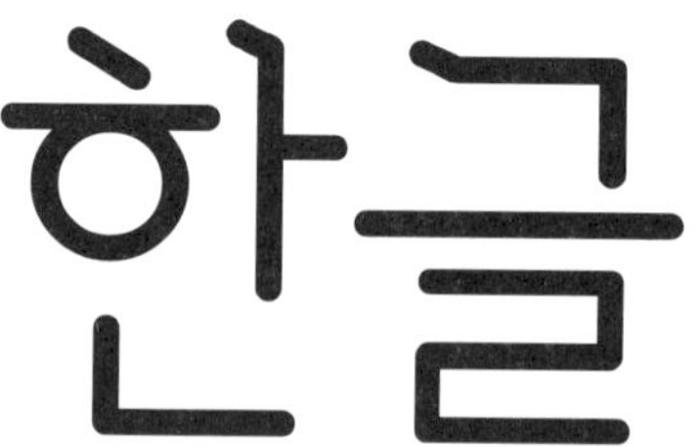

비비트리나무 Bold 30pt, 없음/0

덧글은 통신의 예절을 지키면서 표현의 자유를 추구하는 방향으로 씁니다.

가나다라마바사아자차카타파하 괄꽁넋뒷떨립밟빛빵술쏙얹쥔짰첰콥틈편흙

ABCDEFGHIJKLMNOPQRSTUVWXYZ abcdefghijklmnopqrstuvwxyz

1 2 3 4 5 6 7 8 9 0 ①⑩⑮ ⑴⑽⒂ Ⅰ Ⅱ Ⅲ Ⅳ Ⅴ Ⅹ ⅰ ⅱ ⅲ ⅳ ⅴ ⅹ

~ ! @ # $ % ^ & * _ / ₩ | * () [] {} <> 〈〉 《》 「」 『』 【】 〔〕 - + × ÷ =

. , ? : ; ' ' ' ' " " · · · ‥ … ™ ¶ § ㎎ ㎏ ㎜ ㎝ ㎞ ㎐ ㏄ ○ □ △ ☆ ● ■ ▲ ★

15/30pt, 없음/0, 비비트리나무 B

서로 어울리는 글꼴을 사용합니다.

26pt, 없음/-30

글꼴 가이드 20/40pt, 없음/0

글꼴 가이드 30/50pt, 없음/-10

글꼴 가이드 40/60pt, 없음/-25

글꼴 가이드 60pt, 없음/-50

한글 100pt, 없음/0

한글 글꼴 가이드	7/13pt, 없음/10
한글 글꼴 가이드	8/15pt, 없음/5
한글 글꼴 가이드	9/16pt, 없음/0
한글 글꼴 가이드	10/18pt, 없음/-10
한글 글꼴 가이드	11/20pt, 없음/-25
한글 글꼴 가이드	12/22pt, 없음/-50

41. 이롭게 바탕체

20/40pt, 없음/0, 이롭게 바탕체 M

배포: 이롭게 10/18pt, 없음/-30, 이롭게 바탕체 M

취지: 웹사이트에 최적화된 바탕 글꼴 무료 배포

발표: 2017년

링크: font.iropke.com 10/18pt, 메트릭/0, Adobe Garamond Pro R

분류: 바탕

굵기: 1단계(Medium)

특징: 디지털 에이전시 '이롭게'가 웹 환경에서 사용하기에 적합하게 개발한 바탕형 글꼴. 인쇄보다 해상도가 낮은 화면에서도 깔끔하게 표시되고 빨리 로딩되도록 용량을 줄인 것이 특징. 한글 11,172, 로마자 94, 기호 986자를 표현할 수 있음. 한자가 없고 단일 굵기만 지원.

이롭게 바탕체는 웹사이트에 사용하기에 적합하게 개발된 글꼴입니다. 그 목적을 달성하기 위해 명조체 특유의 꺾이는 부분을 줄이고, 획의 끝을 심플하게 마무리하였으며, 모음을 키우고 가로와 세로 획 굵기 차를 줄여 작은 문자 크기에서 가독성이덜 손상되도록 했다고 합니다. 결과적으로 모던한 느낌이 나는 바탕 글꼴이 되었습니다. 10/18pt, 없음/-30, 이롭게 바탕체 M

화면에서 보는 용도로 설계된 글꼴을 인쇄용으로 사용하면 다소 거친 느낌이 들 수 있습니다. 하지만 무료 글꼴의 수는 적고 다양성도 부족하므로 이롭게 바탕체처럼 좋은 품질의 글꼴의 존재는 감사한 일입니다. 탈네모형 글꼴이므로 캐주얼하고 자유로운 느낌을 살리기에 좋습니다.

무료 사용 범위			
인쇄: O	영상: O	웹사이트: O	전자책: O
BI/CI: O	제품: O	모바일: O	서버: O
출처 생략: O	재배포: O	수정배포: O	판매: X

10pt, 없음/0, 이롭게 바탕체 M

9pt, 없음/0, 이롭게 바탕체 M

라이센스: 오픈 폰트 라이선스 정책이 적용되기 때문에 유료 판매와 수정 후 유료 판매만 금지되고 이를 제외한 모든 것이 허용됩니다. 수정 배포, 디바이스 임베딩, 서버 탑재도 가능합니다. 8/14pt, 없음/-10, 이롭게 바탕체 M

참고: 여기에서 정리한 무료 사용 범위는 배포자의 실제 의사와 일부 다를 수 있으며, 이후 배포자의 의사가 바뀔 수도 있습니다. 글꼴을 단독으로 판매하지는 않더라도 판매하는 상품이나 유료 서비스에 글꼴을 포함시키면 상업적인 용도로 해석될 수도 있습니다.

이롭게 바탕체 Medium 24pt, 없음/0

덧글은 통신의 예절을 지키면서 표현의 자유를 추구하는 방향으로 씁니다.

가나다라마바사아자차카타파하 괄꽁넋뒷떨립밟빛빵술쏙얹쥔짰척콥틈편흙

ABCDEFGHIJKLMNOPQRSTUVWXYZ abcdefghijklmnopqrstuvwxyz

1234567890 ①㉚ ❶㉚ ❶⑳ ❶⑳ ⑴⒇ Ⅰ Ⅱ Ⅲ Ⅳ Ⅴ Ⅹ ⅰ ⅱ ⅲ ⅳ ⅴ ⅹ

~ ! @ # $ % ^ & * _ / ₩ | * ( ) [ ] { } < > 〈 〉 《 》 「 」 『 』 【 】 〔 〕 - + × ÷ =

. , ? : ; ' " ' ' " " • · ‥ … © ™ ¶ § ㎎ ㎏ ㎜ ㎝ ㎞ ㎐ ㏄ ○ □ △ ☆ ● ■ ▲ ★

[1] [10] [20] [1] [9] [1] [10] [20] [1] [10] [20] ← ← ← ← ← ← ← ◘ ◙ ㊞ ❖ ✣ ✿ ❀ ⚜

13/30pt, 없음/0

한눈에 보이는 무료 글꼴 가이드 10/17pt, 없음/-10, 나눔명조 EB

비용을 지불하지 않고도 사용할 수 있는 글꼴을 '무료 글꼴'이라고 부릅니다. 사실은 무료 글꼴이 아니라 《공개 글꼴》이라고 해야 맞습니다. 『공개 글꼴』은 권리자가 설정한 "사용 범위"(acceptable use)를 잘 살펴서 사용해야 합니다. 문의전화: 010-2345-6790

모든 것이 허용되는 진정한 무료 글꼴도 있고, 인쇄용으로는 무료로 사용할 수 있지만 영상에는 별도로 허락을 얻어야 하는 글꼴도 있습니다. 기업의 브랜드를 홍보하기 위해 만들어 보급한 글꼴은 다른 것은 다 허용해도 글꼴의 수정만은 허용하는 경우가 많습니다. 글꼴을 만들어 공개한 목적에 따라 그 사용 범위가 달라지기 때문입니다. 따라서 공개 글꼴을 사용할 9/16pt, 없음/0, 이롭게 바탕체 M

한눈에 보이는 무료 글꼴 가이드 10/17pt, 없음/-25, 나눔고딕 B

비용을 지불하지 않고도 사용할 수 있는 글꼴을 '무료 글꼴'이라고 부릅니다. 사실은 무료 글꼴이 아니라 《공개 글꼴》이라고 해야 맞습니다. 『공개 글꼴』은 권리자가 설정한 "사용 범위"(acceptable use)를 잘 살펴서 사용해야 합니다. 문의전화: 010-2345-6790

모든 것이 허용되는 진정한 무료 글꼴도 있고, 인쇄용으로는 무료로 사용할 수 있지만 영상에는 별도로 허락을 얻어야 하는 글꼴도 있습니다. 기업의 브랜드를 홍보하기 위해 만들어 보급한 글꼴은 다른 것은 다 허용해도 글꼴의 수정만은 허용하는 경우가 많습니다. 글꼴을 만들어 공개한 목적에 따라 그 사용 범위가 달라지기 때문입니다. 따라서 공개 글꼴을 사용할 때는 공개 범위 9/16pt, 없음/-25, 이롭게 바탕체 M

42. 더페이스샵 잉크립퀴드체

26/40pt, 없음/0, 잉크립퀴드체

배포: 더페이스샵

13/18pt, 없음/0, 잉크립퀴드체

취지: 상품 브랜드 아이덴티티 & 홍보

발표: 2015년

링크: *www.thefaceshop.com/event/lipquid/main.jsp#FontDownload*

10/18pt, 메트릭/0, Adobe Garamond Pro It

분류: 필기

굵기: 1단계

특징: 세련된 필기체 글꼴. KS완성형 한글 2,350자를 지원하며, 한자는 지원하지 않음. 상품과 관련된 8개의 딩뱃 글꼴 제공.

더페이스샵의 잉크립퀴드 제품의 브랜드를 상징하는, 매우 아름다운 필기체 브랜드 글꼴입니다. 필기체 특성 상 한자를 지원하지 않고 한글 문자도 기본만 지원하지만 독특한 개성과 아름다움으로 충분한 가치가 있습니다. 개인이 만든 필기체 글꼴에서는 기호 문자에 글꼴의 특성이 적용되지 않은 경우가 많은데, 잉크립퀴드체는 숫자나 각종 기호들에도 손으로 날려 쓴 듯한 느낌이 잘 살려져 있습니다.

12/18pt, 없음/0, 잉크립퀴드체

잉크립퀴드체는 아래와 같이 8개 로마자(S, R, e, g, j, k, r, y)에 대체 문자를 1개씩 지원합니다. 이들은 키보드로 입력할 수 없으므로 문자표 앱이나 글리프 패널(어도비 앱)을 통해 입력해야 합니다(22쪽 참조).

S S R R e e g g j j k k r r y y

무료 사용 범위			
인쇄: O	영상: O	웹사이트: O	전자책: O
BI/CI: O	제품: O	모바일: O	서버: O
출처 생략: O	재배포: O	수정배포: X	판매: X

14pt, 없음/0, 잉크립퀴드체

11pt, 없음/0, 잉크립퀴드체

주의: 잉크립퀴드체는 매우 특별한 금지 규정이 있습니다. 그것은 문자의 비율을 변형하여 사용하지 말라는 것입니다. 문자의 가로 비율을 변경하거나(평 변형), 문자의 세로 비율을 변경하지(장 변형) 말라고 합니다. 또한 워드프로세서 등에서 기울기 속성을 적용하지도 말라고 합니다. 글꼴 스타일의 변형을 막으려는 노력입니다.

10/14pt, 없음/0, 잉크립퀴드체

참고: 여기에서 정리한 무료 사용 범위는 배포자의 실제 의사와 일부 다를 수 있으며, 이후 배포자의 의사가 바뀔 수도 있습니다. 따라서 상업적인 목적으로 이용하고자 할 때는 이 페이지 상단의 '링크'를 방문하여 정확한 사용 범위를 다시 한번 확인하기 바랍니다. 문의 메일주소는 thefaceshop@lgcare.com 입니다.

더페이스샵 잉크립퀴드체 Regular 24pt, 없음/0

덧글은 통신의 예절을 지키면서 표현의 자유를 추구하는 방향으로

가나다라마바사아자차카타파하 괄꽁넋뒷떨립밟빛빵술쏙없쥔짰척

ABCDEFGHIJKLMNOPQRSTUVWXYZ abcdefghijklmnopqrstu

1 2 3 4 5 6 7 8 9 0 ① ⑮ ⑴ ⒂ Ⅰ Ⅱ Ⅲ Ⅳ Ⅴ Ⅹ ⅰ ⅱ ⅲ ⅳ ⅴ ⅹ

~ ! @ # $ % ^ & * _ / ₩ | * ( ) [ ] { } < > 〈 〉 《 》 「 」 『 』 【 】 〔 〕 - + ×

. , ? : ; ' " ' ' " " · ‥ … © ® ™ ¶ § ㎎ ㎏ ㎜ ㎝ ㎞ ㎐ ㏄ ○ □

△ ☆ ● ■ ▲ ★

20/30pt, 없음/0

글꼴 가이드 20/40pt, 없음/0

글꼴 가이드 30/50pt, 없음/-10

글꼴 가이드 40/60pt, 없음/-25

글꼴 가이드 60pt, 없음/-50

한글 150pt, 없음/0

한글 글꼴 가이드 7/13pt, 없음/10

한글 글꼴 가이드 8/15pt, 없음/5

한글 글꼴 가이드 9/16pt, 없음/0

한글 글꼴 가이드 10/18pt, 없음/-10

한글 글꼴 가이드 11/20pt, 없음/-25

한글 글꼴 가이드 12/22pt, 없음/-50

43. 조선일보 명조체

20/40pt, 없음/0, 조선일보 명조 R

배포: 조선일보사

10/18pt, 없음/-30, 조선일보 명조 R

취지: 국민의 문자 생활 지원.

발표: 2007년

링크: about.chosun.com/mobile/pages/intro_ci.php

10/18pt, 메트릭/0, Adobe Garamond Pro R

분류: 바탕

굵기: 1단계(Regular)

특징: 신문용 글꼴 느낌이 물씬 풍기는 전형적인 신문용 명조체 글꼴. 신문에 오랜 기간 동안 사용하며 다듬어 균형감 있게 잘 셋업된 느낌. 한자 포함 총 26,195자를 지원하며 기호의 종류가 풍부하여 신문 느낌의 편집 디자인을 할 때 유용. 굵기가 1단계뿐인 것이 아쉬움.

조선일보 명조체는 1999년에 조선일보 서체개발연구소와 산돌커뮤니케이션이 함께 만들어 조선일보에 사용하면서 계속 다듬어 오다가, 누구나 사용할 수 있도록 공개한 신문용 바탕 글꼴입니다. 신문 지면에 요구되는 가독성을 달성하기 위해 오랫동안 다듬어서 그런 것인지 안정되고 차분해 보입니다. 폭이 넓은 신문용 바탕 글꼴이라서 그럴 수도 있습니다. 전체 문자표를 보면 매우 다양한 기호 문자들도 지원됩니다.

10/18pt, 없음/-30, 조선일보 명조 R

그런데, 단어를 열고 닫는 역할을 하는 일부 구두점 문자(〈 〉 《 》 「 」 『 』 【 】 〔 〕)의 좌우에 빈 여백이 있어 이들을 사용하면 큰 공백이 생깁니다. 오른쪽 페이지의 《공개 글꼴》 『공개 글꼴』 이 그 예입니다. 과거 전각 글꼴 시절의 잔재입니다. 제목으로 사용할 굵은 글꼴이 없는 것이 아쉽습니다.

무료 사용 범위			
인쇄: O	영상: O	웹사이트: O	전자책: O
BI/CI: O	제품: O	모바일: O	서버: O
출처 생략: O	재배포: O	수정배포: X	판매: X
라이센스: 오래 전에 배포되었기 때문에 허용되는 사용 범위가 구체적으로 명시되어 있지 않으나 글꼴을 수정하여 배포하는 것과 유료 판매하는 것을 제외한 모든 것이 허용되는 것 같습니다.			

10pt, 없음/0, 조선일보 명조 R

9pt, 없음/0, 조선일보 명조 R

8/14pt, 없음/-10, 조선일보 명조 R

참고: 여기에서 정리한 무료 사용 범위는 배포자의 실제 의사와 일부 다를 수 있으며, 이후 배포자의 의사가 바뀔 수도 있습니다. 소프트웨어 패키지에 글꼴을 포함시킨다거나 장비에 글꼴을 임베딩하는 등 일반적인 사용 범위가 아니라면 문의해보고 진행하는 것이 안전합니다.

조선일보 명조체 Regular *24pt, 없음/0*

덧글은 통신의 예절을 지키면서 표현의 자유를 추구하는 방향으로 씁니다.

가나다라마바사아자차카타파하 괄꽁넋뒷떨립밟빛빵술쏙엾쥔짰척콥틈편흙

ABCDEFGHIJKLMNOPQRSTUVWXYZ abcdefghijklmnopqrstuvwxyz

1234567890 ①⑽ ①⑽ ❶⑽ ❶❿ 1 9 1 99 0 12 (1)(50) Ⅰ Ⅱ Ⅲ Ⅳ Ⅴ Ⅹ ⅰ ⅱ ⅲ ⅳ ⅴ

~ ! @ # $ % ^ & * _ / ₩ | * ( ) [ ] { } 〈〉 〈〉 《》 「」 『』 【】 〔〕 - + × ÷ =

. , ? : ; ' " ' ' " " • · ‥ … © ™ ¶ § ㎎ ㎏ ㎜ ㎝ ㎞ ㎐ ㏄ ○□△☆ ●■▲★

大韓民國 東西南北 高等學校 無料書體 落花流水 莫逆之友 大器晩成 螢雪之功

13/30pt, 없음/0

한눈에 보이는 무료 글꼴 가이드 *10/17pt, 없음/-10, 나눔고딕 B*

비용을 지불하지 않고도 사용할 수 있는 글꼴을 '무료 글꼴'이라고 부릅니다. 사실은 무료 글꼴이 아니라 《공개 글꼴》 이라고 해야 맞습니다. 『공개 글꼴』 은 권리자가 설정한 "사용 범위"(acceptable use)를 잘 살펴서 사용해야 합니다. 문의전화: 010-2345-6790

모든 것이 허용되는 진정한 무료 글꼴도 있고, 인쇄용으로는 무료로 사용할 수 있지만 영상에는 별도로 허락을 얻어야 하는 글꼴도 있습니다. 기업의 브랜드를 홍보하기 위해 만들어 보급한 글꼴은 다른 것은 다 허용해도 글꼴의 수정만은 허용하는 경우가 많습니다. 글꼴을 만들어 공개한 목적에 따라 그 사용 범위가 달라지기 때문입니다. 따라서 공개 글꼴을 사용 *9/16pt, 없음/0, 조선일보 명조 R*

한눈에 보이는 무료 글꼴 가이드 *10/17pt, 없음/-25, 본고딕 B*

비용을 지불하지 않고도 사용할 수 있는 글꼴을 '무료 글꼴'이라고 부릅니다. 사실은 무료 글꼴이 아니라 《공개 글꼴》 이라고 해야 맞습니다. 『공개 글꼴』 은 권리자가 설정한 "사용 범위"(acceptable use)를 잘 살펴서 사용해야 합니다. 문의전화: 010-2345-6790

모든 것이 허용되는 진정한 무료 글꼴도 있고, 인쇄용으로는 무료로 사용할 수 있지만 영상에는 별도로 허락을 얻어야 하는 글꼴도 있습니다. 기업의 브랜드를 홍보하기 위해 만들어 보급한 글꼴은 다른 것은 다 허용해도 글꼴의 수정만은 허용하는 경우가 많습니다. 글꼴을 만들어 공개한 목적에 따라 그 사용 범위가 달라지기 때문입니다. 따라서 공개 글꼴을 사용할 때는 사 *9/16pt, 없음/-25, 조선일보 명조 R*

44. Sandoll 초록우산어린이체

26/40pt, 없음/0, 초록우산어린이 R

배포: 초록우산 어린이재단

11/18pt, 없음/0, 초록우산어린이 R

취지: 어린이 후원사업 홍보

발표: 2018년

링크: *welfare.childfund.or.kr/contents/greenView.do?bdId=20018535&bmId=10000148*

10/18pt, 메트릭/0, Adobe Garamond Pro Ita

분류: 필기

굵기: 1단계

특징: 어린이를 응원하고 어린이를 생각하자는 프로젝트에 의해 탄생한 귀엽고 아담한 손글씨 글꼴. KS완성형 한글 2,350자를 지원. 글꼴에 있는 기호 문자가 많지만 손글씨 느낌이 나도록 디자인 된 것은 일부에 그침.

초록우산 어린이재단은 1948년부터 71년 동안 국내외 63개국 아이들을 후원하는 사업을 펼쳐오고 있습니다. 아름다운 글꼴로 아이들에게 응원의 메시지를 전하고, 바쁜 일상 속에서도 아이들을 더 생각할 수 있도록 하자는 '산돌초록우산어린이체' 프로젝트의 결과물입니다. 산돌커뮤니케이션이 배우 박보영의 손글씨를 글꼴로 변환하여 초록우산 어린이체가 탄생하였습니다.

11/18pt, 없음/-25, 초록우산어린이 R

어린이의 꿈을 응원하는 '산돌 초록우산 어린이체'

24pt, 없음/0

초록우산 어린이재단 사이트(www.childfund.or.kr)에서 초록우산어린이체 파일 다운로드 링크를 찾기 어려우므로 구글에서 '초록우산어린이체'를 검색하여 찾아야 합니다. 오른쪽 페이지에서 보듯이 산돌 글꼴에 포함된 다양한 기호들 중에서 일부만 어린이체 답게 변환되었습니다.

무료 사용 범위			
인쇄: O	영상: O	웹사이트: O	전자책: O
BI/CI: O	제품: O	모바일: O	서버: O
출처 생략: O	재배포: O	수정배포: X	판매: X

10pt, 없음/0, 초록우산어린이 R

9pt, 없음/0, 초록우산어린이 R

라이선스: 초록우산 어린이재단의 사이트는 저작권에 대해서 "누구나 무료로 사용 가능, 복사 및 재배포 가능"이라고 아주 간단하게 알려주고 있습니다. 수정배포와 판매 이외에는 모두 가능할 것 같습니다.

8/14pt, 없음/0, 초록우산어린이 R

참고: 여기에서 정리한 무료 사용 범위는 배포자의 실제 의사와 일부 다를 수 있으며, 이후 배포자의 의사가 바뀔 수도 있습니다. 따라서 상업적인 목적으로 글꼴 파일을 임베딩하거나 번들하고자 할 때는 이 페이지 상단의 '링크'를 방문하여 정확한 사용 범위를 다시 한번 확인하기 바랍니다.

Sandoll 초록우산어린이 Regular

24pt, 없음/0

덧글은 통신의 예절을 지키면서 표현의 자유를 추구하는 방향으로 씁니다.

가나다라마바사아자차카타파하 괄꽁낚뒷떨립밟빛빵술쏙얹쥔짠척콥틈편홅

ABCDEFGHIJKLMNOPQRSTUVWXYZ abcdefghijklmnopqrstuvwxyz

1234567890 ①⑮⑯㉚ ❶㉚ ❶⑳ ❶⑳ ⑴⒂⒃(30) Ⅰ Ⅱ Ⅲ Ⅳ Ⅴ Ⅹ ⅰ ⅱ ⅲ ⅳ ⅴ ⅹ

~ ! @ # $ % ^ & * _ / ₩ | * ( ) [ ] { } < > 〈 〉《 》「 」『 』【 】〔 〕- + × ÷ =

. , ? : ; ' " ' ' " " · … … © ™ ¶ § ㎎ ㎏ ㎜ ㎝ ㎞ ㎐ ㏄ ○ □ △ ☆ ● ■ ▲ ★

①⑨ 1 9 1 20 1 20 1 20 1 20 1 20 ← ← ← ← ← ← ← ◘ ◘ ㊞ ❖ ✣ ❀ ✿ ⚜

13/30pt, 없음/0

글꼴 가이드 20/40pt, 없음/0

글꼴 가이드 30/50pt, 없음/-10

글꼴 가이드 40/60pt, 없음/-25

글꼴 가이드 60pt, 없음/-50

한글

100pt, 없음/0

한글 글꼴 가이드 7/13pt, 없음/10

한글 글꼴 가이드 8/15pt, 없음/5

한글 글꼴 가이드 9/16pt, 없음/0

한글 글꼴 가이드 10/18pt, 없음/-10

한글 글꼴 가이드 11/20pt, 없음/-25

한글 글꼴 가이드 12/22pt, 없음/-50

45. 티몬 몬소리체

20/40pt, 없음/0, Tmon몬소리 BL

배포: (주)티몬 10/18pt, 없음/-30, Gothic A1 B/R
취지: 브랜드 아이덴티티 & 홍보
발표: 2016년
링크: brunch.co.kr/@creative/32 10/18pt, 메트릭/0, Adobe Garamond Pro R
분류: 돋움
굵기: 1단계(Black)
특징: 두꺼운 획으로 강한 느낌을 전달하는 제목용 글꼴. 한자가 지원되지만 쉬운 한자도 비어 있는 경우가 있음(오른쪽 페이지의 네모 빈칸. 北과 料). 현대 한글 11,172자와 한자 4,736자 지원. 6개의 캐릭터 딩벳 문자들이 있음.

티몬 몬소리체는 한글 글꼴에서는 보기 힘든 매우 두꺼운 블랙 글꼴입니다. 현대 한글과 한자를 지원하는 블랙 글꼴이기에 더욱 귀한 존재입니다. 획의 아래쪽에 굴림을 두고, 자음에 곡선을 두어 너무 강한 느낌이 들지 않도록 조절하였습니다. 10/18pt, 없음/-30, Gothic A1 R

아래의 예에서 보듯이 티몬 몬소리체는 다른 글꼴에 비해 매우 두껍고 자형도 커 보입니다. 따라서 다른 글꼴의 크기와 맞추려면 문자 크기를 적당히 줄여야 합니다.

몬소리체	검은고딕	검은	본고딕
36pt, 없음/-30, Tmon몬소리 BL	36pt, 없음/-30, 검은고딕	44pt, 없음/-30, 검은고딕	36pt, 없음/-30, 본고딕 H

무료 사용 범위 12pt, 없음/0, Tmon몬소리 BL

인쇄: O	**영상:** O	**웹사이트:** O	**전자책:** O
BI/CI: O	**제품:** O	**모바일:** O	**서버:** O
출처 생략: O	**재배포:** O	**수정배포:** X	**판매:** X

9pt, 없음/0, Gothic A1 B/R

라이선스: 동일 조건으로 배포하는 것을 요구하는 오픈 소스 라이선스(SIL Open Font License 1.1)가 적용되었습니다. 수정 배포와 판매를 제외한 모든 것이 가능합니다. 8/14pt, 없음/-10, Gothic A1 B/R

참고: Tmon 몬소리체는 인쇄나 출판, 영상, 웹, 모바일 등에 자유롭게 사용할 수 있으나, 폰트를 고치거나 다른 포맷으로 변형하는 것은 금지됩니다. 프로그램이나 장비, 기기, 서버, 게임 등에 폰트가 임베딩 될 경우 별도의 허락이 필요하지 않습니다.

Tmon몬소리체 Black 24pt, 없음/0

멋글은 통신의 예절을 지키면서 표현의 자유를 추구하는 방향으로 씁니다.

가나다라마바사아자차카타파하 괄꽁넋뒷멜립밟빛빵술쏙얹쥔짠칙콥틈편흙

ABCDEFGHIJKLMNOPQRSTUVWXYZ abcdefghijklmnopqrstuvwxy

1234567890 ①⑩⑮ ⑴⑽⒂ Ⅰ Ⅱ Ⅲ Ⅳ Ⅴ Ⅹ ⅰ ⅱ ⅲ ⅳ ⅴ ⅹ

~ ! @ # $ % ^ & * _ / \ | * ( ) [ ] { } 〈 〉 〈 〉 《 》 「 」 『 』 【 】 〔 〕 − + × ÷ =

. , ? : ; ' " ' ' " " · ·· ··· ® ™ ¶ § ㎎ ㎏ ㎜ ㎝ ㎞ ㎐ ㏄ ○□△☆ ●■▲★

大韓民國 東西南□ 高等學校 無□書體 落花流水 莫逆之友 大器晩成 螢雪之功

◉ 13/30pt, 없음/0

글꼴 가이드 20/40pt, 없음/0

글꼴 가이드 30/50pt, 없음/-10

100pt, 없음/0

글꼴 가이드 40/60pt, 없음/-25

한글 글꼴 가이드 7/13pt, 없음/10

한글 글꼴 가이드 8/15pt, 없음/5

한글 글꼴 가이드 9/16pt, 없음/0

한글 글꼴 가이드 10/18pt, 없음/-10

한글 글꼴 가이드 11/20pt, 없음/-25

한글 글꼴 가이드 12/22pt, 없음/-50

글꼴 가이드 60pt, 없음/-50

46. 한겨레결체

20/40pt, 없음/0, 한겨레결체 R

배포: 한겨레신문사

10/18pt, 없음/-30, 한겨레결체 R

취지: 창간 17주년 기념, 독자들의 말글살이 지원

발표: 2005년 10월

링크: notice.hani.co.kr/customer_view.html?bid=notification&no=56

10/18pt, 메트릭/0, Adobe Garamond Pro R

분류: 바탕

굵기: 1단계(Regular)

특징: 자형이 높이보다 폭이 더 넓은 바탕 글꼴. 명조체에 속하긴 하지만 정사각형이 아닌 탈네모틀 글꼴이어서 색다른 느낌. 한글 11,172, 로마자 94, 기호 1,000여자를 지원. 한자를 지원하지 않고 굵기가 1단계뿐인 것이 아쉬움.

한겨레결체는 태시스템이 제작하였으며 2005년 5월 16일 한겨레 창간 17주년 기념호에 처음으로 사용되었고, 그 해 10월 9일 한글날 누구나 사용할 수 있도록 공개되었습니다. 한겨레결체는 글자의 특성에 따라 높낮이가 달라지는 특별한 탈네모틀 글꼴입니다. 이런 변화가 지나치지 않아 적당한 자극을 주어 가독성을 높여주는 효과가 있습니다. 하지만 굵기가 한 종류이고 한자가 없으며 날카로운 느낌이 들어 긴 본문에는 적당하지 않은 것 같습니다.

10/18pt, 없음/-30, 한겨레결체 R

국민과 공유하는 개념으로 공개한 것이므로 글꼴을 변형하여 자형을 바꾼다거나 글꼴을 판매하여 이익을 얻는 것을 제외한 거의 모든 행위가 가능할 것으로 보입니다. 다만, 출판물에 사용할 때는 한겨레결체를 썼다는 출처 표시를 해야 한다는 것을 잊지 말아야 합니다.

무료 사용 범위			
인쇄: O	영상: O	웹사이트: O	전자책: O
BI/CI: O	제품: O	모바일: O	서버: O
출처 생략: X	재배포: O	수정배포: X	판매: X

10pt, 없음/0, 한겨레결체 R

9pt, 없음/0, 한겨레결체 R

주의: 한겨레결체를 사용하여 출판물을 낼 때 출처를 생략할 수 없습니다.

8/14pt, 없음/-10, 한겨레결체 R

참고: 여기에서 정리한 무료 사용 범위는 배포자의 실제 의사와 일부 다를 수 있으며, 이후 배포자의 의사가 바뀔 수도 있습니다. 따라서 인쇄 이외의 상업적인 목적으로 이용하고자 할 때는 정확한 무료 사용 범위를 다시 한번 확인하는 것이 좋습니다.

한겨레결체 Regular *24pt, 없음/0*

덧글은 통신의 예절을 지키면서 표현의 자유를 추구하는 방향으로 씁니다.

가나다라마바사아자차카타파하 괄꽁넋뒷떨립밟빛빵술쏙얹쥔짰척콥틈펀

ABCDEFGHIJKLMNOPQRSTUVWXYZ abcdefghijklmnopqrstuvwxyz

1 2 3 4 5 6 7 8 9 0 ①⑩⑮ (1)(10)(15) Ⅰ Ⅱ Ⅲ Ⅳ Ⅴ Ⅹ ⅰ ⅱ ⅲ ⅳ ⅴ ⅹ

~ ! @ $ % ^ & * _ / \ | * ( ) [ ] { } 〈 〉 〈 〉 《 》 「 」 『 』 【 】 〔 〕 - + × ÷ =

. , ? : ; ' " ' ' " " · ·· ··· TM ¶ § ㎎ ㎏ ㎜ ㎝ ㎞ ㎐ ㏄ ○ □ △ ☆ ● ■ ▲ ★

13/30pt, 없음/0

서로 어울리는 글꼴을 사용합니다. *26pt, 없음/-30*

한눈에 보이는 무료 글꼴 가이드 *10/17pt, 없음/-10, 나눔고딕 B*

비용을 지불하지 않고도 사용할 수 있는 글꼴을 '무료 글꼴'이라고 부릅니다. 사실은 무료 글꼴이 아니라 《공개 글꼴》이라고 해야 맞습니다. 『공개 글꼴』은 권리자가 설정한 "사용 범위"(acceptable use)를 잘 살펴서 사용해야 합니다. 문의전화: 010-2345-6790

모든 것이 허용되는 진정한 무료 글꼴도 있고, 인쇄용으로는 무료로 사용할 수 있지만 영상에는 별도로 허락을 얻어야 하는 글꼴도 있습니다. 기업의 브랜드를 홍보하기 위해 만들어 보급한 글꼴은 다른 것은 다 허용해도 글꼴의 수정만은 허용하는 경우가 많습니다. 글꼴을 만들어 공개한 목적에 따라 그 사용 범위가 달라지기 때문입니다. *9/16pt, 없음/0, 한겨레결체 R*

한눈에 보이는 무료 글꼴 가이드 *10/17pt, 없음/-25, 본고딕 B*

비용을 지불하지 않고도 사용할 수 있는 글꼴을 '무료 글꼴'이라고 부릅니다. 사실은 무료 글꼴이 아니라 《공개 글꼴》이라고 해야 맞습니다. 『공개 글꼴』은 권리자가 설정한 "사용 범위"(acceptable use)를 잘 살펴서 사용해야 합니다. 문의전화: 010-2345-6790

모든 것이 허용되는 진정한 무료 글꼴도 있고, 인쇄용으로는 무료로 사용할 수 있지만 영상에는 별도로 허락을 얻어야 하는 글꼴도 있습니다. 기업의 브랜드를 홍보하기 위해 만들어 보급한 글꼴은 다른 것은 다 허용해도 글꼴의 수정만은 허용하는 경우가 많습니다. 글꼴을 만들어 공개한 목적에 따라 그 사용 범위가 달라지기 때문입니다. 따라서 *9/16pt, 없음/-25, 한겨레결체 R*

47. 한돈 삼겹살체

20/40pt, 없음/0, 한돈 삼겹살 600g

배포: 한돈자조금관리위원회

10/18pt, 없음/-30, 한돈 삼겹살 600g/300g

취지: 한돈 브랜드 홍보

발표: 2018년

링크: www.han-don.com/handon_platform/index.php?mode=handon_fonts

10/18pt, 메트릭/0, Adobe Garamond Pro SB

분류: 돋움

굵기: 2단계(300g, 600g)

특징: 돋움 글꼴에 손글씨 느낌을 섞어 만든 하이브리드형 글꼴. 한자는 지원하지 않으며, KS완성형 한글 2,350자에 추가 글자 정도를 지원하는 아쉬움이 있습니다.

한돈자조금관리위원회가 산돌커뮤니케이션에 의뢰하여 제작한 브랜드 글꼴입니다. 돋움(고딕)형이며, 2단계 굵기를 지원합니다. 글꼴의 굵기를 Regular와 Bold 대신 위트 있게 300g과 600g으로 네이밍한 것이 흥미롭습니다. 삼겹살체라는 이름에 어울리는 글꼴을 만들기 위해 가지런히 쌓아 올려져 있는 삼겹살을 연상할 수 있도록 'ㄹ' 자음을 디자인하고, 친근한 이미지를 만들기 위해 손글씨 느낌을 살리고 획을 둥글게 처리했다고 합니다.

10/18pt, 없음/-30, 한돈 삼겹살 300g

고딕과 손글씨 유형이 결합한 하이브리드 글꼴로 전통적인 고딕의 딱딱한 느낌과는 다른, 개성 있는 글꼴입니다. 하지만 지원하는 글자수도 적고, 굵기도 2단계뿐이며, 삼겹살을 형상화한 'ㄹ'이 정리되지 않은 느낌이 있습니다.

무료 사용 범위			
인쇄: O	영상: O	웹사이트: O	전자책: O
BI/CI: X	제품: O	모바일: O	서버: O
출처 생략: △	재배포: O	수정배포: X	판매: X

10pt, 없음/0, 한돈 삼겹살 600g

9pt, 없음/0, 한돈 삼겹살 600g/300g

주의: 한돈 삼겹살체를 사용할 때는 출처 표기를 권장합니다. 상업적인 사용에 대해 한돈자조금관리위원회가 출처 표기를 요구할 수도 있다고 하나 큰 의미는 없을 것 같습니다.

8/14pt, 없음/-10, 한돈 삼겹살 600g/300g

참고: 여기에서 정리한 무료 사용 범위는 배포자의 실제 의사와 일부 다를 수 있으며, 이후 배포자의 의사가 바뀔 수도 있습니다. 따라서 상업적인 목적으로 이용하고자 할 때는 이 페이지 상단의 '링크'를 방문하여 정확한 사용 범위를 다시 한번 확인하기 바랍니다.

한돈 삼겹살체

20pt, 없음/-30

300g 600g

한글 한글

72pt, 없음/0

덧글은 통신의 예절을 지키면서 표현의 자유를 추구하는 방향으로 씁니다.

가나다라마바사아자차카타파하 괄꽁넋뒷떨립밟빛빵술쏙얹쥔짰척콥틈편훍

ABCDEFGHIJKLMNOPQRSTUVWXYZ abcdefghijklmnopqrstuvwxyz

1234567890 ①⑩⑮ ⑴⑽⒂ Ⅰ Ⅱ Ⅲ Ⅳ Ⅴ Ⅹ ⅰ ⅱ ⅲ ⅳ ⅴ ⅹ

~ ! @ # $ % ^ & * _ / ₩ | * ( ) [ ] { } < > 〈 〉《 》「 」『 』【 】〔 〕- + × ÷ =

. , ? : ; ' " ' ' " " · ·· ··· © ™ ¶ § ㎎ ㎏ ㎜ ㎝ ㎞ ㎐ ㏄ ○□△☆ ●■▲★

13/30pt, 없음/0, 한돈 삼겹살체 300g

한돈 삼겹살체 600g

글꼴 가이드 20/40pt, 없음/0

글꼴 가이드 30/50pt, 없음/-25

글꼴 가이드 40/60pt, 없음/-50

글꼴 가이드 60pt, 없음/-75

돋움

100pt, 없음/0

한글 글꼴 가이드 7/13pt, 없음/10

한글 글꼴 가이드 8/15pt, 없음/5

한글 글꼴 가이드 9/16pt, 없음/0

한글 글꼴 가이드 10/18pt, 없음/-10

한글 글꼴 가이드 11/20pt, 없음/-25

한글 글꼴 가이드 12/22pt, 없음/-50

1. 한국출판인회의의 **KoPub** 글꼴을 사용하여 디자인하였습니다.
2. 경기도의 **경기천년체**를 사용하여 디자인하였습니다.
3. 고양시의 **고양글꼴**을 사용하여 디자인하였습니다.
4. 네이버 문화재단의 **나눔글꼴**을 사용하여 디자인하였습니다.
5. 윤디자인그룹의 **대한·민국·독립·만세** 글꼴을 사용하여 디자인하였습니다.
6. 롯데마트의 **드림체·행복체**를 사용하여 디자인하였습니다.
7. (주)호텔롯데 롯데면세점의 **마이롯데체**를 사용하여 디자인하였습니다.
8. 대한인쇄문화협회의 **바른글꼴**을 사용하여 디자인하였습니다.
9. 어도비와 구글의 **본명조·본고딕** 글꼴을 사용하여 디자인하였습니다.
10. 빙그레의 **빙그레글꼴**을 사용하여 디자인하였습니다.
11. 서울시의 **한강체·남산체**를 사용하여 디자인하였습니다.
12. 아모레퍼시픽의 **아리따글꼴**을 사용하여 디자인하였습니다.
13. 아산시의 **이순신글꼴**을 사용하여 디자인하였습니다.
14. 제주도의 **제주글꼴**을 사용하여 디자인하였습니다.
15. 포천시의 **오성과한음·막걸리체**를 사용하여 디자인하였습니다.
16. 원불교의 **한둥근체**를 사용하여 디자인하였습니다.
17. 중소기업중앙회의 **KBIZ한마음** 글꼴을 사용하여 디자인하였습니다.
18. 한수원의 **한돋움·한울림체**를 사용하여 디자인하였습니다.
19. 한글과컴퓨터의 **함초롬체**를 사용하여 디자인하였습니다.
20. ZESSTYPE의 **검은고딕** 글꼴을 사용하여 디자인하였습니다.
21. NHN고도의 **고도·고도마음체**를 사용하여 디자인하였습니다.
22. 한양정보통신의 **Gothic A1** 글꼴을 사용하여 디자인하였습니다.
23. (주)국대에프앤비의 **Sandoll국대떡볶이체**를 사용하여 디자인하였습니다.
24. 동그라미재단의 **동그라미재단체**를 사용하여 디자인하였습니다.
25. ㈜디자인하우스의 **디자인하우스체**를 사용하여 디자인하였습니다.
26. 한국만화영상진흥원의 **만화진흥원체**를 사용하여 디자인하였습니다.
27. 말싸미의 **말싸미815** 글꼴을 사용하여 디자인하였습니다.
28. **Sandoll미생체**를 사용하여 디자인하였습니다.
29. 우아한형제들의 **배달의민족** 글꼴을 사용하여 디자인하였습니다.
30. 비알코리아(주)의 **배스킨라빈스체**를 사용하여 디자인하였습니다.
31. (주)디자인210의 **ON뿌리깊은프로젝트** 글꼴들을 사용하여 디자인하였습니다.
32. 한국출판문화산업진흥원의 **순바탕** 글꼴을 사용하여 디자인하였습니다.
33. ㈜아트앤디자인인터내셔널의 **스웨거체**를 사용하여 디자인하였습니다.
34. 스포카의 **스포카 한 산스** 글꼴을 사용하여 디자인하였습니다.
35. 애터미(주)의 **애터미체**를 사용하여 디자인하였습니다.
36. 에스코어의 **에스코어 드림** 글꼴을 사용하여 디자인하였습니다.
37. ㈜위드이노베이션의 **여기어때 잘난체**를 사용하여 디자인하였습니다.
38. 영남일보의 **영남일보체**를 사용하여 디자인하였습니다.
39. LIM MIN Jung(BORA)의 **윈디라벤더체**(Windy Lavender) 글꼴을 사용하여 디자인하였습니다.
40. 비비트리 주식회사의 유토이미지글꼴을 사용하여 디자인하였습니다. 폰트 저작권자 유토이미지 (UTOIMAGE.COM)
41. 이롭게의 **이롭게 바탕체**를 사용하여 디자인하였습니다.
42. 더페이스샵의 **더페이스샵 잉크립퀴드체**를 사용하여 디자인하였습니다.
43. 조선일보사의 **조선일보 명조체**를 사용하여 디자인하였습니다.
44. 초록우산 어린이재단의 **초록우산어린이체**를 사용하여 디자인하였습니다.
45. (주)티몬의 **Tmon몬소리체**를 사용하여 디자인하였습니다.
46. 한겨레신문사의 **한겨레결체**를 사용하여 디자인하였습니다.
47. 한돈자조금관리위원회의 **한돈삽겹살체**를 사용하여 디자인하였습니다.

한눈에 보이는

무료 글꼴 가이드 - 한글편

초판 1쇄 2020년 2월 1일

지은이 탁연상
펴낸이 윤명성
펴낸곳 상상하라 출판신고 제2016-000166호
주 소 서울시 영등포구 여의대로6길 17, B-1003
전 화 0505-737-0050
팩 스 0505-737-0051
메 일 imagine_book@naver.com
블로그 blog.naver.com/imagine_book
Facebook www.facebook.com/imaginebooks
ISBN 979-11-959823-8-7 (13000)

- 책값은 뒤표지에 있습니다.
- 잘못 만들어진 책은 구입하신 곳에서 바꾸어 드립니다.
- DigitalNew는 상상하라 출판사의 IT 도서 브랜드입니다.

무료 글꼴 다운로드

이 책에서 소개하는 글꼴의 파일은 소개하는 인터넷 링크에서 받을 수 있을 것입니다만, 간혹 링크가 변경되거나 사이트가 사라져서 받지 못하게 될 수 있습니다. 이럴 때는 다음의 사이트들을 참고하면 해결될 것입니다.

▶ 네이버 소프트웨어 software.naver.com

카테고리에서 '폰트'를 선택하면 많은 무료 글꼴들을 보고 자료실에서 내려받을 수 있습니다. 그런데 여기에 소개된 글꼴 중 상당수는 개인적인 용도로 사용할 때만 무료이므로 주의하기 바랍니다.

▶ 눈누 noonnu.cc

상업적으로 무료로 사용할 수 있는 한글 글꼴들만 소개하는 사이트 '눈누'를 이용하면 검색을 통하여 다양한 무료 글꼴들의 다운로드 페이지로 손쉽게 이동할 수 있습니다.